梅毅说中华英雄史

# 清

## 矛盾重重的王朝

梅毅 著

天地出版社 | TIANDI PRESS

图书在版编目（CIP）数据

清：矛盾重重的王朝 / 梅毅著. —成都：天地出版社，2017.10（2024年11月重印）
（梅毅说中华英雄史）
ISBN 978-7-5455-3175-6

Ⅰ. ①清… Ⅱ. ①梅… Ⅲ. ①中国历史－清代－通俗读物
Ⅳ. ①K249.09

中国版本图书馆CIP数据核字（2017）第235258号

QING: MAODUN CHONGCHONG DE WANGCHAO
清：矛盾重重的王朝

出品人　杨　政
作　者　梅　毅
责任编辑　杨　露　陈文龙
装帧设计　水玉银文化
责任印制　王学锋

出版发行　天地出版社
（成都市锦江区三色路 238 号　邮政编码：610023）
（北京市方庄芳群园3区3号　邮政编码：100078）
网　址　http://www.tiandiph.com
电子邮箱　tianditg@163.com
经　销　新华文轩出版传媒股份有限公司

印　刷　北京中科印刷有限公司
版　次　2018年1月第1版
印　次　2024年11月第7次印刷
开　本　660mm×920mm　1/16
印　张　31
字　数　431千字
定　价　79.00元
书　号　ISBN 978-7-5455-3175-6



咨询电话：（028）86361282（总编室）
购书热线：（010）67693207（营销中心）

# 名家评论

## 李国文（著名作家）

梅毅在评骘论定某段历史事实、审知识鉴某个历史人物时，与时下某些史学家、某些文学家，刻意要将历史写成某种样子，以达到取悦谁，讨好谁，达到获取更大利益的个人目的，是有着天壤之别的。……他宁愿坐冷板凳，啃硬骨头，溯本追源，寻出真情，回顾返视，以求真知。有什么说什么，秉持史学家的直笔；有多少说多少，体现文学家的良知，这是难能可贵的治学精神。

## 蒋子龙（著名作家）

梅毅英美文学专业出身，毕业后即入金融界工作，浸淫资本市场二十余载，风华正茂之年，信笔游缰，以“赫连勃勃大王”名头驰骋互联网，大哉壮哉！吾尝细谈其历史小说《南北英雄志》第一部《驺虞幡》，英伟雄健，如此笔力如此才，“茅盾文学奖”，不亦易乎！

## 高洪波（著名作家）

“梅毅说中华英雄史”的出现，让我们中国作家这个群体感到欣喜：因为，梅毅让我们看到了作为作家自我扩展的无限可能性，认识到作家书写历史，其实是自司马迁以来的传统！而作家梅毅所撰写的历史著作，无论从文笔还是史实，都可以称之为“好的”。一部“好的”历史书与“坏的”历史书的区别，就在于好的历史学家能够运用他自己独特的判断力去解析历史。

**沈渭滨**（复旦大学历史系教授）

要写活历史，除了扎实的史学功底和睿智的识见外，生动的文笔当不可少。我细读了“梅毅说中华英雄史”，感到梅毅的文笔确实生动，具有亦庄亦谐的感人魅力。他的一系列历史纪实体作品，似乎有着共同的写作风格：他力图继承太史公开创的历史文学余绪和评判史实的精神，努力效法历史演义家的结构布局和善于演绎的流风，倾心于散文、小说家捕捉细节、铺叙感受的技巧，试图熔于一炉。

**王学泰**（中国社会科学院文学研究所古代史研究员）

梅毅没有像过去有些历史学家那样，只要不利的资料，都否定。梅毅的书附的史料也很多，包括一些当时人的记载，包括内部文件，还包括一些外国人的记载，给我们开阔了眼界，为我们理解某一段历史提供了一个评价平台。

**雷　颐**（中国社会科学院近代史研究所研究员）

“梅毅说中华英雄史”有很重要的意义，他把史学界的成果大众化了。从前教条主义的教育，对梅毅来说没有形成一个框架，没有形成一个偏见。他的书里面的很多东西，虽然是近代史学界已经研究过的，已经谈得很多了，但是他的突出意义在于把它大众化。

**张　鸣**（中国人民大学国际关系学院教授）

梅毅虽然写得很通俗，有点像小说，但是一看就知道他是下狠功夫看过史料的，跟那些网络上完全演绎、完全口语化、变成现代化的历史叙述、根据一点东西进行演绎的东西，还是很不一样的。……梅毅很注意那种历史细微的细节，你一看就感觉挺有趣的，实际上史料都有，但是过去没有人揭示这个。

**杨念群**（中国人民大学清史研究所教授）

梅毅的书比较可贵的地方在于，在整个的叙事过程中，历史人物的悲欢离合和成败得失，是在历史的叙述中一环环展现出来的，没有马上就进入一种历史判断。……按照历史情景的本身来展现双方的对垒的过程，实事求是地，可以说是相对平实地去展示历史。这样出来的效果，相对来说是有一定的说服力的。

### 钱文忠（复旦大学历史系教授）

像梅先生这一批具有金融背景的人，可能更了解现代人在想什么。……梅先生“一方面沉醉于纸醉金迷的生活，一方面留恋于历史的幽暗光线”，这种生活状态，这么一种冲突，在一个写作人身上体现出来，经过微妙的递嬗后，又去影响他们的文字，而这种文字，以其独特的韵味来影响现代人的心志。

### 雷　达（著名评论家）

梅毅高产，又有见解，而且能辩证地看时代、文学的发展，这一点非常棒。最近这些年，我们国内关于历史方面非常“热”，电视热播、网络热聊、影院热映、图书热销。而他 2003 年底就已经开始写中国大历史，可见他极富预见性。

### 白　烨（著名评论家）

梅毅的历史写作，基本上还是正史的写法，同时有天马行空的类似杂史、野史的感觉，所以让人印象深刻。梅毅的大手笔，是他能在写事件时突出人物，以点带面，这种写法是他的首创。梅毅与众不同的历史写作，还在于他能用现代意识回顾以前的历史，他从人性角度细腻观察历史。

### 肖复兴（《人民文学》副主编）

梅毅讲述历史一点也不枯燥，正因为他是以人来贯穿的，并不是以从前传统的方式来进行断代史的研究。形象演绎是梅毅书写历史的专长，他写起历史来不仅好看，而且能活灵活现地把过去的历史再现于我们面前。

### 叶延滨（《诗刊》主编）

梅毅的历史写作有两大优点，第一，他确实有见识，他的历史观察力非常奇特。如果讲历史的真实性，人们宁肯去相信枯燥的教科书，但是人们读梅毅的历史著作，主要是想读作者的见识。第二个优点，梅毅的历史写作以文笔取胜。

**刘鸿儒**（中国证监会首任主席）

我看“梅毅说中华英雄史”的时候，符契相合，感到由衷的欣喜。在我们证券监管单位的梅毅，竟然打着一面“赫连勃勃大王”的大旗，成为声名显赫的历史学家，而且风生水起，已成“中国互联网历史写作先行者”。他不仅写出了几百万字的中国历史作品，可谓“著作等身”，而且坊内畅销，洛阳纸贵。从 2010 年开始，他又在中央电视台《百家讲坛》节目开讲《鲜为人知的杨家将》《隋唐英雄志》，好奇之余，我更多感到的还是欣喜。

**朱伟一**（证监会研究员、社科院法学所兼职教授）

读了梅毅的历史书，我觉得历史比小说更深刻。……梅毅的视角独特，让人读之津津有味。

**曹可凡**（著名电视节目主持人）

他（梅毅）发现了很多别人没有发现的材料，当然他更多的是可以从现有平凡的材料当中找出历史的端倪。这些可能显而易见，但是有时对显而易见的东西不忽略，反而可以找出历史的真谛，这是梅先生的书突出的地方。……作为一个传媒从业者或者一个普通的读者，通过这个书，我可以获得很多知识。

# 自序

# 英雄是民族<br>最闪亮的坐标

2016年11月30日，我作为中国作协九大代表，在人民大会堂，亲耳聆听了习近平总书记的讲话："中华民族生生不息绵延发展、饱受挫折又不断浴火重生，都离不开中华文化的有力支撑。中华文化独一无二的理念、智慧、气度、神韵，增添了中国人民和中华民族内心深处的自信和自豪。"

话语入心，感受颇深！

联想到我本人的创作，从2003年到2015年，12年时间，正是为了弘扬中华传统文化，为了找回中华民族那份沉甸甸的文化自信和历史自信，在中国最物质的南方城市深圳，我坐着冷板凳，独立完成了10卷本、500多万字的《帝国真史》系列丛书。

抚今追昔，纵观历史，如今，我静下心来，俯首思之，得出这样的结论：我们这个民族之所以伟大，就在于我们是一个历史上有无数英雄的民族！

回望中国历史数千年进程，特别是朝代更迭的那些铁血岁月，英雄鹰扬，豪杰虎跳，确确实实让后人无限神往！在每一个令人目眩神迷的伟大时代中，各类英雄横空出世，他们之间的纠葛、交结、争斗，无不充满了动人心魄的感人故事，处处闪耀着人性的光辉，荡溢着历史的波谲云诡，迸发出惊人的感动力！即使在今天，无数中华历史英雄那些激动人心的时刻，肝肠寸断的瞬间，那些汗与泪倾泻而成的故事，依旧晶莹闪耀……

一个没有英雄的民族是不可想象的！物质时代，我们对中华民族的英雄崇拜，可以治疗拜金主义的“软骨症”，可以治愈蝇营狗苟的精神瘫痪，可以让我们在庸常生活中重新体味诗性的、崇高的人性大美与激情，可以一砖一瓦地重新建砌我们民族精神的巍峨华殿，可以让我们在对英雄人物的遭遇感同身受的同时，细细咀嚼诗性而永恒的苦难、孤独与崇高——一切的一切，就是要进一步提升和重铸我们伟大民族的精神风骨！

我在“以人为本”“以人带史”的独特历史讲述中，总会给大家展示历史洪流中那些血肉英雄的人生传奇。大哉英雄，他们离奇跌宕的命运和令人扼腕叹息的结局，他们之间的惺惺相惜和恩义散场，连我这样冷静的写作者都每每为之流泪动容。我希望能够以客观的、现场感的讲述，消除流水账式的干巴巴的教科书式的平铺直叙，一改宫廷史书荒诞不经的星宿下凡式的神化，一改旧时代民间叙事中英雄故事天命巧合的际遇铺陈，泯除昔日怪力乱神的“超现实”力量冲突——最终的目的，就是要重力突破传统中国通史写作那种老旧的格套，从崭新的、完全的、人性义理的角度，去描写、描摹历史中的“人”在乱世之中生存挣扎所遇到的矛盾、痛苦，从而进一步展示出那些伟大时代伟大英雄的反省、发愤、坚忍，展现乱世之中人性的恢宏壮美和平凡生命力的顽强不屈。

在两千多年中国历史的宏大画幅中，我们面对灿若群星的历史人物，有时候，确实不能以成败论英雄。波澜壮阔之间，我总会发现那些欢乐或悲伤英雄身上的熠熠闪光，他们高尚的友情、撼天动地的义气、深沉的亲情以及奋不顾身的勇气——所有这些，无不具体而形象地展现出我们国人一直以来崇尚的价值观，体现出我们最原始、传统的道德。他们的英雄传奇、他们的侠义勇武、他们之间的惺惺相惜，无不与我们中华民族传统的道德观相契合，故而历久弥新！

以历史的逻辑和历史的纵轴、横轴构建传奇化的个人经历，确实非常不容易。为此，如同入群山寻宝，我只能对史料细细爬梳，从汗牛充栋的史料中仔细挖掘，以历史真实为基础，增添合理想象，还原历史，润饰附会，撷取那些细微、深刻而又不经意处的细节，继而细细雕琢，默默推想，最终来张扬我们心目中的历史英雄楷模，体现出那些英雄们平凡中自然而然的感人情怀，挖掘出埋藏于历史深处的复杂而伟大的人性！

正如习近平总书记所言："祖国是人民最坚实的依靠，英雄是民族最闪亮的坐标。歌唱祖国、礼赞英雄从来都是文艺创作的永恒主题，也是最动人的篇章。……对中华民族的英雄，要心怀崇敬，浓墨重彩记录英雄、塑造英雄，让英雄在文艺作品中得到传扬，引导人民树立正确的历史观、民族观、国家观、文化观，绝不做亵渎祖先、亵渎经典、亵渎英雄的事情。"

在十多年的写作过程中，我力避当下坊间最流行的群氓庸俗搞笑史观，扬沙弃砾，以历史守护者的角度，切入中华大历史活生生的血肉肌体之中，从中发现每个伟大时代各路英雄的英伟、自我突破，甚至是狂狷的人格状态，探究辉煌乱世大时代中作为个体的"英雄"的挣扎过程。

看啊，这些人，有血有泪，有悲伤有欢乐，有飞扬有落魄。看啊，这些历史长河中伟大英雄们短暂而辉煌、悲伤的人生历程，真实而丰沛的情感。今天的人们，肯定能够在谛听和仰视中，深刻感受我们伟大历史嬗变无常的命运，沉浸于历史戏剧性的快感中，体悟那些英雄在困境中的抉择和成长。

在我们为泪水所溅湿的笑声中，在惊回首的历史探望中，那些具有冰山大漠魂魄的英雄雕像，在中华民族雄浑壮美的历史背景映衬下，会越来越清晰而丰满！

2017 年 8 月 6 日于深圳

# 目录

导读

# 伟大民族共同体的成型

十多年来，坊间诸多电视剧、电影对清朝皇帝的“戏说”和导演刻意为之的温情脉脉的溢美，加之几位学者、作家对于清朝统治者不负责任地过度美化，距离我们今天最近的清朝历史，反而变成了最让人迷惘、最令人感觉时空混乱的历史。

清朝的历史，黑暗与光明，专制与开拓，偏狭与雄壮，相依相存。

梳理和分析过后，可以发现，所谓的康雍乾三朝“盛世”，其实是清朝三个皇帝对于国内民众极具机心的高压统治，绝对不似某几个教授、作家在电视屏幕上满含热泪宣讲的那般“深仁厚泽”；但是，我们也应该看到，恰恰是这几个皇帝与前代王朝统治者民族地位迥异的特质，他们才能够创造性地构造出那种“多民族共同体”的宏大疆域格局。而且，他们独辟蹊径的“汉化”设计，他们为了政权“合法性”而努力开创的早期全球化视野，他们雄才大略地整合多民族于一体的“大一统”功绩，以及他们处心积虑为扩大帝国版图所采取的无比清晰的政治统治术，至今让我们后人浩叹不已。

探究清史，我们可以发现，清朝上层统治者，在有关处理前朝遗产以及对文化身份认知方面，有着他们卓尔不群的独到之处——相比“五胡”时代和元代的非汉族统治者，满族统治人群透穿了“汉族血统论”

的封闭隔膜，从王朝伦理的高度，吸纳和传承了中华传统文化，进而强化了他们自身统治的合法性，推广了一种罩合宇内、恣肆恢宏的“中国”认同感和自豪感，并且逐渐使得清王朝的治理技术日趋合理化。在他们的悉心经营下，清朝才能在千万平方公里的境域内，成功建立起独特的政治新秩序。

康熙三十年（1691年），康熙帝宣布，不再修缮长城，长城不再设防。回首望去，这位清朝皇帝所撤除的，不仅仅是限隔北方游牧民族与内地汉民族的建筑屏障，更是横亘了几千年的华夏民族内部分离的藩篱。此举空前扩大了中国政治地理的概念范畴，使得长久以来分割内外“华夷”的坚固物质实体，最终成为象征华夏民族巨龙腾飞的一个巨大的、崭新的心理坐标！

书写历史，特别是清史，肯定要遵循班固所向往的理念：“辨而不华，质而不俚，其文直，其事核，不虚美，不隐恶。”为此，只有尊重扎实可靠的叙事伦理和历史伦理，只有保持“对权力说真话”的勇气，只有耐心倾听历史良心的声音，才能够揭示生活的真相，才能够发现历史中隐藏的那些灼人的秘密，继而写出人性复杂而深刻的本质。

如果要写出一部与众不同的清史，需要把清朝时代的人当作那个时代独特的个人来写。对于任何历史人物和历史事件，既不能曲意回护，也不能有目的性地刻意贬损。为此，笔者不单单要为作为胜利者的帝王将相树碑立传，也要把具有人类良知的小人物纳入描写范围。

当然，在清朝历史写作中，笔者所追求的“客观性”，并非物理意义上的还原性呈现。历史不是摄像机，不能也不可能有真正意义上的客观回放。笔者著史，乃包含着自觉而高远的目的性，也就是竭尽全力展现那些蕴藏在历史深处的、高度成熟的理性意识和历史意识！

只有满怀着对一个时代的人、生活、精神的一种特定的宽厚、平恕的态度，才能对历史进行冷静的描述；只有深藏着一种哲学意义上的自高而下的温柔怜悯，才可以让我们内心充满富有正义感的无畏精神，才能够让我们的写作洋溢着自由和伟大的性质，才可以使得我们的书写意志俨如淬火钢刃般锋利无比，才能画卷般地展示波澜壮阔历史中的美与丑、善与恶、明与暗、洁与污……

所有这一切，缺一不可！

# 男儿一死何须恨　凛凛英名竹帛书

## 塔山阻击战中七千大明烈士

四月，是个美丽得让人忧伤的蓝色季节。在塔山城边淡绿色的野草丛中，一只母雁正温柔地趴在刚刚生下的几只蛋上，用自己的体温孵化它们。太阳是那样灿烂夺目，照在乱蓬蓬的草地和大雁那折射阳光的美丽翅膀上。

静谧之中，忽然间喊杀声起，一群大辫子骑兵以疯狂的速度冲过来。那只正孵蛋的大雁还未来得及飞起，就被疾驰的马蹄践踏在地，连同它的几只还没有孵化出来的幼雏，都被蹂躏成泥土一般的颜色……

这是崇祯十五年（1642 年）的暮春时节，明军和清军之间的松锦大战已经到了尾声。

在满语、汉语交织的呐喊声中，明朝的塔山城，终于陷落了。

“砍死他们，杀死他们，一个不留！”

清朝亲王济尔哈朗、郡王多尔衮和豪格等人，无不声嘶力竭，高声指挥着攻入城内的满汉士兵。

城内的明朝军民，没有一个投降，他们即使手无寸铁，依旧徒手和手拿利刃的清军肉搏。多尔衮等人咬着牙，在马上挥舞着闪烁着瘆人光芒的长刀四处斩杀。

城门附近，一个身材高大的明将被济尔哈朗率领数的十个清军包围在中间，犹自拼死力战。他手刃数人，最终力竭，胳膊受伤，手中钢刀落地。喘息间，他伸手把头盔摘掉，露出了一张英俊、刚毅的脸。

在这个明将脸上靠左眼处，已经有一道鲜血淋淋的创伤。但他脚步稳健，举止从容，依旧英姿飒爽。城池虽然陷落，但他红润的脸上没有丝毫惧色。漆黑、漂亮的髭须，更显得他阳刚之气十足。

望着越涌越多的清军士兵，听着敌兵中有人用汉语说话，这个明将狠狠往地上吐了一口唾沫，骂了句："降虏奴辈！"

济尔哈朗猛然纵马冲到明将近前，高举起手中马刀猛劈下去。明将下意识抬起右胳膊抵挡，血光一闪，利刃先劈断了他的一只手腕，而后又顺势落到他光洁的额头上。

受到重创的明将大叫一声，眉宇之间充满了痛苦和仇恨，缓缓欲倒。济尔哈朗兜转马头，又从他背后砍了一刀，鲜血飞溅，这位大明将领轰然倒地。

"杀死他们！把这些尼堪（满语，意为'汉人'）全部杀死……"济尔哈朗狂呼道。

因这位明将壮烈战死而呆愣了片刻的清军队伍，忽然缓过神来，在济尔哈朗的命令下，潮水般继续往塔山城内猛冲。城内一片喧嚣，到处是格斗声、厮杀声、怒吼声，随即，是阵阵雷鸣般的火药爆炸声……

## 松锦大战中的闪光点

崇祯八年，多尔衮率领军队征服了漠南蒙古，获得元朝传国玉玺。崇祯九年，皇太极在沈阳登基称帝，改元"崇德元年"，定国号为"清"。同年，清兵从独石口入关，在畿内狂杀一个多月后，掳掠大批汉人和财物退回关外。崇祯十一年，清兵第四次杀入河北、山东长达半年之久，明军大败；明朝所属州县大都不堪一击，唯独卢象升率领部下和清军激战，但最终全军覆没，他本人也在河北巨鹿庄战死。

经过多次战斗，皇太极发现明朝国力衰微，就下定决心正面进攻明王朝的辽东防线。由此，松锦大战开始。

崇祯十二年二月十四日，皇太极亲率大军，多载炮火，大攻松山城，意图尽力一举，攻占此城，摧毁明朝锦州城的这个屏障。

清军在松山南台下扎营七处，自二十二日至二十八日，皇太极指挥清军发动多次强攻，皆遭到守城明朝军民的英勇抵抗，清军伤亡惨重。

猛攻不下，皇太极恼怒至极。一方面，他派人回沈阳运来大炮二十七门，炮弹一万发，火药五百斛；另一方面，他指挥在松山城南穿地道，激励清军死战登城。

面对强敌，松山明军防守甚严，纷纷登上城头，誓死阻击清军。清军死伤无数，数名将领也被斩杀。

延至四月中旬，困于城下多日，皇太极深感攻守两难，只得罢兵退回沈阳。失望的气氛笼罩着沈阳城，死伤将士家属哭声彻天。

松山初战失利，皇太极深感明军宁锦防线确实坚固，非轻易可破。于是会同诸贝勒大臣商讨对策，决定由远渐近，重围明朝坚城锦州，以此迫使当地明军献城投降。

自从崇祯四年明朝大凌河据点被攻破之后，锦州就完全暴露在清军面前，成为明朝在关外的最前沿阵地。距离锦州南十多里，是松山城；松山西南十多里，是杏山城；杏山西南二十里开外，是塔山城；塔山西南数十里，乃明朝关外另一重镇宁远城。

可见，松山、杏山和塔山三城，既是锦州坚城的后盾，又为宁远藩屏。清军如果想从正面入关，必须突破宁锦防线。

多年来，锦州城一直是努尔哈赤和皇太极的噩梦，他们率领军队猛攻过数次，均以失败告终。于是，此次攻打锦州，皇太极一改昔日强攻手法，改为长期围困。

崇祯十三年三月，皇太极派遣和硕郑亲王济尔哈朗、多罗贝勒多铎为左右翼元帅，驻军义州，修城筑屋，开始对锦州实施围困计划；同时派兵在锦州城外不断清除明军据点。

皇太极先派睿亲王多尔衮为锦州前线总指挥，敕谕清军不得疏忽，堵死一切锦州外围道路。但在开始的时候，为了保证士兵轮休，多尔衮没有完全执行皇太极的方略，他下令每牛录甲兵三人可以还家一次，后来还允许每牛录甲兵五人、每旗章京一人还家一次。围困间隙，多尔衮还下令包围锦州的清兵后撤三十里驻营……凡此种种，使得明军乘机偷运大批粮草进入锦州城，加强了防卫能力。

得知消息后，皇太极大怒，下诏严厉斥责多尔衮，并且把多尔衮降为郡王，罚银一万两，夺两牛录户口，还免除了他前线总指挥的职务。而后，皇太极命郑亲王济尔哈朗为锦州前线总指挥。

济尔哈朗很听话，他严格按照皇太极的作战意图行事，亲率四万余骑精兵，在距离锦州城只有六里的地方安营扎寨。为了达到包围的最佳效果，还在锦州城外每面设立八营，挖出长长的深壕，然后沿壕建筑垛口。

围城期间，济尔哈朗派人成功策反了锦州城内蒙古兵将诺木齐、吴巴什等多人，并在他们的带领下攻占了锦州外城。明军虽然失去外城，依旧死战多时，最终成功退守内城。

此时的清军，不仅从蒙古购入良马万匹，还派掠来的汉人工匠根据从明军那里缴获的红夷大炮仿制了六十门新炮，并招募了善架云梯登城的敢死队千余人，铁了心要拿下锦州城。

崇祯十四年五月，被包围近半年的明将祖大寿成功派出一名通信兵，告知蓟辽总督洪承畴说，城内粮食尚可支持，但喂马豆料缺少，希望明朝援军能及时赶到，以车营在外围声援；并特别叮嘱说，援军千万不要轻易和清兵交战。

当时，明廷命蓟辽总督洪承畴领王朴、杨国柱、唐通、白广恩、曹变蛟、马科、王廷臣、吴三桂八位总兵，步骑共十三万人马，前往锦州解围。

作为统帅，洪承畴不敢轻易冒进，一直在宁远按兵不动，窥伺锦州势态。而朝中，在兵部尚书陈新甲撺掇下，崇祯皇帝以兵多饷艰为由，决定速战速决，便死催洪承畴进军。

明廷兵部尚书陈新甲为了加强监视前线将士执行命令的力度，命令职方郎中张若麒到洪承畴行营催战。张若麒乃一轻佻喜事之人，自认知兵，认为锦州之围可立刻解之。不久，陈新甲又荐前绥德知县马绍愉为职方主事，出关赞画军事。这位马主事也力赞边兵可战，致使崇祯皇帝心急火燎，日日催促洪承畴进兵。

洪承畴本来主张且战且守，但皇帝下死命令催战，便不得已提兵而前。

七月二十六日，洪承畴在宁远誓师，率领全部明朝援军进抵锦州城南乳峰山一带。二十九日，洪承畴命令总兵杨国柱率领所部攻打西石门。激战间，杨国柱中箭身亡。

虽然丧一总兵，但明军英武，在乳峰山大挫清军兵马，杀得清军几至溃败。

紧急关头，清兵坚壁不出，立刻向沈阳求援。皇太极当时重病在身，听到消息后忧愤呕血，在急派沈阳军马西赴锦州的同时，他自己先率三千骑兵赴援，不顾鼻子一直淌血，昼夜兼行五百余里，最终抵达锦州城北的戚家堡（今辽宁凌海市齐家堡）。

到达松山附近后，皇太极指挥清军赶挖三重深八尺、广丈余的长壕，把松山明军紧紧包围在内。

可见，皇太极整个作战部署，依旧是“围锦打援”战术，但过去的重点是围困锦州，现在的重点则是打击明朝援军。如此，清朝大军一到，立刻对明军形成了反包围，把洪承畴率领的十三万大军紧紧包围在松山一带。这样一来，锦州、松山、宁远三城各自孤立，无法互相援救。

从当时战争形势上看，清军至此由被动转为主动。

明朝总督洪承畴望见清军环松山成营，心内大惧。此时的明军，欲战则力不支，欲守则粮已竭，只得收缩兵力，把七营步兵回撤，背松山城而营，企图趁机突破清军的重围。

八月二十日，明清两军列阵大战。由于前期打败过清军多次，明军并不怯战。双方接战良久，杀伤相当，一时间未分胜负。

交战期间，明军囤积在笔架山的大批辎重粮草为清军所夺，退路又被清军截断。至此，明将明兵的心理开始发生了变化，渐有气挫势穷的意思。

八月二十一日，明朝诸将开会集议，共谋对策。会议上，多数人主张先撤回宁远就食，朝廷派去监军的张若麒也力主此说。总督洪承畴并不主张退兵，他说，如今战亦死，逃亦死。如果奋力一战，或许能够死中求生。但是，洪承畴这个以决战来“解围制胜”的意见，遭到一些将领反对，他们坚持要先回宁远就食。最终，洪承畴同意率军撤回宁远，但为了稳妥起见，他还是把明军分成两路，命总兵王廷臣等人率领左路，马科等人率领右路，在初更时分突围南逃。

而恰恰是这个以逃跑为目的的军事行动，严重动摇了明军军心。诸将由此各怀去志，不再想如何和清军激战，而在想逃遁过程中如何保全所率部众。

明军商议已定，皇太极很快就得到了准确情报。他立刻进行了周密的军事部署，严令诸将道：

> 今夜敌必遁，我左翼四旗护军可至右翼汛地排列，右翼四旗护军及骑兵，蒙古兵前锋俱比翼排列，直抵海边，各固守汛（汛为清朝时期的基层军事单位或驻地）地。敌兵之遁者，有百人则以百人追之，有千人则以千人追之，如敌兵众多，则蹑后追击，直抵塔山。（《燕行录全集》卷 24）

可见，皇太极对想要逃跑的明军已经设下天罗地网。明军南逃的海陆两路，皆早为清军封堵。当天晚上，明朝总兵王朴胆小如鼠，在全军约定的突围时间前忽然率领部众先遁，致使明军各部大乱，马步军卒自相蹂践，弓甲弃置遍野。

逃跑过程中，明军遥见火光，才知敌营在前，复又仓皇退回，正好中了清军埋伏，遭到各路截杀。

洪承畴等人突围未成，只得退守松山城。而冲杀出去的明军，在尖山、石灰窑一带遭到清军截击，伤亡惨重。总兵吴三桂、王朴等逃入杏山；总兵马科、李辅明（杨国柱身亡后代之）等奔入塔山；监军张若麒、马绍愉等由海上乘渔民的渔舟逃回宁远；其余明朝残兵败将，仓皇间奔向海边。结果，前有大海，后有追兵，明军慌乱之下赴海溺死者，不可胜计。

八月二十二日，皇太极亲自把大营扎在松山城外，并指挥士兵在松山四面挖出深壕。当夜，洪承畴组织明军分道突围，皆未成功。其间，只有驻守乳峰山的总兵曹变蛟率部冲出重围，这部明军突入皇太极营阵，拼死冲杀。激战良久，曹变蛟不敌，遭受重创后率军退入松山，也有部分明军闯出清营，逃入杏山城内。

为此，皇太极勃然大怒，下令斩杀守卫大营的门将，惩处了几百名掉以轻心的清军官兵，并下死令一定要把松山城围死、困死。

至此，锦州、松山二城皆为清军围困。当时，明军只有杏山城未被清军控制，城内收容了大批败退的明兵。思忖久之，皇太极决定拿下杏山。他命内大臣锡翰等人率军，一部埋伏于高桥大路，另一部埋伏于桑噶尔寨堡（大兴堡），准备阻截必经此路的杏山明军逃兵。

清军刚刚设伏完毕，就有一千多明军从杏山遁出南逃，恰好遭遇埋伏。清军边杀边追，一直追至塔山，斩获甚多。

八月二十六日，逃入杏山城的吴三桂、王朴等人，率领手下残余部众向宁远方向奔逃，中途遭到清军的追击后，慌忙败奔高桥。其间，清军伏兵四起，阻截前路，追兵蹑后，基本对明军打了个歼灭战。吴三桂、王朴二人仅以身免，狼狈逃回宁远城。

二十七日到二十九日，皇太极命令清军穷搜山野，除斩杀大批残余明军以外，还把逃亡和藏匿的明军全部收降。

至此，这次历时十二天的松山大战，清军取得全面胜利。根据《清太宗实录》记载：

> 是役也，计斩杀敌众五万三千七百八十三，获马七千四百四十四，甲胄九千三百四十六件。明兵自杏山，南至塔山，赴海死者甚众，所弃马匹、甲胄以数万计。海中浮尸漂荡，多如雁鹜。

穷愁之余，洪承畴乃与总兵曹变蛟、王廷臣以及巡抚丘仰民率残兵万余人，蜷缩在松山孤城之内坚守。由于城外道路皆为清军所堵，供粮不继，城内很快粮尽，甚至出现了人吃人的惨剧。洪承畴几次组织突围，皆告失败。

坚守之中，松山副将夏承德以子为质，遣人密约皇太极降清，欲献城内应。崇祯十五年二月十八日，夏承德引清兵入城，并率领所部把洪承畴等明军高级将领悉数生俘，献给清军做"见面礼"。

松山城破后，明朝总兵曹变蛟和巡抚丘仰民等人被俘，宁死不屈，被清军斩决。一向以尽忠报国自诩的洪承畴，关键时刻却骨软投降。

松山既破，锦州明朝军民绝望。当时，锦州城已经被围一年多，城内粮尽人疲。三月八日，守将祖大寿左思右想后别无他法，只得向皇太极献城投降。

清军入城后，仔细甄别，凡不属于祖大寿部属的明军，皆押出屠戮，共斩明朝副将以下官员十七人、兵丁八千余人，俘获祖大寿所部一万二千四百多人，缴获甲胄军械七千二百多件、各种火器六百多件。

至此，松锦大战基本到达尾声。一般史书，对于锦州投降后的战斗，都只是象征性地附带说明一下：四月九日，清军攻克塔山；四月二十一日，杏山明朝守军投降。至此，明朝在辽东的防御体系完全崩垮……

明朝在松锦大战中的失败绝非偶然，原因很多：第一，肯定要归咎于当时明廷政治的腐败；第二，人在北京不懂军事的崇祯皇帝和兵部尚书陈新甲盲目催战；第三，身在前线的蓟辽总督洪承畴和军中监军张若麒不和，互相掣肘；第四，军事总指挥洪承畴关键时刻指挥失误；第五，总兵王朴、顺天巡抚杨绳武、兵部侍郎范志完等将官贪生畏死……

但在长期的明清战争中，明朝将士并非我们今天印象中那样无能和畏懦，其中还是有无数具有大无畏英雄气概的勇士。就在那场史料缺乏的塔山战役中，就有七千多名大明守军浴血奋战，最终一个不降，集体殉国，悲壮惨烈。

但是，在作为胜利者的清朝官修史书中，对于塔山战役的记述，却敷衍潦草：清军先以红衣炮（也称红夷大炮）毁城，然后顺利攻入城内，尽杀七千守城明军……

在清朝所存的原始文件中，皇太极敕谕朝鲜国王以及蒙古诸部，大体都是如此说：

> （我军）以红衣炮击毁塔山城，我兵无梯登城，于城圮处攻入，将城中官兵尽行杀之。（《内国史院档》上册，第473~474、477页，崇德七年四月）

而后，皇太极派使者送给杏山守将吕品奇及明朝守军一封威吓信，基本也是相类内容：

> 因其（塔山明朝官兵）抗拒不顺，遂以红衣炮击而毁之，

我兵入城，尽杀官兵，无一得脱。(《内国史院档》上册，第468页，崇德七年四月)

如果从清朝这些肆意歪曲明军、极尽夸张吹嘘皇太极英明神武的档案文件推想，似乎塔山明军都是一群如待宰羔羊一般的懦夫，他们在城陷之后，任由清军屠戮。

松山大战之后，明朝国势日蹙，辽东之地尽失，一个失败接连另一个失败，也就没人留心塔山城到底发生了什么。当时和现在，国人也很少知晓松山大战临近尾声之时明朝将士在塔山所谱写的大明英烈传奇，甚至在反清最激烈的辛亥革命前后，都少有人追忆明朝这一段悲壮的历史。

今天，我们之所以能够满怀崇敬地追溯先辈的英雄事迹，确实要感谢当时的一批批朝鲜使臣——那些迫于清朝军事压力不得不臣服"奴虏"而不改衣冠的朝鲜士大夫们。为了入京朝拜和进贡，他们每每要经过塔山残毁的遗迹，面对残山剩水的大明故迹，通过和当地明朝遗民的交谈，知悉了更多、更真实的塔山英烈传奇事迹，并且诉诸诗文，一唱三叹，感慨万千。

1636年战败之后，朝鲜被迫臣服清朝。从此，朝鲜国王就必须派遣长子、次子以及贵族子弟到沈阳给清朝做质子。这些人，身在曹营心在汉，无时无刻不忘对大明朝的尊崇，对万历年间明朝帮助朝鲜却倭复国的恩德常怀于心，所以总是希望明朝最终能够反败为胜。

朝鲜这些作为人质的锦衣玉食的高级囚徒，在沈阳一直保持有相当的自由度。他们每每通过状启的形式，向朝鲜国王及时汇报明清军事进展情况。

松锦大战后，在沈阳的朝鲜人根据他们所获得的情报，得出如下描述崇祯十五年四月塔山之战的最终战报：

塔山城一面，以许多红衣炮攻毁，众矢齐发，则城中不得支，自焚其庐舍，一时俱尽。余卒七千，并行厮杀，清人别无损伤，只放炮十余人中箭。(《沈阳状启》，壬午年四月二十一日。)

我们可以发现，这份状启，完全是客观描写战况，并没有过多的情感倾向，也没有战役细节描述，基本属于道听途说式的战况报告。但其中内容，已经和清朝皇帝颠倒黑白的谕旨有所不同："余卒七千，并行厮杀。"——说明了明朝守军确实对清军进行了猛烈抵抗，而不是俯首待戮。

塔山战役的惨烈，已经在这份朝鲜状启中初露端倪。

顺治二年（1645年）五月初六，朝鲜使臣成以性行经杏山堡，记录了这样一条极其重要的信息：

东南望海而行，夕宿塔山所。惨目之状，又不忍言。孤城力战，始终不屈，城陷之日，家家藏火药，敌兵阑入，一时发火，主客烧尽，无一得脱。非徒能死，又能杀贼。主将谁也，非烈士欤？至今清人亦称道不已云。(成以性:《溪西先生逸稿》卷一)

在朝鲜使臣成以性的笔记中，他先是对塔山废墟大为唏嘘，而后对塔山的明朝烈士表示敬意，还详细记述了七千壮士在城内埋藏火药与清军同归于尽的壮烈事迹。最后，成以性表示说，不仅他自己，包括清朝百姓，都对塔山明朝守军气壮山河的抵抗精神大为称道，只是都不知道塔山明朝守军主将为何人……

过了六年，顺治八年，曾在沈阳做过质子的朝鲜麟坪大君李㴭以"冬至使"身份出使北京，中途也经过塔山城遗址，留下了多首歌咏塔山的诗篇。其中两首盛赞塔山明军的爱国情操，气韵悲壮，格调高古，大有盛唐气象：

塔山所怀古

万古惊心此地事，满城屠戮一无余。
男儿一死何须恨，凛凛英名竹帛书。

次子由塔山有述

北塞兵尘起，边烽月晕时。天寒胡骑合，日暮鼓声迟。
世事嗟何及，孤城竟不支。人人皆死节，定不愧羌儿。

从李渲《宿杏山所》一诗中，我们也可以发现，清朝军队在攻陷塔山后对杏山城的占领，也并非他们自己吹嘘的那样“兵不血刃”，其实也经历了明朝守军的殊死抵抗：

宿杏山所

际夕投孤村，村荒烟火稀。旷野风萧萧，沙尘扑人衣。
垣墙尽顿僻，架屋无所依。云是杏山堡，死守酷见夷。
垒堑为平地，人物靡孑遗。天阴骷髅哭，夜黑燐火飞。
……

（李渲：《松溪集》卷二）

顺治九年，朝鲜使臣申濡在出使路途中，也写了一首长诗《塔山堡歌》。这首长诗的序言，对塔山战役做了更为详尽的描述，使得明朝塔山英雄的事迹日益清晰起来：

塔山所守将不知姓名为谁（辽人言者不记其姓名），而当锦州失守，松杏连陷之际，独毕力拒守。

及事急，（守将）集军民谓曰：“吾士卒死伤殆尽，而粮食且匮，若等知朝暮亡矣。吾义不生而辱，必先自刎，何以吾首举城而降，吾不忍满千人为鱼肉，而妻子俘虏也。”

众皆痛哭，誓无一全者。乃令人缒出约降，掘地埋炮火遍坞中。翌日开门纳东兵（清军），人马阗入盈城，而炮火迅发。呼吸之顷，焱举烬灭，一城荡然，蔑遗纤芥云。

嗟乎！自古忠臣烈士婴城而死者非一，而安有至死出奇，杀身鏖敌，功谋之壮如塔山者乎？且当埋火，人知必死而无以事外泄者。彼其忠诚有所激也。余闻辽氓言过至流涕。因恐其事迹之泯焉，为诗若序，以俟他日为李翰者采焉尔。

在序言中，申濡通过类似今日新闻记者实地采写的形式，以文学笔法真实记录了他所发掘的塔山明军守城史实：锦州失守之后，塔山城顿显不支，困守愁城，主将召集城内居民说：“守城军士死伤殆尽，粮食匮乏，早晚城池必陷！我作为大将，必将为国死，待我自刎后，你们把我的首级献给清军投降，可以免于遭受屠戮！”听主将如此说，满城军民痛哭，誓不投降。于是，明军先派人出城诈降，然后在城内遍地埋藏炸药。待转日清军入城之时，明军四处点燃炸药，霎时间，山崩地裂，炮声隆隆，数千守城军民和先入城的清军皆同归于尽！

为此，申濡感慨道：自古忠臣烈士死守孤城的事例很多，但像塔山明军将士如此以生命作诱饵杀身歼敌者，真是罕见。而且，当其埋藏炸药之际，人人皆知必死无疑，依旧谋不外泄，可见主将激以大义的忠信感人至深！

申濡虽然对塔山明朝将士的壮烈事迹记载颇细，但也和先前的朝鲜使臣一样，没有办法得知塔山主将的姓名。为此，申濡在长诗之首一发感叹：

塔山亦一障，城堑尽夷填。借问主将谁，义烈天下传。
长围逼列镇，胡马塞河边。总兵衿甲出，军门肉缚前。
松杏继摧陷，唇齿无一全。慷慨气吐虹，雪涕洒幽燕。
资粮讵支月，斗士不满千。兵孤势自振，力毙守逾坚。
矢尽鼓不起，瀛创但空拳。举言谓吏士，汝曹诚可怜。
俱死顾无益，图生亦有便。刎颈为若德，反城与彼连。
性命脱锋镝，妻子免系挛。富厚可立致，岂独安尔廛。
众人前抱持，痛哭声沸天。死生唯将军，此言奚至焉。
不敢惜身命，誓以同日捐。炮火遍沙尘，埋土不用穿。
举城知必死，机事谁敢宣。开门约招纳，踊跃皆争先。
平明千骑入，金甲走骈阗。烈火发地中，焱迅不及旋。
城郭卷入空，人马随灰烟。杀身谅为仁，殉死士亦贤。
何况并虏歼，奇功实独颛，忠过死保聊，义胜刎从田。
中原乱无象，杀气亘西川。学士窜蛮荒，青简谁为编。
仆本悲愤人，言之涕泗涟。停车立榛棘，欲去复回遭。
再拜谢英灵，悲风竖我颠。挥翰写兹怀，浩歌以缀篇。

（申濡:《竹堂先生集》卷六《燕台录》）

这首叙事长诗，气势磅礴，铺陈得当，凸显了塔山明朝守军人人奋勇、视死如归的大无畏精神。他们临难不惊，计赚清军八旗兵马入城。当清朝千余人马拥挤入城之际，阖城明军点燃事先在城内填埋的火药，最终与清军同归于尽。

读毕此诗，令人眼前马上浮现出塔山军民凛然的神情，由衷佩服他们的忠诚和胆略；而他们面临死亡的那种从容和壮烈，更让我们后人心怀敬畏！

日复一日，年复一年，朝鲜使臣每每经临塔山等松锦大战的战场，都会迎风洒泪，凭吊明朝英烈。在英雄情结日益浓厚的同时，对于计出奇谋的明朝塔山守将究竟为何人，更是久久不能释怀。

于是，一代又一代，在长达百年的时间内，这些朝鲜文人每每叹惋流连，揣测推算……

一直到康熙五十九年（1720年），朝鲜使臣李宜显依旧在《塔山吊古》中不停惋惜塔山守将姓名的失落不传：

月晕孤城夜，风霾万灶寒。将军死最烈，过客涕频弹。
壮气晴空碧，忠心赫焰丹。何妨姓字泯，竹策永无刊。

（李宜显：《陶谷集》卷二《庚子燕行诗》）

到雍正九年（1731年），朝鲜谢恩使赵尚䌹在《哀杏松塔三堡守将》一诗中，依旧感怀旧事，倚剑酹酒唱悲歌，诅咒清朝“胡运一何长”：

残礁破堞倒沙场，抚迹那堪过客伤。
百万兵随城共陷，二三帅与国偕亡。
千秋气作山河壮，永世名垂竹册芳。
天醉至今醒未得，中州胡运一何长。

（赵尚䌹：《燕槎录》）

至雍正年间，清朝已经在中原统治近百年，没有任何“胡人无百年运”的实现迹象。眼见昔日元朝统治中原不过百年的历史经验也逐渐失去效验，再回顾明末清初的松锦大战，朝鲜使臣们更是叹惋无限。

即使到了清朝日薄西山的咸丰十年（1860年），朝鲜使臣申锡愚在其《关外记》中，依旧提及塔山守将：

洪承畴、祖大乐（祖大寿）守松山城，坚守二年，城外多埋火炮，清兵不敢近。及夏承德内应，城陷，大乐、承畴被执而降，松山、杏山一时俱陷。塔山守将知不可守，自投火而死，清人碑“承德承畴皆背主，山松山杏尽连营”，即指此也。常闻大凌河阴风凄雨，若有愁恨气。

（根据朝鲜使臣金景善《燕辕直指》记载，道光帝东巡之时，在松锦大战战场遗迹处立战胜碑，炫耀祖先事迹，其中载有道光九年己丑季秋所作七律一首：忆昔王师压锦城，十三万众集明兵。文皇二白风云疾，胜国千年草木惊。承德承畴皆背主，山松山杏尽连营。追唯创业诚非易，仰见神谟速且精。）

可见，时光荏苒二百多年，许多历史皆缥缈于遗忘之中，但朝鲜士大夫的英雄情怀依旧，他们道了又道，咏了又咏，叹了又叹。在他们心目中，明朝的塔山英雄，不仅仅是大明朝的历史记忆，也是朝鲜民族崇尚血性的英雄情怀的某种心理折射。

让我们扼腕的是，朝鲜人一唱三叹的明朝塔山英雄，我们中国人却似乎很少知道他们的壮烈英勇事迹。如果不是以朝鲜文人的歌咏为线索对清朝史料有意识地深入挖掘，那些先烈英雄，几乎就湮灭在遗忘之中……

那么，塔山守将到底是谁呢？七千英豪，又是如何知其不可为而为之？在血雨腥风的明末，他们是怎样度过那最惨烈的最后的日子的呢？

根据《清内国史院满文档案译编》（简称《内国史院档》，光明日报出版社，1989）的满文原始资料，崇德七年（1642年）四月十二日，内秘书院学士额色黑，写有一封给皇太极的捷报奏稿：

和硕郑亲王、多罗睿郡王、肃郡王，钦遵上谕，率右翼将士及两翼巴雅喇官兵，汉军将士，载火器至塔山城西，列红衣炮，初八日始发炮，至初九日午时，城崩二十余丈，我兵由崩处登城。

时叶臣旗马喇希牛录下布达里先登城，恩古里牛录下塔哈达第二登城，盈古德牛录下图美第三登城，随之众官兵登城克之。

城内副将终汉邦及蔡阔宪、游击刘思康、都司崔定国、备御王奇龙，守备魁德仁、刘世泰、江思威、绥国志、宗俊泰，富魁及从关内来援李总兵官、金都司三营兵丁，共七千名，尽行杀之。

这份奏折，所记述的清军攻陷塔山的过程，基本和其他清朝史料大同小异，但其闪亮点在于，终于点明了明朝塔城主将姓名——终汉邦！

“终汉邦”，汉人有姓“终”的吗？有！西汉“请缨系南越”的青年英雄终军，就姓终。但“终汉邦”这样的名字，不可能出现在明朝——终汉邦，终结汉家邦也！再没知识的汉人，也不会给子弟起这么对于家国不吉利的名字！

所以，《清内国史院满文档案译编》中人名、地名的音译多有不确。我们如果想知道明朝守将的真实姓名，肯定要和明朝同时代的相关史料结合在一起加以研究。

经过有关学者的多方考证，已经发现满文档案中的“终汉邦”，就是明朝将领“佟翰邦”！

在崇祯四年八月的《兵部题行稿簿》中，已经出现了佟翰邦的名字：

城守坐营佟翰邦开报：据罩离山台兵杨兰报称：本月二十日夜四更时分，有奴贼（后金兵）深犯至本台东空徐家山台西空洋地方，有东来夜行班夫遇贼，砍死二十七名等情，卑职屡行查的以凭转报。

由此可见，作为驻守辽东的边将，佟翰邦在崇祯初年已经有所作为。

崇祯十二年七月，辽东巡抚方一藻上疏，请以步兵左营游击佟翰邦调补中左游营副将，并且夸赞说：

> （佟）翰邦胆气雄壮，所理火营未展厥略，改守冲地，制驭有余。是中左最相宜者也。（《兵科抄出辽东巡抚方一藻题本》）

从这封明朝辽东巡抚发往兵部的公文中，我们可以发现，佟翰邦不仅胆识兼具，而且擅长使用炸药火器，这和他日后在塔山利用炸药与清军相抗的史实，完全符合。

当年十月初二，长宁堡备御汪起龙所发塘报又记载：

> 本月初二日四更时分，据本堡远哨夷丁恳克力禀称，九月二十九日蒙中左所佟参将差百总押艾等，押同小的于初一日未时分哨至境外地方小凌河，离边二百余里，哨见奴贼五里路宽踪迹，从东往西南行走过去。随后复来达贼，看见小的等，追赶二十余里，星夜进境禀报等情。（《兵部行〈御前发下关宁总监高起潜题〉稿》）

汪起龙奏称，隶属长宁堡的蒙古族明兵恳克力汇报说，他曾在九月二十九日跟随佟翰邦等人远赴境外二百多里的小凌河附近侦察敌情。可见，时任中左所参将的佟翰邦，虎胆英雄，敢于深入敌人二百里的巢穴哨探敌情。这种行为，在明军将领中，确实卓尔不群！

而《蓟辽总兵官左光先塘报》中又称，在崇祯十三年十一月间：

塔山参将游都佟翰邦、郭天胤、汪起龙、黄邦寀带领马兵驰至二台子助战，兼以我兵格斗终日，粮车人畜俱各保全。

可见，身居最前线的佟翰邦，一直身先士卒，并且能和清军拼死格斗，作战极其英勇。

又据《辽东巡抚叶廷桂塘报》，崇祯十五年二月：

中左路副将佟翰邦，呈解投降真夷一名都什把。

崇祯十五年二月，松锦大战已经轰轰烈烈开打了好久。当月十八日，松山陷落，洪承畴等人尽数被俘。在战况如此惨烈的大背景下，时任中左路副将的佟翰邦还有功可立，派人把清军中投降的一名叫“都什把”的蒙古士卒解递给上司辽东巡抚。

此次公文记录也是明史资料中最后一次出现“佟翰邦”的名字。

梳理佟翰邦在明史资料中残存的记录片段，我们可以看出这个大明边将一步一个脚印的军旅生涯，也可以看出他卓尔不群、刚毅英武的胆略和胆识。

当然，仅仅从额色黑给皇太极的奏折中，我们看不出有多少渲染明军英勇抵抗事迹的描述。还好，《内国史院档》中所记载的清朝和硕郑亲王、多罗睿郡王等派和托、钟古等人上呈皇太极的报功簿，记录了当时清军占领塔山城后的缴获清单。从中，有心人自可见出某些端倪：

上等蒙古妇女二十口，汉人妇女八十口，俘获蒙古妇女一百六十六口，汉人妇女幼稚一千三百三十四口，共一千五百口；

> 金十一两，银一千一百七两，珠子五两三钱，绫、纺、罗、纱衣裙一百六十六件，佛头青布、翠蓝布次衣八百一十件，红毡八条，马二百三十四匹，骡三十头，共二百六十四匹；
>
> 牛八十二头，驴九十六头，共一百七十八头；
>
> 甲二百六十副，盔二百顶，腰刀一百六十口，弓六十张，撒袋七十副，梅针箭四百支，鞍十副，仓米二千六百五十石，红衣炮子八十发，将军炮子二百九十五发，把子总炮子二千发，小炮鸟枪子弹九金斗，大红衣炮一位，发贡炮二位，大小将军炮四百九位，佛朗机炮三十七位，把子总三位，三眼枪十一杆，单眼枪四杆，大小炮共四百六十五位，火药一窖又一百瓶、硝磺五十筐、火药坛六个。

细细研究这个报功簿，再结合额色黑的奏折，就可以基本勾勒出明军在塔山与清军激战的清晰场景：

从四月初八日开始，清朝亲王济尔哈朗、郡王多尔衮、豪格等人，率领右翼八旗军及两翼护军、专门掌管红夷大炮的八旗汉军等主力，对塔山实施猛烈炮轰，一直打到转天午时，终于轰垮了塔山城西墙体。在这一天半内，明朝守军并未龟缩畏战，而是顽强地和清军互射火炮，其间还弯弓搭箭，射杀清军炮手十多人。

当然，日后清军为了宣传，基本不说自己军队的损失，而是大张旗鼓宣称一举屠戮守城明朝军民7000多人。但从清朝军队上报给皇太极的缴获清单中可以看出，塔山大小炮共有465位，但清军缴获的炮弹却只有300余发。按照这些数字，缴获的炮弹比缴获的大小炮数目还少——显然，塔山明军一直在英勇抵抗，基本把“窖存”炮弹射空；当然，清军所缴获的另有较小类型“子总小火炮”3位，包括这种小炮的炮弹2000发。可见，这种小炮，似乎在明军守城战役中没有派上多大用场；但关键是，清军在塔山缴获的火药为数极少，只有一窖外加50筐，这与十天后请降的杏山城内明军残留火药数目相比，简直有天壤之别：杏山城内所留火药有3.85万斤，硝万斤，黄药3万斤——显然，塔山城的火药，基本消耗殆尽。这和朝鲜使臣多年来从当地人口中得到的传说基本一致——塔山城内大明7000壮士，正是利用这些火药和入城的清军一起同归于尽的。清军所缴获的那一窖数目少得可怜的火药，应该是当时唯一失效而没能引爆的……

或许细读史料还会有所怀疑，既然最先入城的清军都被炸飞，为什么额色黑奏折中还有最先登城得胜的三个满人布达里、塔哈达、图美的名字呢?

这不奇怪。清军和当年的西夏、蒙古一样，每每打仗登城，都是先派汉军为先驱，充当人肉盾牌和填壕物等炮灰。塔山城开门后，肯定也是这些汉人“伪军”先入。所以，炸药轰然一响，死得最多的也肯定是汉军。

而损失人马大怒之余，清朝的王爷们并不会对于这些汉军人马太过“算计”。因此，我们后人永远都不会知道当时被明军炸药炸死的清军汉军的具体人数……

无论如何，明朝的塔山守军确实一直在坚守自己的阵地，即使人数占绝对优势的清军兵临城下，即使弹尽粮绝，在主将佟翰邦的率领下，数千明朝守军依旧慷慨赴死，壮烈成仁，最终与城偕亡!

## 灭绝屠杀惨绝人寰

关辅连绵千壁垒，人烟莽荡尽丘墟。回思明末清初那段惨痛的历史，我们仍感慨不尽。踏上昔日古战场的狭小之地，想到当初有那么多大明烈士英灵逡巡其中，更让我们后人无尽感伤。

松锦大战之后，特别是塔山战役后，清军极尽残酷之能事，大肆屠戮被俘伤员和妇孺百姓，而清军自己也并不讳言其屠杀之景，炫耀之情，每每溢于言表。

清军在东北地区的屠杀，每次皆波及妇孺，而遇到类似塔山军民的这种英勇抵抗，更会恼羞成怒，在克城后大肆屠杀报复。

其实，在辽东地区，自努尔哈赤以来，清军对汉人的屠杀就从来没有停止过。

根据2000年山东人民出版社出版的《中国人口通史》估计，明朝末期辽东都司所辖地区人口600多万——其实这个估计还是偏少，当时的实际人数，应该在1000万左右。

以另外一种估计方法计算，如果从明朝隆庆元年（1567年）辽东人口700万为基础，到万历四十六年（1618年），辽东地区在51年之内，以人口年均5‰的增长率增长，也能达到900万以上。所以，万历四十六年以前的辽东，总人口应该有1000万左右。

努尔哈赤后金政权兴起之后，在辽东攻城略地。按照当时他的传统手法，每克一城，肯定马上进行大规模的屠戮。根据明朝档案记载，数年之间，后金政权的军队杀了300多万辽东汉人。其后，当地汉人逃亡入关的人数有100多万，逃亡到朝鲜和东江群岛的（有许多人再通过东江转移到明朝内地）也有100多万。由此，在后金统治区内还剩下500多万汉人。

就是这残留的500多万人，经过努尔哈赤后金政权的不断屠杀，最终所剩无几。其中，后金军队对于辽东汉人规模最大的一次屠杀，发生在天命十年，也就是明朝的天启五年（1625年）。

这次屠杀，很难在汉语所修的清朝历史档案中查索到，而在《满文老档》中有详细记载。当时，努尔哈赤为了屠杀辽东汉人，曾经特地发有一篇布告：

杀汉人时，汗（努尔哈赤）命出示彼等倡乱行恶之布告曰："我取辽东之后，未杀尔等，亦未动房舍耕地，未侵家室什物，皆豢养之。如此恩养，竟成不是……不思我养育之恩，仍向明朝，故杀此有罪地方之人。无罪地方之人居住日久，难免不乱，故迁至北方，给以房舍田地食粮豢养之。虽如此养育，然窝藏奸细，接受札付，叛逃而去者仍然不绝。……尔等既不思养育之恩，心仍向明，故杀尔等外乡之头人者，即为是也。小人修城，奸细难容，即使逃去，亦仅其只身而已，故养小人者，即为是也。……"

诸贝勒曰："众汉官，着尔等各带近亲前来，远亲勿带，以免其妄领财货使尔等脸面无光。"

八旗大臣分路前往，下于各屯堡杀之。杀完后甄别之，当养者，以男丁十三人，牛七头编为一庄。

此次屠杀，使贤良书生亦被杀绝。后为聪睿汗（努尔哈赤）惜而止之，查所余闲散之优劣书生，复以明例考举三百余名。(《满文老档》，645~647 页，中华书局，1990)

努尔哈赤主导下的这次大屠杀，应该把辽东大部分汉人都杀光了。痛快杀戮过后，后金政权忽然发现，在他们自己的统治区内，人口严重短缺，甚至连维持正常生产的基本劳动力都严重缺乏。

为此，到了明朝崇祯时期，继努尔哈赤之后的皇太极曾经四次大举兴兵入关，到北直隶、山东等地抢掠破坏。其主要目的，就是要通过战争手段掳掠大量人口，以充实其根据地占领区的劳动力基数。

经过前后几次攻掠，皇太极总共掳掠了 100 多万汉人出关。到了顺治年间，多尔衮率领清朝军民全部出动搬迁到关内，总人口也只有 100 万人左右——可见，就算从关内掳掠的人口被虐待致死一半以上，最终在清朝屠刀下残存的辽东本土人口，加上后金（清）军队在内，也只有

50 万以下。这个数字，和万历四十六年以前辽东地区的 1000 万人口相比，竟然减少了 95%！

因此，当清朝建立上百年后，中原到处都是大清顺民之时，朝鲜出使清朝的士大夫，依旧对于清朝早期的大屠杀耿耿于怀。乾隆十年（1745 年），使者赵观彬回国途中，作《运石》《感怀》二诗：

**运石**

胡运岂能久，民生亦可怜。

不知此天下，何日复正朔。

**感怀**

父母吾邦万历明，至今盛德荷生成。

岛夷豕突三京陷，天将鹰扬一域平。

环土不忘安堵惠，列朝靡懈拱丞诚。

沧桑世界无穷恸，血食皇坛大报名。

当时，清朝已经在康熙时代就平定了吴三桂等人的“三藩之乱”，收复了台湾，平定了西蒙古准噶尔部。即便如此，长期以明朝为父母之邦的朝鲜士大夫，对于清朝依旧缺乏发自内心深处的认同感。在他们心目中，依旧深切怀念万历时代明军和朝鲜并肩作战驱逐岛夷倭寇的旧恩，而明末清初宗主国的惨痛历史记忆，在他们心中长久拂拭不去……

相比数百年前的朝鲜使者，我们国内个别史学家在今天依旧对清朝开国之时的政治手段大唱赞歌。

距离明末清初那个波澜壮阔的大时代越远，我们今天审视历史的目光也就能够越客观、越幽邃。

日暮孤魂泣，天寒远客悲。每当我们想到松锦大战，每当我们思及明朝的塔山英烈，都会感到悲风吹发，森然上指……

努尔哈赤像

## 附件

明清史研究中，朝鲜古籍《燕行录》和《朝鲜李朝实录》是两套非常重要的参考书。这两套书，绝大多数都是当时的朝鲜人以古汉语文言记述。

韩国成均馆大学曾在 1962 年编纂出版过《燕行录选集》，韩国东国大学校出版社在 2001 年又出版《燕行录》101 册。

明清两朝，来华的朝鲜使团中，不少文人士大夫擅长古汉语写作，他们将自己在华时的所见所闻著录成书。这些著述，在朝鲜历史上被统称为《燕行录》。

可见，《燕行录》并不是专指某一个朝鲜使团人员来华时的著述，且每个作者书中文字长短和卷数多寡都不尽相同。

朝鲜的三节年贡使团，通常在每年十月或十一月初从首都汉城出发，年底以前到达北京。清代朝鲜使团所行路线多为陆路，沿线所经主要城市依次是平壤、义州、鸭绿江、凤凰城、连山关、辽东、沈阳、辽宁、沙河、山海关、通州、北京等等。总路程约为 3100 里，途中需 50 ~ 60 天的时间。整个旅程（包括在北京逗留）需 5 个月左右。使团人员在北京驻留时间一般在 60 天左右。其间，朝鲜使团人员以私人身份与中国官员、学者甚至西方传教士进行接触，并且游览书肆以及名胜古迹。

朝鲜王朝所派遣的来华使臣，回国后往往要由国王召见，汇报有关中国的情况。尤其是书状官，必须将途中的见闻记录禀报国王；使团中的其他人员，也私撰有关出使中国的记闻，著述多是用汉文写成，极个别用谚文（即朝鲜文）写作。如此，多年来这一系列记录朝鲜使团成员沿路见闻的著作，即成为今天我们所见到的各个时期的《燕行录》。

《燕行录》乃一系列关于燕京之行著述的总称，所以具有体裁多样、作者层次广、年代跨度大等特点。其体裁有日记、诗歌、杂录、记事等，其作者包括朝鲜派往中国的正副使、书状官以及使节团中一般的随员，其中著名学者有朴趾源、李德懋、洪大容、柳得恭等人。这些文人，同时也是朝鲜历史上“北学派”的著名人物。

最早的《燕行录》著述时间开始于崇德二年（1637 年），目前所能见到的是金宗一所著《沈阳日乘》。我们能见到的最晚的著作，则是光绪十四年（1888 年）无名氏的《燕辕日录》。

《燕行录》内容非常广泛，除了记载路途、使行人员、贡品和沿路所见的风景外，对于中国当时的政治、经济、文化、社会风俗都有详略各异的记述。

来华的朝鲜士大夫们，对于中国的时政、著名人物、藩属外交、边境贸易、商人市集、士人科举以及婚丧风俗等都非常感兴趣，记述内容繁杂、翔实，可读性很强。

《燕行录》在内容与时间上都覆盖极广，同时也是外国人认识中国的第一手资料，因而具有相当的真实性。所以，直笔、全面、完整，乃朝鲜《燕行录》这套古籍最大的优点，也使其成为研究清代中国社会历史情况的宝贵资料，可在很多方面弥补中国史料的不足。

在研究明朝女真史和满族兴起史方面，《朝鲜李朝实录》（简称《朝鲜实录》）也具有很重要的价值。这套书是朝鲜李氏王朝用汉文记载的官修史书。

朝鲜李朝建于 1392 年，止于 1910 年，基本上与中国明清两代相始终。《朝鲜实录》大量记述了明代女真在中朝两国沿边和朝鲜东北境的活动，特别是其中关于女真社会内部的调查和报告，是我们在明朝官私史籍中难以见到的。

日本学者从 20 世纪 30 年代初开始整理《朝鲜实录》，并从中简抄女真（满）、蒙古史料。1954 年，《满蒙史料》陆续出版。1959 年，这套资料共 15 册全部出齐，书末还附有人名和地名索引，非常便于检索。

# 飞扬跋扈为谁雄

## 多尔衮的时代

2003年上映的电视剧《孝庄秘史》，在当时着实热播了一段时间。剧中的摄政王多尔衮，乃清太宗皇太极之弟、顺治皇帝之叔。他不仅是个能征善战的大英雄，还是个统驭能力超强、性格直率刚强的政治家，更是个多情种子，终生和大玉儿（孝庄皇太后）缠绵情思，最后因为求婚被拒，竟然在纵酒纵欲之余“毅然”战死沙场……

电视剧本中，多有有悖史实的地方。从外貌上看，真实的多尔衮长有一张典型的通古斯人面孔，小眼睛，胖脸，细长鼻梁，身高近一米九，体形消瘦。他既不侠肝义胆，他也不是悲剧英雄，而是一个阴险、狡诈、自私、狭隘、嗜杀成性的政治人物。

### 韬光养晦心机深

多尔衮的青少年时代

多尔衮是清太祖努尔哈赤的第十四子。作为明朝僻远边裔的建州女真豪酋，努尔哈赤本人身上落后文明的印迹十分明显。努尔哈赤一生之中，不仅兄弟相残——杀掉了弟弟舒尔哈齐，而且父子不睦——幽杀了长子褚英。

在努尔哈赤南征北战凶蛮的一生中，始终不忘肉体之欢。他共生有十六个儿子，按照长幼顺序，分别是褚英、代善、阿拜、汤古代、莽古尔泰、塔拜、阿巴泰、皇太极、巴布泰、德格类、巴布海、阿济格、赖慕布、多尔衮、多铎和费扬果。

在努尔哈赤心中，这些儿子绝非按照长幼顺序排序，而是“子以母贵”——哪个儿子的母亲家族势力大，哪个儿子就是心肝宝贝。所以，皇太极虽然当时排行老八，却因为他母亲是叶赫贝勒之女，在后金政治联姻中地位最高，就成为努尔哈赤“爱如心肝四子”之首。

而多尔衮的母亲阿巴亥，是建州乌拉部酋长布占泰的侄女。为了讨好努尔哈赤，布占泰在万历二十九年（1601 年），亲自把年仅十二岁的阿巴亥送给时年四十三岁的努尔哈赤。

不过，当时的努尔哈赤还没有看上这位小姑娘，正一心一意爱着皇太极的母亲孟古。三年后，孟古病死，努尔哈赤悲痛欲绝之余才移情别恋，开始宠爱时年十五岁的阿巴亥，并且和她先后生下了三个儿子：阿济格、多尔衮和多铎。

努尔哈赤一生中，正式的福晋一共有十六个，但《清史稿》中，只有孝慈皇后（叶赫那拉氏孟古）、元妃（佟佳氏哈哈纳扎青）、继妃（富察氏衮代）、大妃（乌拉那拉氏阿巴亥）、寿康太妃、四位侧妃以及五位庶妃。

由于孟古是皇太极的生母，因此被追封为皇后。《清史稿·孟古传》中有对这位女人最后的赞语：

> 庄敬聪慧，词气婉顺，得誉不喜，闻恶言，愉悦不改其常。不好谄谀，不信谗佞，耳无妄听，口无妄言。不预外事，殚诚毕虑以事上。

由于《清史稿》撰文皆清朝遗老，这些阿谀之语，也纯属按照皇太极当初为了抬高他的生母而编造的资料撰写而成，可信度不大。其实，正因为聪明伶俐的小姑娘阿巴亥嫁给了努尔哈赤，孟古深感自身地位受到威胁，急火攻心，最终一病不起而亡……

升任努尔哈赤大妃后，阿巴亥一直受宠。但在天命五年（明万历四十八年，1620年），一件看似非常不起眼的小事，竟然让阿巴亥这位尊贵大福晋的地位一落千丈——当年三月初十，服侍阿巴亥的两个侍女纳扎和秦泰吵架。其间，秦泰骂纳扎与达海通奸，并私下给了达海一匹翠蓝布。结果被努尔哈赤的小妃德因泽听到，并将此事向努尔哈赤告发。努尔哈赤本人是个老财迷，他特别在意后妃私藏财物，得知自己府中有东西流出，更是深感愤怒。

经过调查，阿巴亥的侍女纳扎的确与达海通奸，而且在大妃阿巴亥同意后确实送给过达海一匹翠蓝布。

努尔哈赤大怒，立刻下令处死了纳扎。由此，德因泽进一步揭发说，阿巴亥还曾经给大贝勒代善送过两次饭，代善受而食之；给皇太极送过一次饭，皇太极受而不食。隐隐约约，德因泽似乎还证明阿巴亥和代善曾有通奸嫌疑。

对于自己大福晋和儿子代善是否通奸，努尔哈赤倒不是非常在意。女真当时还处于奴隶制时期，对这些事情也不太在意，努尔哈赤更在意的，是自己媳妇是否吃里扒外把东西倒腾出去。于是，他故意扬言，要搜查阿巴亥私藏的财物。

当时阿巴亥非常害怕，就把财物一一藏匿到自己娘家人家里，但最终都被搜查了出来。

大怒之余，努尔哈赤痛斥阿巴亥。如果没有三子一女需要阿巴亥亲自照顾，努尔哈赤很可能当时就把阿巴亥杀掉。

其实，阿巴亥当时给代善和皇太极送饭、做吃食，并私藏财物，都是出于一个女人护雏的本能——努尔哈赤身体不好，一旦去世，自己孤儿寡母的，只能依靠新即位的代善或者皇太极。仰人鼻息生活之下，确实需要留些财物以供吃喝……

当然，阿巴亥之所以被揭发，根据后人分析，很可能是皇太极设下的一个阴谋。因为久居深宫的德因泽，竟然知道努尔哈赤大福晋给代善和皇太极送饭的事情，确实令人生疑。

此事结果，除了阿巴亥大受责罚以外，大贝勒代善肯定也会遭受父亲的怀疑。另外，事前代善就是否杀朝鲜李朝投降官兵之事和努尔哈赤意见相左，经过阿巴亥送饭之事后，他这个大贝勒的日子雪上加霜，弟弟皇太极的地位看上去显得更加稳固……

阿巴亥被废后没过多久，由于后金大军夺取辽沈许多土地，努尔哈赤高兴，很快就回心转意，恢复了阿巴亥的大妃地位，并派人把她迎到辽阳城（今辽宁辽阳市）居住。

天命十一年（明天启六年，1626年），努尔哈赤被袁崇焕红夷大炮击中后伤重不治而亡。弥留期间，他让人传命阿巴亥前来与自己诀别。这对夫妻到底说了什么话，已经成为千古之谜。

皇太极继承汗位后，矫传努尔哈赤遗命，让阿巴亥给老汗王殉葬。当时，阿巴亥正当三十七岁盛年，虽然生有三个儿子——二十二岁的阿济格、十五岁的多尔衮、十三岁的多铎，却不得不屈从继子、新汗王皇太极的诏命。

据理力争久之，未得允许。万般无奈之下，阿巴亥只得悲愤吊颈而死，为努尔哈赤殉葬。

有关努尔哈赤遗诏中让阿巴亥殉葬，疑点多多。从以下几点看，很可能是皇太极为了汗位稳固而精心制造的一场阴谋：阿巴亥作为努尔哈赤爱妻，确实有殉死的资格，但她膝下有幼子要照顾，所以并不满足殉葬的要求；而且，天命五年努尔哈赤大怒的时候都没有杀掉阿巴亥，临死前，和大妃关系恢复得不错，更不可能遗命让大妃阿巴亥殉死；与阿巴亥同时殉葬的还有两个小妃，其中包括当初告发阿巴亥的德因泽——这也间接说明，皇太极为了一劳永逸掩盖天命五年的那个阴谋，顺便也将德因泽灭口。

至于有人揣测说，皇太极当初之所以矫诏让阿巴亥殉死，可能是努尔哈赤在临终弥留之际对阿巴亥说让多尔衮继位才导致皇太极大动杀心。此说，也是妄自揣测。当时的多尔衮，年方十五岁，以德以能以才以地位，都不足以和满洲贵族共同看好的皇太极相提并论！

但是，对于当时十五岁的少年多尔衮来说，凭空一声惊雷，严父刚死，慈母又被逼自杀殉葬。在他的心中，仇恨肯定如同春天新发的嫩芽，悄然滋生。衔恨之间，也就养成了日后他那种阴鸷的、韬光养晦的性格……

阿巴亥一生悲惨，死后也没有多大的荣光。顺治七年（1650 年）八月，已经权倾朝野的摄政王多尔衮追封其生母阿巴亥为“孝烈武皇后”。但好景不长，没不久多尔衮就暴死。顺治八年初，福临和他手下诸王将多尔衮、阿巴亥和多尔衮之妻博尔济吉特氏的追封全部追夺。日后，虽然乾隆恢复了多尔衮的亲王封爵，对其生母阿巴亥却只字未提。所以，阿巴亥这个可怜的女人，终生只有一个“大妃”头衔……

皇太极虽然逼杀阿巴亥，但继位之后，对幼弟多尔衮却不薄，非常信任，非常重用。

天聪二年（1628 年），年仅十七岁的多尔衮就在战争中崭露头角。是年二月，多尔衮随皇太极出征察哈尔蒙古多罗特部，获得敖木轮大捷。此役，多尔衮率部斩首二千余级。为此，皇太极大宴诸贝勒大臣，大赞多尔衮能干，赐多尔衮号“墨尔根戴青”，意为“聪明王”。从此，多尔衮一步一个脚印，开始加入后金军主要征战统帅之列。

天聪五年大凌河之战，多尔衮身先士卒，冒着枪林弹雨，率先冲锋陷阵直抵大凌河城下。皇太极得知后，切责诸将不加劝阻，几丧这位十四弟的性命。松锦大战，多尔衮更是被皇太极委任为主攻统帅，他披坚执锐，在锦州城下差点被明朝守将祖大寿的红夷大炮轰毙。

日后，清军包围松锦，多尔衮虽然因为擅自让手下军士轮休而遭到皇太极贬爵处理，但其军事才能还是一直深受皇太极赞赏的，不久他就被恢复了爵赏。

作为清朝政治家，皇太极确实属于深谋远虑之辈。他继位之后，重新在女真诸族中建立封建性质的伦理道德观念，稳固皇权，称帝建国，改“金”（史称“后金”）为“清”，易“女真”为“满洲”，重用汉族儒生，提倡满汉一体，基本构建了日后清朝大业的根基。

皇太极在处心积虑利用汉人力量的同时，还特别强调要以昔日金国灭亡的历史教训为鉴，强调不忘满洲旧俗。

当时，皇太极既倾心学习中原儒家文化，又对女真本民族的风俗习惯和文化传统极其重视。其手下重臣达海和库尔缠虽然屡劝皇太极效汉人服饰制度，改易满洲衣冠，却一直未被接受。

据《清太宗实录》记载，崇德元年（1636年）十一月，皇太极对以多尔衮等人为首的亲王、郡王、贝勒、固山额真等大臣们说：“如果朕先前接受达海和库尔缠等人的建议，改服宽衣大袖的汉服，则不便于我们女真人骑马射箭，而骑射乃八旗兵之长技和战无不胜的法宝，所以，我们大清的衣冠风俗断不能改！”

转年，皇太极又对诸王、贝勒们说：

> 昔金熙宗及金主亮废其祖宗时衣冠、仪度，循汉人之俗，遂服汉人衣冠，尽忘本国言语。……我国家以骑射为业，今若不时亲弓矢，唯耽宴乐，则田猎行阵之事必致疏旷，武备何由而得习乎！盖射猎者，演武之法；服制者，立国之经。朕欲尔等时时不忘骑射，勤练士卒。凡出师田猎，许服便服，其余俱令遵照国初之制，仍服朝衣。且谆谆训谕者非为目前起见也，及朕之身岂有习于汉俗之理！正欲尔等识之于心，转相告诫，使后世子孙遵守毋变弃祖宗之制耳！

可见，金朝灭亡的历史经验，一直让皇太极忧心忡忡。他借金朝覆亡前鉴，谆谆告诫说，语言、服饰和骑射，三者皆为满洲传统文化的根本，要一直努力保持下去。不仅在当朝，后世子孙也不要轻易改变。

皇太极不仅是口头上这样说的，在实际行动中也是这样做的。在满语方面，早在天聪八年四月，他已经命令将业已汉化的官名和城市名改为满语，如总兵官改为“昂邦章京”、副将改为“梅勒章京”、参将改为“甲喇章京”等；又将沈阳改为“盛京”、赫图阿拉改为“兴京”等。不久，他下令礼部举行科举考试，不仅考核传统儒家文化，还专门选拔精通满语、蒙语的人才。服饰方面，为了遏制清朝内部改穿汉服的趋势，他严令清朝大臣要身着圆领、窄袖、左衽和衣摆四面开衩的旗式服装。在骑射方面，他诏令各旗的牛录额真们必须带领士卒在春、夏、秋三季进行操演，并派部院大臣随时抽查。在适当时候，大范围举行骑射比赛……

对皇太极如此的训示，多尔衮最为心领神会，他当时就跪奏：“臣等更复何言，唯铭刻在心，竭力奉行而已。”

虽然对于皇太极这位皇帝哥哥杀生母之事一直耿耿于怀，但对于皇太极“满洲化”的教诲，多尔衮却一直铭记在心，甚至在后来有过之而无不及，对中原和江南占领区的汉人剃发易服，竭尽残酷之能事……

当什么一定就要有什么样子！这种类似丛林法则的处世之道，多尔衮一直谨慎遵行。

在皇太极在位期间，多尔衮处处附和、赞同皇帝八哥。早在天聪七年六月，皇太极曾经询问诸王及将领：时下征伐的主要目标，是明朝，还是察哈尔或者朝鲜。揣测到皇太极的心意，深知主攻方向关系到后金政权能否进一步迅速发展的重大问题，多尔衮就极力赞和，力主以“征明”为先。他从夺取全国政权这一目标出发，向皇太极献策说：

宜乘春时整练士卒，待我（后金）耕种既毕，彼（明）

皇太极像

谷将熟，入边直逼燕京，截其援兵，残毁屯堡诸物，因粮于敌，为久驻计，可坐待其毙也。(《碑传集》卷一《睿亲王多尔衮传》)

当然，多尔衮赞和皇太极是揣测上意，但他的建议，确实对于当时的后金政权是最好的一种策略：第一，从八旗实际情况出发，在整练战备的同时，不误生产；第二，抢掠明朝粮食，以战养战；第三，对明朝统治地区施行“残毁”的屠掠破坏性战争，可以不断削弱明朝的国力。

天聪八年，蒙古察哈尔林丹汗死于青海打草滩。利用这一有利时机，皇太极命令多尔衮、岳托、萨哈廉、豪格等人率精兵万人，收服了林丹汗之子额尔克孔果尔额哲。这次攻蒙之战，多尔衮不仅为皇太极顺利地解决了蒙古问题，还从察哈尔苏泰太后处得到元代传国之玺“制诰之宝”，为皇太极正式称帝的合法性大造其势。

为此，皇太极不久就改元“崇德”，改国号为“清”，正式立国，而多尔衮也因功受封为“和硕睿亲王”。

崇德元年十二月，清军猛攻朝鲜，把朝鲜国王李倧包围在南汉城。为促使李倧投降，崇德二年正月，多尔衮率军进攻朝鲜的江华岛。当时朝鲜的二王子、王妃以及众多大臣和眷属都在岛上。

正是由于多尔衮出军猛战，江华岛被清军占领。朝鲜国王李倧绝望，不得不率文武群臣向皇太极献上明朝所颁发的敕印，正式向清朝称臣并遣送质子。

由于多尔衮的鹰犬功劳，清军收降察哈尔，击降朝鲜，最终使得明朝在辽东失去了两翼之援，整个明清战争形势也发生了质的变化。

在对明朝战争的过程中，多尔衮率领清朝军队，每到一处都施行屠掠政策，犯下种种暴行——崇德三年，多尔衮作为“奉命大将军”和岳托一起进犯明朝，分别在董家口、墙子岭等地毁边墙入侵，西掠至山西，东破济南，杀明朝总督卢象升。

此次清军在明朝境内纵横豕突数千里，蹂躏明朝城池四十余座。清军所到之处，烧杀掳掠一空，二十多万汉人被掠出关供奴役，汉地损失财物不计其数，给山西、河北、山东等地百姓带来了噩梦般的深重灾难……

皇太极时代，多尔衮倡谋出奇，攻城必克，野战必胜，深得皇太极的信任。其谋略思路，与皇太极同出一辙，自始至终对他的意图予以贯彻。在清朝开国过程中，多尔衮可谓居功甚伟。所以，皇太极一直非常看重多尔衮，甚至表示对这个十四弟“爱胜亲子”。在诸贝勒中，除礼亲王代善、郑亲王济尔哈朗、颖亲王萨哈廉之外，多尔衮的官阶升迁最稳定。

努尔哈赤去世前，多尔衮已初封贝勒；天聪二年三月二十九日，晋固山贝勒（旗主、和硕贝勒）成为镶白旗旗主；天聪四年七月十一日，皇太极与诸贝勒焚香盟誓之时，多尔衮在诸小贝勒中名列第五；天聪五年十月二十八日，与大凌河投降汉官祖大寿等人盟誓中，多尔衮排列顺序未变；天聪九年十二月二十八日以及第二年正月初一日，当时除大贝勒代善坐在皇太极右边（济尔哈朗两次缺席）外，多尔衮在诸小贝勒中已跃居第一位，多铎、岳托、豪格、阿巴泰、阿济格等人都排在后边；天聪十年四月初五日，诸贝勒正式登堂仪式上，多尔衮排第三。初八日，皇太极上尊号，出场贝勒中，多尔衮虽然依旧排名第三，但由于是代表满族官员向皇帝敬献表文，多尔衮的地位实际上又有上升。二十三日，多尔衮被正式封为“和硕睿亲王”。

皇太极时代，相比多尔衮，济尔哈朗一直排名第一。这主要是因为，在皇太极心中，济尔哈朗的才能虽然不是很高，但他为人比较厚道，不擅权，不居功，从生活上真正关心皇太极，平时过错很少，而且在松锦大战中开辟过“围锦打援”新局面。这种安排也体现出了作为帝王的皇太极的用心良苦——十四弟多尔衮才能出众，但位高气骄，难以驾驭，有济尔哈朗在前，可以压制一下多尔衮……

## 拥立大功莫大焉

### 甘心扶立侄子福临登基

皇太极一直努力维护皇权一统，但在他去世前，竟然没有明定储君。

皇太极一共有十一个儿子：长子豪格（时年三十五岁）、次子洛格（1611—1621年，十一岁卒）、三子洛博会（1617—1623年，七岁卒）、四子叶克舒（时年十七岁）、五子硕塞（时年十六岁）、六子高塞（时年七岁）、七子常舒（时年七岁）、八子无名（1637—1638年）、九子福临（时年六岁）、十子韬塞（时年五岁）、十一子博穆博果尔（时年三岁）。

在皇太极十一子中，除三个儿子早死以外，尚有八子。按理说，从这八个儿子中选择一个当继承人，没有任何问题。如果根据长子继承制，皇太极驾崩后，豪格嗣位，应该顺理成章。

但在皇太极活着的时候，他自己就排除了豪格继承皇位的可能性——其一，在后金、清朝初期“子以母贵”时代，皇太极后宫基本都是蒙古贵族女子，蒙古五宫并立，而豪格生母是乌拉贝勒博克铎之女（阿巴亥的堂姑），属于继妃，地位低下；其二，豪格虽然相貌魁伟，广有智谋，身经百战，但皇太极曾经当面痛斥他“怀异心以事朕”，对这个长子没有信任感。

至于皇太极的其他儿子，十七岁的叶克舒的母亲是庶妃，地位低下；十六岁的硕塞的母亲地位稍高，是侧妃叶赫那拉氏，但在后宫地位仍然偏下；至于七岁的高塞、常舒，五岁的韬塞，三个孩子的生母都是庶妃，所以他们自己的爵位都只能是公爵；三岁的博穆博果尔，之所以能够得封“和硕襄亲王”，倒是因为他母亲是懿靖大贵妃，乃蒙古博尔济吉特氏。

因此，皇太极在世之时，如果选择继承人，肯定要从自己的科尔沁五宫后妃所生的孩子里面挑选。崇德二年七月初八，关雎宫宸妃海兰珠生下了皇八子。为此，皇太极高兴至极，很快就在笃恭殿大会文武，颁诏大赦，暗示要立皇八子为“皇嗣”。可惜孩子福薄，不到七个月就夭折了。两天之后，也就是崇德三年的正月三十日，皇太极的永福宫庄妃布木布泰有喜讯传出：皇九子福临诞生！

但是，这位皇九子福临一直长到快六岁，皇太极都没有再提立嗣之事。这几年中，皇太极一直全神贯注打天下，猛攻明朝，发展清朝势力。松锦大战中，皇太极带病纵马奔驰，操心国事，使得病情不断加重。崇德八年四月初六日，皇太极病重，清朝大臣们通过朝鲜李朝世子馆寻找医生，最后让朝鲜医生朴柳达为其诊治，当时的诊断为“风眩”，大概是今天的高血压症状。此后半年间，皇太极病情时好时坏。到了当年的九月初九夜间，这位皇帝忽然“暴逝”。按照逻辑推理，他应该是死于因高血压引起的突发脑出血……

皇太极暴崩，所以来不及立储。但在他心目中，长子豪格不是理想人选，十四弟多尔衮更不是——皇太极惨淡经营十七年，甘愿冒得罪不少满洲宗室贵族的风险，也要建立大一统的封建皇权。本着“家天下”的皇权理念，皇太极不可能考虑让弟弟来继承皇位。

正当清军对明战争取得节节胜利之时，皇太极暴崩，以多尔衮为首的满洲贵族内部，在皇位继承问题上，马上就产生了尖锐的矛盾。

既然皇帝生前没有指定皇嗣，而当时最有力量争夺皇位者，非皇太极长子豪格和皇太极十四弟多尔衮莫属。

根据《清世祖实录·卷三十七》记载，皇太极死讯传出之后，皇太极自将的正黄、镶黄两旗马上表示要拥立豪格（他还是正蓝旗旗主）为帝；图尔格、索尼、图赖、巩阿岱、鳌拜、谭泰、塔瞻等八人，也忙往豪格家开会，表示拥立之意。

看到索尼等人如此表态，豪格命何洛会、杨善往告郑亲王济尔哈朗说：“两旗大臣，已定立我为君，尚需尔议。”

一直在群臣中排名第一的济尔哈朗，也马上表示拥戴。接着，为谨慎起见，他又说兹事重大，应该叫来多尔衮细加商议。

不用说，多尔衮和其弟多铎所统帅的两白旗，肯定主张拥立多尔衮为帝。多尔衮兄弟中，弟弟豫王多铎和哥哥英王阿济格，当时就“跪劝多尔衮马上继承大位”。

当时的多尔衮，有当皇帝的想法吗？当然有！

但愿望和现实之间的距离还是很大，满洲宗室诸王和贵族子弟人心不一，所以，多尔衮未敢贸然应允兄弟之请，而是伺机多方面寻求支持，观察形势。

皇太极死后第五天的八月十四日，多尔衮召集诸王大臣进宫，共同议立嗣君。当天黎明时分，两黄旗大臣盟于大清门，并令两旗精锐护军张弓搭箭，环立于宫殿周围，摆出一副兵戎相见的架势。

会议之前，多尔衮曾经征询正黄旗大臣索尼的意见，问到底立谁为帝合适。索尼也干脆，回答了一句话，让多尔衮彻底死心：“先帝有皇子在，必立其一，他非所知也。”

会议刚刚开始，又是这个索尼马上表态，力主立皇太极亲生皇子为帝。八旗王公中，资历最老，地位最高的礼亲王代善也表示豪格当承大统。豪格在场，出于礼貌，马上表示谦逊辞让。

阿济格和多铎这时候赶紧表态，他们认为自己一母同胞的兄弟睿亲王多尔衮应该继承帝位。

看兄弟二王如此表示，老滑头代善马上又说：“睿王（多尔衮）若允，我国之福。否则，当立皇子。”也就是说，从此时起，代善开始不再坚持立豪格为帝。

看自己同母兄弟支持自己当皇帝，当时多尔衮脸皮还薄，未敢应允。

此时，两白旗的统领们也都跳出来，他们坚决反对立豪格为帝。

胶着中，本性急躁的多铎看哥哥多尔衮没表示，就“挺身而出”，表示不如自己当皇帝，或者就让年长位尊的代善当皇帝。

看到弟弟丑态毕露，多尔衮大怒，马上表示不同意立多铎为帝。人精代善年长加滑头，以自己年老为辞，转身走人，宣布退出拥立会议。

未等多尔衮兄弟再做他想，一直承担皇太极禁卫任务的两黄旗将领忽然入殿，仗剑而前，激愤表示：

> 吾属食于帝（皇太极），衣于帝，养育之恩与天同大，若不立帝子，则宁死从帝于地下而已。（《沈阳状启》，癸未年八月二十六日）

看到这些拥有兵权的禁卫军将领都表示要拥立皇太极的儿子为帝，多尔衮不敢触犯众怒，只得暂时压下自己的为帝野心，建议扶立皇太极第九子、时年六岁的福临为帝。而后，由他本人和济尔哈朗辅政。待福临年长后，马上归政。

多尔衮这个方案，各方都感到还算折中，就再没人出来反对。所以，皇太极死后空出来的帝位，就让给了当时不到六岁的娃娃福临。

可是，就在定议立福临为帝两天之后，代善之子贝子硕托、其孙郡王阿达礼，又图谋推翻成议，拥立多尔衮为帝。

事发当天，多尔衮即把二人露体绑缚，匆忙审讯后，即下法司诛杀。

多尔衮此举，一直被当时和后世的许多谄谀之人捧为识大体、重大局。其实完全不是。对于硕托和阿达礼串联诸人拥立自己为帝的事情，多尔衮一直心知肚明，但最后关键在于代善本人“大义灭亲”，自己首告儿孙二人大逆不道。至此，多尔衮为帝美梦破灭。

为了杀人灭口，也为了显示自己的“大义”，多尔衮对外表示，自己曾经“坚拒”硕托和阿达礼二人对自己的拥立，而且他即刻主持诛杀了想拥立自己的其他几个同谋，顺带还清除了皇太极长子豪格的一些人马。

清朝皇位继承问题得以顺利解决，对于清朝国祚来说，关系十分重大。1643 年，正值清军入关前的关键时刻，皇太极幼子福临即位，避免了满洲贵族的公开分裂，最终使得清军内部专注于经营中原。

但是，后人也一定要注意的是，如果根据当时多尔衮拥立福临的举动，我们就站在清朝立场上称赞多尔衮“顾全大局”“高瞻远瞩”，也是以君子之心度小人之腹！

多尔衮当时称帝，是想为而不能为，也不敢为！作为长子的正蓝旗旗主豪格，身后有两黄旗的拥立，加上豪格自己的一旗人马，这样一来，就明确有三旗人马支持豪格；而济尔哈朗作为镶蓝旗旗主，也倾向拥立豪格；而正红旗主代善，首选也是豪格或者皇太极其他皇子。至此，八旗之中，最少有五旗已经明确表明不支持多尔衮为帝。

在这样的情势下，羽翼未丰的多尔衮强自为帝，加上他当时还没有日后入主中原后的显赫功劳，其后果难以预料。

对于皇帝宝座，多尔衮显然欲望强烈，觊觎已久。特别是他日后也曾经宣泄过对皇太极的深深的怨望之情：“太宗文皇帝之继位，原系夺立。”——既然太宗皇太极的皇位都是夺来的，那么其子福临继承大统，肯定也算不上名正言顺。由此推之，说多尔衮没有称帝的野心，显然就是掩耳盗铃。

无论如何，在入关前最重要的历史时刻，多尔衮拥立福临为帝，客观上确实缓解了满洲贵族上层的公开决裂，使得清朝上下日后能够在对明战争中齐心协力，最终入关夺取了全国政权。但是，如果把这样的历史结果全部归结为多尔衮主观上的自愿自为，那显然是对这个历史人物的硬性拔高。

崇德八年八月二十五日，六岁的福临即位，改来年为顺治元年，其叔父多尔衮与济尔哈朗同为“辅政大臣”，继而称“摄政二王”。

多尔衮像

以摄政王之尊，多尔衮得以掌握清朝军政大权。自此，刑政拜除，大小国事，皆在他掌握之中，不是皇帝，胜似皇帝。

当年年底，多尔衮进一步限制诸王贝勒管理政务的权力，实行二摄政王负责制度，并且命令都察院纠察诸王贝勒。而后，他又规定各衙门办理事务都应该先启自己知悉。如此一来，不仅诸王贝勒参政权力遭到削弱，先前与自己并肩摄政的济尔哈朗，也退居多尔衮之下，从此他始专大政。

顺治元年一月，清朝礼部在多尔衮授意下，议定了摄政王居内及出猎行军的详细仪礼。从此，诸王和他不得平起平坐，也就是说，多尔衮实际上成了不坐宝座的皇帝，享有真皇帝的尊荣和权力。

当然，主要的政敌不可能自动心服口服。于是，待大权在手之后，多尔衮首先拿皇太极的长子豪格下手，说他在皇太极死后意图篡逆，并且把豪格幽囚起来。

在诸人劝阻下，豪格虽然保命，但被多尔衮废为庶人后软禁，就再不敢和多尔衮一争高下。

短短的几个月，多尔衮真正把清朝大权集于一己之身。

顺治元年，也就是崇祯十七年三月，李自成的大顺军队攻占北京，崇祯皇帝自缢煤山。当时，清朝大学士范文程很有预见性，看到天下形势突变，赶忙上书多尔衮，指出清朝日后的主要任务不再是和明朝争夺天下，而是和李自成、张献忠这样的“流寇”争夺天下。为此，清朝军队要从根本上改变对中原的策略，应该从先前的烧杀屠掠转为严申纪律，以此来收揽中原人心。同时，范文程建议，清朝还要积极招降笼络明王朝各级官吏，马上进军北京。

多尔衮当机立断，在数日之内集聚兵马，基本收拾了所有关外家底，率领满洲、蒙古以及先前投降的汉军孔有德、耿仲明、尚可喜等部，星夜疾驰，赶往山海关。

四月十三日，清军抵达辽河岸边。被李自成夺了爱妾的明朝山海关总兵吴三桂，马上派遣副将杨珅至清军乞降。至此，多尔衮得知李自成已经攻占北京，崇祯确实自缢身死。于是，他马上提军，加快行军速度，赶往山海关。

四月十九日，清军抵达山海关附近，心急火燎的吴三桂再遣杨珅致书多尔衮，希望对方速进兵，配合自己和李自成大军一战。

为此，多尔衮复信吴三桂，一改昔日仇恨明朝的态度，声称自己和大清上下都对崇祯帝的惨亡不胜发指，愤怒至极，肯定要率大清仁义之师和吴三桂一起努力灭“贼”。至此，昔日屠戮无数百姓的清朝军队，开始打着为崇祯帝报仇的旗号，准备入关“吊民伐罪”了。

这个多尔衮确实是个见风使舵的人物。仅仅在两个月前，他掌控下的清廷还曾以“大清国皇帝”名义致书大顺军诸帅，表示说要和李自成等人一起合力攻灭明朝，富贵共之。如今，墨迹未干，多尔衮指挥下的清军摇身一变，又成为帮助明朝军队剿灭“流贼”的仁义之师了。

四月二十二日，清军在吴三桂策应下兵不血刃进入山海关，一举击溃李自成亲率的二十余万大顺军。然后，多尔衮为了招徕明朝降将，马上封吴三桂为平西王，并且谕令全军：

> 勿杀无辜，勿掠财物，勿焚庐舍，不如约者罪之。（《清世祖实录》卷四）

由此一来，清军每日奔行一百二三十里，沿途未遇任何抵抗。五月初二这天，多尔衮就乘辇由朝阳门进入了北京城。

当时，被大顺军祸害多日的明朝北京百姓对清军多怀感谢之意，明朝文武官员也出迎五里之外，热烈欢迎多尔衮入京。

多尔衮大模大样地进入武英殿升坐，接受明朝众官和清朝众官的拜贺，宣布清朝定都北京。

多尔衮之所以决定在北京定都，目的就是要统一全国。但是，当时一些满洲贵族持不同意见，多尔衮同母兄、英王阿济格就主张说：

> 今宜乘此兵威，大肆屠戮，留置诸王以镇守燕都，而大兵则或还守沈阳，或退保山海，可无后患。

依据阿济格的主意，就是要趁机在山海关到北京这些清军刚刚占领的地方大肆屠戮抢劫，然后留派诸王镇守北京，而清朝主力军队可以撤回沈阳或者退保山海关。

阿济格之所以如此建议，就是因为他以先朝为例，说在皇太极时期，清军刚刚占领辽东之时，由于杀人不够，使得不少满人被反抗的汉人杀掉。如今，清军就要先下手为强，对汉人能多杀就多杀！

对此，多尔衮心怀犹疑。即使清军当时得到了北京，并不代表可以马上统一天下。当时，不仅南明政权兵力众多，李自成、张献忠等人的农民军势力也不容小觑。定都北京之后，如果作为国家象征的皇帝不来，诸王贝勒在北京，肯定也各怀鬼胎，逡巡不前。

想起先帝皇太极曾经的指示："若得北京，当即徙都，以图进取。"多尔衮最终上疏关外的顺治皇帝（其实是上疏给孝庄和孝端两个皇太后），希望皇帝和后宫都能够迁都北京，以彰显定鼎天下的决心。

对多尔衮之议，顺治及皇太极后宫诸妇人自然言听计从，她们马上安排入京事宜。仅仅花了二十九天时间，顺治皇帝一行就在军队护卫下从沈阳赶到了北京。

十月一日，顺治帝福临在北京登基。从此，清王朝取代明王朝。

北京称帝之后，众臣议功，多尔衮肯定第一，就以顺治皇帝名义加封多尔衮为"叔父摄政王"，彰显其功劳。

此时的多尔衮，鞠躬尽瘁，沉迷政务，由表及里，看上去就是一个百分之百的"周公"。

当时，为了统一全国，为了稳住清朝的统治，多尔衮的确绞尽脑汁。形势确实不容乐观。退保西安的李自成大顺军，仍然拥有能征善战的数十万军队；四川地区，则有张献忠的“大西军”数十万；而且，明朝在江淮以南的残余力量还很强大，各镇总兵手下也有数十万正规军。如果在辽阔的明朝腹地同这么多对手作战，清朝当时的兵力明显不足。

审度形势之后，多尔衮根据手下汉人参谋的建议，制订了如下军事策略：

> 今日事势莫急于西贼（指李自成农民军），欲图西贼，必须调蒙古以入三边，举大兵以攻晋豫，使贼腹背受敌。又需先计扼蜀汉（张献忠农民军）之路，次第定东南之局（南明政权）。(《清世祖实录》卷五)

多尔衮这一军事部署，就把攻击锋芒首先指向李自成农民军。由此一来，清军攻打李自成，就造成清朝得天下于“流贼”手中的假象。同时，清朝还能够在短时间内迷惑南明的弘光政权，让他们抱有清军是“友军”的幻想，不会急于防御清军的进攻。趁着南明政权喘息观望之机，清军还能避免东西两面作战，最终集中主力对敌人逐个击破，一举取得政治上和军事上的主动。

日后的事实证明，多尔衮这一计谋非常成功。清军依次克取，步步为营，到顺治七年（1650年）底多尔衮暴死之际，明朝南方各省的战事虽有反复，但大半个明朝，基本在清军掌握之下……

# 千万生灵尽涂炭

## 多尔衮丧尽天良的“剃发易服”

占领北京之后，多尔衮确实采取了一系列政治措施，使得清王朝从中央到地方的政权机构得以不断完善。他还网罗汉族士大夫，对明朝降官加官晋爵，提倡尊孔读经，重新科举取士，在短时间内赢得了不少北方官僚、士人、百姓的投附。

偏安江南的弘光小朝廷，腐朽昏庸，人心思变。很快，清军以摧枯拉朽之势，将小朝廷一扫而亡。对这样一个腐败朝廷，江南人民内心并不留恋。此外，由于南京人民先前未与清朝打过交道，清军处处以令箭宣示“不杀人，不剃发，安民乐业”，所以普通百姓都对清朝抱以厚望。

当时的南京街道，居民在清军入城时，纷纷高举“大清国皇帝万万岁”“顺民”等字牌，向清军表示归顺。而且，由于南明诸部军阀残兵的凶蛮，不少百姓还有“清兵如蟹，曷迟其来”的盼望之语。老百姓特别希望清军统治苏松地区之后，能减免田赋，大展新朝抚民的善举。

南明弘光朝廷灭亡后的中国，对清廷来讲，形势“一派大好”：张献忠远遁西南，李自成败死湖北，南方各地虽有残明势力分布，但权力分散，明朝的鲁王与唐王各派争斗，势同水火，清王朝一下子处于绝对的优势地位。但也正是在这种情势下，在明朝降臣孙之獬的撺掇下，摄政王多尔衮下达“剃发令”。

剃发令一下，以水泼油，九州鼎沸，血如浪流。千万人命，丧于一纸文书！

清廷强迫剃发，并非入关后才施行。满族为女真人的一个支系，为建州女真。早在宋代，金国人就剃发，高压强迫占领区的汉人剃发。1129 年（宋建炎三年，金天会七年），当时的金太宗就下过这样的强硬命令：“禁民汉服及削发，不如式者死。”所以在当时的金人统治区，士兵常常窜入市肆，见居民发式稍不如式，立即牵出当场斩首。

满族人经历了几百年，发型一直没变。满族男子一般是将头顶中间一撮如钱币大小之头发留长，结成辫子，其余四周发皆剃光，所以称为“金钱鼠尾”。一般来讲，满族人只有“国丧”和“父母丧”内百日不剃，平时，除中间一小撮外，周围头发不能留蓄。清朝中后期，留发范围逐渐扩大，但基本形式不变。

努尔哈赤建后金称汗后，强迫被占领区汉人和投降的汉人必须剃发，所以剃或不剃成为一种政治性标志。汉人只要剃头，就免死收降，否则就砍头。后金军占领辽阳后，当地成千上万汉民不愿剃头，自投鸭绿江而死。(朝鲜《李朝实录》)当时当地，汉民被剃发后有时候结果更惨。由于明清方面的拉锯战，剃发汉民常被明军杀死，士兵们割头后冒充满人首级去“报功”。皮岛的毛文龙，当时就杀了不少剃发的汉人，然后拿着首级向明廷邀赏。

皇太极继位后，杀人方面有所收敛，但对剃发则要求更严。

皇太极之所以如此强调剃发，正源于他读过书，对历史上的女真帝王金世宗非常钦佩。他坚定认为，女真如果汉化，后果肯定是速亡。

清军初入关，占领北京后不久，即颁布剃发令。由于吴三桂等明朝降官劝说，加之北京及周围地区人民反抗连连，多尔衮不得不收回成命。但是，他对率先剃发的明朝兵部侍郎金之俊等人，还是表现出特别的信任。清军入据北京后，好长时间内，明朝旧官变成清朝官员，仍旧身穿明服，冠裳不改。

清军进入南京城，豫亲王多铎还对率先剃发的明朝都御史李乔加以斥骂：“剃头之事，本国相沿成俗。今大兵所以，剃文不剃武，剃兵不剃民，尔等毋得不遵法度，自行剃之。前有无耻官员，先剃求见，本国已经唾骂！”

但是，当北京的多尔衮得知南京已定，又有汉臣孙之獬紧劝，他即改变初衷，于六月十五日让礼部在全国范围内下达“剃发令”。

南明弘光朝覆亡后，以钱谦益为首的明朝朝臣多送款迎降，劝多铎说：“吴地民风柔弱，飞檄可定，毋须再烦兵锋大举。”

除了太仓农奴为了抢夺先前主人的财产造过几次反外，江南大地一时还没什么对清军太大的袭扰。各地乡绅为了自保，也纷纷在城墙上大书“顺民”二字，向清军降附。钱谦益与各地乡绅的信中，称大清“名正言顺，天与人归”。尤其是对扬州大屠杀的恐惧，一向生活安逸的江南人民，在心理上确实产生了极大的震撼，开始认真思考顽强抵抗后的毁灭后果。

让人极其震骇的是南京和扬州的结果昭然在目——“扬州十日”杀了八十万人；南京在弘光帝逃跑后，由赵之龙、钱谦益等人手捧明境图册和人民户口向清豫亲王多铎行四拜礼献降，二十余万兵马束手缴械。清军兵不血刃，果然没有大行杀戮——这两种截然不同的遭遇，确实在江南士绅民众心理上打上了深深的烙印。

那么，阴劝多尔衮在全国剃发的孙之獬到底是什么人呢？孙之獬，山东淄川人，明朝天启年间进士。此人因人品低下，反复无常，一直郁郁不得志。清军入关后，他求官心切，属于第一批乞降的汉官，并很快当上了清朝礼部侍郎。

为报新主提拔之恩，孙之獬一时间想不出什么平定大计，在让全家女眷全部放大脚之后，就走个“偏门”——主动剃发，上朝时想博个满堂彩。

不料，当时汉人官员仍是博冠大袖，明朝装束，见到孙之獬这一装束，心中都觉得可笑又可鄙，扬袖把他排挤出班。满族官员自恃是统治征服民族，也都纷纷脚踢笑骂，把他踹出满班。

恼羞成怒加上气急败坏，孙之獬下朝后立马写了一道奏章，向多尔衮建议在全境范围内给汉人剃发，其中有几句话直挠多尔衮心窝：

陛下平定中原，万事鼎新，而衣冠束发之制独存汉旧，此乃陛下从中国，非中国之从陛下也！

清帝顺治当时年仅七岁，国家大事全部由摄政王多尔衮一人决定。多尔衮本来就是阴沉、狠毒的性格，被孙之獬这一阴激，深觉其言甚是有理。而且，早在1644年入关之前，满人大学士希福已在盛京向朝廷进献了满文写的辽、金、元三朝史料，想使这些过往入主中原的历史经验“善足为法，恶足为戒”，其中最主要的警示，就是防止上层“汉化”。特别辽、金两朝，“汉化”最终导致皇族的消沉和委琐、懦弱。孙之獬的进言，正好挑起多尔衮的警惕之心，他想先从形式上消除“汉化”的潜在危险——好！我先下手为强，先给全体汉人来个“满化”，强迫剃发。

恶法逼人，本来渐趋平静的江南地区顿时如水入沸油般四处暴散起反抗的怒潮。“身体发肤，受之父母，不得毁伤。”一直以孔孟伦理为原则的中国人，无论官绅还是普通百姓，都不能接受自己剃发。遥想元朝，即使是统治中国近百年，也从未下令要汉人改变装束。

一朝天子一朝臣。以家族宗法儒学为源的中国人，或许能把朝代兴迭看成是天道循环，但如果有人要以衣冠相貌上强迫施行改变，把几千年的汉儒发式强行改成剃发梳辫，便是一种对人格尊严的侮辱。而且，在明朝人心目中，以这种形象活着，死后一定有愧于祖先，再无面目见先人于地下。

如果在文化、财产、等级等方面，士大夫和平常民众还存有歧异的话，在这种保卫自身精神和风俗的立场方面，所有的汉人，几乎都表现出惊人的一致性。

原本已经降附的地区纷纷反抗，整个中国大地陷入血雨腥风之中。连日后真心归附清朝的汉人学者王家桢，也在笔记中愤愤不平地记述道：

我朝（清）之初入中国也，衣冠一仍汉制（其实朱元璋下令是遵依唐制），凡中朝臣子皆束发顶进贤冠，为长服大袖，分为满汉两班。有山东进士孙之獬，阴为计，首剃发迎降，以冀独得欢心。乃归满班，则满以其为汉人也，不受；归汉班则汉以其为满饰也，不容。于是（孙之獬）羞愤上书……于是削发令下，而中原之民，无不人人思挺螳臂，拒蛙斗，处处蜂起，江南百万生灵，尽膏野草，皆（孙）之獬一言激之也。原其心，止起于贪慕富贵，一念无耻，遂酿荼毒无穷之祸。(《研堂见闻杂记》)

不过三年后，因为受人钱财卖官，孙之獬受弹劾，被夺职遣还老家淄川。恰好赶上山东谢迁等人起义，义军攻入淄川城，孙之獬一家上下男女老幼百口被愤怒的民众一并杀死，“皆备极淫惨以毙”。

“嗟呼，小人亦枉作小人尔。当其举家同尽，百口陵夷，恐聚十六州铁铸不成一错也！”孙之獬此种下场，连仕清的汉人士大夫也不免幸灾乐祸。

1645年6月28日，清廷再次传谕：“近者一月，远者三月，各取剃发归顺。”

这样一来，剃发就成了绝对死命令。

如此野蛮的“留发不留头”，引发了江南汉族人民的强烈反抗。从苏州开始，抗争怒潮涌起，常熟、太仓、嘉定、昆山、江阴、嘉兴、松江，处处义旗，人人思愤。清军王爷多铎大肆镇压，江南胜地，顿时血流成河。

“华人变为夷，苟活不如死。”悲愤之下，江阴这个素以礼仪之邦著称的城市，人民纷纷起义，誓死不剃发，不投降，并推举前明典史阎应元入城主政，紧闭城门，誓死抵抗，最终，仅江阴一地就有二十多万人被杀。除了江阴之外，昆山人民也因为反抗剃发令被杀数万。最惨的是嘉定清军三次屠城，在这样狭小的区域中杀掉近十万人……

剃发令下，血流成河，江南人民以数百万头颅的代价，终于认清了清朝统治者的凶残面目。至此，他们对于“大清”的幻想，告于终结。所以，强迫剃发之举，不仅仅戕杀了无数人命，也严重阻碍了清王朝在中国的统一进程。

以李自成余部为例，自李自成通山被杀，其属下数十万人一时间群龙无首。马进忠、王允成、牛万才等人皆在岳州等地向清朝英亲王阿济格表示归降；刘体纯、田见秀等人向清将佟养和归降，安置荆州；李锦、高一功等人向武昌清军投札，表示在湖南归顺；郝摇旗等人也写降表，皆有归降之意。而且，根据清朝档案，这些农民军头领的降表书札，一应俱全，且当时绝非“诈降”。因为农民军与明军二虎相斗，两败俱伤，当时的胜利者，唯有清军一方，向他们降附，大势当然之举。但是，所有这些农民军军将，皆要求以“不剃头”为条件。

清廷“剃头诏”下，各地的府衙奉命死催，各部农民军残部终于为保汉族冠发纷纷而起，转投明臣何腾蛟和堵胤锡。因为留发复叛，几十万大军，登时与清廷为敌怨。

日后，金声桓、李成栋、吴三桂反清复叛，也都是以“留头发、复衣冠”为号召，致使无数中华赤子为恢复大明衣冠而群起响应。

顺治十一年，清廷与郑成功谈判。本来因父亲被羁押，郑成功已在福建安平会见清使，大有讲和示好之意，并欲接受清朝“海澄公”之封。但是，清使要郑成功先剃发而开读诏书，致使双方丧失回旋余地，谈判终告破裂。（江日升《台湾外纪》）由此，郑成功明军在海内外抵抗数十年。清军因之而起的封海、屠戮，又有上百万百姓因此而丧失性命……

由此可见，多尔衮“剃发令”给当时的中国造成了难以估计的巨大的生命财产损失。

多尔衮颁布“剃发令”最主要的原因，就是想在形式上彻底灭绝汉族的衣冠道统，以此来打击和摧垮汉族人民的民族精神，确保满族在精神形式上不被汉族同化。

通过血雨腥风的镇压和屠杀，清朝统治者基本达到了预期的目的，汉人逐渐忘却了本民族的衣冠服饰，习惯了满洲大辫子发式和那些原先视为丑恶至极的“蛮夷”服装。到了辛亥革命后清政府灭亡，革命军士兵在各地剪辫子，不少老百姓竟然抱头护辫，痛哭流涕……

除了“剃发令”之外，多尔衮的“圈地令”也是清朝最大暴政之一。

顺治元年十二月，在多尔衮主持下，清廷正式颁布“圈地令”：

> 我朝建都燕京，期于久远。凡近京各州县民人无主荒地，及明国皇亲、驸马、公、侯、伯、太监等死于寇乱者，无主田地甚多。尔部可概行清查，若本主尚存，或本主已死而子弟存者，量口给予，其余田地，尽行分给东来诸王、勋臣、兵丁人等。此非利其地土，良以东来诸王、勋臣、兵丁人等无处安置，故不得不如此区画。

乍看诏书，似乎清廷圈地的本意，在于收取前明王公贵戚以及百姓的无主田地。其真实目的，则是纵容满洲贵族大肆圈地占为已有，以此收敛财富。

在实际执行过程中，许多汉人因土地和房屋被圈占，成为贫苦无依、无家可归的流民。

清初圈地，主要有三种形式：第一，将近京肥沃土地圈给清朝王公贵族。另外，还圈山海关以外的土地让农民耕种，这叫“圈补”。第二，圈占原来离京太远或碱盐不毛土地，来补还近京被圈农民，称为“全换”。第三，但凡明王室宗亲所遗留皇庄以及各州县“无主荒田”，一律划归满洲贵族和八旗官兵，这叫“圈占”。

无论何种圈地形式，最终目的就是强占汉人田地。

由于后来进关的满族官员和士兵人数大增，满族贵族刚入关时圈占的土地，逐渐不够分配。于是多尔衮的圈地运动变得更加肆无忌惮，最后发展成不管土地有主无主，官府都任意进行大规模圈占。

在多尔衮统治下，清朝这样的“圈地令”多达三次，后来两次在顺治二年八月和四年正月。但凡圈田所到，汉族田主登时被逐出，室中一切财物均为满洲田主所有。甚至包括貌美的妇女，也要留下供旗人奸污奴役。为此，汉族士庶为此哭声满路。

在很短的时间内，京畿五百里内，在东起山海关、西到太行山、南至河涧、北至长城的广大地区内，多尔衮的三次大规模圈地共圈占166600余顷。清廷通过这种方式在各地圈来的土地，分别划归皇庄、宗室官庄、八旗官庄、驻防官庄，总计面积达229639多顷。

在北京城内，多尔衮手下尽圈东城、西城、中城为八旗营地，只留下南城、北城为汉族百姓居住，房屋被圈占者限期逐出，违令着当场斩杀。

随着清廷肆无忌惮大规模圈地，丧失土地的大批汉族农民被迫依附满族统治者，纷纷投旗为奴。为了充实旗人的免费劳动力，多尔衮多次下令，“听民人投充旗下为奴”。这样一来，清朝的投充问题日益严重，从开始时的贫穷小民投充，到农民带地投充，再到一些流氓庄头根据满洲豪酋暗示或者明示，逼迫各州县庄屯农民投充。最可恨的，是一些无赖地痞，他们本身无土无地，却拿别人家里的土地冒充去投充，而后在所投充旗人保护下，横霸乡里，为非作歹……

为了防止那些强迫为奴的汉人逃亡，多尔衮下令制订严厉的“逃人法”。这项恶法重点不是惩治逃人，而是惩罚所谓的“窝主”。凡逃人被抓获，遭受鞭责，面上刺字后归还旗人原主，而那些有恻隐之心的汉族“窝主”则要被处死，不仅家产籍没，还要株连邻里。

“逃人法”一度造成全国性的恐怖。被抓的汉族“窝主”往往被全家抄斩，如果发现汉族官员有意帮助在逃人员，官员全家也会被抄斩。

为了阻止逃人，清廷还对告密者加以奖赏。因此，不少地方无赖之徒往往勾结旗人所属家丁或者家奴，冒充逃人，然后诬指善良汉族平民为“窝主”，借此进行敲诈勒索，无恶不作。

恶法公布后，多尔衮又虐杀多人，而后确实再也没有汉族人逃跑事件发生。一是因为逃亡者害怕被官兵抓住以后遭到旗人虐打，二是因为汉族百姓和官员谁都不敢冒全家的性命危险来掩护逃人。

多尔衮推行“圈地令”后，致使土地高度集中于少数满洲贵族手中，大批汉族农民失去土地，或流亡他乡，或被迫投入满洲贵族或者八旗之下为奴。为此，大量百姓失业，衣食无资，辗转流离，挣扎在死亡线上。而那些被圈去的良田，许多还被旗人改为牧场，这对农业生产破坏极大……

这一恶法，延续时间很长。康熙八年（1669年），官府正式下达停止圈地的命令，并宣布把当年所圈占的土地退还原主；康熙二十四年，清廷又正式规定，民间所垦田亩，“自后永不许圈”——可见，虽然朝廷禁止，满洲贵族和八旗一直没有真正停止过这种赤裸裸的抢夺。时间之久，历时达百年，一直到乾隆四年（1739年），清廷才最终下令完全停止圈地。

此外，多尔衮执政期间，还有一条流弊后世的恶令，就是全然出于满洲部族私心的“禁关令”。

清军甫入关，多尔衮就严令禁止汉人百姓进入满洲贵族所谓的“龙兴之地”垦殖。而后，清朝最高统治者一直视东北地区为“祖宗肇迹兴王之所”，以保护“参山珠河之利”为名，长期对东北地区实行封禁政策，对擅入者格杀勿论。

后来，与“禁关令”相关，有关清朝的政治词语中还出现了“柳条边”和“闯关东”两个词——为了严格执行“禁关令”，从顺治年间开始，清廷不惜代价，在东北境内分段修筑了一千多公里长的篱笆墙，名为“柳条边”，也称“柳条边墙”“柳墙”“柳城”“条子边”。这一人为的障碍，从多尔衮开始，直到康熙中期才完成。

从山海关经开原、新宾至凤城南的柳条边，称为“老边”；自开原东北至今吉林市北的柳条边，称为“新边”。边墙以东的“满洲”地区，清廷严禁汉人越界垦殖；而边墙以西，则作为清朝同盟者蒙古贵族驻牧地，听任蒙古牧民放牧游猎。

19世纪，黄河下游广大地区连年天灾人祸，导致无数农民破产。为此，破产农民不顾禁令，冒着被惩罚的危险，源源不断地“闯”入东北，这就是“闯关东”一词的来历。

清朝自多尔衮以来的“禁关令”，政治后果极其严重，造成了我国东北地区的人口二百多年来一直极为稀少。

直到晚清时代，边疆危机日甚一日，清朝被迫开放边禁，并采取“移民实边”政策补充当地人口。从1861开始的二十多年间，清廷才陆续开放吉林围场、阿勒楚喀围场、大凌河牧场等官地和旗地。光绪八年（1882年），清廷设立珲春招垦总局，此后又开放了黑龙江地区的土地允许汉民开垦。1907年，清廷裁撤盛京、吉林、黑龙江三将军，改置奉天、吉林、黑龙江三省，在当地设置巡抚，并设立东三省总督……

## “周公”变脸“太上皇”

### 多尔衮的骄横跋扈

多尔衮摄政时期，恰值明清鼎革之际。这位摄政王以其超出常人的残忍、坚韧和精明，使得清军最终在中原大地站稳了脚跟。所以，“多尔衮是大清帝国实际上的创立者”（魏特著，杨丙辰译：《汤若望传》）这种说法，确实是成立的。

没有多尔衮，就没有日后统治中国二百多年的大清朝！

正是由于劳苦功高，根据《清世祖实录》记载，多尔衮日益骄慢，任用私人，滥赏滥罚，排除异己，高下在心，可谓“代天摄政，赏罚拟于朝廷”——不仅仅是“拟于朝廷”，他自己其实就是朝廷！为此，顺治皇帝后来亲政，曾经不无怨恨地回忆多尔衮摄政时期他本人作为傀儡所受的委屈：

> 睿王摄政，朕唯拱手以承祭祀。凡天下国家之事，朕既不预，亦未有向朕详陈者。(《清世祖实录》)

顺治三年，南明弘光政权灭亡，鲁王逃，唐王俘，四川的张献忠被豪格军队射死，全国平定的势态日益明显。在这样的情势下，多尔衮志高意满，开始在北京不停有所动作。他不仅篡改实录，为生母阿巴亥“平反”，还开始萌发做真“太上皇”的美梦。

长期以来，郑亲王济尔哈朗地位一直高于多尔衮。虽然对多尔衮一直退让，但多尔衮却一直把这位王爷视为欲加清除的对象。但济尔哈朗为人谨小慎微，很难有大把柄被多尔衮抓住。如果平白无故除掉这位郑亲王，对于多尔衮来说还真不是件特别容易的事情。

顺治四年，多尔衮先以王府“殿台阶逾制”的罪名对济尔哈朗加以罚俸。而后，他又撺掇济尔哈朗的侄子辈上告，罗列罪名，翻出皇太极死后济尔哈朗和诸人“私相计议”的陈年老账，认定济尔哈朗有“擅谋大事”之罪，削去他郑亲王的王爵，降为多罗郡王。顺治五年四月，又复其亲王爵。同时，多尔衮对昔日对皇太极父子忠心耿耿的大臣索尼也大加贬罚，削官不说，还降为庶民，罚往昭陵劳改。

扳倒郑亲王济尔哈朗之后，多尔衮自然容不下他内心最为嫉视的皇太极长子豪格。

皇太极死后，豪格曾经一度被多尔衮幽囚，当时还是由于顺治皇帝为哥哥求情，豪格和硕肃亲王的封爵才得以赏还。顺治元年十月，多尔衮派豪格率军下山东，带领清军平定地方，率军进攻江北的南明镇将高杰、许定国等部军队，为清军大举渡江做准备。

豪格搞政治不行，打仗是把好手。这次出军，他完成了多尔衮交给他的一切任务，并于顺治二年初奉命班师返京。

风尘仆仆回京后，豪格没有得到任何奖赏。

顺治三年正月，多尔衮命豪格为靖远大将军，统兵征讨陕西、四川的大顺军残部和张献忠部队。

豪格率大军到达西安后，随即发兵猛攻大顺军余部。平定陕西后，他又率军自陕西入四川，在百丈关接受张献忠部将刘进忠的投降。然后，豪格在刘进忠引导下突入张献忠驻地西充，一举打败张献忠并乘胜前进，基本平定了四川。

但是，当顺治五年二月豪格回到北京后，迎接他的不是论功行赏的官员，却是多尔衮派出的审讯人员。

三月四日，多尔衮以“谋立豪格”为中心罪名，翻出旧案，在惩处济尔哈朗、两黄旗大臣和镶蓝旗大臣之后，开始公开宣布豪格罪状：劳民伤财征讨四川已有两年，地方却并未全部平定；对随征将领冒功之事不予处理，隐瞒败报；屡教不改，无引咎自责之心……

于是，多尔衮主持下的诸王大臣召开会议讨论豪格案件，为豪格定罪。既然有多尔衮主持，豪格的罪行很快有了定论：其罪应死。

多尔衮下手很快。他先将豪格的心腹俄莫克图、扬善、伊成格、罗硕等人处决，罪名是“附王为乱”。

当时，小皇帝顺治怕哥哥被杀，又亲自出面向多尔衮求情，甚至在宫内涕泣不食，哀求摄政王不要杀其兄长。为此，豪格性命暂时得以保全。

死罪饶过，活罪不免。多尔衮下令，将豪格圈禁于监狱大墙之内。而豪格呢，本来性格就属于暴躁鲁莽类型，眼看自己立了这么大的战功还被幽囚，再不能忍受这种折磨，就趁看守不备，夜间上吊自杀。

豪格之死，其实对多尔衮并没有多大好处。作为入关后身经百战、劳苦功高的宗室大将，豪格在满洲贵族中的威望颇高。而且，当时他在表面上已经向多尔衮俯首，出征川陕前，曾当众跪于多尔衮马前。

多尔衮幽杀豪格之后，尽夺其家财，甚至把豪格的王妃也弄到了自己家中充任妾侍。这种行为，确实使不少满洲贵族暗中切齿不已。

多尔衮对顺治皇帝的兄长如此薄情，但对自己的同母弟豫王多铎则没有原则地多加封赏。扳倒济尔哈朗之后，顺治四年，多尔衮把亲弟弟多铎晋封为"辅政叔德豫亲王"。

自忖对清朝有再造大功，多尔衮对于"摄政王"这个头衔也不满足起来。但是，真正要篡逆称帝，当时他还没有那种勇气和胆量，毕竟全国还没有完全平定，满洲内部暗中反对自己的声音也太多。因此，多尔衮首先着手的，就是先过"太上皇"的瘾。

顺治五年十月，礼亲王代善去世，多尔衮心目中又少了一个重量级制约者，很快，他便自称"皇父摄政王"。

从"叔父摄政王"到"皇叔父摄政王"，而后又变成"皇父摄政王"，似乎在文字上都是小变化，但在朝野时人眼中，却意义非凡。

按照当时的官方说法，多尔衮的"皇父摄政王"乃是由顺治皇帝加封、部院诸大臣集议的结果。可后来根据郑亲王济尔哈朗揭发，多尔衮的"皇父摄政王"乃其自封：

> （多尔衮）背誓肆行，妄自尊大，自称皇父摄政王。凡批票本章，一以皇父摄政王行之。

顺治七年年初，顺治皇帝在致朝鲜国王的诏书中，还将多尔衮称为"皇叔父摄政王"。而清朝使臣同时递交的多尔衮致朝鲜国王诏书中，却自称"皇父摄政王"。

当时，朝鲜君臣对此事有一段对话。国王问："清国咨文中，有

‘皇父’摄政王之语，此何举措？”大臣金自点答道：“臣问过来使（清使），他回答说：‘今去‘叔’字，凡朝贺之事，可与皇帝一体。’”大臣郑太和也接着说：“敕中虽无此语，似乎是已为‘太上’了。”朝鲜国王则马上得出结论：“清国这是有两个皇帝啊！”（朝鲜《李朝实录》）

不过，多尔衮想当“皇父摄政王”（太上皇）的时机似乎很不恰当。顺治五年，清朝国内大事频发。

在中国南方，接连发生了降将金声桓、李成栋的“反正”，他们纷纷打出反清的旗帜，拥立南明政权。所有这些，让先前投降清朝的明朝降将姜瓖十分心动。在大同城内，他也开始躁动不安起来。

当年十一月，蒙古喀尔喀一部入边骚扰，清廷紧张，多尔衮派英王阿济格、端王博洛等率大军趋大同，意在戍守要镇。听到此讯，姜瓖惊疑清廷是要拿自己开刀。

与其俎上肉，不如飞去鸡。姜瓖趁清廷的宣大总督出城之际，命人紧闭城门，宣布“反正”，反叛清朝。

此时，阿济格等人得知消息后，快马加鞭，仅用两天多时间就兵临大同城下。

姜瓖自己心虚，见清廷南方多事，便想博取更大的富贵。割大辫复衣冠后，他派人急奔南方，向南明的永历朝表明心迹。

于是，山西诸地奋起响应，朔州、浑源、宁武、代州、繁峙等地皆叛清复明，太原告急。一波成浪，陕西等地也掀起一轮反清潮，连榆林重镇也起兵反清。

多尔衮吓了一大跳。他在催促更多军队奔向大同的同时，写亲笔信给姜瓖，劝诱他“投降”：

> 前因有事蒙古（喀尔喀部落），故命诸王来大同。如果尔真有罪当诛，安用此等诡计？此必有奸人煽惑离间。尔如能悔罪归诚，大清定当宥有恩养。

姜瓖当然不听。山西、陕西联动，榆林的故明将军王永强已经杀至西安附近。

骇惧之余，多尔衮不断调兵遣将，先后派出亲王尼堪、镇国公喀尔楚浑率兵前往。即便如此，多尔衮仍旧放心不下，在顺治六年三月统兵出居庸关亲征大同。这位“皇父摄政王”军强马壮，出马就攻克浑源等地，直抵大同城下，与先前诸军一起，共围大同。

见大同城坚，难于一时攻下，多尔衮仍旧宣谕城内，表示允许姜瓖“自新”。

毕竟先前与清军“同事”了好一阵子，参与屠城杀人无数，姜瓖当然不信这套，固城死守。没待多久，听说弟弟豫王多铎得天花病死，多尔衮只得回京奔丧。

这时，从山西其他地方有五千多明军来援，建立两大营，与清军对阵。姜瓖不失时机，自率一千多精骑出城搏战，准备给清军来个反包围。

但是，由于明朝援军太少，清军并不畏惧。端王博洛指挥统领鳌拜及其他诸将，分兵相击，不仅杀败了明朝援军，也把姜瓖重新打回城内。

与此同时，清军在同官县击败陕西的王永强部明军，延绥诸路渐平。这样一来，姜瓖再也不能指望陕西方面的支援了。

但在山西全境，诸县诸州反清蜂起，特别是因受贿事发被贬回老家曲沃的前明大学士李健泰四处发布文告，召集了不少人马，在太平等地与姜瓖遥相呼应。

清军主力当时不敢放松对大同的围困，只能由多尔衮不断抽调各路人马赶往山西各地去“灭火”。

情急之时，连人在陕西的平西王吴三桂也被命令率军助战。可以这样讲，当是时也，清廷所有的名王良将，百分之九十都集中在山西战场。

可悲的是，南明永历朝廷对山西大势一无所知，金声桓、王得仁、何腾蛟、李成栋相继败死，进取锐志顿失。小朝廷内“吴党”“楚党”为名利争衡，内讧不已，根本没注意到清军济尔哈朗等部为何忽然舍两广不攻而北还的情况。

大好时机没有抓住，南明小朝廷在南方得过且过，苟安残喘。

华北方面，清将佟养量一部能战，在代州等地大败刘迁部明军，最终把这只生力军消灭于五台山区的黄香寨，刘迁父子阵亡。由此，大同城下清军，再无腹背受敌之虑，虎视眈眈，准备一举消灭大同内反叛的姜瓖。

顺治六年六月，内乏粮草，外无救兵，大同城内出现人吃人的现象。

穷蹙如此，姜瓖仍不投降。于他而言，这倒不是什么“时穷节乃见”，而是绝望、畏惧、惊惶到极点的反应。他深知，降亦死，不降亦死。

没想到的是，姜瓖最终没死于清军屠刀下，反死于自己人之手。其手下总兵杨振武变节，为取富贵，率部下数百人忽然冲入姜宅，当场杀掉姜瓖兄弟三人。然后，这些人用高竿挑着三个血淋淋的首级，开门向清军投降。

良可浩叹的是，清军并未轻饶大同军民，除杨振武部几百官兵以外，清军把大同城内十余万军民官吏尽数屠尽，血流成河。

人在北京的多尔衮闻报大同被攻陷，高兴之余咬牙切齿，急令清军把大同城墙毁掉五尺，以泄久攻不下之愤。

大同一失，山西各地出现连锁效应，诸城不守，汾州、运城、太谷等地相继沦陷。清军每攻一城，皆把当地人杀光，制造了一个又一个“无人区”。

明末清初，多尔衮主持下的清军在国内屠戮人口多达几千万之巨。

“年年遭丧乱，人民死锋镞”，这就是多尔衮统治下当时中国各地的真实写照。

山西虽然平定，亲弟多铎却因天花而死，一时间多尔衮意气极度消沉，开始沉湎酒色。

野史之中，有说顺治皇帝的母亲下嫁多尔衮。这种说法，孟森等前辈历史学家已经做出详细研究，并且给出了令人信服的结果，笔者不再赘述——所谓的“太后下嫁”之说，最先由顺治五年多尔衮自封“皇父摄政王”引起。如此怪异的称呼，难免让汉人望文生义，以至于清朝的死敌南明大臣张煌言也为此幸灾乐祸做了一首诗：“上寿称为合卺樽，慈宁宫里烂盈门。春宫昨进新仪注，大礼恭逢太后婚。”《建夷宫词十首（己丑）》即使顺治皇帝出于孝顺慰藉老母，也不会把自己的母亲嫁给叔父；即使孝庄皇太后为了感谢和报答多尔衮扶立之功，也不可能嫁给小叔子。满洲旧习俗中，确有兄死弟娶其嫂的婚俗，但自从皇太极开始，已经大肆整顿满洲旧俗。而且随着清朝入关之后封建化的加深，无论是多尔衮还是孝庄、顺治母子，都不会做出这种事……

多尔衮虽然不会娶顺治皇帝的母亲孝庄皇太后，但他特别喜欢朝鲜美女。

顺治七年二月，多尔衮元妃刚死，清朝在多尔衮授意下特别派出使者到达朝鲜，私下询问国王李淏有子女几人。三月，由清朝回国的朝使与清朝派往朝鲜的清使同时到达汉阳（今首尔）。

清使召见朝鲜国王后，直接就要国王把自己的女儿嫁给多尔衮。但是，当时李淏的两个女儿年纪都太小，一个十一岁，一个才九岁。朝鲜国王最后只好把李氏宗室锦林君李恺胤的女儿封为“义顺公主”充数，送往北京嫁给多尔衮。

四月十二日，朝鲜国王亲临西郊，举行仪式送“义顺公主”上路。此行，除了“义顺公主”外，还有侍女十六人，女医、乳媪等数人随从。当时，朝鲜都城百姓观之，无不惨然，大有昔时长安士庶洒泪辞别王昭君的情形……

多尔衮与朝鲜的“义顺公主”洞房后，嫌朝鲜侍女多丑陋，又下令在朝鲜进行二次选美。

九月，清使又到了汉阳，指责朝鲜国王办事不力。无奈，朝鲜只好举国为多尔衮进行“选美”。当时，多尔衮对美女的索求造成朝鲜国内骚动，一时间有女之家无不惶骇，奔迸窜匿，如避兵火，甚至有断发自缢者，真是举国不宁。那些被选为多尔衮侍女的人家，父母兄弟呼泣道路，惊慌失措。为此，身为清朝属国国主的朝鲜国王，对自己的朝臣也发感慨：“夺我无罪之人，驱送他国，其为父子兄弟之情，为如何哉！念之气塞，言之哽咽。国事到此，予甚惭惧！”

所幸的是，摄政王多尔衮于当年年底病死，清朝讣告很快到达朝鲜，那些可怜的侍女得以中路送还……先前嫁给多尔衮的朝鲜“义顺公主”，在北京孀居邸第后不久，多尔衮就被清朝清算，她父亲私下呈文清廷，最终得以被清朝送归本国……

对于从关外入京的满洲贵族来说，北京的夏天溽湿难耐。顺治七年，多尔衮准备在关外清凉的喀喇城（今古北口外一带）修建一座夏宫避暑。为此，他下令在河北、山西、浙江、山东、江南、河南、湖广、江西、陕西等 9 个省份加派地丁白银 249 万两用于避暑宫殿的建设。一时之间，举国骚然。

意态是嚣张的，意志是消沉的。顺治七年十一月十三日，不顾自己的身体状况，“皇父摄政王”依旧率领大批人马出游，仪仗盛大。人马之多不说，仅猎鹰就有几千只，鹰哨响起，大鹰展翅，遮天蔽日……但此行却成了多尔衮的不归之旅。

有关多尔衮的死因，众说纷纭，但很少有“阴谋论”。也就是说，多尔衮不到四十岁就暴死，肯定是死于疾病，而不是谋害……

《清史稿》中，没有说明多尔衮死因。明末清初大作家谈迁著有《北游录》笔记，其中“摄政王”一条，记载了多尔衮的死因：多尔衮在顺治七年十一月出猎古北口外，堕马受伤后，膝受重创，涂以凉膏，很快病重，于十二月初九日暴卒于喀喇城……

虽然谈迁的记载不是清朝官方正史，但当时谈迁本人就在北京，他的生卒年代和多尔衮也最近。所以，作为一名历史学家，谈迁把当时他听到的“内部消息”记诸笔端，应当非常可信。

现实生活中，不少平常看似非常健壮的人，都可能忽然得病暴死。而当时的医生，对于感冒引起的肺病根本束手无策，更别说心血管、脑血管等原因引起的突发致命疾病了。多尔衮本身更不是健壮之人，长年鞍马劳顿和绞尽脑汁的政治算计，导致他患有多种慢性病：偏头痛、哮喘、气胸、肺气肿、咯血等。当然，谈迁所说的多尔衮膝盖摔伤后误涂凉膏，也可能是致命之因——血糊糊的伤口上面涂上不干净的药膏，无论是破伤风还是血液感染，在当时都能在短时间内要人性命。

根据《内国史院满文档案》记载：

> 顺治七年十一月十三日，皇父摄政王身体欠安，居家烦闷，欲出口外野游。

多尔衮当时打猎随行的重量级人物很多——和硕郑亲王济尔哈朗、和硕巴图鲁亲王阿济格、和硕豫亲王多尼、巽亲王满达海、多罗承泽郡王硕塞、多罗端重郡王博洛、多罗谦郡王瓦克达以及诸贝勒、贝子、公、固山额真等人。

可见，随行者中，既有多尔衮的政敌，也有多尔衮在朝中的亲信重臣。多尔衮把这些人全部带在身边，显然处心积虑，一方面是为了处理政事方便，另一方面也是为了使自己在京外依旧能够控制朝政，提防对手在侄子皇帝身边说自己坏话或者对自己动手。

十一月十八日，多尔衮一行到达遵化境内，当天住宿汤泉。这一天，摄政王似乎心情大好，还赐给郑亲王济尔哈朗、英亲王即巴图鲁王阿济格备有鞍辔的马各一匹，未备鞍辔的散马各一匹；赏满达海、多尼、博洛好马各一匹。

在汤泉沐浴之后，多尔衮意兴极高，率领王公贵族们转天离开汤泉；十九日，宿遵化；二十日，宿三屯营；十二月初五日，宿刘汉河；初七日，宿喀喇城，当天，“皇父摄政王”病重歇息；“初九日，戊子，戌时，皇父摄政王猝崩”。

从资料记载中可以推断，多尔衮应该是在刘汉河驻扎狩猎的时候受伤，然后转移到附近的喀喇城休养。

当时的喀喇城夏季避暑山庄工程刚刚动工，连间像样的房子都没有，一行人应该都是在大工地内扎营宿于营帐之中。而多尔衮的健康状况，在到达喀喇城的第二天（初八）清早忽然变重，很快就病危了。

计算下来，多尔衮从膝盖受伤到突然死亡，其间只有短短三十多个小时，确实是“猝崩”。

所以，多尔衮的死亡，最可能的是血液感染，其次是气胸导致的肺部萎缩，再次是长期慢性病忽然加剧导致的心脏病或者脑出血。

多尔衮除了长期纵情于声色犬马之外，整日劳神焦思，此外他的亲弟弟多铎和元妃等人刚死，心情十分不好，郁郁寡欢。而且，他本人还酷嗜烟草，每日大烟袋不离口。由于当时传说烟草可以“辟瘴气”，多尔衮入京之后烟瘾更大，以至于本来虚弱的身体更加雪上加霜……多种原因，造成了打猎路上的猝死……

如今坊间、讲坛以及荧幕上有关多尔衮的传奇渲染，其实大部分不是来自清朝野史，而是来自民国时期小说家许指严的《十叶野闻》。由于许指严在商务印书馆当过编辑，写作基本功很强，所以他写出的这本野史很吸引读者。这本书有十则“九王轶事”。字里行间，当然有“太后下嫁”，还有耸人听闻的“皇太极被多尔衮、大玉妃共同谋害说”。特别是关于多尔衮纵欲，更是津津乐道，极尽铺陈，说这位摄政王末年日日纵欲，每天都要吃由人参、鹿茸等制成的“大力丸”，使用“肭温脐”等春药，并且滥服西藏喇嘛秘献的“西天子母丸”，最终导致身体委顿，在打猎之时坠马受伤不起……

所有这些小说家语，当时本来完全是为了吸引大众眼球的小说桥段，谁料到日后竟然被人奉为“原始史料”，还把孟森先生经过严密考证才写出来的《太后下嫁考实》作为质疑对象……

多尔衮猝死，当时的北京清朝政权，确实一时间无法反应。根据《清史稿》记载：

> 上（顺治皇帝）闻之，震悼。丧还，率王大臣缟服迎奠东直门外。诏追尊为“懋德修道广业定功安民立政诚敬义皇帝”，庙号“成宗”。明年正月，尊妃为“义皇后”。祔太庙。

可见，多尔衮死后，清廷对他极尽哀荣，不仅追尊他为“诚敬义皇帝”，顺治皇帝还亲自率诸王、贝勒、文武百官出迎东直门五里外，孝服痛哭。

狮虎虽死，犹有余威！

但是，仅仅三十六天之后，死后当上“皇帝”的多尔衮就成为清朝十恶不赦的大罪人！

顺治八年二月十五日，多尔衮的贴身侍卫苏克萨哈、詹岱即首告多尔衮曾有“谋篡大位”的企图。于是，以郑亲王济尔哈朗为首，巽亲王满达海、端重亲王博洛、敬谨亲王尼堪及内大臣等多人，马上同上奏疏，痛斥多尔衮生前的僭妄之罪，要求顺治皇帝对他加以严惩：

> 昔太宗文皇帝（皇太极）龙驭上宾，诸王大臣共矢忠诚，翊戴皇上。方在冲年，令臣济尔哈朗与睿亲王多尔衮同辅政。逮后多尔衮独擅威权，不令济尔哈朗预政，遂以母弟多铎为辅政叔王。背誓肆行，妄自尊大，自称皇父摄政王。凡批票本章，一以皇父摄政王行之。仪仗、音乐、侍从、府第，僭

拟至尊。擅称太宗文皇帝序不当立，以挟制皇上。构陷威逼，使肃亲王不得其死，遂纳其妃，且收其财产。更悖理入生母于太庙。僭妄不可枚举。臣等从前畏威吞声，今冒死奏闻，伏原重加处治。

如今，多尔衮人都死了，还怎么严惩？

当然可以！

我们中国封建王朝一直有死后鞭尸的刑罚。于是，顺治皇帝马上下诏对多尔衮削爵，撤庙享，并罢多尔衮生母阿巴亥“孝烈武皇后”的谥号庙享，黜其宗室身份，抄没多尔衮财产入官。

那么，清廷对多尔衮到底实行过鞭尸惩罚吗？确实有！

根据当时在北京的意大利传教士卫匡国《鞑靼战纪》一书，耳闻目睹，有过这样的纪实描写：

顺治帝福临命令毁掉阿玛王（多尔衮）华丽的陵墓，他们把尸体挖出来，用棍子打，又用鞭子抽，最后砍掉脑袋，暴尸示众，他的雄伟壮丽的陵墓化为尘土。

但是，根据明末清初作家彭孙贻记载，多尔衮死后是被锉骨扬灰的。1943年夏天，盗墓者曾将多尔衮陵墓的正坟挖开，只见地宫中摆放一只三尺多高的青花坛子，里面放有两节木炭。当时看管墓地的汪士全就向盗墓者解释说：“九王爷身后被论罪，其中金银财宝都被掘去，坟地还先后被挖抄九次，这个坛子只是骨灰罐，是一个象征性骨灰罐。”这一说法，似乎和彭孙贻笔记中有关清廷对多尔衮“焚骨扬灰”说法相类似。还有专家研究说，清初满洲贵族许多都是死后火化，所以，多尔衮死后也很有可能按照满洲旧俗火化——此说，乃想当然耳——既然多尔衮死后有巨大的灵柩，加上当时清朝封建化已经深入，这位被追封为“义皇帝”的“皇父摄政王”，肯定是全尸被埋葬的（顺治皇帝因为佞佛，死后倒是由和尚主持加以火化）。

可见，传教士卫匡国记载属实，多尔衮确实被其侄子顺治皇帝下令鞭尸、枭首以泄恨！只不过对此王朝内讧丑闻，清人忌言，故而正史不载。

多尔衮对于孝庄、顺治母子来说，确实算是大恩人。没有多尔衮，哪来顺治皇帝的帝位，又何来清朝的定鼎中原！

顺治十二年，就有汉人吏科副理事官彭长庚和一等精奇尼哈番许尔安分别上疏，为多尔衮鸣冤，请朝廷恢复这位摄政王的爵号。这二人疏奏下王大臣议后，彭长庚和许尔安被定为死罪，最后获得“从轻”发落，全家流放宁古塔并予披甲人为奴……

到了乾隆时代，弘历才开始真正替多尔衮平反。

乾隆三十八年（1773年），弘历下诏，先是试探性地对多尔衮作功罪相抵评价，派人修葺多尔衮坟茔：

> 睿亲王多尔衮摄政有年，威福自专，殁后其属人首告，定罪除封。第念定鼎之初，王实统众入关，肃清京辇，檄定中原，前劳未可尽泯。今其后嗣废绝，茔域榛芜，殊堪悯恻。交内务府派员缮葺，并令近支王公以时祭扫。

乾隆四十三年正月，清廷下诏，正式为多尔衮平反：

> 睿亲王多尔衮扫荡贼氛，肃清宫禁。分遣诸王，追歼流寇，抚定疆陲。创制规模，皆所经画。寻奉世祖车驾入都，成一统之业，厥功最著。殁后为苏克萨哈所构，首告诬以谋逆。其时世祖尚在冲龄，未尝亲政，经诸王定罪除封。朕念王果萌异志，兵权在握，何事不可为？乃不于彼时因利乘便，

直至身后始以敛服僭用龙衮，证为觊觎，有是理乎？

《实录》载：“王集诸王大臣，遣人传语曰：‘今观诸王大臣但知媚予，鲜能尊上，予岂能容此？昔太宗升遐，嗣君未立，英王、豫王跪请予即尊，予曰：‘若果如此言，予即当自刎。’誓死不从，遂奉今上即位。似此危疑之日，以予为君，予尚不可；今乃不敬上而媚予，予何能容？自今后有忠于上者，予用之爱之；其不忠于上者，虽媚予，予不尔宥。且云：‘太宗恩育予躬，所以特异于诸子弟者，盖深信诸子弟之成立，唯予能成立之。’”

朕每览《实录》至此，未尝不为之堕泪。则王之立心行事，实为笃忠荩，感厚恩，明君臣大义。乃由宵小奸谋，构成冤狱，岂可不为之昭雪？宜复还睿亲王封号，追谥曰忠，配享太庙。依亲王园寝制，修其茔墓，令太常寺春秋致祭。其爵世袭罔替。

多尔衮生前，明显的篡逆行为确实没有证据，但他肯定有当皇帝或者“太上皇”的野心。如果其命数非短，日后能够做出什么事情来，应该不难揣测。

乾隆出于维护清王朝统治的原因，为多尔衮平反，诏书中只对多尔衮的功劳大肆铺陈，对于他冤杀豪格、排挤其他王公大臣的史实却只字不提，其实也属于矫枉过正。

想多尔衮这一生，韬光养晦，能征善战，并善用北方汉人，使得顺治皇帝最终能够坐稳北京龙椅，确实具有超出常人的政治、军事才能。

但是，多尔衮入关前后，曾经对汉、蒙古、朝鲜等族群大肆屠杀，野蛮掠夺，暴行累累。这些令人发指的罪行，也都是历史史实，不容抹杀和歪曲。

# “留取红颜照汗青”

## 以吴三桂为首的“三藩起事”

康熙十二年（1673年），吴三桂在云南起兵叛清，四处发檄文之余，还遣使招纳旧日同僚故旧来军中效力。其中，有一位谢四新，曾经和吴三桂在洪承畴幕府为同事。

明朝灭亡后，谢四新心存明朝，隐居不出，成为明朝遗民。这样的人，肯定成为吴三桂积极争取的目标。

接到吴三桂亲笔书信之后，尽管这位清朝平西王当时势力极雄，谢四新还是坚决拒绝了吴三桂的招募，并且写诗一首，对吴三桂极尽挖苦、揶揄之能事：

李陵心事久风尘，三十年来讵卧薪？
复楚未能先覆楚，帝秦何必又亡秦？
丹心已为红颜改，青史难宽白发人。
永夜角声悲不寐，那堪思子又思亲。

谢四新对吴三桂这首答诗，用典太多，今人很难理解其中深意，还被不少人误读。如果熟谙典故，尽可对谢四新的政治态度一目了然，也可以发现古代文人确实刀笔深刻，讽刺起人来不遗余力。

本诗一开始，谢四新似乎“呵呵”冷笑数声，先把吴三桂比作汉武帝时战败后不得已投降匈奴、内心却要时刻归汉的李陵。但是，诗人笔锋一转，言语咄咄，马上叱问吴三桂：你在清朝富贵荣华三十年，世上哪里有这样“卧薪尝胆”要复仇的人呢?

接下来，谢四新用古代伍子胥和鲁仲连的典故，继续责问吴三桂：当初你投降清朝的借口，是为了报君父大仇意在“复楚”(复明)，但你不仅没有恢复大明，却作为清朝鹰犬亲手勒死了南明的永历帝以向清朝效忠；既然你已臣服于清朝(帝秦)，作为顺臣功臣也就罢了，为什么忽然又起兵反叛清朝(亡秦)?

下面两句，更是损到极致，直挖吴三桂心窝子：当初你吴三桂其实是因为陈圆圆被夺之恨才和李自成翻脸。而你一皓首匹夫，史书又怎么能轻易原谅你如今的所作所为呢?

全诗最后两句，即便在吴三桂刚刚起兵、气势如虹之时，却以神来之笔，点出了吴三桂真实的凄凉心境——长夜漫漫，号角声声，你老头子悲伤得哪里睡得着啊：三十年前因为色心，导致李自成杀了你父母在内的全家三十四口；如今，因为私心，又使得人在京城的儿子吴应熊也被清廷绞杀!

## 丹心已为红颜改

### 吴三桂的前世今生

青年时代的吴三桂，正处于明清更迭的大时代。一般的史书，包括根据“史实”改编的文学作品，都言之凿凿，相信如下事实：

北京崇祯帝上吊后，吴三桂已经完全接受李自成的招降，并亲自率兵马往北京方向进发，欲“觐见新主”。中途，他听说爱妾陈圆圆被李自成大将刘宗敏所掠，又闻其父吴襄被拷打拘赃，登时大怒，冲冠一怒为红颜，带兵掉头扑转山海关，首先击败老同事唐通，然后联合另一个老同事高第，举兵宣布反对李自成的大顺政权。

事实果真如此吗？

并不是如此简单。

其实，在崇祯帝死之后的几年间，社会上从未有过吴三桂投降李自成的传闻，倒是曾经反清的夏允彝（夏完淳之父）还在《幸存录》中维护过他："（吴）三桂年少勇冠三军，边帅莫之及。闯寇（李自成）所以诱其甚至，（吴）三桂终不从。"

而且，崇祯帝死后，一直住在北京的士大夫，皆没有吴三桂投降李自成一说。比如著《崇祯甲申燕都纪变实录》的钱邦芑，也讲过吴三桂之父写信招降其子被拒的情况："贼（农民军）挟其父手书招之，三桂得书不发，入拜谢父，咬破中指，扯裂家书，随约王永吉借清兵十万，以图恢复。"

夏允彝、钱邦芑二人，皆生活在北京被攻陷之时的大明朝。特别是后者，又近在北京，如有吴三桂投降李自成一事，他们自然会大加渲染。

最详细记载吴三桂对李自成降而复叛的，是钱士馨的《甲申传信录》，此书成于顺治十年（1653 年），原文如下：

> 三月，（明廷）廷议撤宁远镇，并调吴三桂剿秦寇，封三桂西平伯，上（崇祯）手敕谕之。（吴）三桂方奉诏，未及行，而闯（贼）已陷都城矣。闯入，各镇将皆降，三桂道未通，闯（贼）令诸将各发书招三桂，又令其父（吴）襄亦书谕，使速降。三桂统众入关，至永平西沙河驿，闻其父为贼刑掠且甚。三桂怒，遂从沙河驿纵兵大掠而东，所过靡烂。（吴三桂）顿兵山海城，益募兵议复京师。

即使在这部书中，作者也没指明吴三桂是接到父亲书信后前往北京投降，只讲他“统众入关”，往北京方向行动，更没有言及他“冲冠一怒为红颜”的事情。

顺治十二年，历史大家谈迁入京修《国榷》，也没有采纳吴三桂投降李自成之说，反而这样写吴三桂：吴三桂上书其父，“父既不能为忠臣，三桂亦安能为孝子，三桂与父诀，请自今日！”。义正词严，很有郑成功斥其父郑芝龙之风。

再后，加入降官行列的吴伟业做《圆圆曲》，诋嘲吴三桂为女人而“冲冠一怒”，也没说他带兵去向李自成投降。有人可能说，诗中纪事，自然不可能都按照实际去写。但是，吴伟业的笔记《绥寇纪略》，依旧没有记录吴三桂有降闯之事。

所以，当时和稍后严谨的史家，如谷应泰、张岱等人，均在著作中不收吴三桂降闯之说。

至于《流寇志》《吴三桂纪略》等笔记小说中所载吴三桂降闯的只言片语，也没有什么枝叶可寻，只可当作“小说家言”。

乾隆时期修成的《明史》，是清朝官方钦定史学著作，只讲吴三桂对李自成“欲降”，突出他因爱妾陈圆圆被劫所生的愤恨，并不讲他投降过李自成。

真正大肆宣扬吴三桂投降李自成之说的，是爆发“三藩之乱”后的康熙时期。当时，为了暴露吴三桂的“大奸大恶”以显示其发动叛乱的非正义性，康熙帝在诏旨中大骂吴三桂“委身从贼”，这完全是政治宣传。清方的主要目的，是要把吴三桂塑造成一个反复无常、唯利是图的道德小人。

其实，只要看过多尔衮在顺治元年击败李自成后向小皇帝所上的报告，就可以明显见出吴三桂根本没向李自成降过：“（李自成）于三月二十二日僭称帝，遣人招降（吴）三桂，三桂不从，随自永平返据山海关。”

也正是“三藩之乱”被平灭后，众恶归焉，加之吴三桂此人人品确实很差，众口铄金，《庭闻录》《圆圆传》《四王合传》等笔记小说纷纷渲染吴三桂先降李自成而后为爱妾降而复叛的事情。渐渐地，传闻、小说，就变成了信史。

成王败寇，吴三桂为人，日复一日，成为完全定型的、胎里坏的典型样板。

真正的历史情况是，吴三桂接到崇祯帝诏令后，并无故意迁延，而是立刻奉诏勤王。他之所以行动迟缓，是因为要把关外人民拖家带口一同迁入关内。

李自成攻下北京时，吴三桂应该已进入山海关地区，而非许多书中所讲他还在宁远城磨蹭。仅仅休整了四天左右，吴三桂就率整军抵达永平，然后向西前往玉田。

值得注意的是，投降了李自成的唐通从居庸关前往山海关接防，途中并未遇见吴三桂，所以不存在唐通代替李自成接受吴三桂投降之事。

在永平、玉田的十多天时间内，吴三桂获悉明朝崇祯帝已亡的消息后，徘徊逡巡，开始进行他自己人生中也是中国历史关键时刻的重大选择。

一方面，明廷对吴家不薄，其父吴襄、其舅父祖大寿以及他本人，皆为明朝总兵官。从吴三桂本人来讲，在此之前，他一直为明王朝血拼。先前杏山大败，即使他提兵先遁，崇祯帝也未治罪，反而升他为提督。作为回报，皇太极病死后，吴三桂多次上疏，希望明朝趁清政府新旧更迭之际发动进攻。纵使日后清军重军攻宁远，兵寡力弱的吴三桂仍旧为明朝誓死拼守，无任何怯战之心。

另一方面，向从来与自己所辖辽东军未有血怨的李自成大顺政权投诚，自然是他的最佳选择，何况生父以及重要家属皆被扣于北京做人质。此外，他的昔日同事，文臣且不说，武将如唐通、白广恩、姜瓖、黎玉田、高第等人，无不向李皇帝修表归诚，这自然也影响吴三桂本人的选择。投靠大顺新主，谋取高官厚禄，应该是吴三桂当时的不二之选。

不仅时人这样想，李自成等人也这样想：穷途末路的吴三桂，先前一直与清政府在辽东血拼多年，不久前还在宁远城重创济尔哈朗部清军，他怎么可能出关投向清军怀抱呢？

一切皆是李自成一方以及北京明朝降官的想当然而已。对于吴三桂来说，曾经最凶恶的敌人，当然也是可能的投靠路径之一。

早在崇祯十五年（1642 年），松锦大战之后，不少明朝辽东军将的中高级军官被俘降清，其中最重要的人物，当数生前一手提拔吴三桂的恩师洪承畴和吴三桂舅父祖大寿。而后，皇太极本人亲笔写信招降吴三桂，又让洪、祖二人以及其他一些高级明降将写信劝说吴三桂投降。但当时的吴三桂，对明朝忠心耿耿，丝毫不贰。倒是猜忌刚愎的崇祯帝对他放心不下，假装调吴三桂之父吴襄入京为官，实际上是把吴三桂一家人弄入北京城做“人质”。

北京陷落后，吴襄等吴三桂家人自然落入李自成之手。

吴三桂徘徊于玉田附近，不断派人打探北京城中的情况。

李自成政权在北京城的倒行逆施，以及刘宗敏夺掠其妾的肆无忌惮，使得吴三桂头皮发炸：纵使自己前往北京归顺李自成，也可能一去无回！趁着自己手中仍旧有一支生力军做本钱，不如拼死一搏，向清朝“借兵复仇”，或可死中求生！

就这样，吴三桂来个忽然回击，打跑了替李自成镇守山海关的唐通，与明朝原山海关总兵高第一起，宣布讨伐李自成农民军，恢复大明。

而后的一切，“借兵复仇”变为“藩王相报”，吴三桂终降清，导引清兵入关。

山海关一失，整个局面大变。

李自成“亲征”山海关大败后，可用“兵败如山倒”来形容。他率残兵撤回后，迅速放弃了北京，携带大批金宝窜回陕西。吴三桂带路，多铎、阿济格等清军铁骑一路追击，马不停蹄地蹑尾而进，不给李自成任何喘息机会。

五月初二日，哄传吴三桂将军在山海关大败农民军，并夺回崇祯太子。兴高采烈的北京士民争先恐后出城，大排皇帝法驾，准备迎接太子入城为君，重复大明之天。

不料想，烟尘过后，马蹄声静，映入北京士民眼帘的，不是明朝太子，而是风尘仆仆、身骑高头大马、脑后拖着大辫子的多尔衮清兵。

无论如何，北京城内，又有了一位“新主”。

可见，清军入关，吴三桂是最大的“功臣”！

明朝灭亡后，明朝在南方的官员和士大夫先后拥立起一个个小朝廷。其中，福王朱由榔的永历政权存在最久，一直辗转流亡，长达十五年。由于有了这么一个明朝标志人物，明朝遗民心中正朔仍在，永历政权就成为清朝统一全国的严重障碍。

在这种形势下，清廷重用吴三桂，命令他进军云、贵，为清朝统一西南。

顺治十五年二月二十五日，吴三桂从汉中出发，经保宁（今四川阆中）、顺庆（今四川南充）、重庆，一路克捷，并于四月三十日攻克遵义，进入贵州。十一月十日，吴三桂率领大军由遵义进兵，攻克七星关险隘，发兵即撤，一下子打开了通向云南的大门，自此长驱而入，所向披靡。

顺治十六年正月初三日，吴三桂率领清军进入昆明，永历帝仓皇逃奔永昌，随后出境流亡缅甸。至此，清军迅速占领了云南全省。

清军虽然赶跑了永历帝，但由于云南、贵州地处西南边陲，久经战乱，民生残破，加上永历帝依旧在缅甸活着，其手下大将李定国、白文选仍在边境地区拥有一定的军事实力；而当地土司又皆首鼠两端，所以清朝必须派遣一个强有力的人在云贵地区常驻，才能起到定心丸的作用。为此，顺治十六年十月，清廷指派吴三桂坐镇云南；康熙元年年底，清廷又把贵州正式交予吴三桂统领。

顺治年间的吴三桂，绝对对清朝忠心耿耿。顺治十七年，他上疏倡言不灭永历帝有“三患二难”。清廷对于这位平西王的建议极其重视，很快就决定以内大臣爱星阿为定西将军，率援军奔赴云南，协同吴三桂出征缅甸。

十六年来，四处逃窜、刚届不惑之年的永历帝朱由榔，听说吴三桂率领清朝大军进入缅甸，惊恐至极。但在内心深处，他对这位昔日的大明良将，仍抱有一丝天真的幻想。“雨中黄叶树，灯下白头人”，永历帝满怀凄怆，提笔作书，字字血泪，给吴三桂发去一封亲笔信：

> 将军新朝之勋臣，亦旧朝之重镇也。世膺爵秩，封藩外疆，烈皇帝（崇祯）之于将军，可谓厚矣。国家不造，闯贼肆恶，覆我京城，灭我社稷，逼我先帝，戮我人民。将军（指吴三桂）志兴楚国，饮泣秦庭，缟素誓师，提兵问罪，当日之初衷，固未泯也。奈何遂凭大国（指清朝），狐假虎威，外施复仇之名，阴作新朝之佐？逆贼既诛后，而南方土宇，非复先朝有矣。
>
> 诸臣不忍宗社之颠覆，迎立（我）南阳，枕席未安，干戈猝至，弘光北狩，隆武被弑，仆于此时，几不欲生，犹暇为社稷计乎？诸臣强之再三，谬承先绪，自是以来，楚地失，粤东亡，惊窜流离，不可胜数。犹赖李定国迎我贵州，接我南安，自谓与人无患，与世无争矣。
>
> 而将军忘君父之大德，图开创之丰功，提师入滇，覆我巢穴，由是仆渡荒漠，聊借缅人以固吾圉，山遥水长，言笑谁欢？只益悲矣。既失山河，苟全微息，亦自息矣。乃将军不避阻险，请命远来，提数十万之众，穷追逆旅，何以视天下之不广哉？

岂天覆地载之中，犹不容仆一人乎？抑封王赐爵之后，犹欲歼仆以徼功乎？既毁我室，又取我子，读《鸱鸮》之章，能不惨然心恻乎？将军犹是世禄之裔，即不为仆怜，独不念先帝乎？即不念先帝，独不念列祖列宗乎？即不念列祖列宗，独不念己之祖若父乎？

不知大清何恩何德于将军，仆又何仇何怨于将军也？将军自以为智，适成其愚，自以为厚，适成其薄。千载而下，史有传，书有载，当以将军为何如也？

仆今日兵衰力弱，茕茕之命，悬于将军之手矣。如必欲仆首领，则虽粉骨碎身，所不敢辞。若其转祸为福，或以遐方寸土，仍存三恪，更非敢望。

苟得与太平草木，同沾雨露于新朝，纵有亿万之众，亦当付于将军矣！唯将军命之。

将军臣事大清，亦可谓不忘故主之血食，不负先帝之大德也。唯冀裁之。

没落帝王，流离龙子，低首乞哀，字字有血，笔笔带泪。信中的辛酸委屈，铁石心肠之人也会有所触动。

这封信，不仅仅是哀求一己之生，永历帝也从吴三桂自身着想，一针见血指出：将军您自己试想，连对家门世受其恩禄的旧主都肯斩尽杀绝、不留一丝情面的人，新主子清朝统治者在“赞叹”之余，内心深处真的对您吴三桂不会起疑心吗？而且，万世千秋，史有传，书有载，当以你吴三桂为什么人呢？

顺治十七年（1660 年）年底，由于吴三桂大军临江而阵，缅甸土王大惊，忙遣使奉十六个大金盘，里面盛满贡物，前往清军军营示诚。

吴三桂也不同土王使者多说，只表示一个意思：马上送来永历帝，否则，清军过江屠城。

缅甸土王惶恐惊惧，立刻执行吴三桂的命令，派人去见永历帝，哄骗说："李定国大军又来了，有马步军数万人，临江索求，定要见皇帝！"

没等永历帝有所表示，数名缅兵上前，把永历帝驾上一个竹椅，抬起来就走。

永历的嫔妃和宫女哭号震天，一路步行，踉跄行了五里多地，来到大江边。一艘大船，已经在江边等候。永历帝及从人皆被押上大船。大船抵达对岸后，有一壮汉近前，背起永历帝就往岸上走。

当时，永历帝还以为这个人是李定国手下的兵将，就问："爱卿你是何人？"

对方答道："我是平西王前锋章京高得捷！"

这时，永历帝知道自己已经落入吴三桂清军之手，他当时倒没像弘光帝那样失态咬人，仅默然而已。

事已至此，只能认命。

大功告成，吴三桂胜利班师，率大军押永历帝返回昆明。昆明百姓知道永历帝被擒的消息，无不痛哭流涕。

清廷大喜，向天下发布文告，宣布明朝皇帝已经落网。

永历帝被关押在吴三桂大营后，清朝各级汉族官将，出于好奇心，多前去入见（其实是"参观"）。

永历帝这位帝君，长相确实庄重、威严。即使被擒，仍旧有人君派头，清军入见的各级军将，皆不由自主地下拜或者叩首。

吴三桂本人也曾来探望。据戴笠《行在阳秋》上讲，吴三桂见永历帝，先是长揖不拜，默立久之。

永历帝虽然不会分辨清朝官服服色，但见来人气质不同于一般人，便开口问来人为谁。片刻之后，未经再三追问，吴三桂竟然膝头一软，跪在地上，伏地不能起。良久，他才用微弱的声音回答："臣吴三桂来见。"

史书笔记中，多载永历帝对吴三桂“切责”，恐非实情。十多年来逢警即逃的永历帝，抱苟且偷生之念，不可能对掌握自己命运的人加以“切责”。

两个人一来一去，对话久之，大概是永历帝表达想回北京为祖宗“守陵”的意愿。

其间，吴三桂一直跪地回话，汗流浃背，色如死灰。

对吴三桂的这种表现，人们往往从最浅层的意义上理解，以为他是被永历帝威武庄严的人君相貌所威慑。实则不然！吴三桂乃儒将，非一般粗鲁军人，他一家世受明朝厚恩，面对座上流淌着朱明皇家血液的君王，内心肯定受着大义和道德的折磨。

所以，笔者认为，吴三桂应该是一个有历史感的人，他能感受到自己灵魂的罪恶，并且非常清楚自己在做什么。

他所面对的，是近三百年朱明“皇恩浩荡”的一个象征人物，而不仅仅是个身穿龙袍的傀儡架子。

此次会见之后，直到篦子坡行刑，吴三桂再没有去见让他心生凛惧的永历帝。

这种心情，有负疚感，有罪恶感，也有如侯景见梁武帝时的那种说不出来为何打哆嗦的被威慑感。

永历帝身边的侍卫总兵邓凯，曾借机面见皇帝，跪求道：“大事如此，望皇上能一烈殉国，为臣随后从驾陛下于阴间！”也就是说，他规劝永历帝自杀死社稷。先前咒水之盟后，他曾劝阻永历帝自杀。如今见大势已去，他又劝永历帝自杀，效仿崇祯帝，死个明白，死个壮烈。

事已至此，本性懦弱的永历帝倒惜起命来，他以太后老母为辞，并讲：“洪承畴、吴三桂，都受我大明皇家恩典，未必肯对我一家斩尽杀绝！”

这位皇帝如此想，真是大错特错。洪承畴、吴三桂正是被那种忘恩负义的负疚感所折磨，反而会使出最毒的招数对待故君，必欲除之而后快，眼不见，心不烦，而且可以借此永远保全自己的家族富贵。

邓凯见劝说无望，只得告辞，并拒绝为清朝做官，遁入空门，出家为僧。

清朝凯旋大军到昆明后，吴三桂允许一些前明官员入见永历帝。这倒并非出于什么好心，而是一种攻心政策，以便让前明官员活见人，死见尸，完全丧失恢复明朝的希望。

没过几天，戏剧性场面出现了。

曾经为孙可望做事而又“婉拒”永历帝职位的前明大臣龚彝（可以温习笔者南明史书中“永历朝廷活曹操”一章），穿着一身明朝大臣服装，命从人抬了满满一桌酒具菜肴，大摇大摆来到永历帝拘押之所，声称要见皇帝。

守卫者当然不让进。

龚彝大叫：“君臣大义，南北皆同。我来见故君，如何相拒！”

吵吵嚷嚷之下，有人报吴三桂。

吴三桂很爽快，立刻下令同意龚彝入见永历帝。

入得都督府大堂，永历帝在严兵看守下被搀扶落座。龚彝的到来实在出乎永历帝意料。想当初永历帝第一次由李定国等人拥入昆明，这位龚彝大庭广众之下自称受“秦王”（孙可望）厚恩，拒不接受任命，当时广遭大臣们谩骂讥评。

“疾风识劲草，板荡见诚臣。”如今，昔日高喊“忠义”的人皆一个不见，唯独龚彝来见，不由得让永历帝百感交集。

龚彝伏地痛哭，行足一套参拜大礼。

然后，他斟满酒，向永历帝跪进酒爵。

永历帝哀不自胜，痛哭之余，表示自己不能饮酒。

永历帝离座，感动之下，接过龚彝的酒爵，满饮三爵。

龚彝再行拜礼。

而后，他忽然大叫一声：“皇上保重，臣先走一步！”

言毕，龚彝快步冲奔，触柱而亡。

事出仓促，永历帝以及周遭的军卫皆不及反应，眼睁睁看着龚彝在他们眼前碎首而死。永历帝急忙跪过去，抚尸大哭，几近昏厥。

这一位龚爷，是他生前见到的最后一位明服明冠的纯臣。

此事发生过后不久，又有一些汉八旗中下级军官暗中联结，想劫出永历帝并拥之入陕西再建一国。未几，谋泄，牵连被杀者数千人。

如此，永历帝就成为一块烫手山芋。吴三桂为保险起见，上疏清廷，请求在昆明当地处决永历帝。

刚狠凶戾、心机叵测的吴三桂，为了向清廷表现他的“一腔忠勇”，在行刑方式上，非要把永历和他年仅十二岁的太子斩成两段，使他们身首分离。

最后，连和吴三桂一起作战的满族人爱星阿和宗室贝子卓越罗都心中不忍，劝说：“永历（帝）亦曾为君，给他留个全尸总该不过分。”

这两个满人的话，才保全永历帝在被行刑时有个全尸而死的下场。

永历十六年（康熙元年，1662 年）四月十五日，南明最后一个皇帝朱由榔，被吴三桂以弓弦绞死于昆明篦子坡，时年四十岁。

临刑之际，永历帝默然。他的十二岁太子，年纪虽小，很有风骨，对坐观的吴三桂骂道：“奸贼，我大明朝有哪里对不起你？我父子和你有什么私怨？为什么要对我们下此毒手！”

弓弦嘎嘎响，喉结咝咝促。

看着明皇最后的血胤在自己手中终结，吴三桂的脸上，露出一种旁人难以察觉的痛苦神情……

绞死永历及其太子后，吴三桂为向清朝表忠心，下令把永历父子焚尸扬灰，弃骨灰于荒野。

即使有杀父杀子之仇，也不会做出如此绝情寡义之事。而吴三桂这样一个奸贼，真让人难以相信他当初曾“冲冠一怒为红颜”。

明末清初的大名士吴伟业写有《圆圆曲》一诗，其中妙笔生花，极力铺陈，把“白皙通侯最少年”的青年将军吴三桂和“前身合是采莲人”的美貌歌姬陈圆圆的情事，娓娓道来：

鼎湖当日弃人间，破敌收京下玉关。恸哭六军俱缟素，冲冠一怒为红颜。红颜流落非吾恋，逆贼天亡自荒宴。电扫黄巾定黑山，哭罢君亲再相见。相见初经田窦家，侯门歌舞出如花。许将戚里箜篌伎，等取将军油壁车。家本姑苏浣花里，圆圆小字娇罗绮。梦向夫差苑里游，宫娥拥入君王起。前身合是采莲人，门前一片横塘水。横塘双桨去如飞，何处豪家强载归。此际岂知非薄命，此时唯有泪沾衣。薰天意气连宫掖，明眸皓齿无人惜。夺归永巷闭良家，教就新声倾坐客。

坐客飞觞红日暮，一曲哀弦向谁诉？白皙通侯最少年，拣取花枝屡回顾。早携娇鸟出樊笼，待得银河几时渡？恨杀军书底死催，苦留后约将人误。

相约恩深相见难，一朝蚁贼满长安。可怜思妇楼头柳，认作天边粉絮看。遍索绿珠围内第，强呼绛树出雕阑。若非壮士全师胜，争得蛾眉匹马还？蛾眉马上传呼进，云鬟不整惊魂定。蜡炬迎来在战场，啼妆满面残红印。

专征萧鼓向秦川，金牛道上车千乘。斜谷云深起画楼，散关月落开妆镜。传来消息满江乡，乌桕红经十度霜。教曲妓师怜尚在，浣纱女伴忆同行。旧巢共是衔泥燕，飞上枝头变凤凰。长向尊前悲老大，有人夫婿擅侯王。当时只受声名累，贵戚名豪竞延致。一斛珠连万斛愁，关山漂泊腰肢细。错怨狂风飏落花，无边春色来天地。

尝闻倾国与倾城，翻使周郎受重名。妻子岂应关大计，英雄无奈是多情。全家白骨成灰土，一代红妆照汗青。

君不见，馆娃初起鸳鸯宿，越女如花看不足。香径尘生鸟自啼，屧廊人去苔空绿。换羽移宫万里愁，珠歌翠舞古梁州。为君别唱吴宫曲，汉水东南日夜流！

笔者估计，真能看全这篇长诗的人不多，其中流传最广的也只有一句“冲冠一怒为红颜”，前因后果，当时和现在没有多少有心人真正琢磨。

其实，投降清朝的吴伟业，通过这首长诗，对吴三桂极尽揶揄挖苦之能事，特别是后面四句：“妻子岂应关大计，英雄无奈是多情。全家白骨成灰土，一代红妆照汗青。”简直就是神来之笔、诛心之句——吴三桂因一貌美年轻歌妓背父弃君。想当初，石河大战之后，气急败坏的李自成跑到半途，就在秦皇岛范家店虐杀了一直押在军营当人质的吴三桂之父吴襄。可以想象，刚刚损失数十万精兵的大顺军，会怎样怀着刻骨的仇恨，细刀慢剐“伺候”这位吴老爷！逃回北京后，李自成仍旧笼罩在自身败怒狂极的情绪中，把吴三桂全家三十八口寸磔处死。

吴三桂以剃发背国、全家成灰的代价，换来“一代红妆照汗青”！

吴伟业长诗的最后八句是赞语，诗人借此抒发个人感慨。所说的“馆娃宫”，乃当年吴王夫差为西施所建。以昔时吴王夫差和西施“豪华”，比拟吴三桂和陈圆圆——那吴王夫差当初是不得好死啊！而且，长诗最后一句“汉水东南日夜流”，典出李白《江上吟》：“功名富贵若长在，汉水亦应西北流。”吴伟业的“东南流”，乃反其词而用其意，读罢让人更感到莫名惆怅和悲哀：功名富贵，肯定是不会长久的……

果然，后来史实证明，吴三桂的功名富贵，最终成灰！

吴伟业于字里行间，刀笔戮入吴三桂的心肺骨髓。为此，有传说吴三桂当时就曾经派人携重金，希望吴伟业日后在作品集中不要刻入此诗，但最终为吴伟业拒绝……

曾经为美女陈圆圆而血性发作的吴三桂，竟然会对明朝旧主后代斩尽杀绝，其人品高下，自然而判！

当时，清廷对吴三桂赞誉非常，毕竟这位平西王能帮助大清底定云贵，统一西南，可谓功莫大焉。于是，康熙元年，清廷以皇帝名义（实为索尼等四辅政大臣拟定）申谕礼部：

平西王吴三桂镇守秦、蜀，绥辑滇、黔，抚顺剿逆，茂著勋劳。伪永历朱由榔，以明室遗孽，煽集党羽，妄称尊号，窃据一隅。历年以来，屡烦王师征剿，疆圉弗宁。今王奉命统领满汉大兵，出边进讨，于顺治十八年十二月内进抵缅甸，擒伪永历及其眷属，又降伪巩昌王白文选，并伪官全军。此皆王殚忠奋力，运筹谋略，调度有方，遂使国威远播，逆孽荡平，功莫大焉。

宜加殊礼，以示眷酬。著晋封亲王。应行事宜，尔部察例具奏。

## 西南俨然旧家国

### 平西王的惬意生活

作为清朝鹰犬，吴三桂可谓尽心尽力，特别是西南一隅，真正是吴三桂打出来的天下。恩怨尽时方论定。为此，时隔多年之后，作为饱受惊吓的康熙皇帝之孙乾隆皇帝还比较客观。当他看到清朝史臣修《通鉴辑览》史书言及清初云贵收复历史之时，只言及满洲大将爱星阿的功劳，非常不以为然：

……馆臣以吴三桂为叛臣，不书其擒桂王由榔（永历帝）事，而以属之爱星阿。夫爱星阿固为定西将军领兵，而三桂彼时实为平西大将军，且必应殄灭由榔，三患、二难之议，发自三桂。即后之进兵，檄缅甸、驱李定国、降白文选，皆出自三桂之筹画，其功固不可泯也。

所以，乾隆皇帝亲自下令，指示史臣在《通鉴辑览》中增加吴三桂擒永历帝之事。

自从受命镇守云贵，吴三桂悉心经营，很想把这么一大片神奇的地方作为子孙后代的世守藩地。说句实话，此时的吴三桂，绝无丝毫叛清的心思。当初他亲自缢杀永历帝，就是对清朝的宣誓效忠，表示他“开弓没有回头箭”的决心和态度。

明朝时期，有个在云贵地区传了十二代的“黔国公”沐氏家族；吴三桂呢，很想让自己的吴氏家族也能做清朝的“黔国公”，与国始终。

清朝入关之初，对于吴三桂、尚可喜等人确实也大加许诺，裂土封赏，而且从多尔衮到顺治，确实没有怀疑过吴三桂对清朝的忠诚，也没有“惦记”过吴三桂这块地盘。所以，长期以来，吴三桂把云贵地区是真当自己家里地盘一样来经营的。他大建宫室之余，日复一日积敛财富。同时，从辽东地区一直跟随吴三桂南征北战的数万将士及其家属，也都在云贵地区兴家立业，基本就把云南当作了“故乡”。

吴三桂是一个乃文乃武的人才，和一般头脑简单的武将出身的人当然不同，他很有居安思危的超前思维。早在洪承畴离开云南前，他就曾经向这位明朝时期就是自己上司的师傅问过自固之计。显然，他非常知道鸟尽弓藏、兔死狗烹的“大道理”。对于北京清廷，他确实也是“朝乾夕惕”。

清朝最高层的满洲权贵，虽然从皇太极时代就高喊“满汉一体”，但其实他们从来不会对满汉大臣一视同仁，特别是对于雄踞一方并手握军队的汉族将领，满洲贵族内心深处根本放心不下，但是在建国初期，没有这些人的帮助，又不可能取得全国性的胜利。所以，在高爵荣宠的同时，在外汉族镇将，必须留子在京为人质。为此，当时权柄最盛的吴三桂、尚可喜、耿仲明、孔有德等人，相继都把儿子“送”到京城“入侍”——吴三桂长子吴应熊，尚可喜长子尚之信，耿继茂（袭其父耿仲明爵位）二子耿昭忠、三子耿聚忠等，都在京城作为人质。说他们是“人质”，但皆锦衣玉食。而且，这些人基本上都娶满洲皇室宗女。作为大清额驸，面子上都挺尊贵的。由此一来，双方都保持着一定程度的默契，只要一方不动念，应该说处于“双赢”“双安”局面。

对于吴三桂、尚可喜这几个汉族封疆大吏来说，有儿子在京城，虽然有挂念，但等于在北京设立了一个高级“驻京办”。清廷大政，事无巨细，都能够通过子侄辈事先得知。何况，驻派京师的属员、随从都是冰雪聪明之人，他们整日挥金如土，和清朝执政大臣们以及具体办事的官吏们打得火热，不仅朝廷琐细“密事”得以侦知，大政方针也会先人一步报知。所以，身虽处于几千里之遥的边省，对于内廷之事，吴三桂等人不比宫内太监知道得少……

顺治后期，随着清朝初期对内大规模用兵的结束，“狡兔”陆续死，“走狗”各自惊。清廷不敢轻易怠慢几个汉族封疆，吴三桂等人也都小心翼翼，尽量夹着尾巴做人，不敢让朝廷抓住自己的把柄。

无论是多尔衮还是顺治时期，边疆省份一直存在不稳定因素。对于吴三桂等汉族大将，清廷都是表面上竭尽信任不疑，做出一副“明主”姿态。

皇帝不急奴才急。顺治十八年，就有四川川北道的汉官杨素蕴上疏，揭发吴三桂擅权，参劾他随便选任云南官吏；康熙七年，又有甘肃庆阳知府傅弘烈参劾吴三桂，直截了当地说吴三桂“必有异志”。

当时，清廷最高层看到这样的奏疏，不是高兴，反而十分害怕、敏感。第一，当时吴三桂没有丝毫谋逆的意思，参劾他确实是自找多事；第二，即使朝廷有疑，汉人小官也不应如此堂而皇之把这事儿放在台面上，反而会打草惊蛇。所以，经过正当程序的“部议”，清廷竟然认定奏事汉官属于“越职言事”，是诬奏亲王，罪该判斩。所以，作为臣子，太有“预见性”也不是好事，聪明过头可能会掉脑袋。

从小熟读史书的年轻皇帝康熙亲政后，深谙治理之道，对于远边的这几个强大汉人异姓藩王非常关注。在安抚他们的同时，也有条不紊，按照正常程序，一步步在各地调换几个藩王的党羽和心腹，想逐步削弱他们的私人势力。

对吴三桂方面，清廷先后下诏，把云南、贵州总督赵廷臣调任浙江总督，把张勇调为宁夏提督，把王辅臣调为固原提督，把马宁调为山东提督，把吴得功调为湖广提督，把刘进忠调为潮州（今潮安）总兵，把王进功调为福建提督。同时，朝廷把一些和吴三桂没有私人瓜葛的官员调入云贵地区为官。

虽然人员进行了调换，心腹大将逐渐离开了自己的视野，但吴三桂当时并没有特别有所防备，毕竟这些举措都属于朝廷的正常升迁调动。

对于吴三桂手下类似私人武装的“忠勇”和“义勇”两部，清廷也以移镇的方法加以削弱，慢慢减少吴三桂对嫡系部队的控制。

从鳌拜掌权到康熙执政，清廷动作连连，吴三桂逐渐忧虑起来。这时候，他手下有个叫吕黍子的浙江谋士，献计说：“王爷您权尊势重，致使小臣敢于参劾您。不如在昆明营造园亭别墅，多买歌童舞女，日夜欢娱，如此，可免朝廷对您生疑。”

这种招数，史书上记载了不少，按理说不算多高明。因为如果朝廷想找碴儿，这种营建别墅、醉舞狂歌，也是贪腐可罪的事情。但吴三桂想想，还是按照吕黍子所言照做了一阵子，大肆经营田宅，追欢逐乐。

作为敏感人物，你干什么事情，别人都会多想一点。“腐败”一阵子过后，吴三桂又想明白了：想得到朝廷的安心，还是要拿出真格的东西，做出真格的事情——裁军减员，才是最能让朝廷免疑的事情！于是，吴三桂主动上书，自愿裁军，并且要求把自己的“忠勇”五营兵马全部裁去。对此，清廷非常高兴，很快就批复照准。

虽然裁撤了近一万的兵马，但对于吴三桂来说，这不过是个姿态问题，对于自己的基础势力根本构不成损害。由于独霸一方，且西南地大物博，被他隐瞒的兵额也不少，在这种情况下，即使主动裁军好几次，他手下的军事力量依旧非常强大。

康熙皇帝亲政后，似乎对吴三桂的防范开始加码。昔日吴三桂在云贵用人选官，凡有奏请，清廷无不应允。康熙亲政后，吴三桂题补各官，朝廷多不批准。为此，吴三桂的女婿，也是他的重要谋士胡国柱就劝说吴三桂：朝廷已经开始对王爷您生疑，不如以退为进，先自辞对云贵的管理权。

思忖再三，吴三桂同意此议，于康熙六年五月上疏清廷，以“两目昏瞀，精力日减”为由，要求辞职休养。没想到，康熙很快照准，马上同意他的请求，顺便把他在云贵地区选任大小官员的权力也收回吏部。

疑惧之余，吴三桂又试探着上疏，把自己在云贵地区选任武官之权也上缴。朝廷毫不谦让，一并收回。

康熙六年的吴三桂，时年才五十五岁，正是盛壮之年。假装自己眼神不好、精力有限，试探性上疏求退，就被收缴了那么多权力！眼见自己慢慢就要变成饱食终日、无所事事的闲散王爷，吴三桂当然很恼火。为此，在他授意下，很快就有云贵总督卞三元、云南提督张国柱及贵州提督李本琛三人联合上奏，竭力说服朝廷把权力还给吴三桂。他们表示说，西南大事，只有平西王才能统领。

接到奏疏之后，亲政不久的康熙并没有公开发怒，还特别给云贵三个官员回书，解释说正是因为吴三桂今日精力日减，为了照顾他的身体，才允其所请。不过，云贵属于边疆重镇，但凡遇到军情大事，还是需要吴三桂出面料理。

经过此事，吴三桂和清廷之间涟漪顿起。为了安慰远在昆明的这位平西王，康熙七年正月，清廷还给已经是“和硕额驸”的吴应熊加“少傅兼太子太傅”头衔；同时，为了显示三藩同等，清廷给耿仲明的孙子耿聚忠、耿昭忠以及平南王尚可喜第三子尚之隆都加“太子少师”头衔。而后，康熙还派吴应熊亲自赶赴云南去探望父亲，以显示清廷对吴三桂的关怀有加、毫无疑猜。

对此，吴三桂心知肚明，和儿子密谈之后，赶忙差遣他回京，重申自己的吴氏家族对朝廷忠贞不贰。

于是，人在昆明的吴三桂，做出富家翁姿态，没事就和自己的侄子辈、女婿们一起宴饮，射箭游戏。不久，康熙派侍卫吴丹携带弓箭数千副，前往昆明代表皇帝赏赐给吴三桂手下将士。此举，清廷一来收买人心，二来显示出康熙帝对昆明情况的知根知底。

吴三桂也假装特别有面子，陈兵校场，率手下将领接受赏赐，遥向京城谢恩。吴三桂派出不少老弱病残军人上场射箭，几乎无人中靶。康熙派来的卫士吴丹回京之后，把看到的一切都一五一十汇报给皇帝。至此，清廷对吴三桂疑虑稍减。

康熙十一年，吴三桂六十花甲，在昆明举行大寿庆典。为了体现朝廷对这位老臣的敬重，康熙帝特别派遣吴三桂的儿子吴应熊同他的公主爱妻携子吴世璠一同前去昆明给吴三桂祝寿。

儿孙绕膝之际，吴三桂还挺高兴的，认定朝廷当时并没有对他生疑。

自多尔衮时代开始，清廷先后封吴三桂、孔有德、耿仲明、尚可喜四个汉人为王，命令他们携带家将兵卒，前往南方为清朝征剿南明残余势力。待云贵、两广、福建等省渐次平定之后，清廷为了便于镇压，依旧命这几个人率领部属就地驻镇。

当时的汉人四王，并不愿意在这些地方待着。特别是定南王孔有德，本来就是北方人，广西平定后，他多次上疏哀求北归，说自己受不了南方烟瘴气候，成日“骨痛痰涌”的，希望朝廷能够及早让他回北方。

当时的清廷接奏，下诏慰问，但不许他马上归京，因为广西之地依旧不稳定，需要他坐镇。不久，南明大将李定国忽然杀回，把孔有德包围在桂林。兵败城破，孔有德绝望之余，自焚而死，其不到十岁的幼子也在乱中被杀，以至于无人袭爵。由此，孔氏“定南王”一枝凋零，而“四藩”只剩下“三藩”。

比孔有德稍晚，平南王尚可喜在顺治十年也以痰疾为由，上疏清廷，希望回京退休。但清廷依旧没有答应，对他一再挽留，希望尚可喜继续为清廷做贡献。而当时的吴三桂尚在汉中练军，还没有想到引退之事。顺治十四年，吴三桂奉命进军云贵地区。俘杀永历帝之后，率领大军驻镇昆明。彼时，他不仅没有引退之意，还想子子孙孙在西南世袭王爵。

可见，多尔衮、顺治时期，对于汉人三王并无大的疑忌，确实想让他们世守边疆以为藩屏。为此，打着护卫朝廷的旗号，三藩势力也急剧膨胀，逐渐形成了割据一方的势态，让北京的权贵感到忧心忡忡。

康熙执政后，当时吴三桂手下兵力表面上是两万，其实有五六万精兵。再加上他在外省的嫡系心腹将领所掌军队，他能掌控的军队数目有二三十万之多。

三藩由于需要养军，每年都要朝廷拨发大量粮饷和军饷，造成附近各省百姓疲敝不堪。而且，除了朝廷专款专用以外，藩王们也各有发财门道。由于在经济上享有种种特权，专制一方，三藩可以自行抽税，开矿贩盐，盘剥当地，甚至组成商船船队到海外走私赚钱。

三藩需索，确实成为清廷沉重的负担。每年多达千百万粮饷和经费，使得当时天下财赋几乎有一半耗于三藩供养，成为清廷非常头痛的一个政治、经济问题。

由于三藩有意保持和扩大自己的军事实力，加上顺治到康熙初年清廷对他们的纵容，久握精兵的吴三桂等人内心自然也会膨胀。当然，如果清廷内部多事，或者遇到一位孱主，吴三桂等人也不会主动生事。但自从康熙八年五月开始，十六岁的康熙收逮鳌拜亲政，其注意力肯定开始集中在已经尾大不掉的三藩身上。

从康熙十一年开始，小皇帝特别在意云贵地区平西王吴三桂的动静，在有目的地对云贵地区官员撤换的同时，康熙帝也多方笼络吴三桂手下部属，追叙昔日征缅甸、平云贵之功。仅吴三桂手下，就有一百多将领受封。

康熙大行封赏的目的，就是想让吴三桂部下对朝廷和自己感恩戴德，日后能够怀恩图报。

封赏、提拔吴三桂部将的同时，康熙还以升官为名，把吴三桂的几个心腹大将调离云贵，改派自己信得过的满汉大臣前往当地为官。

一两年间的频繁调动，使吴三桂的人事部署大为改变，也让平西王深感不安。即便如此，康熙对于吴三桂家族之人及其平素依赖的谋士夏国相、方光琛等人并无调动，依旧让他们官居原职，其最终目的，是不想太刺激吴三桂。

酒无好酒，宴无好宴，赏无好赏。康熙十二年二月，康熙又派一等侍卫吴丹和二等侍卫塞扈立携带大批慰问品前往云南，慰问吴三桂及其部属。为了表示尊崇吴三桂，康熙还特别把自己御用的貂帽、团龙貂裘以及嵌玉束带赐给吴三桂。

无事献殷勤，让此时的吴三桂心怀忐忑，不知道该喜还是该忧。

也是该有事。就在康熙大张旗鼓赏赐吴三桂等人的一个月后，三藩之一的尚可喜突然自动申请撤藩，希望归老辽东。

尚可喜的奏疏，根本不是假装试探康熙，而是真的想全身而退——当时，尚可喜本人年老多病，尚可喜的长子尚之信怙恶不悛，经常惹祸。怕儿子日后给自己惹出大祸，他就主动上疏，希望能够回到他的老家辽东海州（今辽宁海城市），退养耕牧。

康熙读毕尚可喜奏疏，大喜过望，马上顺水推舟，准备开始全国范围的撤藩行动。

但是，对于当时的清朝来说，撤藩不是换官，而是当时谁都不敢单独做决策的重大政治问题。于是，康熙赶快召集各部阁臣对撤藩问题展开深入讨论。由于当时撤藩只是尚可喜一个人的问题，会议上包括兵部尚书明珠、户部尚书米思翰、刑部尚书莫洛等绝大多数大臣，都同意对尚可喜撤藩，毕竟这位平南王爷是自愿提出撤藩的。

会议之后，康熙下旨，表彰尚可喜情词恳切，能知大体，表示朝廷马上安排他的撤藩问题。但对于尚可喜奏疏中要求儿子尚之信袭爵平南王留镇广州之事，康熙没有答应。而尚可喜心中，当时最讨厌的就是这个长子，希望他能够留在广东一隅，眼不见为净，怕他跟随自己回到北方之后还不消停。

皇帝已经下旨，尚可喜也无可奈何，只能接旨听命，命令手下收拾行装，准备和大批部属一起启程。

康熙断然批准尚可喜撤藩，皇帝对藩镇的态度显而易见。由此，吴三桂、耿精忠两藩自然惶惶不可终日。先前他们根本就没有任何撤藩的思想准备，也没有主动向朝廷表示过自己要撤藩。如今，皇帝同意尚可喜撤藩，显然就是暗示他们二人也自动撤藩才好。

人在昆明的吴三桂忧急，他在北京当眼线的儿子吴应熊更急，迅速秘密派人飞驰昆明，告知父亲说，为了避免朝廷的疑忌，最好主动写奏疏申请撤藩。

此时的吴三桂，焦虑万分，要他马上离开云贵这块经营了多年的根据地，真难下这个决心。而且，自请撤藩的头筹，都被尚可喜拔了，现在自己写奏疏申请，面子上过不去不说，万一朝廷就坡下驴立刻“恩准”了，到时候咋办呢！而如果假装不知道来拖延，皇帝肯定会越来越怀疑自己。

想来想去，吴三桂还是想不出一个万全之策来。他的参谋班子人数很多，能人也不少。大家议来议去，最终还是劝吴三桂：暂时听世子吴应熊的话，先主动表个态，上奏朝廷，申请撤藩，看看朝廷对吴藩的真实态度……

而当吴三桂让幕僚刘玄初替他起草自请撤藩的奏疏时，刘玄初反而劝说他不要这样做。他说："如果王爷您主动上疏，皇帝正高兴等您表态呢，马上就会准奏，到时候您就更加被动。所以，您不要先给人以口实，自己请求撤藩。"

吴三桂听到刘玄初如此说，也挺不高兴，气哼哼地说："即使我上疏自请撤藩，皇上也不敢调我走。上疏嘛，不过是我的一种表态，在于消释朝廷对我的怀疑！"

眼见吴三桂如此自负和自信，刘玄初也没话可说，只得替吴三桂写奏疏。康熙十二年七月三日，吴三桂给康熙上奏疏，内容如下：

> 臣驻镇滇省，臣下官兵、家口，于康熙元年迁移（指从汉中迁云南），至康熙三年迁完。虽家口到滇九载，而臣身在岩疆，已十六年。念臣世受天恩，捐糜难报，唯期尽瘁藩篱，安敢遽请息肩？
>
> 今闻平南王尚可喜有陈情之疏，已蒙恩鉴，准撤全藩。仰恃鸿慈，冒干天听，请撤安插。(《清圣祖实录》)

做事不能在人后。那边厢靖南王耿精忠马上也给朝廷写奏疏"恳请"撤藩。

接到吴三桂、耿精忠二人自愿撤藩的奏疏，康熙乐得差点跳起来。他们自动要求撤藩，总比朝廷先提要好得多，接下来处理起来也光明正大得多。所以，康熙帝马上表示同意，并且在吴三桂奏疏上朱笔题答，表示嘉奖：

> 王自归诚以来，克殚忠荩，戮力行间，功绩懋著，镇守岩疆，宣劳岁久。览奏，请撤安插，恭谨可嘉。今云南已经底定，王下官兵家口，作何搬迁安插，著议政王大臣等，会

同户、兵二部，确议具奏。(《清圣祖实录》)

康熙作为皇帝，只做原则表态和决定。既然同意撤藩，吴三桂、耿精忠二藩的具体搬迁转移、安插工作，就交给议政王大臣协同户部、兵部共同讨论、落实。

等到康熙真把吴三桂、耿精忠二人自愿撤藩的事情拿到朝廷上商议的时候，大臣们的意见截然相反——其间，只有兵部尚书明珠、户部尚书米思翰及刑部尚书莫洛等少数人赞成撤藩，多数大臣都不赞成。而反对声音最大的，是图海和索额图。这倒不是他们认为撤藩会导致吴三桂、耿精忠造反，而是认为吴三桂镇守云南以来，云贵地区安定无事，如果把吴三桂撤藩后，兵将迁移规模巨大，还需要重新派兵前往镇守。数量如此众多的兵丁往返，迁移安插，不仅耗费人力、物力、财力，而且势必骚扰地方，造成许多不必要的麻烦。所以，朝廷应以安静为本，命令吴三桂率其所部继续镇守云南。否则，仅安置吴三桂手下那六七万人在辽东的衣食住行，中央和地方政府就要大费周章。

看到朝廷大臣们的争议如此截然不同，康熙一时间也不好马上决断，就再让议政王大臣会同户、兵两部以及九卿科道诸臣召开扩大会议，重新讨论，希望这些人最终能够取得一致意见再上奏。

岂料，吵来吵去，大臣们根本没有达成压倒性的一致决定，要求撤藩的和暂缓撤藩的大臣们针锋相对，各持己见，最终还得皇帝决断。

本来康熙内心深处就是要撤藩，如今自己做决断，他肯定还是依据感觉走：撤藩！

事后事实证明，康熙这个决断，在当时完全就是一步臭棋。多尔衮、顺治两位那么精明的人，对于三藩问题都小心翼翼，刚刚亲政的康熙竟然凭借书本上的知识，就贸然做出决断，导致家国几丢！

想当初，多尔衮、顺治和三藩都是互相盟誓过的，清廷一再表示说，认可三藩子孙世袭，永不撤藩。而且，还不是说说而已，都是写入金册里的盟约。康熙帝如今一句话，就把盟约推翻，确实莽撞过头。而且，退一步说，即使康熙帝要撤藩，完全可以把主动申请的尚可喜一藩先撤，再根据发展形势见机行事。清廷如果有足够的耐心，就要等待——吴三桂已经年过花甲，待吴三桂安死床箦，三藩失去了主心骨，到时不用朝廷自己撤藩，吴三桂的儿子辈和他的属下以及耿精忠的靖南王王府，为了确保自己后半辈子平安，也会哀求朝廷把他们搬离云贵之地和福建。

康熙毕竟年轻，他下令三藩同撤，想来个一次性解决。

而康熙朝的大臣们，也是满怀心腹事，尽在不言中。撤藩事情太大了，即使不担心吴三桂，也要担心三藩撤离后当地留下的政治真空。毕竟残明势力没有全部清除，万一局势不稳，难道还哀求吴三桂、耿精忠率领原班人马重新返回不成?

如果说吴三桂有二心，根本没有证据。平西王大功赫赫，确实也不能故意抓他的把柄。而且多年来，吴三桂派儿子和谋士在京城抛撒无数金银，和许多大臣私人关系密切，这些人也都暗中偏向吴三桂。所以，清廷廷议之时，大臣们的意见才如此截然相反……

清朝有个文学王爷叫昭梿的，写过一本笔记《啸亭杂录》，记载康熙如何天纵英明，铁下心来就是要撤三藩，并且当时就对大臣们说:

> 吴（三桂）、尚（可喜）等蓄彼凶谋已久，今若不早除之，使其养疤成患，何以善后？况其势已成，撤亦反，不撤亦反，不若先发制之可也！

这种记述，完全不符合当时的情况。康熙当时还很年轻，根本想不到撤藩会造成三藩造反，更想不到为清朝效力多年的吴三桂会敢于首先发难。

吴三桂的思维，其实属于正常人的正常思维。他估计康熙帝和清廷大臣们一定会挽留他，允许他继续在云贵独当一面。事实证明，吴三桂的估计大致没错，多数大臣都不同意撤藩，特别是撤掉吴三桂的平西王吴藩。

但是，吴三桂低估了康熙的意志。一个年过花甲的持重老臣和一个刚刚亲政的青年皇帝，他们的想法判若云泥。皇帝康熙就是要撤藩，所以，吴三桂上疏自愿撤藩的结果被刘玄初言中。

怀着焦灼和渴望，吴三桂等待着朝廷的批复。如果皇帝驳回自己申请撤藩的奏疏，吴氏家族显然就能够世守云南，起码自己这辈子尽可以安养天年了。但事与愿违，待驿站官员把康熙批准撤藩的命令送达昆明之时，吴三桂当时几乎摔倒在地——皇帝真要撤藩！

关外寒风凛冽，如今这老身子骨，哪里能承受得起呢……多年来的苦心经营，眼看就要付诸东流，吴三桂确实心有不甘。不仅仅是吴三桂不甘心、不高兴，多年来跟随他转战四方的将士和家属更不甘心、更不高兴。家，立在这里；田地，买在这里；宅邸，建在这里——忽然之间，随着平西王藩镇的撤销，这些东西都要马上失去了，能不让人扼腕、发指吗？

如果回到关外，平西王吴三桂的王爷头衔，仅仅是个头衔而已，也就是一个手中没有任何权力的富翁罢了。由此，这些部属政治上的靠山丧失不说，在云贵地区赖以为后世子孙谋取长久利益的千丝万缕的关系也将随着撤藩和搬迁、安插而消失无踪。因此，朝廷的撤藩令，对与吴三桂有关联的属下来说，就是一种对他们现有权力和利益赤裸裸的剥夺，让人不能忍受！

对吴三桂来讲，抗拒肯定是一种选择。但是抗拒，就意味着背叛，意味着对自己数十年来在清朝所得荣耀的舍弃。为此，吴三桂多日不眠，苦心思虑。

然而，性格决定命运！如果吴三桂是尚可喜、孔有德、耿精忠，或许就此急流勇退了。厮杀半生，儿孙又皆有皇族血统，身为皇亲国戚，悠游山林，含饴弄孙，无欲则刚，也没什么大不了的。但是，吴三桂内心深处，最大的欲望除了在乱世中追求生存外，就是勃勃的权力欲了。

一旦失去了云贵，所有的富贵荣华，全都是虚假的摆设。作为一个王爷，他就等于失去了一切！

面对康熙帝的背信弃义，思及自己对清朝得国所做出的贡献，吴三桂的愤怒终于超过了忧虑和迟疑。从家族、下属以及自己有限的未来考虑，就不能这样轻易让朝廷把权力和利益全部剥夺！

…………

云贵地区，吴三桂及其部属惶惶不安、愤怒焦灼的时候，北京的康熙皇帝志得意满，不停催促兵部、吏部和户部赶紧做出撤藩的具体规划，趁热打铁，完成有关三藩的安置和回撤任务。

三藩之中，由于吴三桂势力最为重要，康熙还专门选派礼部右侍郎折尔肯、翰林院学士兼礼部侍郎傅达礼为钦差大臣，代表自己专程前往云南，并携带自己的亲笔手诏一封交给吴三桂。

这封手诏，与其说是诏命，不如说是一封皇帝给臣下的亲笔感谢信：

> 自古帝王平定天下，咸赖师武臣力。及海宇宁谧，必振旅班师，俾封疆重臣，优游颐养，赏延奕祀，诚巨典也。
>
> 王镇守岩疆，厥功懋焉。但念年齿已高，久驻遐荒，眷怀良切，故允王所请。王其率属北来，慰联眷注，庶几旦夕觐止，君臣偕乐。至一应事宜，已命所司筹庇周详，王至，即有宁宇，无以为念。（《清圣祖实录》）

话说到这个份儿上，康熙对吴三桂确实也算安慰到家了，基本上就是直言相告：只要你撤藩，先前为我大清立下偌大功劳，必当酬报到老，子孙富贵，君臣共乐，万事大吉！

派出折尔肯等人后，康熙还马上委任宁夏总兵官桑额为云南提督，调陕西总督鄂善为云南总督，并且预发三藩官兵六个月饷银。从官方角度看，可以说是关怀备至，考虑周详。

当时康熙只是想把事情办得圆满，不扰民，不劳兵，却没想到吴三桂会怒而起兵。而从吴三桂本人来说，撤藩令下，想到自己年过花甲，忽然进退失据，内心还是无限酸楚。而自己长子、长孙都在北京当人质，还没有立刻就下造反的决心。

形势比人强。朝廷撤藩，绝对不仅仅是对吴三桂吴氏家族利益的损害，他属下几万人，群情汹汹，各个激愤——为清朝拼死这么多年，朝廷如此言而无信，说撤就撤，兵将们开始怀念起故明来，心中更加认定清朝最高层忘恩负义，兔死狗烹。

于是，包括吴三桂的侄子辈在内，其亲信将领和谋士们皆激劝吴三桂起兵，并且暗中劝告说，只要能够事先把吴应熊弄回云南，起兵后再不济，吴三桂也能和清朝中分天下；如果束手听命回到辽东，来日清廷找碴儿寻罪，不仅仅是吴三桂，他们都只有跪地挨刀的份儿，任人宰割！

看到军心可用，吴三桂大为高兴。但是，自己本来子嗣就不多，长子长孙又皆在北京，如果贸然起兵，成败不说，谋逆大罪是要诛族的。如果儿孙被清廷处决了，自己即使日后当了真皇帝，帝位又传给谁呢？

吴三桂想到的，他的手下也早想到了。为此，在胡国柱的建议下，吴三桂派出几个心腹，携带大批珍宝，秘密前往北京，在密加贿赂各方人等的同时，竭力劝说吴应熊赶紧回云南。

见到吴三桂派来的密使，吴应熊知道父亲要下手了，一时间内心无比凄惶和迟疑。作为朝廷驸马，他在北京居住多年，留恋禄位不说，最舍不得的是公主老婆和孩子，所以，这位平西王世子日夜哭泣，犹豫不决。

看到平西王世子如此怯懦，吴三桂派去的人知道一时半晌也劝不动他。无可奈何之余，这几个人只得趁吴应熊不备，以诱拐的手段，把吴应熊一个妾生庶子吴世璠匆匆带回了云南。

看到吴世璠安然到达昆明，吴三桂老怀有慰，开始积极考虑起兵。

作为统帅级人物，吴三桂审时度势，并与身边的参谋合议，还是觉得自己起兵之后胜算比较大——第一，多年征战，如果比战斗经验，在当时的清朝，很少有人能和自己比；第二，自己手下将士皆百战精兵，战斗力没有问题；第三，云南地险财富，根据地稳固；第四，不仅仅在云贵地区，外省也有他的党羽和嫡系为官为将；第五，事到如今，清朝那些能征善战的满汉宿将凋零殆尽，没什么军事人才能够和自己角力。何况，当朝皇帝年少，更没有打仗的经验……

待吴三桂主意已定，康熙帝派出的钦差折尔肯一行也抵达昆明。此时的吴三桂，依旧礼敬非常，对待皇帝钦差恭敬加孝敬，表示自己和手下人正在积极准备撤藩搬迁，让折尔肯等人稍待时日。

当时，担心手下将士思想准备不足，吴三桂不敢仓促行事，不得不容忍钦差大臣发号施令。于是，他明面上恭恭敬敬地拜受朝廷的撤藩诏令，暗中加紧策划起兵。

造反和宣布造反，都不是一件容易的事情。

手下将领、兵士都知道即将撤藩，于是，吴三桂大摆宴席，摆出一副和手下兄弟喝“断头酒”的架势，先渲染气氛，鼓动情绪。

酒至微醺，吴三桂未言先叹，开始对将士们“掏心窝子”：

“老夫与诸位一起共事快三十年，如今天下太平，我辈已无所用。唉，云贵之地即将远离。回京之后，再迢迢出关，等待我们的不知道是什么呢……今日，与诸位纵欢畅饮，他生有缘，定当再会……”

言至此，吴三桂哽咽在喉，泪星频闪。看到平西王泪洒面颜，须发苍然，在座将士皆悲从中来，不能自已，顿时大放悲声，一时间哀声动地！

“吾辈生死，唯王爷所命！”

就这一顿酒，吴三桂感到内心安稳，知道手下将士可用。接下来就是如何保证顺利起兵的问题。

事情未发，吴三桂就暂时稳住康熙的钦差折尔肯和傅达礼，没事还假装和他们商量行期，暗中却磨磨蹭蹭，借口多多。

平西王毕竟身份尊贵，即使钦差也不敢明催他。为了迷惑清廷，吴三桂还给康熙上疏，假装要求在关外为手下增拨土地。康熙接疏奏还挺高兴，马上照准。

此时的吴三桂，撤藩前“要条件”，其实是麻痹在昆明的钦差和北京的康熙，准备在起兵之时能够实现突然一击，给予清廷最沉重的打击。

既然决定起兵了，肯定要商量起兵的名义问题。清朝在当时的统治基本都已稳定，吴三桂贸然起兵，如果没有正当的名义，那就是谋逆，就是造反。

吴三桂的谋士刘玄初有远见，表示说：“明亡未久，人心思旧，应该择立明朝皇族后人，奉其为帝，然后东征，如此，各地老臣宿将，定能誓死为前驱！”

对此，吴三桂最为重要的谋士方光琛却有不同意见：“当年王爷出关向多尔衮乞师，和闯贼一战，目的在于为崇祯帝报仇，天下人都能理解；而后，永历帝窜到缅甸，王爷想方设法把他擒杀，当时的行为，已经无法向天下人解释。如今，以王爷的军事实力，恢复明朝不难。但成功之后，我们真能继续让明朝的后人当皇帝吗？先前为时势所迫，王爷不能自始至终当成明朝忠臣。但篦子坡之事，做一次犹可，还能再做第二次吗？”

方光琛所言很重。确实，擒获永历帝并将其缢死于篦子坡，乃吴三桂一生中最大的一个道德污点。现实摆在面前，如果这次起兵拥立明朝后裔，功成之后，是否再干一次篦子坡之事呢？这意思是说，大军起事，利用完了明朝皇帝之后，是否还要把拥立的明朝皇帝第二次弄死呢？

听方光琛此番言语，吴三桂眉头紧锁，沉吟久之。他深知，自己缢死前朝永历帝之事，历史是不能原谅他的。为此，他决心自己单干，不再以恢复明朝为名义。

商议之后，吴三桂自立名号为"天下都招讨兵马大元帅"，然后暗地寻找工匠，把此名号铸成一方黄金大印，准备起兵后使用。

世上没有不透风的墙。吴三桂派人暗地铸印，又是那么一大块黄金印，这件要紧的事情竟然被云南同知刘昆侦知。刘昆警惕性很高，就赶紧报告给云南按察使李兴元和云南巡抚朱国治。同时，刘昆还建议这两名清廷委任的大僚，赶紧和钦差折尔肯商量，假装联名上疏皇帝延期搬迁。如此，稳住吴三桂之后，朝廷可以派重兵尽速扼守川西、镇远（今贵州镇远）、常德等险要地带，提前做战争准备。

可巧，云南巡抚朱国治派人给康熙写秘密奏疏，在驿站竟然被吴三桂的兵卒截获。

吴三桂得知事情不密，就加紧准备起兵。

十一月十五日，折尔肯、傅达礼作为钦差，和云南巡抚朱国治一起，到平西王王府谒见，商议行期之事。

酒宴之间，吴三桂依旧虚与委蛇，推三阻四。借着点酒劲，朱国治恼火地说："钦差大人等候已久，如果王爷您无意撤藩搬迁，就先让钦差大人回京复命好了……"

听朱国治如此无礼之言，吴三桂也急了，当时指着这位云南巡抚的鼻子大骂："鼠辈安敢尔！先前我把明朝天下都给了别人，云南乃我用血汗挣得，你这贪污小奴，还不容我在此地安身吗？"

朱国治也不服，急着和吴三桂争辩。

按理说，朱国治是云南巡抚，应该仰吴三桂鼻息。但朱国治先前从江苏巡抚调到云南之后，曾主动向吴三桂索取重贿，使得吴三桂非常看不起他，双方由此结怨。朱国治呢，有事没事就给清廷写密疏参劾吴三桂。由于京中眼线甚多，吴三桂竟能把朱国治上报的密疏原文抄录下来，再得意扬扬转给朱国治看……

看到平西王和云南巡抚两个人拍桌互骂，钦差折尔肯也尴尬，赶紧调和。但事情发展到这个地步，不是言语能摆平的。

折尔肯等人只得告辞。平西王最近动向异常，事情重大，即使是皇帝钦差也不敢做主，于是折尔肯让傅达礼先回京报告。

傅达礼出城没多久，就被吴三桂手下截回，只得回到昆明城。

事已至此，箭在弦上，不得不发！

康熙十二年十一月二十一日清晨，吴三桂召集四镇十营总兵马宝、高起隆、刘之复、张足法、王会、王屏藩以及胡国柱、吴应期、郭壮图等将官、谋士，齐集平西王王府。而后，接到“邀请”之后，云南巡抚朱国治也率其所属官吏奉命而来。

朱国治以为吴三桂回心转意，找自己商量撤藩的事情。结果，入得王府，看到吴三桂全身戎装，一脸怒容，威坐在殿上，当众正式宣布和清朝决裂，并且勒令朱国治和云南府衙的官员投降。

朱国治虽然是个贪官，可造反的事情他还是知道后果的，马上严词拒绝。于是，吴三桂一声令下，朱国治和一些云南当地不降的官员即刻被逮捕，其中包括云南按察使李兴元、云南知府高显辰以及云南同知刘昆等人。

由于痛恨朱国治先前秘密参劾吴三桂，平西王手下的大将胡国柱刚把朱国治押出王府，就和手下把这位云南巡抚乱刀砍死在当地。

这位朱国治，当初在江苏巡抚任上，滥杀无辜，大兴文字狱，大才子金圣叹就是被他杀掉的，其为人在当地民愤极大。为此，当时苏州就有民谣：“天呀天，圣叹杀头真是冤，今年圣叹国治杀，明年国治被国柱歼。”谶谣有时候也很奇怪，当初编造的时候，百姓可能是为了合辙押韵，但日后朱国治在昆明被杀，还真是被一个叫“国柱”的胡国柱所杀。

吴三桂起事之初，为了招徕清朝官员，收买人心，本来不想多杀人。于是他派人把被捕的清朝官员都放了，皆令官复原职，但李兴元、高显辰、刘昆等人依旧不降，只得重新看押起来。至于康熙派去的钦差折尔肯和傅达礼一行人，也被吴三桂派人软禁起来。

于是，年过花甲的吴三桂意气风发，亲临大校场，召集昆明的众将士们训话。

“撤藩令下，行期逼近，朝廷严催，老夫我拖延至今，恐怕得罪。我想了想，诸君还是乖乖走吧，否则，钦差震怒，尔等平白受辱……”

经此一激，在场诸将大怒：“朝廷逼人太甚！”

吴三桂叹息道：“朝廷严命，不能延缓。诸军思之，我们能在云贵安身立命，得享富贵，是谁赐予的呢？”

“都赖王爷您所赐！”诸将异口同声。

“不！”吴三桂忽然卖了一个关子。

他扬脸望天，深沉言道：“今日富贵，乃先朝之力啊。想当初，我受明朝厚恩，效力辽东，但闯贼攻入京城，逼死先帝，我被迫向清朝乞师，以复君父大仇。后来，率领诸君平定云贵，得以在此栖身。所以，我们今日能在此地安享余年，应是先朝余荫！故君陵寝在这里，我们将离开云南，该向他告别啊！”

此番话语讲完，吴三桂手下不少人还愣怔了一下：故君是谁啊？哦，原来是先前被王爷缢死的永历帝啊……

事情紧急，大家也来不及多想，一激之下，都跟着吴三桂上马。

事先，吴三桂已经派人秘密赶工，给永历帝重修了没有尸身的“陵寝”。这个工程，目的只有一个：起兵之时，当成吴三桂激励誓师动员的场所！

到达目的地之后，群情更加激愤，于是复发易服，高呼反清口号。

骑在马上，豪气顿生。吴三桂宣布，他自为“天下都招讨兵马大元帅”，建国号“大周”，以明年为大周元年。

接着，吴三桂换了一身孝服，跪倒在永历陵前，亲自酹酒祭祀，而后失声痛哭，近乎晕厥。

作为大奸之人，吴三桂难道表演技能如此逼真？入戏如此之快？其实，他也不全然是表演。吴三桂的眼泪，与其说是为被他缢死的永历帝所洒，不如说是为自己而悲——戎马生涯几十年，杀戮了无数同胞才换来血染的红顶子，忽然一天，又要重新归零，从头来过，再一次背叛他半生为之浴血奋战的清朝……思前想后，确实让他心如刀割！

看到平西王哭得如此悲痛，三军将士也大放悲声。本来就内心痛恨朝廷不守承诺撤藩，随着王爷眼泪的抛洒，将士们情绪激愤——多少年来，满人一直压制汉人。如今，朝廷又逼反平西王，能不心怀愤慨，拼死一战？

当然，如果换成别的明朝大将进行这番激励，将士们复仇的情绪可能会更激烈。但是，这种拜祭永历帝陵寝的举动，确实如同演戏。过后冷静思之：多年之前，永历帝不是被平西王爷亲自缢死的吗？如今，怎么又成了要为永历帝报仇了呢？更何况，王爷跪拜祭祀永历帝，但他自己又要建立“大周”！这“大周”和“大明”又有什么关系呢……

疑问归疑问，情感发酵需要一个很长的时间。反正事已至此，也只能跟着王爷造反了。于是，将士们各怀心腹事，随吴三桂到达昆明郊外校场举行盛大的阅兵式。

随着鼓角齐鸣，云南各镇将士整队入场。万马军中，白发苍髯的吴三桂全身披挂，飞身上马，在疾驰中手发三矢，矢矢中的。

见吴三桂年过花甲依旧如此神勇，三军欢呼雷动。

吴三桂如此表演，效果惊人。为此，将士们真心相信，平西王老当益壮，肯定能够率领他们平灭清朝天下。到那时候，全天下都将是平西王和自己人的天下！

为师出有名，讨清檄文是绝对需要的。吴三桂手下文人不少，早就精心准备，多次润色，最终出炉一份大义凛然的檄文：

原镇守山海关总兵官，今奉旨总统天下水陆大师兴明讨虏大将军吴，檄告天下文武官吏军民人等知悉：

本镇深叨明朝世爵，统镇山海关。一时李逆倡乱，聚众百万，横行天下，旋寇京师。痛哉，毅皇烈后之崩摧！惨矣，东宫定藩之颠踣！文武瓦解，六宫恣乱，宗庙瞬息丘墟，生灵流离涂炭，臣民侧目，莫可谁何。普天之下，竟无仗义兴师勤王讨贼，伤哉，国运夫曷可言！

本镇独居关外，矢尽兵穷，泪干有血，心痛无声。不得已歃血订盟，许虏藩封，暂借夷兵（清兵）十万，身为前驱，斩将入关，李贼逃遁。痛心君父重仇，冤不共戴，誓必亲擒贼帅，斩首太庙，以谢先帝之灵。幸而贼遁冰消，渠魁授首，正欲择立嗣君，更承宗社，封藩割地以谢夷人。不意狡虏遂再逆天背盟，乘我内虚，雄踞燕都，窃我先朝神器，变我中国冠裳。方知拒虎进狼之非，莫挽抱薪救火之误。

本镇刺心呕血，追悔无及，将欲反戈北逐，扫荡腥气。适值周、田二皇亲，密会太监王奉抱先皇三太子，年甫三岁，刺股为记，寄命托孤，宗社是赖。姑饮泣隐忍，未敢轻举，以故避居穷壤，养晦待时，选将练兵，密图恢复，枕戈听漏，束马瞻星，磨砺警惕者，盖三十年矣！

兹彼夷君无道，奸邪高张；道义之儒，悉处下僚，斗筲之辈，咸居显职。君昏臣暗，吏酷官贪，水惨山悲，妇号子泣，以至彗星流陨，天怨于上；山崩土震，地怨于下；鬻官卖爵，仕怨于朝；苛政横行，民怨于乡；关税重征，商怨于途；徭役频兴，工怨于肆。

本镇仰观俯察，正当伐暴救民，顺天应人之日也。爰率文武臣工，共襄义举，卜取甲寅年正月元旦寅刻，推奉三太子，郊天祭地，恭登大宝，建元周启，檄示布闻，告庙兴师，克期进发。

移会总统兵马上将耿（精忠）、招讨大将军总统使世子郑（经），调集水陆官兵三百六十万员，直捣燕山。长驱潞水，出铜驼于荆棘，奠玉灼于金汤，义旗一举，响应万方，大快臣民之心，共雪天人之愤。振我神武，剪彼嚣氛，宏启中兴之略；踊跃风雷，建划万全之策，啸歌雨露；倘能洞悉时宜，望风归顺，则草木不损，鸡犬无惊；敢有背顺从逆，恋目前之私恩，忘中原之故主，据险扼隘，抗我王师，即督铁骑亲征，蹈巢覆穴，老稚不留，男女皆诛；若有生儒，精谙兵法，奋拔岩谷，不妨献策军前，以佐股肱，自当量材优擢，无靳高爵厚封。其各省官员，果有洁己爱民、清廉素著者，仍留仕所。催征粮谷，封贮仓库，印信册籍，赍解军前。

其有未尽事，宜另颁条约，各宜凛遵告诫，毋致血染刀头，本镇幸甚，天下幸甚！

以吴三桂名义发派全国的这篇讨清檄文，文采飞扬，气势宏大，确为文士精心大作。但是，如果细看内容，文中不实之词太多，粉饰机心，掩人耳目，竟然说自己委曲求全三十年是处心积虑为了替明朝报仇，全然不提当初缢死永历帝的目的何在。

最让人起疑的，是他提到自己一直奉养明朝“三太子”，志在恢复明朝——哪里有明朝“三太子”在吴三桂手里啊？何况，改易年号，自称“大周”，何来复明，也是矛盾频出。

当然，檄文本来就是攻心用的宣传单。既然清朝干了那么多坏事，天怨神怒，吴三桂就要拯万民于水火了。为了恐吓，他在檄文中还自称有兵三百六十万，更是痴人妄语了。

和日后太平天国杨秀清檄文不同，吴三桂这道檄文在三藩被平灭后，任何清官方或私人著述中都遍寻不到。清朝官方史书中只说吴三桂发“伪檄”，但没有任何内容记载。这是因为经过康熙、雍正、乾隆三朝的高压统治和文字狱，上百万份的吴三桂檄文，基本毁灭殆尽。尤其是吴三桂檄文中对清朝多怒骂，又涉及多尔衮时代诸多清廷忌讳的史实，所以清廷竭尽全力要销毁这份檄文。到了乾隆时代，还有夏邑生员段昌绪因为家里藏有吴三桂檄文而遭全家论斩的。所以，这份文件能够流传至今，确实很不容易。

吴三桂初起，檄文四出，贵州、四川、湖南、陕西等省他先前的手下纷纷思变，接连起兵响应。

云南就不用说了，一声令下，除了按察使李兴元、云南知府高显辰、同知刘昆等人宁死不降以外，在云南的清廷官吏大多投降应叛，诸如云南提督张国柱、永北总兵官杜辉、鹤庆总兵柯泽、布政使崔之瑛、提学道国昌等大批汉官汉将，马上响应。他们纷纷接受吴三桂任命，成为“大周”之臣。

造反，确实不是一件容易的事情。而云南马上全境平定，这是意料之中的事情。接下来，要和清朝争天下，那可是件非常复杂的大事。

吴三桂马上布置军事，命官选将。在他的军事设置中，首先设金吾前后左右四将军，这就是他的禁卫军和指挥中枢了；其次设左右两翼将军，以下再设左右两掖将军、铁骑前后左右将军、骁骑前后左右将军；接下来申明名号，有奋威、仁威、亲威、建威、龙威、绥远、怀远、广武、勇略等将军；最后就是各路总管，设立征朔、讨朔、覆朔、灭朔、殄朔、破朔、剿朔、靖朔八大将军——在各个“将军”之前冠以如此响亮的名号，有那么多“朔”号将军，都是针对清朝而设的。“朔”者，就是代指起于东北的满洲八旗，此字之前冠以“征、灭、殄、覆、破、剿、讨、靖”，充分表达了吴三桂要彻底消灭清朝的决心。

康熙十二年十二月初一日，吴三桂下令大军北伐。起兵之时，吴三桂军队所执战旗皆为白色，步骑兵头上所戴的帽盔也都是白毡包裹，意即为南明永历帝挂孝。

于是，这支白色大军，气势汹汹，满怀悲壮，直向清朝统治区域杀去……

吴三桂起兵，清朝上下起先对此一无所知。根据《清圣祖实录》记载，康熙十二年十二月二十一日，本来差往贵州为吴三桂搬迁备办所需夫役粮草的兵部郎中党务礼和户都员外萨穆哈二人，万分紧急地疾驰到北京兵部衙门。由于日夜兼程，二人下马差点摔死，一时气厥，皆口不能言。良久，党务礼说出了骇人心魄的一句话：

“吴三桂反了！”

原来，党务礼、萨穆哈等人奉命至贵州为吴三桂搬迁服务。结果，当时云贵总督甘文焜刚刚截获贵州提督李本琛约请贵州巡抚曹申吉共同参与吴三桂起事的密信。乍看密信，甘文焜魂飞魄散，就马上告诉党务礼等人，让他们即刻回京城报告朝廷。

党务礼等人有命逃回京城，但云贵总督甘文焜就没那么好命了。他未及逃窜，吴三桂已经逼近。眼见情急，甘文焜马上命令自己的姬妾同府中七名妇女亲属自缢吊死。然后，他带着四儿子甘国城率十余名亲兵骑马狂逃，想到镇远之后召集湖北清军扼守险隘，堵住吴三桂大军，使之不得出贵州。

结果，甘文焜千辛万苦驰至镇远，守城副将已经投降了吴三桂。无奈，他只好渡河接着逃跑。到吉祥寺歇息之际，镇远兵士忽然赶到，把一行人包围在寺内。

甘文焜自忖无命逃出，父子决心自杀。甘国城请求先死，夺下父亲手中刀就猛砍自己脖子。临倒地，他还能把刀还给他父亲。甘文焜经此刺激，也提刀自刎……（《清史稿·甘文焜传》）

由于《清史稿》是清朝遗老所撰，竭力描写甘氏父子的“壮烈”。事实上，即使他们不自刎，清法严酷，一旦事情有变，封疆大臣如果不死当地，活着回到京师也难逃死罪；而且，甘文焜如果不死向吴三桂投降，留在京城的家属也会被清廷杀戮无遗。

吴三桂起兵云南，甘文焜父子自杀，消息传来，京城举朝震惊。

事起仓促，本来就年轻的康熙也是惊骇异常，只得马上召集大臣们开会商议对策。大臣们想到的不是如何拒敌和平叛，而是互相再次大吵大辩，从前反对撤藩的大臣们终于找到理由，纷纷要求责罚那些主撤的大臣。大学士索额图甚至愤然出班，要求康熙下诏处死先前那些主撤的大臣。

听索额图此语，康熙气得不行，还不好马上发作，只得和稀泥说："撤藩出自朕意，他人何罪？"（《清史稿·明珠传》）

这个时候了，对于康熙君臣来说，最要紧的不是讨论谁对谁错的问题，而是要讨论如何平灭吴三桂的问题。

不过，康、雍、乾三朝的文字狱和清朝高压政策确实厉害。本来撤藩是清朝兔死狗烹的把戏，结果吴三桂没能束手就烹，忽然起兵，闹得大清朝鸡犬不宁。本来这一场因为清朝高层莽撞而引发的国内战争，事后被粉饰涂抹，拔高成"明君"康熙皇帝维护国家统一的正义战争。这种说法，确实就是清朝开动所有宣传机器后才能得出的结论——从来也没听谁说过刘邦杀韩信、烹彭越是维护国家统一的！

## 末将剩勇逞过江

吴三桂的由盛而衰

吴三桂反了！

惶骇之余，康熙朝廷最终还是冷静下来，进行了一系列部署。首先，派出兵马，迅速分守战略要地。由于广西与贵州紧邻，康熙马上任命一直驻防广西的已故定南王孔有德的女婿孙延龄为"抚蛮将军"，在当地统兵固守。其次，命令西安将军瓦尔喀进兵四川。由于四川、云南接壤，派出军将扼守巴蜀门户，乃关键布置。再次，派出多罗顺承郡王勒尔锦为“宁南靖寇大将军”，率领满洲八旗和部分汉将赶赴荆州。最后，在山东兖州和山西太原分别集结大批部队，随时准备调遣或应援邻近地区。

军事措施发布之后，康熙同时颁布战时政治措施：

第一，马上向各重要军镇通报吴三桂反叛之事，对各地文臣武将力加安抚、鼓励。特别是对于控驭西北边疆的陕西省，康熙尤为重视，向陕西总督哈占和提督张勇、王辅臣发去紧急谕旨，要他们齐心协力，捍御边疆，绥辑军民。第二，对于昔日吴三桂属下文武官员，无论是在职或者闲着的，虽有父子兄弟现在云南吴三桂麾下，概不株连治罪，以安其心。第三，为防止吴氏家族内外沟通，康熙下旨将吴三桂长子吴应熊暂行拘禁。第四，下令停撤平南王尚可喜、靖南王耿精忠两藩。

十二月二十六日，康熙正式下诏，削除吴三桂平西王王爵，并以中央政府名义向云贵文武官员、军民等发布通告：

> 逆贼吴三桂，穷蹙来归，我世祖章皇帝（顺治）念其输款投诚，授之军旅，赐封王爵，盟勒山河，其所属将弁崇阶世职，恩赉有加，开阃滇南，倾心倚任。迨及朕躬，特隆异数，晋爵亲王，重寄干城，实托心膂，殊恩优礼，振古所无。讵意吴三桂，性类穷奇，中怀狙诈，宠极生骄，阴图不轨，于本年七月内，自请搬移。朕以吴三桂出于诚心，且念其年齿衰迈，师徒远戍已久，遂允奏请，令其休息，乃敕所司安插周至，务使得所。又特遣大臣前往，宣谕朕怀。朕之待吴三桂，可谓礼隆情至，蔑以加矣。
>
> 近览川湖总督蔡毓荣等疏称，吴三桂径行反叛，背累朝豢养之恩，逞一旦鸱张之势，横行凶逆，涂炭生灵，理法难

容，神人共愤。今削其爵，特遣宁南靖寇大将军统领劲旅，前往扑灭，兵威所至，克期荡平。但念地方官民人等，身在贼境，或心存忠义，不能自拔；或被贼驱迫，怀疑畏罪，大兵一到，玉石莫分，朕心甚为不忍。爰颁敕旨，通行晓谕，尔等各宜安分自保，无听诱胁，即或误从贼党，但能悔罪归诚，悉赦已往，不复究治。至尔等父子兄弟亲族人等，见在直隶各省，出仕居住者，已有谕旨，俱令各安职业，并不株连。尔等毋怀疑虑，其有能擒斩吴三桂头，献军前者，即以其爵爵之；有能诛缚其下渠魁及兵马城池，归命自效者，论功从优叙录。朕不食言，尔等皆朕之赤子，忠孝天性，人孰无之！从逆从顺，吉凶判然，各宜审度，勿贻后悔。地方官即广为宣布遵行。(《清圣祖实录》)

此篇谕旨一发，就表明了朝廷同吴三桂毫不妥协的立场和原则。其中最关键的，在于把吴三桂清初对清军的迎降，从“归诚向化”定性为心怀叵测的“穷蹙来归”，完全勾销了吴三桂先前为清朝夺取全国政权所立下的犬马功劳！而且，谕旨之中，康熙以皇帝口吻，道出了他内心对吴三桂的痛恨，并且公开悬赏要吴三桂和他核心成员的首级。

可见，康熙帝亲政不久忽遭如此大祸，内心对吴三桂的仇恨和惧怕程度，超出常人的想象。后来，三藩平定，康熙执政的余年中，吴三桂的阴影一直挥之不去，成为康熙帝后怕不已的梦魇般的回忆……

从清廷停撤平南王尚可喜、靖南王耿精忠两藩这件事情就可以看出，康熙当时是多么无奈。本来三藩同撤是他的基本国策，没有想到，如此决定竟然会引起这么大的祸端。显然，康熙帝事先对三藩，特别是吴三桂的反应完全估计不足。由此，全国性的大内战忽然而起。

当时，暂时免撤两藩，也是迫不得已的事情——如果坚持撤二藩，福建、广东两地，当地又有谁马上出兵替清朝来防卫呢！

而且，康熙当时对广西将军孙延龄的“厚爱”，也体现了这位清朝皇帝的机心。孙延龄原是定南王孔有德属下一个无名小卒，后来被孔有德赏识，把自己独生女儿孔四贞嫁给了他。可那孙延龄出身卑微，无德无才，为朝野所轻视，又曾经擅自杀人犯法，已遭到朝廷内外诸臣攻击。康熙原本想撤换他，但由于吴三桂的威胁，康熙只得忽然“重用”孙延龄。

虽然诏旨频发，全国动员，但清廷还是阻止不了吴三桂大军前进的步伐。吴三桂起事造成的影响迅速扩大，自南而北，汹涌而来。

吴三桂起兵后，近乎兵不血刃，就把云南相邻的贵州拿了下来。当时，吴三桂把亲信胡国柱留镇云南，自率诸将大军径取贵州，并于康熙十二年十二月二十八日驰至贵阳，其爱将马宝前驱入城。未做任何抵挡，贵州提督李本琛就跪于马前迎降。

李本琛是甘肃人，乃明朝抗清的总兵官高杰外甥。这个人最初在洪承畴手下做明军的中下级军官；明亡后，他在南明的弘光政权中官升总兵，在舅舅高杰手下做事；后来，高杰被李定国所杀，紧接着清朝亲王多铎南征，李本琛就率部下十余万人降清，并以原官随清军渡江，协助清军杀人无数；江南平定后，他在顺治十年随洪承畴再次南下，协助其为清朝经略五省；顺治十四年，跟随洪承畴取贵州；顺治十六年，得授贵州提督，特加太子太保衔；吴三桂任云贵总管后，两人关系开始密切起来。先前吴三桂上疏辞去总管时，他还上疏盛陈吴三桂功绩，请求朝廷继续留任这位平西王。

李本琛本人就是清廷在贵州的最高军事长官，他投向吴三桂，意味着贵州全省全部倒戈。为此，吴三桂大喜，马上封他为“贵州总管大将军”。

1674年元旦，吴三桂正式称“周王”，改元“利用”；同时宣布废除康熙制钱，自铸货币，名为“利用通宝”。

看到吴三桂自立“周”朝，不少儒生和谋士就劝他应该奉明朝为正朔。

推算起来，清军1644年入关，到吴三桂叛清，正好三十年；而如果从永历帝被擒杀、南明覆亡开始算，才有十多年时间，明朝遗民许多人还健在。即使明朝灭亡时期及冠的成年人，到此时也都还是盛壮之年，这些人肯定对明朝怀有留恋之情，他们复明的愿望依旧强烈。而且，对于绝大多数清朝普通百姓来说，即使出于汉民族最简单的自尊心，他们也不愿意接受多年来横征暴敛、杀戮无数的异族政权统治。所以，吴三桂一旦打出复明大旗，肯定号召力非凡。

但对于吴三桂集团的军人和谋臣来说，明朝的符号没有多少吸引力。当初连南明的永历帝都遭到吴氏集团擒杀，如今再抬出明朝旗号，日后如果真的夺取了全国政权，哪里还能以前明忠臣自居呢？而且，如果没有明朝的负累，跟随吴三桂开国成功，平西王也就是至尊皇帝，水涨船高，他的属下自然都成为新王朝的开国勋臣！

特别是吴三桂的左膀右臂方光琛和胡国柱，坚决反对扶立明朝后裔。当时，铁蹄纷纷，捷报连连，吴三桂更加自负，索性不再大张旗鼓宣布复明的理念，因此大伤前明士大夫之心。在这种情况下，人在徽州的谢四新写诗给吴三桂，痛斥他这一生的斑斑恶迹，不愿意和他这个终生叛逆的巨奸合作。

云贵两省唾手而得，吴三桂顿时膨胀，毫不迟疑，自率主力北上。他派出马宝、吴国柱等人由贵州进逼湖南；派王屏藩进川，再逼陕西。

马宝所部吴军所向披靡，大军经镇远进入湖南境内，在三个月时间内，接连攻陷沅州、常德、辰州（今沅陵）、长沙、岳州、衡州等战略重镇。清军处处无备，望风而逃，吴三桂大军“五千里无只骑拦截”。

吴军所经之地，清朝的诸府州县将吏，非逃即降。特别是湖南绿旗官兵，纷纷投降。

吴军在湖南大胜的消息传开之后，引起一连串连锁反应，民间对清朝统治压抑了许久的仇恨逐渐爆发……

对于清朝君臣来说，最让他们感到胆寒的是四川的局势。

吴三桂刚起兵，由于四川与云南接壤，康熙马上调当时驻守西安的将军瓦尔喀火速进川。但是，未等清朝援军赶到四川，四川提督郑蛟麟与川北总兵官谭弘已经合谋向吴三桂投降。

郑蛟麟原本也是明将，在清入关前的松山大战之后就败降清朝，后来官至四川提督。吴三桂起事后，对这位郑爷的即时投降大喜，马上封郑蛟麟为“总督将军”，封谭弘为“川北将军”。

这边谭、郑降吴，清朝四川巡抚罗森和总兵官吴之茂也不怠慢，马上也打起白旗，宣布投降吴三桂。至此，四川全省归附吴三桂。

由于四川总兵官吴之茂对外扬言要配合吴三桂作战，出汉中，下夔州，使得清朝的局势顿时岌岌可危。

吴三桂起兵的动静确实太大了，不仅烽烟四起，即使清朝的政治中心北京，也不断有密谋事件发生，使得清朝统治险象环生。

康熙十二年十二月，吴三桂起兵的消息传入京师，立刻引起骚动。很快就有一个叫杨起隆的人自称是“朱三太子”（明崇祯皇帝的第三子），秘密组织起事，马上吸引了很多人参与。由于当时清朝全力关注南方兵事，杨起隆就和部众相约，择日在京城内外同时放火，聚众杀人，趁机一举推翻清朝统治。当时参加者，大都是城内满族贵族各官的家奴，经过私下串联，人数多达一千余人（甚至上万人）。

由于郎廷枢家奴“黄裁缝”酒醉泄密，清廷事先侦知此事并进行镇压。清军关闭城门后严行搜查，最终捕获数百人，但主谋杨起隆却跑掉了。

为此，不仅城内百姓惊恐，康熙也感到十分后怕，在他亲自过问下，最终把黄裁缝等二百余人按“谋反律”判处凌迟死罪，诛三族。根据《清圣祖实录》，如果谋逆族诛，这些犯人的亲属，自祖父以下，父、子、孙、兄弟及同居之人，不分异姓，还有叔伯兄弟之子，凡男性年十六岁以上者，都处以斩刑；男十五岁以下以及“本犯”母女妻妾姊妹及财产，都要被收逮入官。

康熙假仁慈，经他亲笔勾决，只判处黄裁缝等九人凌迟处死，其余一百九十四人“宽大”处理，改为斩头处决！

杨起隆案件被破获后四个月，康熙十三年四月初，清朝的河北总兵官蔡禄暗中联合襄阳总兵官杨来嘉密谋起事，准备响应吴三桂。蔡禄与杨来嘉原来都是郑成功的裨将。郑成功去世后，他们率部投降清朝。如今，眼看吴三桂军力强大，他们就准备随之起事。对此，康熙不敢怠慢，马上派遣内大臣阿密达率领禁卫军即刻赶往蔡禄驻防地怀庆（今河南沁阳），将蔡禄父子及同谋者逮捕，而后押解北京审问。

擒杀蔡禄父子，不仅保证了清朝后院的安定，也使得清朝在畿辅地区逐步加强了戒备，并加快了对吴应熊的处理。吴三桂造反多时，其子吴应熊依旧活在京城，终究是个大隐患。不久，清朝兵部尚书王熙又上奏疏，恳请康熙皇帝诛杀吴三桂“逆子”。

如在平时，谁也不敢上疏劾奏吴应熊。从辈分上说，吴三桂的儿子吴应熊乃康熙亲姑父，属于清朝皇室直系亲属。先前之所以留吴应熊一命，康熙帝倒不是出于亲戚考虑，而是想以吴应熊为筹码，看是否有招降吴三桂的可能性。

于是，康熙特下谕旨，准备处决这位亲姑父。由于姑姑求情，加上吴应熊确实一直不同意父亲反清，康熙心一“软”，也“宽大”处理了吴三桂长子吴应熊和长孙吴世霖——由凌迟改成绳索绞死。除吴应熊和公主所生的吴世霖之外，还有妾生儿子多人，都是刚刚会走路的娃娃，后被康熙罚为阉奴。

但凡读过金庸《鹿鼎记》的人，都对吴应熊这个人物有印象，几乎就是被主人公韦小宝玩弄于股掌之上的笑料人物。韦小宝第一次与吴应熊相遇，就以无赖耍滑，狠狠敲诈了他一笔。后来在平西王府，更是串通公主将他阉割，然后挟持其回京给清廷作为人质……

真实历史中的吴应熊，是个软弱的美男子。他和他的公主老婆关系特别好，最终成为父亲吴三桂和皇帝康熙政治斗争的牺牲品。

吴三桂起兵之初，当然曾经认真考虑过儿孙的安危，还派人到京城劝说过吴应熊尽速返回昆明。可惜，当初吴应熊沉湎于妻儿天伦之乐中。而吴三桂呢，属下把吴应熊一个庶子偷运回昆明后，其心稍安。内心深处，他也认为无论如何康熙不敢在北京对自己儿孙动手，没想到康熙帝做事能够如此狠绝。

清廷绞死吴应熊、吴世霖父子，乃公告全国的大事，吴三桂马上得知消息，禁不住老泪纵横。

无论如何，“开弓没有回头箭”。事已至此，只得硬着头皮继续干下去。

仅仅三个多月，吴三桂所点燃的烽火，已经烧到了滇、黔、楚、蜀四省。很快，福建、江西、浙江、广东、陕西等省或地区，也相继向吴三桂投降。

这次军事、政治危机的规模之大，范围之广，几乎超出了清廷的承受能力!

以往说起“三藩之乱”，说起吴三桂起兵，都强调的是康熙多么英明神武，清廷多么迅速地平叛。其实，三藩起事时间长达八年，而且，吴三桂起事，绝非仅仅为了实现个人野心而裹胁军民百姓那么简单。回顾三藩起事的过程，全国响应吴三桂的，几乎都是各地的汉人，既包括昔日明朝降将以及南明残余势力，也包括从前李自成、张献忠和郑成功余部的汉军，各地百姓，也有许多人踊跃加入。所有这些，都明白无误地表明——入关已经三十年的清朝统治者，由于多年盘剥和疑忌，依旧不得人心。所以，吴三桂登高一呼，才有那么多人群起响应。

积极参与吴三桂的军事行动，乃汉人百姓对清朝统治愤怒的集体爆发。虽然吴三桂起事过程中裹胁了不少汉人参与，但从民心角度而言，根源于清朝多年来的残酷统治和横征暴敛。而许多明朝遗民的初衷，也和吴三桂一己之私完全无关，他们所关注的只有复明大业和汉民族的衣冠恢复。

此时更让清廷和康熙帝感到万蚁上身的，是广西的孙延龄也宣布投靠吴三桂了！

作为孔有德女婿的孙延龄，娶了每年俸禄等同清朝郡王的孔四贞。这样一个清廷待之恩德甚厚的封疆大吏，竟然因为同僚王永年揭发他跋扈不法而怀恨在心。康熙十三年二月，当吴三桂派其从孙吴世琮来攻粤西之时，孙延龄连抵抗都没有，即刻宣布投降。随后，他做的第一件事情，就是杀掉了素不相和的老同事王永年。而后，他又派兵包围了广西巡抚马雄镇衙署，活捉了马雄镇。

孙延龄起兵的目的在于报私怨私仇，并能够割据广西。所以，他一方面接受吴三桂的任命，另一方面依旧给康熙上疏，辩解说自己是因为部下都统王永年等人想“谋害”自己而起兵。

康熙当然不信，马上命令广东的平南王尚可喜和两广总督金光祖、广西提督马雄三人会商，派他们率领官兵去平灭孙延龄。

孙延龄叛清之时，广西提督马雄并未从叛，他和孙延龄本来关系就紧张。为此，当孙延龄派人前往柳州招诱马雄时，遭到严词拒绝。孙延龄大怒，自己率兵进攻马雄，结果反被马雄击败。但随着吴三桂大军进入广西，马雄所部感到难以抵抗，只得答应投降。当时马雄投降有个条件，只降平西王，不降孙延龄。

吴三桂听得勇将马雄来降，大喜，立授马雄为“怀宁公”。至此，各怀鬼胎的孙延龄和马雄，同在吴三桂麾下称臣。

相比马雄，吴三桂内心深处对孙延龄还是放心不下。后来，随着战争的深入，知道孙延龄依旧和清廷暗中来往之后，吴三桂就密令吴世琮尽快赶赴桂林，解决掉孙延龄。

当时，吴世琮率领大军到桂林附近之后，并没有进城，名义上是过来请孙延龄吃饭，调解他和马雄之间矛盾的。孙延龄不知内情，自以为乃吴三桂“大周”新贵，就没带随从，出城热烈欢迎吴世琮。

刚一见面，客气寒暄了几句，吴世琮抽出宝剑，一下子将孙延龄杀于马下。

虽然杀了孙延龄，但吴世琮对孔四贞很客气，不仅没有杀害这位清朝公主级的人物，还派人把她和有关亲属都护送到昆明加以善待。而后，吴世琮派手下留守桂林，而孙延龄原有部众，仍由孙延龄老丈人孔有德的旧将统管。

吴世琮进入桂林后，很快就召见先前被孙延龄监禁时间不短的广西巡抚马雄镇，传达吴三桂对他的招降之意，却遭到严词拒绝。吴世琮不死心，办置了一席丰盛的酒宴，准备和这位马巡抚把酒言欢。马雄镇挺倔，一抬手把酒席掀翻，汤汁饭菜弄了吴世琮一身。

吴世琮大怒，派人把马雄镇两个小儿子牵来，当着马雄镇的面，依次斩杀，又杀其家仆数人。

眼见爱子死于面前，马雄镇一声牛吼，赤手空拳对白刃，朝着吴世琮的士兵冲去，即刻被众人当场砍死。

而在巡抚宅邸，得知丈夫和两个儿子被杀的消息，马雄镇的妻子李氏非常冷静，开始监督宅中女眷按照顺序自杀。

第一个上吊的，是马雄镇儿媳董夫人。随后，马雄镇儿子马世济的妾苗氏、马雄镇两个未成年的幼女二姐儿和五姐儿以及马雄镇的两个妾顾氏和刘氏，一个接一个自缢身亡。接着，家中十八个女仆也相继上吊。

看着排列在地上的二十四具女尸，李氏面朝北京三拜九叩之后，把自己也挂到了房梁上……

这惨绝人寰的一幕，发生在1677年11月6日晚。而近六十年前，马雄镇的祖父马与进，当时是明朝在辽阳城的一个小学官——辽阳训导。努尔哈赤的后金军队攻占辽阳，马家妇女听到马与进被杀的消息后，他的妻子赵氏，当时为了殉夫兼殉国，也是当夜监督全家老小以及女仆四十多人集体自杀。结果第二天，马与进却活着回来了。不仅他本人向后金投降，他那个作为明朝生员的儿子马鸣佩也投降了，日后还成为皇太极一朝的得力重臣。

马氏三代男人，世世代代食大明俸禄二百多年，结果前两代男人在辽东降清，第三代男人马雄镇才吃了清朝三十年俸禄，摇身一变，倒成了宁死不屈的大清忠臣，真让人感慨万千。

当初努尔哈赤后金政权极其残忍，在辽东地区每攻克一地，杀人强奸，无恶不作，赵氏率领全家女人殉死，确实还有些道理。吴三桂政权和清朝是敌对方，即使杀掉了马雄镇父子，对马家妇女肯定不会像满洲贵族对待俘虏那样残忍和淫毒。退一步说，马家女人殉死，毕竟有个名分，但马家十八个年轻女仆何辜，竟然也被逼迫上吊，确实骇人听闻。

不过，马雄镇家族这种“悲壮”，成为清廷宣扬大清忠烈的极好样板。为此，康熙帝对马氏家族大肆褒奖，追赐马雄镇太子少保和兵部尚书之职，赐谥“文毅”，还授予先前有命逃出的马雄镇长子马世济为大理寺少卿。而那位监督家人自杀的李夫人，被朝廷荣赐诰命。

日后，为了大肆铺陈忠于清朝的思想，御用文人蒋士铨还写了一出大戏《桂林霜》。此剧在乾隆年间流传很广，内容就是放大歌颂马家对大清的忠贞不贰。在清朝这出样板大戏最后一段中，作者还让昔日那些自杀于辽阳的马氏家族女子阴魂在来世得以和桂林自杀的马氏女“英烈”们重聚——五十多年前，马氏家族妇女还都是纯粹汉人装束，而桂林自杀的女人都是汉军旗人。我们感到好奇的是：这两拨人在舞台之上，又该如何穿着打扮表现呢？

清朝“大忠臣”马雄镇死了，虽然使得清廷获得了一个宣传样板，但广西实实在在丢了。由此，吴三桂基本在西南再无后顾之忧，遂倾力攻打湖南。

吴三桂发动叛乱之初，清廷主要关注湖南、四川、陕西、江西诸省。康熙十三年三月，杭州将军图喇派人急报：靖南王耿精忠在福建和福建巡抚刘秉政一起宣布倒向吴三桂，而忠于清廷的福建总督范承谟被幽禁。

耿精忠乃耿继茂长子，耿仲明长孙，其本人和吴应熊一样，也是和硕额驸，娶肃亲王豪格的女儿为妻。所以，论亲戚，康熙还是耿精忠叔伯内弟。康熙十二年，耿精忠听说平南王尚可喜自愿撤藩回辽东，他也被迫请求撤藩。吴三桂起兵后，清廷宣布停撤平南与靖南两藩，耿精忠依旧留镇福建。

由于撤藩关系到自己的切身利益，在吴三桂积极拉拢和劝说下，耿精忠都没多想，就在福州宣布反清，其属下诸将官都随他一起反清，地方文官大多投降。其间，唯有福建总督范承谟坚拒不降。

范承谟不降，也是有原因的，他是范文程次子，和清贵族的关系太深太厚。为此，耿精忠只得把范承谟连同他家属、随从五十多人都幽禁起来。

耿精忠反清后，为了比吴三桂低一小格儿，自称“总统天下兵马上将军”，并且在福建地区自铸钱币，名曰“裕民通宝”。

耿精忠造反，使得清廷雪上加霜，也出乎康熙帝的意料。恨极之余，清廷马上发布告示，削夺耿精忠王爵，视为叛逆。

叛逆不叛逆的，耿精忠这时肯定不在乎。他积极配合吴三桂，主攻邻近的江西、浙江两省清军，并且和广东潮州总兵官刘进忠联络，派刘进忠煽乱广东、广西，还遣使渡海，联合台湾的郑经政权出军进攻大陆，答应事成之后，把福建南部沿海郡邑割给郑氏政权。

由此一来，清朝的东南沿海大乱。福建耿精忠的起事，更是紧随吴三桂起兵的冲击波，再次猛撼邻省浙江、江西、广东等省。

对吴三桂来说，耿精忠简直就是为自己开辟了东线第二战场，使得当时天下形势变得对自己更加有利。而且，耿精忠手下都统曾养性特别能战，他率部万余人为东路军，从浙江攻入沿海地区，一路向前，所向披靡。不仅如此，郑成功的儿子郑经也委派大臣冯国轩率上万人马，乘船从福建沿海登陆，很快就占领了漳州、海澄、同安、绍安、泉州以及建宁等处，到处招兵买马，扩大势力。

但是，耿、郑联盟持续时间很短，数月内就归于破裂。因为耿精忠以大陆盟主自居，派人向郑经发号施令，还派人送去敕印，封郑经为“大将军”。郑经为此非常恼火：“靖南王乃明朝叛逆，他有何脸面和权力封我郑经！”后来，双方在是否尊奉明朝正朔问题上矛盾加剧，开始互相攻击。进而探明吴三桂已经放弃明朝旗号自立，一直以“海上孤忠”自诩的郑经断然宣称和耿决裂，开始对耿精忠部队和占领区展开攻击。

耿、郑闹翻，对清朝十分有利。稍后，清兵很快就在江西、浙江战场取得进展，顶住了耿精忠部队的进攻，收复了一些失地；在江西和福建地区与耿精忠开始了拉锯战……

三藩之中，吴三桂和耿精忠接连造反，唯独平南王尚可喜对清朝忠诚，不停解送吴三桂劝降使臣到京。康熙帝感动无限，马上下诏把两广军务全部托付给他。

要知道，尚可喜和耿精忠是儿女亲家——耿精忠乃尚可喜长子尚之信的妻兄，而尚可喜次子尚之孝之女又是耿精忠儿媳。尚可喜家族和耿精忠有这么亲近的关系，依旧能够忠于清朝，确实很不容易。

吴、耿叛乱后，尚可喜整日忧心忡忡，他不仅担心当时江河日下的军情，还担心他自己家族的继承人问题。按理说，如果他因年老退位，王爵应该由长子尚之信袭封。而康熙十三年的尚之信，当时已是三十九岁壮年，此人生而神勇，嗜酒，不拘细行。多年来，尚之信多次跟随清军冲锋陷阵，瞋目一呼，千人俱废，有项羽之勇。但因其有酗酒恶习，尚可喜一直厌恶这个长子。于是，在谋士金光建议下，尚可喜决定把王爵传给次子尚之孝，并且为此向清廷申请。

如果在承平年代，朝廷肯定不会同意废长立幼。但如今大敌当前，老忠臣提出的要求，康熙一概照允。尚之孝即将袭爵成为平南王，尚之信愤懑至极。

不久，清朝广东潮州总兵官刘进忠于康熙十三年四月二十日公开举兵叛清，广东局势更加险恶。刘进忠乃辽阳人，原为明朝总兵官马得功部下。

刘进忠把耿精忠造反的闽军引进广东，尚可喜大惧，赶忙派遣尚之孝统兵讨刘进忠，屡挫叛军。他弟弟副都统尚之节也陆续收复不少失地，多次打退耿精忠和郑经部队的进攻。

康熙帝为了表彰和奖励尚可喜对朝廷的忠诚不二，下诏特意给这位平南王晋爵为亲王。这是吴三桂亲王爵被削除后，汉人中唯一得最高爵位亲王的人。不久，清廷还给尚之孝加“平南大将军”衔号，并且明确指定尚之孝袭封——接连的破例封赏，都是为了鼓励尚氏父子为清朝卖命立功，击败吴三桂、耿精忠的反叛。

由于依附耿精忠、吴三桂的人越来越多，清军在广东的局势越来越不妙。又出现高州总兵祖泽清叛清，尚之孝接连败退，尚可喜在广州也忧心如焚。为此，康熙帝特意批准尚之孝回广州，帮助其父尚可喜守城。

深恐粤省要地丧失，康熙帝在京城积极运筹，不停从内地调遣兵马，准备赴援广东。

康熙惦记广东，吴三桂也惦记，他不断调遣军队，加紧进攻。

由于广东、广西投靠吴三桂的将领日多，反清军队已经打到了肇庆，逼临广州。更让尚可喜害怕的是，他手下总兵官苗文秀、副将吴启镇以及游击李有才三人，也相继投靠吴三桂，广州危在旦夕。

此时的尚可喜，咳嗽痰喘，急火攻心，病情加重。他深恐广州陷落，派人在府中后楼准备大量薪木，以备在万不得已的情况下，全家自焚殉节，誓死报效清朝。

吴三桂方面，在加紧进攻广州等地的同时，也不停派人游说尚之信，千方百计诱使这位失爵的尚可喜长子投降，答应封尚之信为王，世守广东。

尚之信本来就是个暴躁之人，王爵被父亲转让给弟弟，丢面子不说，白拼命这么多年了，因而逐渐心动。但他内心也很矛盾，毕竟自己祖孙三代都是受清朝恩养，自己在京十多年又享尽荣华富贵，朝廷对自己还是不错的。但当时广东的局势已不由人，如果自己和父亲一样拼死当大清忠臣，很快就要和广州城同归于尽。思前想后，最终，尚之信决意投降吴三桂。

康熙十五年二月二十一日，尚之信命令手下炮击清兵大营，同时派兵包围父亲尚可喜府第，封锁内外，把老平南王软禁起来。接着，他砍死了先前劝尚可喜让弟弟尚之孝袭爵的谋士金光，接受了吴三桂“招讨大将军”封号。

一看尚之信都投效吴三桂了，清朝的两广总督金光祖和巡抚佟养钜等人，也有样学样，跟着他投降了。

尚可喜本来就已经病入膏肓，眼看着儿子造反，病情更重。到了初冬时分，渐至弥留，对仆人说：“吾受三朝隆恩，时势至此，不能杀贼，死有余辜！”于是，他穿戴起清朝冠服，向北叩头谢恩，并且表示说死后“仍事先帝”，说完就咽气了。

尚之信虽然叛清，但对清朝毕竟内心有愧，暗中一直和清廷有书信往来，没有对清军进行重大军事攻击。所以，康熙帝对尚之信所在的广东也没有发出大军征伐。

吴三桂方面，屡次催令尚之信出兵大庾岭开辟新战场，但他按兵不动，只拿出库金十万来助军，并无实际展开对清朝的攻击。为此，也使得清廷能够把注意力一直放在江西和湖南战场。

“三藩之乱”中，虽然尚之信可以称为不忠不孝，但“平南王”这一藩给清朝添的麻烦最小。

正当清廷在南方忙得焦头烂额之时，西北又出大事儿——为清朝驻守平凉（今甘肃平凉）的王辅臣，忽然也反了！

吴三桂起事之初，曾经派出不少人携带亲笔信和讨清檄文，到全国各地通知他的旧部和故交，约定一起行动。西北方面，最重要的就是平凉的王辅臣和甘肃的张勇。这两个勇将，都曾是吴三桂部下。而后，王辅臣调陕西提督，驻守平凉；张勇任甘肃提督，驻守甘州（今甘肃张掖）。如果这两个人能为吴三桂在西北开辟新战场，定可造成南北夹击清朝之势。而且，王辅臣、张勇掌握西北兵权，手下皆为精兵良将，战斗力非常强。

一开始，王辅臣、张勇二人都坚拒吴三桂劝诱，特别是王辅臣，曾经受到康熙帝亲自接见，且得赐蟠龙豹尾枪，对于康熙本人深为感念，所以要一心一意保大清。为此，他马上派儿子王继贞把吴三桂使者押解到京，深得康熙叹赏。

王辅臣此举，却激怒了老同事张勇：你自己做忠臣，事先也不告诉我，这不明摆着让朝廷怀疑我吗？从此，二人嫌隙顿生。

为了增强西北地区防务，康熙亲派刑部尚书莫洛经略西北，让他率领满兵驻扎西安，规定巡抚、提镇以下各将官悉听莫洛节制。

康熙之所以使出这招儿，其实内心对王辅臣还是有些疑虑，毕竟王辅臣和吴三桂从前关系过密。为此，他还专门给张勇密诏，让他以甘肃提督的身份密切关注陕西局势。同时，康熙还调王辅臣同将军席卜臣等人赴荆州增援。后来，又指示王辅臣随将军赫叶等人进取四川保宁，颠来倒去，最后康熙还是命令王辅臣一切听从莫洛差遣……

康熙十三年十二月初，莫洛率所部到达宁羌州驻扎，和王辅臣兵营相距二里多地。初四日，王辅臣兵马突然向莫洛营发起进攻。莫洛本人中枪，当时身死。其手下章京、笔帖式及兵士多人，都当场被杀。剩下的标兵和运粮兵两千余人，全被王辅臣收降。而后，王辅臣从沔县北上略阳。

清朝的定西大将军董额得知王辅臣叛变消息后，急忙退保汉中，并且马上奏报康熙。

王辅臣叛清，完全出乎意料，康熙帝不知道内情，赶紧亲自发出一道长篇敕谕，招抚王辅臣。

这篇诏谕，全篇对王辅臣毫无指责之语，康熙帝还自责事先不了解王辅臣跟莫洛之间有嫌隙，所以导致“激变”。对于莫洛之死，康熙也含糊其词，表示肯定是莫洛办事不妥，激怒王辅臣手下士卒，和王辅臣本人肯定没关系。只要王辅臣能够重新归清，一概不问。

即使到了这个时候，包括康熙本人在内，也不知道王辅臣为什么忽然变脸。

即使已经翻脸造反，康熙十四年正月十五日，王辅臣还是写了一份奏本，向康熙帝抱怨自己所受的委屈——原来，王辅臣一直非常关心国事，他到陕西见到莫洛后，就劝告莫洛以当年洪承畴为榜样，应该小心行事。岂料，莫洛和张勇的关系很好，所以对王辅臣持有成见。他不听忠言，反而认为王辅臣和吴三桂有染，对他任意羞辱。而后，莫洛又在不给王辅臣部马匹的情况下，死催他率部进川……

总之，王辅臣上奏表示，宁羌州兵变，实非自己事先策划，乃莫洛欺压汉族官兵导致。

虽然向康熙帝言冤表白，但王辅臣已经势成骑虎，反都反了，莫洛也杀了，只得在陕西一带听从吴三桂差遣。在接受了老上司二十万两白银和“平远大将军陕西东路总管”大印后，他立刻在陕甘地区对清军展开进攻，说降了秦州城（今甘肃天水）守将之后，率领大军从略阳移至秦州，毁掉了陕甘两省边界的凤县（今凤县西南）偏桥，派部将率人马把守栈道，从而导致清兵粮道受阻不通。

由于饷道被切断，清军被迫退回西安。汉中、兴安等重镇，皆被吴三桂军队占据。在王辅臣诱劝下，陕西、甘肃、宁夏等地将领纷纷投附吴三桂。最终，只有甘肃提督张勇、总兵孙思克及西宁总兵官王进宝、宁夏总兵官陈福没有投附，依旧死守城池，坚持忠于清朝。至此，陕西全省基本投吴三桂了，只剩下西安一府和邠、乾二州。在甘肃，清军仅保有辽西走廊一带狭小区域。

康熙十四年十二月二十二日，宁夏发生兵变，清将陈福被乱兵杀死。至此，清廷不得不改调西宁总兵官王进宝代替陈福的职务，暂驻秦州，并继续兼任西宁总兵官。于是，张勇推荐他的原部下、时任天津总兵的赵良栋到宁夏任职。

康熙马上批准，升赵良栋为宁夏提督。赵良栋本来就是西北人，智勇双全，他与张勇、王进宝日后并称为清朝的“河西三汉将”。赵良栋到任后，马上与王辅臣叛军展开了激烈的战争。

时间到了康熙十五年，吴三桂和清军进入战略相持阶段。由于吴三桂起事突然，迅速夺取了云南、贵州、广东、湖南、四川及江西部分地区，前锋直抵长江南岸，一时间风生水起，占尽优势。而后，福建耿精忠夺取了福建、江西以及浙江大部分地区，而王辅臣在陕西接应，甘肃大部也陷于吴军之手。

在这样的大背景下，清军步步被动，风声鹤唳，草木皆兵。同时，由于国内局势吃紧，就连朝鲜、交趾等国也蠢蠢欲动。当时的清朝，可谓四面楚歌。

吴三桂大军一路势如破竹，前锋直抵湖北以及长江南岸的松滋（今松滋北）地区，与清军大本营荆州隔江相望。至此，从云南出发的吴三桂，已经饮马长江，完全可以渡江北进。但是，吴三桂进至松滋之后，在当地屯驻达三个多月之久，无丝毫北进迹象。

为此，人在昆明的吴三桂谋士刘玄初马上写信，劝说吴三桂即刻率军北上，直捣“黄龙府”！

刘玄初这样劝说吴三桂：王爷您在江边坐待，大概是幻想世子吴应熊能被送回，这是绝对不可能的事情！强弱相斗，我为弱者，利速不利拖。如今，吴越（指江浙地区）之财货，山（西）陕（西）之武勇，都集中在荆州、襄阳、长江、汉水之间，王爷您竟然按兵不进，意图和清兵胶着久持，最终对我们大为不利啊……

可吴三桂对刘玄初的劝告无动于衷，也根本没有答复。确实，吴三桂以云贵为老本和清朝相抗衡，一旦清朝缓过劲来，实现了政治、经济总动员，那么它的潜力是无限的。当时的吴三桂，如果尽锐而战，一鼓作气，乘清军兵力未集、荆州尚未设防、上下惊慌失措之时，渡江后马上北涉黄河，尽可直逼北京。

但是，吴三桂最终逡巡不前，到了湖南后屯兵不进，使得机会尽失！

当然，吴三桂不愿急速北进，也有他自己的想法。吴三桂本人就是一个资深战略家，人到老年，求全求稳。在他心中，云贵乃自家根本所在，如果贸然北上，一旦中道受挫，前不着村，后不着店，或许自己的大军会马上陷入进退失据的危险境地。而在长江以南屯兵，先巩固阵地，站稳脚跟，就能够稳中求进，再不济，也能够和清廷划江为国。依靠长江以南半壁江山，也足够称帝资本了。

而恰恰就是吴三桂这种持重的保守想法，使得他的大军最终从锐攻变为防御，逐渐变成了被动挨打……

## 否极泰来转机现

### 清军的步步得胜

吴三桂驻兵观望不进，给清廷调兵遣将留出了时间，使得康熙及其朝臣能够从容集结兵力，加强布防。

到康熙十四年初夏，清廷已经基本完成了对国内战略要地的部署。而后，清廷派遣各方面军首领统领各部兵马迅速进入各自的战区。在武昌、荆州、彝陵、郧阳、襄阳、汉中、西安、京口、江宁（今南京）、安庆、山东、河南、江西建昌等地，清军凭借长江天险，以荆州为军事大本营，在长江中游与下游地区层层设防，对吴三桂军进行严防死守。

由于康熙对吴三桂恨之入骨，所以在战争相抗的同时清廷开动宣传机器，无所不用其极，以檄文或者公开信的方式，大肆揭露吴三桂的不忠不孝、不仁不义。

清廷“安远靖寇大将军”多罗贝勒尚善率师赴岳州，康熙授意他以个人名义给吴三桂写公开信，宣布四方。表面上看是劝降，实际上是在揭露吴三桂的愚蠢和罪恶，试图在政治形象上进一步把吴三桂搞臭。

这封信引经据典，入木三分，应该出自尚善手下汉族文士之手，确实是一份上好的宣传品：

> 王（指吴三桂）以亡国余生，乞师殄寇。蒙恩眷顾，列爵分藩，迄今三十年，富贵荣宠之盛，近代人臣罕比，而末路晚节顿效童昏，自取颠覆。仆（尚善谦称）窃谓王不解也。何者？王藉言兴复明室，则曩者大兵入关，奚不闻王请立明裔？且天下大定，犹为我计除后患，剪灭明宗，安在其为故主效忠哉？将为子孙谋创大业，则公主额驸曾偕至滇，其时何不遽萌反？至王遣子入侍，乃复背叛，以陷子于刑戮，可谓慈乎？王之投诚也，祖考皆膺封赐，今则坟茔毁弃，骸骨委于道路，可谓孝乎？
>
> 为人臣仆，选事两朝，而未尝全忠于一主，可谓义乎？不忠、不孝、不义、不慈之罪，躬自蹈之，而欲逞角力，收服人心，犹厝薪于火而云安，结巢于幕而云固也。何乃至是！殆由所属将弁，煽激生变耳。如即输诚悔罪，圣朝宽大，应许自新，毋踏公孙述、彭宠故辙，赤族湛身，为世大僇！（《逆臣传·吴三桂传》）

看似招降，实则挖苦、污辱。信中讽刺吴三桂为善不终，嘲笑他不慈、不孝、不忠、不义加不智。

吴三桂看后，为之三日不思饮食。

其中最有杀伤力的，是指斥吴三桂率领大军亲临缅甸，最终擒杀永历帝，诛灭明朝嫡系。这件事情，是吴三桂根本不能辩白的政治硬伤，无法取信于国人。

在战争初期，清廷确实也低估了吴三桂的影响力和实力，以为可以速战速决。随着战场局势的不断恶化，清廷才感到害怕，并且开始采取被动的守势。吴三桂驻军湖南后，清军才有了喘息的机会，并在对峙过程中，得以不断寻找战胜对方的机会。

继耿精忠之后，王辅臣在宁羌州反清，使得清朝当时面临非常困难的局面。至此，国内竟然出现了三大战场，清廷顾此失彼，忧心忡忡。

当时，耿精忠占据福建之后，攻取浙江、江西，形成左翼东部战场；王辅臣起兵西北，占据四川、甘肃以及陕西大部地区，形成右翼西部战场；而吴三桂本人统领反清主力占据湖南，形成正面中路战场。

三大战场之中，当然要数吴三桂统军的湖南战场最为重要。这不仅仅是因为反清标志性人物吴三桂本人亲临湖南前线，而且吴军精锐近二十万人都集中在这里。他们连连得胜，还占据了长沙、岳州、萍乡、松滋、常德、澧州等多个战略要地。

吴三桂以七万兵力据守岳州、澧州诸水口，与驻守江北的清军严阵对峙；以七万兵力驻醴陵、长沙、萍乡各处，抵抗江西岳乐部清军的进攻。而且，吴三桂手里还有一支“特种部队”，那就是由云贵苗、壮等少数民族土军组成的“大象军”。在吴三桂手中，这种巨型“肉坦克”多达五十个。

如此的“特种部队”，现在听上去如同儿戏——动物园动物上前线，似乎是开玩笑。但在热兵器不发达、士兵多依靠战马作战的清朝前期，训练有素的大象确实是一种非常厉害的动物。它们不仅能够冲锋陷阵，还能够惊吓战马和士兵，在双方交战决胜的关键时刻往往能起到出人意料的作用……

对于人在湖南的吴三桂来说，岳州是重中之重，乃水陆中枢要地。

岳州不仅和清军大本营荆州隔江相望、对峙，而且从战略意义上讲，是一个重要的战略支撑点，所以吴三桂派出侄子吴应期率七万精兵把守岳州。

清廷方面，也深知岳州的重要性，派出重兵在荆州紧密布防。为此，援兵不断，粮饷不绝，清军同时在当地制造了大量船只，专为将来渡江之用。

在湖南和吴三桂紧张对峙期间，王辅臣在西北起兵，这使得康熙帝五内俱焦。为此，他一直催促湖南清军将领尽速进击吴军，不得拖延观望，即使一下子不能攻克岳州，也要先把长沙拿下。情急之下，这位皇帝甚至一度想御驾亲征。

虽然当时全国有三大反清战场，但清廷最关注的就是湖南战场。因为擒贼先擒王，只要能把吴三桂主力击溃，擒杀吴三桂本人，那么反清武装失去了领袖人物，叛逆的势头自然随之瓦解。

清廷、清军忙不停，作为军事家，吴三桂本人也一直聚精会神，部署指挥。对于与清军作战，吴三桂主要从三方面来进行筹划：第一，一直在岳州、澧县水陆要冲部署重兵，和江北荆州清朝大军对峙，严防清军渡江；第二，由长沙分兵进入江西，试图打通和福建耿精忠的通路；第三，派出军队由四川进陕西，意在沟通兴安、汉中的反清武装，进而与西北起兵的王辅臣会合，继之进逼北京。

得知王辅臣在宁羌州反清，吴三桂大喜，马上派出大批战船，扬言渡江要与荆州清军决战，并想决堤以江水猛灌荆州。

荆州地势低洼，城墙五里以外就是长江，所以先前一直在东、南、西三面筑有长堤防水淹。如果吴军决堤，荆州城内清军肯定会变成如蚁般的浮尸。关键时刻，一辈子都阴毒、隐忍的吴三桂，却忽然生起“妇人之仁”，怕水淹清军的同时殃及城内的数十万百姓性命，最终没有使出这招“绝计”。

当然，吴三桂之所以有计不施，也是因为他想声东击西。他扬言和荆州清军决战，目的在于分散清军注意力，想把岳州兵马分出一部分来进占宜昌，然后再分遣诸将攻袭湖北，最终打通通往西北的道路，和王辅臣合军。

清军对吴三桂军队四处截击，最终勉强把吴三桂主力压制在了湖南。

吴三桂常年戎马生涯，手下文武皆是熟谙战旅之人。所以，在湖南正面战场，吴军一直对清军保持着巨大的压力。

清军方面，从努尔哈赤开始，直到康熙继位，掌管兵政大权的都是八旗满族人员，汉人只能任副职。康熙依旧遵承“传统”做法，各方面军的统帅都以皇室后裔担当。各大员中，顺承郡王勒尔锦乃清太宗皇太极之兄礼亲王代善的孙子勒克德浑之子。他最早被清廷派往荆州，一直畏缩不敢战，致使湖南很快丢失，而且贻误军机，屡次以“贼势强大”为名不遵诏旨。而后，清廷又加派尚善为“安远靖寇大将军”前往湖南，此人乃努尔哈赤侄儿郑亲王济尔哈朗之弟贝勒费扬武之子。派往江西的“定远平寇大将军”安亲王岳乐，乃皇太极之兄阿巴泰之子。从江宁派往江西助战的简亲王喇布，乃济尔哈朗之孙。派往浙江迎战耿精忠的“奉命大将军”康亲王杰书，乃代善的孙子。而派到陕西攻打王辅臣的“定西大将军”信郡王董鄂，乃皇太极之弟多铎之子。

这些皇室贵族，相比他们足智多谋、残忍暴虐的先辈，几乎都没有任何真正的战争经验，许多人从生下来就养尊处优，完全不懂如何打仗。

吴三桂起事后，这些人被清廷选作各方面军的“大将军”。打仗不是儿戏，箭矢如雨，白刃扎眼，这些皇族贵胄们暗自胆寒，更多的就是选择和吴军对峙、观望、徘徊，大有希望吴三桂自灭的意思。由此，清军在湖南一直裹足不前，靡费了无数辎重粮草。

湖南、江西方面的清军统帅，一直以“贼势甚炽”为借口，多次恳请朝廷加派援军。对此，康熙很生气，但也不清楚当地的真实情况。

后来，跟随勒尔锦到荆州参赞军务的汉人、礼部员外郎王诏给康熙帝上了一道密疏，详陈当地情况：清军初到荆州，常德、岳州、澧州等战略要地尚未陷落，只要清兵一鼓作气，肯定能够马上收复湖南已失城池；即使当时没有主动进攻，也可以趁吴军初到湖南立足未稳之时首先渡江占领长江南岸，如此，可攻可守，不至于给吴军在南岸进行深沟高垒的机会。如今，叛军划江成营，极难摇动。数十万清军裹足不前，耗费金钱以万万计，使得湖南米价三倍于前，造成当地民困地乏，转运艰辛，说不定日后会引起新的民变。而且，清军和吴军相持之间，马匹倒毙大半，兵士因为疾疫死亡十之二三，幸存者也锐气全消，真打起仗来，这样的战斗力，就太让人担忧了……

总之，王诏的密奏，就是希望康熙帝能够强令勒尔锦克期进讨，再毋逗留观望。

仔细读罢王诏奏报，康熙恍然大悟，继而大发雷霆。他即刻下诏痛斥勒尔锦等人，说正是他们率领清军在湖南、江西的疏怠，才使得吴三桂叛军的强势一直未被遏制，最终导致广西孙延龄、福建耿精忠、西北王辅臣等人的相继叛变，使得国内“贼寇”蜂起。

痛斥归痛斥，打仗还是要靠这些王爷和贝勒。当务之急，康熙指示安亲王岳乐先固守江西，入冬后马上派兵进取长沙。

康熙十四年十一月，为了能够顺利进攻长沙，安亲王岳乐再次上疏，表示非绿营汉兵不能杀敌，非红夷大炮不能破垒。为此，康熙帝马上派五千熟悉火器的汉军前往岳乐军前效力，还带去由传道士南怀仁监造的轻便火炮以资进攻。

转眼到了康熙十五年正月，清军在湘赣还是裹足不前。二载有余，清军未获寸土，致使师老饷匮，坐失机宜，康熙下诏严谴勒尔锦等人。

正是这些皇室贵胄子弟的怯懦无能，致使吴三桂叛乱迅速扩大。

清军和吴军在荆岳地区相持之际，东、西两个战场上，清军与叛军却在激烈交战中。

耿精忠、王辅臣宣布叛清之后，吴三桂一直试图应援二人，相互靠拢，最终使得三部起事军队能够连成一片。为此，清廷万分焦急，火速派出一部又一部的军队，在江西、浙江、陕西、甘肃等地四处出击，艰难阻击吴军，同时围剿耿、王二部叛军，竭力避免他们之间的联系和靠近，想方设法把他们孤立在各自战场上，以图日后寻找机会各个击破。

陕甘地区的西部战场地近京师，所以，王辅臣这部叛军成为清廷的心腹大患。一时之间，康熙帝把注意力转移到了王辅臣身上，恩威并用，剿抚结合，想尽快解决西部问题。

西部战场上的战略要地，就是秦州。这个地方位于兰州、巩昌（今甘肃陇西）、平凉、汉中等重要战略要地之间，且靠近陕西。如果清军能够夺取秦州，就可以从叛军中间突破，切断叛军之间的联系，获得极大的主动权。

秦州城池非常坚固，欲攻破此城，没有威力强大的红夷大炮是不可能的。所以，康熙亲自下令，派都统海尔图等人率兵护送红夷大炮至秦州城下的清军营中。康熙十四年三月初，清朝的“定西大将军”董鄂率两万大军抵达秦州城下。由于有大炮攻城，绿营汉军又能战，最终迫使秦州叛军总兵陈万策开城门、率兵民出降。而后，增援秦州的四川和平凉叛军也闻风败逃而去。

收复秦州后，清军猛追，陆续收复了秦州附近的礼县、清水、伏羌（今甘谷县）、西和等县城。由此一来，清军在西北旗开得胜，实现了第一个战略目标。清军分出一部分兵马，开赴栈道增援汉中。同时，由都统海尔图等人护卫红夷大炮往平凉方面运送。

失去秦州之后，王辅臣大感恐惧，他急率精锐部队和秦州溃败下来的残军会合，然后收缩兵力，至平凉固守。除平凉之外，王辅臣军队还占据庆阳、定边、固原、延安、兰州等几个孤立的战略据点。

在先前围困秦州的同时，清军已向兰州、巩昌叛军进攻。康熙十四年六月二十五日，在清朝“安西将军”穆占、总兵官孙思的增援下，巩昌城内叛军总兵陈科等人接受招抚，率领一万多军队出降；六月二十七日，在西宁总兵王进宝等人的猛攻下，兰州叛军总兵赵士升及原任布政使成额率城中文武各官和兵士五千余人出城投降；六月二十九日，清朝“平逆将军”都统毕力克图进入延安，叛军溃逃。由此，延安府属下的肤施、保安、安塞、宜川、延长、安定等县陆续被清军收复。

在加紧军事进攻的同时，清廷依旧抓紧对王辅臣的招抚。康熙帝又给王辅臣发去一道敕谕，敕谕中说：吴三桂为逆，人心惊扰，后来莫洛率师进蜀，调遣失宜，致使变生仓促，你王辅臣当时是被胁迫的，朕实知之，所以，朕对你人在北京的儿子未忍加诛。作为封疆旧臣，你屡受国恩，应当尽快悔祸来归。

王辅臣马上写亲笔信回奏康熙，字里行间仍然口称“皇上”，语气非常恭谨，表示自己非常感念皇帝的赦宥，但大军临城，皇帝又没有如何安抚的细节指令，所以自己手下兵士都心怀疑惧，不敢投降。

康熙这边和王辅臣书信来往周旋，那边严令董鄂、毕力克图、阿密达等人率领大军急进。各路大军八月十五日抵达平凉城下，准备一举攻灭王辅臣叛军。

清军气势汹汹而来，但兵力不足，致使围城不严。作为身经百战的大将，王辅臣不仅不惊慌，还从城内派出部分军队前去增援固原、庆阳等城的叛军。

得知清军向平凉地区不断集结的消息，吴三桂很着急，先后派出云贵少数民族士兵（猓猓军）数万人到平凉助王辅臣守城。同时，还命令四川叛军出援平凉。在吴三桂授意下，大将王屏藩率大军进犯秦州，大将吴之茂、谭弘等人均率军向平凉方向移动，意在增援王辅臣。

本来大军齐集，清军都把平凉包围了，但由于吴三桂诸将来援，平凉城下的清军又陷入被动的局面。

作为清军统帅的董鄂，到平凉后一直坐守，不敢进攻，确实贻误了战机。仅有的一次攻城，也由于清将临阵怯懦，被王辅臣杀得大败。

尴尬之时，清军都统海尔图又有紧急文书到京，声称帮助清军运炮的屯夫都逃跑了，请求皇帝马上从京师调发熟悉火炮的满汉军前来平凉助战。听到这些消息，康熙帝大为恼怒。

康熙十五年二月，康熙派遣大学士图海为“抚远大将军”，并授以全权，让他总辖陕西的满汉大军，前往平凉，负责剿灭王辅臣。

图海是满洲正黄旗人，虽为文人出身，武功也不弱，曾在康熙二年剿灭李自成余部郝摇旗、李来亨中立过战功，可谓文武全才。

三月十七日，图海率领援军抵达平凉。由于图海带来了康熙奖励清军的诏旨和大量赏银，清军一时间士气大振。此时的围城清军，已经达十万之众，把平凉城围得水泄不通。

即便如此，以骁勇善战著称的王辅臣并不惧怕。登城巡视防务之时，望着城外密集的清军营垒，他轻蔑一笑，对身边将领说：“这么多人围我城池，叫什么能耐！姑贷其死，看我军发威，让这些人全部变成尸体！”

嘴上说得硬，王辅臣内心也惊恐。此时的他，内心非常矛盾。按理说，如果他突围撤往四川，逃跑活命肯定没有任何问题。但他心存侥幸，觉得自己和康熙帝有旧恩旧情，还是想能够获得清廷赦免。

王辅臣这辈子挺有戏剧性。他本来姓李，早年追随姐夫加入明末农民军，后投靠一王姓将领并做了其干儿子才改姓王；而后，投靠清朝军队征战。在多尔衮统治时期，山西大同总兵姜瓖反清，他也跟从造反。在和清军作战之时，王辅臣纵横驰骋，每为清军所惧，呼之为“马鹞子”，一战成名。姜瓖失败被杀，大同遭受清军屠城，但王辅臣由于向王爷阿济格投降而免于被诛，当时被罚入辛者库为奴。多尔衮死后，王辅臣被派往洪承畴麾下为将，经洪承畴保举得为总兵官。后来，他又随平西王吴三桂入缅，擒杀南明永历帝有功。康熙帝继位后，他凭借勇武之名，深受康熙喜爱。

由此可见，王辅臣确实不是一般人。

文武兼备的图海到平凉后，在对王辅臣攻心招降的同时，很快就指挥清军对平凉城北的高地“虎山墩”大举进攻。

虎山墩这个战略高地，可以俯瞰平凉全城，还是平凉通往西北饷道的咽喉要地。为此，王辅臣部署了万余精兵护守。

一声令下，图海亲率大队人马仰攻虎山墩。王辅臣的军队都是久经战场的士兵，临敌不慌，他们前为步兵，后为骑兵，阵前布列火器，有条不紊地向清军冲来。

清军层层逼近，步步为营，依靠人多势众，逐步把叛军逼退上山。但战斗越往上，越对清军不利。由于是仰攻，叛军居高临下，顺势攻击，杀得清军死伤满山。

此时的图海，相当冷静，不顾死伤，继续发挥人海战术的优势，命令汉兵进攻，不给叛军以喘息的机会。激战几个时辰，清军最终攻克了虎山墩。

登高一望，平凉城尽在眼中，清军高呼万岁。而后，清军在虎山墩上架炮，对着平凉城内就是一顿猛轰，致使城内军民死伤狼藉，军心顿时动摇。

此时的王辅臣，确实感到害怕了。虎山墩战略高地丧失之后，平凉城的粮道被断绝，城内数十万兵马，不久就粮草用尽，一时间饿死不少。

此时，图海手下的幕僚周培公主动要求入城劝降。这位周培公乃荆门儒生，先前佐助“振武将军”吴丹有功，得授七品官。图海拥兵行至潼关时，他进呈平凉之策，被图海召为幕僚。平凉城内王辅臣手下参将黄九畴和布政使龚荣遇都是周培公老乡，曾屡劝王辅臣投降。

得知这些情况后，周培公就主动请缨，向图海表示自己要冒死进城劝降。同时，这位书生还表示，自己前往平凉城招降王辅臣，九死一生。如果自己被杀，希望朝廷能够给先前为父亲殉死的母亲孙氏加以旌表。

惺惺相惜，看到周培公如此英勇壮烈，图海马上同意所请，并特授周培公“参议道”荣衔，代表自己入城劝降王辅臣。

事已至此，王辅臣不为自己想，也要为城内军民着想，更迫于势穷粮尽，他最终听从了周培公劝告，派手下一副将随周培公出城面见图海，表示愿降，但需要皇帝的亲笔特赦诏书。

于是图海即刻派人驰报北京，很快得到清廷大赦令。

六月六日，图海命周培公携带康熙赦诏，再进城抚慰。六月七日，王辅臣派周培公的老乡龚荣遇率士民代表出城投降。在上缴吴三桂派发的印信等文件的同时，向图海进献平凉军民册，以示臣服。

即便如此，王辅臣从多尔衮时代就知道朝廷的阴狠，所以依旧心怀疑惧，不肯亲自出面见图海。有王辅臣在城内，即使对方表示投降，清军依旧不敢入城。

六月十三日，图海又派周培公入城百般劝说，竭力安抚，最终消除了王辅臣的疑惧。六月十五日，王辅臣亲自骑马出平凉城，到辕门后步行到图海营帐，叩头谢恩，表示真心归降。

平凉王辅臣降归的消息传到北京，康熙帝大喜过望，对图海大加赞誉。同时，他还马上表示宽恕王辅臣父子，履行诺言，恢复王辅臣原官，加太子太保，提升为“靖寇将军”，命令王辅臣立功赎罪。

而对于先前吴三桂遣发来平凉城助战的投降苗兵，康熙皆给予赏钱遣送原籍；并把周培公从一个七品小官提升为布政使大吏，对周培公殉节的母亲加以旌表，遣官致祭。

王辅臣及其西北部将，多是英勇善战的悍将，兵卒也多为敢死敢斗的百战之士。这些人一投降，陕甘局势骤然一变。清军先后大败吴之茂和王屏藩，迫使吴三桂势力退回到四川。而昔日王辅臣任命的原固原巡抚陈彭、庆阳总兵周养民、嘉峪关总兵王好问、关山副将孔萌雄等人，也相继献城投降。

至此，关陇大定，清朝的西北威胁基本被解除。

平定王辅臣陕甘之乱，除关键时刻图海、周培公立有大功之外，基本是依赖张勇、王进宝、赵良栋三位汉将和广大绿营汉兵之力。为此，康熙帝平叛后曾经深有感触地表示过：

> 自古汉人逆乱，亦唯以汉兵剿平，彼时岂有满兵助战哉？（《平定三逆方略》）

王辅臣败降，吴三桂失却西北羽翼，只有东南战场的耿精忠可以依靠了。

耿精忠叛清之后，一度兵将四出，其战略意图非常明显，就是要占领江西，然后同吴三桂的湖南叛军连成一片；而后，占领浙江，在东南沿海地带实施攻击后，全据长江下游地区，同吴三桂所据长江中游相呼应，以成掎角之势。

为此，清军一直四处堵截，到处防剿耿精忠部队。由于清军占领了南昌、杭州、衢州、吉安、袁州、九江、金华、广信、饶州、建昌、萍乡等各战略要地，最终有效阻止了耿精忠进入湖南境内。而吴三桂部队气喘吁吁，曾经一度占领联结江西与湖南的江西省境的萍乡、吉安等要地。但在清军堵截下，他们最终没能达到和耿精忠汇合的目的。

为了防止台湾郑氏部队趁乱在大陆立足，清廷加紧平定福建，并且进展顺利。在江西、浙江等地，清军也一直在获胜。

对于耿精忠，康熙还是边攻边抚。随着战斗失利，耿精忠也开始表示服软，并且不断和清军统帅安亲王岳乐等人书信往来，探查朝廷意旨。

为了表示诚意，清廷命令耿精忠亲弟弟耿聚忠捧奉皇帝敕谕前往浙江康亲王杰书处，商酌派人转送耿聚忠抵达福建，重申朝廷的宽免政策。听到消息后，耿精忠态度更加软化，开始上疏，把自己谋反的责任都推到被他扣押的范承谟身上，表示自己一直留范承谟活口，将来可以入京对质。

但等到耿聚忠捧奉招降诏旨到达衢州之时，耿精忠却拒不接纳。这并不是耿精忠又重新变得强硬，而是他对自己造反之事太过疑惧，害怕投降后马上遭到诛杀。

到了康熙十四年冬，清军势猛，在浮梁、贵溪等县境击败叛军，并且招抚了大量叛军投降。接着，清军在浙江温州、台州等地大败耿精忠部队，势如破竹。

康熙十五年六月，得知耿精忠叔父耿继善焚毁营盘从建昌、新城撤走的消息，康熙帝判断耿精忠和郑经之间闹翻，即刻严命大将军杰书、贝子傅喇塔、赖塔以及江西总督李之芳等人迅速剿灭福建的耿精忠部队。

七月，康亲王杰书、总督李之芳、赖塔等清军统帅陆续抵衢州，各路合军之后，集议攻取福建。

衢州位于衢江右岸，顺流而下可通金华，溯流而上可通仙霞关，乃通达福建的咽喉要道。为此，耿精忠在此地布置了大军防备。

面对人多势众的耿藩叛军，清军先发兵猛攻耿军储粮之地大溪滩。由于猝不及防，这个积存粮草的辎重大营被夺，耿精忠只得仓促退却。

机不可失。清将赖塔、马哈达等人率领部队疾驰仙霞关，分路夹攻耿精忠部队，从此地长驱而入，涌进福建境内。

入闽之后，清军势如破竹，很快进抵建阳，攻克建宁，打得耿军连连败退。

不久，耿精忠手下大将白显忠不敌清军攻势，被迫投降。雪上加霜的是，台湾郑经乘虚逼其后方，不断派兵攻袭兴化（今莆田）和福州等地。

面对如此的前后夹攻，耿精忠内心惶惧无比。这时候，为了活命，他只能向清朝再次投降了。但如果投降，被他扣押的范承谟，肯定要在康熙帝面前一五一十揭发他当初的叛逆起因。为此，耿精忠在投降前所要做的最重要的一件事情，就是先把范承谟杀掉灭口。

康熙十五年九月三十日夜半时分，耿精忠派兵冲入范承谟被拘押处，把范承谟和他的幕客、亲属，甚至看守他的狱卒，共五十多人，统统秘密杀死。然后，耿精忠又下令手下将范承谟等人的尸体焚毁，以图不留任何痕迹。

康亲王杰书在进兵的同时，依旧按照康熙谕旨招降耿精忠。此时，耿精忠还想讨价还价，回信表示说，希望朝廷能够再下一道赦诏，自己和手下才能放心投降。

此时的康亲王，也不敢擅自做主。福建距离北京太远，往来传递信息太费时间，万一台湾的郑经再和耿精忠重新联手，他也负不起这个责任。于是，杰书不再理睬耿精忠的要求，促令大军继续向福州进军。

九月底，清军已经抵达延平（今南平市），守城大将耿继美献城投降。此时，福州遥遥在望。

到了这个地步，耿精忠马上派人赶赴延平，献上吴三桂给他的“总统将军”大印，表示向清军投降。为显示诚意，耿精忠还派他儿子耿显祚同先前被自己扣留的两位朝廷使臣一起，前往延平迎接康亲王来接收福州。

十月一日，康亲王杰书先遣侍读学士尹泰携带康熙赦免诏书到福州宣读，正式接受耿精忠投降。十月四日，耿精忠率文武官员出福州城，跪迎康亲王杰书，呈献福建的官兵册籍。

得知耿精忠投降，康熙帝非常高兴，马上下诏，依旧保留耿精忠的靖南王爵，命令他率旧部随清朝大军征剿台湾郑经军队，以立功赎罪。

得知耿精忠献福州投降，原本为他固守温州的大将曾养性也只好献城降清。不久，广东原清朝的潮州总兵刘进忠、碣石总兵苗之秀等人也先后投降。

对这些人，康熙帝依旧一概赦免，并且命令他们仍任原职，戴罪立功。

有了这种投降保命、保官效应，散布在江西、浙江的残余叛将纷纷前往清营缴械投降。

随着浙闽战事的平定，清军对台湾郑氏部队开始猛攻，陆续收复兴化、泉州、漳州、海澄等城，打得郑军狼狈逃回台湾。一时间，闽地悉平。

王辅臣降，耿精忠败，康熙帝和他的清廷，得以倾注全力剿灭吴三桂。至此，清廷重新进行战略部署，对吴三桂展开了战略大包围：先是派军从东西两线逼近湖南，进军两粤，以图切断吴三桂的后路；同时在湖南战场调兵遣将，准备发起正面总攻。

面对清军得胜的大势，广东原本叛清的尚之信很快乞降。他当初向吴三桂投降，根本原因在于自保和泄愤（对朝廷和父亲把平南王王爵转给弟弟而生气）。叛清以来，他从未为吴三桂派出一兵一卒，也不曾跟清军交过战。

得知耿精忠在福建投降之后，康熙十五年十二月九日，尚之信派人携带他的一封亲笔密信，前去和硕简亲王喇布军前乞降。

人在北京的康熙得知消息后，马上下一道敕谕，表示对尚之信不咎既往，也不斥责他先前举动为反叛行为，而说成“变异”，还对尚之信“深为恻悯”。

稳住尚之信后，康熙下密旨，催促康亲王杰书派人速进广东。很快，清朝的“镇南将军”莽依图率领清军急行军，从江西赣南统兵赴粤……

康熙十六年五月四日，尚之信在广州率领省城文武官员及兵民向清朝“归正”，还派遣他弟弟尚之瑛代表他本人到韶州（今韶关）迎接清军。

为了酬报归降，康熙下旨，把尚可喜的亲王爵转给尚之信承袭。

一看尚之信都“归正”了，先前叛清的广东文武大吏也纷纷投诚。所以，清军在广东全境，几乎没遇到任何抵抗。

康熙大感满意，下诏再次“表扬”尚之信。同时，他还指示尚之信马上率领军队进攻广西的吴三桂军队，争取再立大功。

尚之信归降，清军入粤，吴三桂大骇。如果处理不好，后路被断不说，还会即刻有腹背受敌之险。所以，他马上派出三万精兵，进至湖南与广东交界的宜章，企图分兵进攻乐昌（今广东乐昌）和南安（今属江西大余），进而夺取韶州，如果得计，就必能控制交通要道。

韶州，乃江西与广东的咽喉之区，为历来兵家必争之地。

由于指挥得力，清朝各军赴援，尚之信也和清朝的“镇南将军”莽依图等人率兵赴韶州援助。最终，清军把吴军杀得大败，广东全省形势进一步稳定。

吴三桂一看在广东不能占得便宜，就退而求其次，派出精锐奔赴广西。他派大将马宝取道宜章，进入广西富川；派其兄弟的孙子吴世琮等人至桂林，诱杀孙延龄之后，占领了桂林要地。所有这一切，目的就是巩固湖南后方。

而在广西方面，由于尚之信被调去韶关增援，先入广西的清朝莽依图部队因为缺少船只，没能和清军傅弘烈部队会师。傅弘烈独率所部万余人马展开进攻，先后克取了广西重镇梧州和浔州（今桂平）等地。

清军诸将权衡利弊，最终决定让傅弘烈和莽依图合军之后联合攻取平乐和桂林，派遣尚之信、将军额楚以及都统勒贝等人进攻宜章、郴州。如此一来，吴三桂军队首尾不能兼顾。

随着平乐、桂林、南宁的攻克，清军基本占领了广西全省。吴世琮本人身负重伤，狼狈逃跑。

由此，短短一年多时间，清军从战略上已实现了对吴三桂的大包围。

# 穷途末路不言悔

吴三桂的最终失败

清军陆续在湖南东部、南部开辟出新战场，步步为营，建立起稳固据点，使得人在衡州的吴三桂日益处于清军紧逼之中。

至此，吴三桂叛军的灭亡，其实已经是早晚之事！

得意之时花添锦，失败势成井落石。由于吴三桂在军事上接连失利，内部逐渐开始互相倾轧。其手下将领各怀异心。

如此关键时刻，吴三桂依旧任人唯亲。其女婿夏国相率军防守萍乡，由于防备不严，被和硕安亲王岳乐所统帅的满汉大军接连攻破十二寨，万余人被歼灭，夏国相弃印败逃，萍乡失守。

如此损兵折将败逃，本当重治其罪。但吴三桂因其是自己女婿，仅削去夏国相两级官职了事。这种处理办法，导致吴军将士的强烈不满。

此外，吴三桂手下还有一名大将高得捷，其人非常勇猛善战，其部卒也都是敢战精兵。康熙十五年初，高得捷率手下数万之众攻取了江西重镇吉安。

吉安乃战略重地，清军数次重兵进攻，均被高得捷杀败。但是，高得捷副手韩大任由于擅于巴结，被吴三桂晋升为“扬威将军”，从此在军中能够和高得捷分庭抗礼。对此，高得捷深感受辱，郁郁成疾，竟然不久病死于吉安。

高得捷病死，韩大任遂独掌吉安兵权。

韩大任以儒将自诩，每天诗酒自娱，和幕僚赏景谈诗，其实在军事方面完全是外行。这时候，清朝的简亲王喇布率江西总督董卫国等提军十万，把吉安重重包围。

面对汹汹而来的清朝大军，韩大任自然不敢出战，只懂闭门坚守。

吴三桂得知吉安被围的消息，心内如焚，忙遣大将马宝率领万人前往增援。

抵达吉安之前，马宝派人混进城，通报自己的援兵消息。韩大任却说："我听说马将军已降清，如果他真来增援，可到城下摘下帽盔，如果他没有剃发，我就出城当面会他！"

当时的马宝，由于部队被江水阻隔，不能即刻达于城下。如果当时韩大任能够率领城内吴军顺势杀出，马宝在外面杀进，里应外合，肯定能给清军来个反包围，消灭清军围城部队。但过了好久，吉安城中无一炮相应，马宝生出疑惑，也不敢前进。

趁吴军犹豫，清军却忽然掉头攻击马宝援军，把马宝所率的吴军杀得大败而逃。这一路救援部队无功而返，悻悻退还湖南。

被围困二百多天，吉安城中粮饷早已断绝。最终，韩大任想出了一条"妙计"——跑！

康熙十六年三月二十一日夜，韩大任率领手下数万部队悄悄出吉安城南门，横渡白鹭洲，然后忽然发射大炮，四处击鼓。

此时的清军，全然无备，以为吴军劫营，各营兵马惊扰至极。如果韩大任此时下决心对清军展开进攻，得胜的可能性还是非常大的。但他当时鸣炮击鼓之举，目的不在于恐吓清军，而是想掩护自己趁乱逃跑。

转天，清军才得知韩大任夜间逃跑了。由于韩大任手下都是从前吴军悍将高得捷的精兵，清军也不敢马上蹑追，任其暂时逃遁而去。

韩大任逃出吉安之后，在宁都、乐安、万安、泰和等地往来兜转，像没头苍蝇一样瞎跑。由于韩大任所率都是吴三桂的精兵，清廷严令追截。

逃跑途中，韩大任手下有一酒肉幕客叫王怀明（原名孙旭），就婉转劝说韩大任降清，他马上答应。不久，又在老虎洞被清军追及，韩大任趁势决定到福建康亲王杰书军前投降。

领军以来，根本就没有和清军打过一次硬仗的韩大任，亲自率领手下军士一万多人、将员近千名，前往福州向杰书投降。

康熙帝听到消息后很高兴，派人把韩大任驿送京师后，当面接见嘉奖，并特赦其叛逆之罪。

听闻主帅投降，本来归于韩大任名下统领的江西吴军顿时丧失了主心骨，在很短时间内，四万多人被歼，近五万人投降。

至此，深受吴三桂宠信和重用的韩大任，率先为吴三桂集团敲响了失败的丧钟！

继韩大任之后，吴三桂的水师将军林兴珠也秘密降清。这个林兴珠熟悉湖南水道，掌握吴军水师许多机密，投降之时还携带了所属船只和大炮，使吴军顿时失去一直倚赖的水师优势。日后，长沙、岳州决战中吴军大败，和林兴珠之降大有关系。

兵力丧失，数将投降。由于大军驻扎湖南，拖延日久，吴三桂的粮饷也逐渐出现了大问题。

起兵以来，转运频繁，支出浩大，吴三桂在云南、贵州的历年储积已经被逐渐用尽。而这几年恰遇荒年，致使吴军占领区米价腾贵，一石米价高达白银六两，每斤盐价贵到白银三四两。由于军需不足，吴军只得加税田亩，军用急切，征催严迫，致使百姓怨声四起。

日复一日，吴三桂逐渐失去民心，先前希望他战胜的老百姓，慢慢不再支持他这个巧取豪夺的"大周"，开始转向支持清廷，希望"王师"重返……

康熙十七年，须髯斑斑的吴三桂起兵已有五年，年纪也六十七岁了。五年多来，终日操心军事，他心力交瘁。随着时间的流逝，初期的胜利如同泡沫一般，迅即消失。失败、背叛、逃亡等坏消息，相继而来。这些压力，更加速了吴三桂的衰老。

眼见老王爷日趋憔悴、情志不舒，吴三桂手下的心腹党羽们纷纷劝进，让他马上即位当真皇帝。

想想称帝之举能够安抚军民之心，鼓舞士气，再想想自己年已垂暮，吴三桂叹息良久，就决定以称帝来"娱己娱人"。

康熙十七年三月一日，吴三桂在衡州即位为帝。此前，他的手下在市郊匆匆先筑一坛，置办“御用”仪仗、卤簿等“登基”一应必用之物。由于来不及建造宫殿朝房，就加紧赶工修造庐舍万间为“朝房”。“宫殿”上面的瓦片都来不及改成黄色，为了赶工，工匠索性就用黄漆涂抹。

称帝这天，吴三桂身穿大红衣，头戴翼善冠，到郊外登坛。众人正行礼间，忽然天降大雨，这位“周帝”的仪仗、卤簿顿时被雨水打湿，泥污不堪。涂抹黄漆的瓦片也被大雨损坏，使得参加仪式的“群臣”大为扫兴，内心哀叹。吴三桂也兴味索然，大有不祥之兆的感觉。

虽然形同儿戏，毕竟也当皇帝了。于是，吴三桂宣布国号为“周”，改元“昭武”，以衡州为都城，并改衡州为“定天府”。

当皇帝后，吴三桂对亲属、部下逐一册封：封妻子张氏为“皇后”；封吴应熊庶子吴世璠为“太孙”；封郭壮图为“大学士”，仍守云南；封胡国柱、吴应期、吴国贵、吴世琮、马宝等人为“大将军”。同时，吴三桂还制造新历，铸造钱币“昭武通宝”；在云南、贵州、湖南、四川等地举行乡试，选拔举人——凡此种种，都是想给人造成新政权稳定的假象。

吴三桂不在兵势极盛的时候即位，而在耿精忠、孙延龄、王辅臣等人非死即降时即位，完全就属于一种政治儿戏。看到吴氏政权即将败亡还称帝，当时吴军统治区老百姓和士大夫也不再拥护吴三桂。

吴三桂年号“昭武”一经颁布，民间马上传出一首民谣：“横也是二年，竖也是二年。”

人心向背，已见端倪。

吴三桂占领湖南后，一直以长沙、岳州为战略重点，各派七万精锐驻守。其中，他还特派侄儿吴应期守岳州，抗拒江北荆州清军；大将马宝等人守长沙、萍乡、醴陵等地，以拒江西清军。后来，由于称帝后以衡州为都城，就让其心腹大将胡国柱、夏国相及吴国贵等人皆搬兵回来，聚守衡州。而吴三桂本人，时常“御驾亲征”，前往长沙坐镇，以坚将士守御之志。

在发动对岳州的进攻之前，清军首先进攻长沙。康熙十五年三月一日，清朝的安亲王岳乐统率大军自江西进逼长沙。此时，吴三桂从松滋率领精兵强将至长沙增援，他的意图是先败岳乐军，然后赴援吉安。

当时，吴三桂和一个自江西吉安来长沙搬请援兵的文人梁质很谈得来，就把他留下来，对他说：“你作壁上观，看我从容破敌。然后你回去，替我鼓励东方诸豪杰！”

当时，吴三桂军出城西布阵，分兵十九路，横亘数十里，军容之盛，近古未见！吴三桂安坐于谯楼之上，羽扇纶巾，亲自观战，并让梁质人也坐在自己身边，和自己一起“欣赏”双方在城下激战。

有皇帝御驾亲征，吴军将领精神顿起。吴军大将王绪率先率领手下数千人荡阵。他呐喊拍马，领头冲入清兵阵中。

令旗一挥，清军合围，把王绪的数千人围困数重。一时间，吴军旗帜已淹没不见，只听见清军震耳欲聋的喊杀声。

城上诸人大惊失色之际，忽然砰砰声响，鼓声骤急，火枪连发，先前被包围的王绪军队，忽然从阵中杀出，白刃闪过，血雾弥漫，清朝骑兵纷纷坠马，吴军将士锐不可当。这当口，吴三桂的侄儿吴应正、大将马宝及夏国相等人，也一齐纵马挥兵，从城下冲入清军之中。

大战期间，吴军得势。不幸的是，激战中吴应正忽中流矢，翻落马下。清军见吴军大将落马，也来了精神，追杀退却的吴军，反败为胜。

清军刚刚追至城下，忽然一阵锣声，城内冲出一队巨象，一下子就把清军冲垮。人害怕，马也受惊，清朝骑兵顿时大败。

双方继续互相杀伤，各自血战不退。战至中午，忽降大雨，双方只得收军……

此次交战，吴三桂本以十九路对阵，余军驻于岳麓山上，准备前赴后继，抱定了必胜的决心。但福兮运兮，吴应正中箭，天落大雨，吴军最终未得全胜。

长沙大战，双方投入兵力达十余万，杀伤相当。但从战争总体上讲，清军还是处于下风。惧于吴军勇武，清军只得在城下扎营掘壕，与吴军相持。

从康熙十五年到十七年间，清军和吴军几乎无日不战，争夺相杀尤为酷烈。吴三桂当时虽然年近七十，依旧往来驰骋于各战场之间，不避酷暑寒风，不时亲临战场，指挥手下对清军作战，并且时取小胜。但吴军的总体形势，犹如江河日下。

康熙十七年五月十八日，在康熙严命下，“安远靖寇大将军”尚善、湖广总督蔡毓荣、提督桑格等人，统帅清军水师，浩浩荡荡驶入洞庭湖，发起对岳州的总攻。

岳州战事正紧，吴三桂所在的衡州却出了大事！

康熙十七年八月，吴三桂突然得病，据说是“中风噎嗝”（根据《东华录》记载）。也就是说，吴三桂忽然半身不遂加上吞咽困难，实际上已处于病危状态了。

清朝前期，中国人其实还是“人生七十古来稀”。吴三桂乃辽东人氏，久居云贵，起事后又在湖南酷热潮湿之地待了几年，费心劳神，能够活到六十七，也不容易了。

紧急诊治后，病情稍稍安稳数日。

吴三桂回光返照期间，忽然看到有条大狗蹿至他病室的几案上端坐，安静地看着自己。古人迷信，狗坐几案，乃大不祥之兆。本来就病重，心中又迷信，待吴三桂看到这条大狗之后，精神一下子就垮了下来。不久，他又添“下痢”症状。上不能吃，下面狂拉，铁打的汉子都经不住，更别提一位六十七岁的老人了……

临终前，吴三桂遗命孙子吴世璠（吴应熊庶子，当时在昆明）来衡州继位。

康熙十七年八月十八日，吴三桂病逝，终年六十七岁。

有家有国皆是梦，为龙为虎亦成空！带着巨大的遗恨，吴三桂撒手尘寰。

吴三桂死后，由于他手下一些重要将领仍在前方指挥作战，为防止军心涣散，在衡州的吴军将领们密不发丧，下令将衡州城门关闭，每天照旧派遣仆从给吴三桂进奉衣食，好像什么事也没有发生。

当时，不仅衡州百姓不知道吴三桂去世，清军也不知道。

四天后，正在外面打仗的胡国柱、马宝、吴国贵等人接到密令，率部疾回衡州。这些大将同吴三桂的侄、婿等心腹将领齐聚之后，公推吴国贵总理军务。同时，派胡国柱回云南，迎接吴世璠前来衡州奔丧。

胡国柱返奔云南，向留守的郭壮图传达众将的意见，准备护送吴世璠去衡州。但郭壮图马上表示反对。他认为，云南才是吴氏政权的老窝，乃根本重地，作为“皇太孙”，吴世璠绝对不能轻易离开。

为此，胡国柱痛哭流涕，跪地死劝，郭壮图依旧丝毫不为所动——郭壮图乃吴世璠老丈人，吴三桂一死，吴世璠必然即位称帝。称帝，就要立皇后。但当时吴世璠有两个妻子，郭壮图的女儿和卫朴的女儿，都位居后宫——如果郭壮图能把吴世璠控制在昆明，自己肯定就是国丈……

吴三桂身死，岳州防守的吴军也就岌岌可危。本来城下已经有十多万大军围城，如今粮草断绝多时，城内军士又不断有人降清，吴应期不敢再死守下去。

康熙十八年正月十八日下午，吴应期率部众数万人丢弃岳州，纵马出城，向东南方向溃逃。

清军过了一阵子才明白过来，即刻合军，追逐吴军达二百余里……

吴军坚守岳州坚城长达五年，清军死伤无数。至此，清军终于收复了这个战略重镇。

得知岳州收复，康熙并不高兴，反而气恼在心——岳州不是被攻下，而是敌将弃城而得！

但无论如何，清军得到了岳州，也确实意味着战略大进攻时期的真正开始。距离吴氏政权的灭亡，从此就开始以天数来计算了。

吴三桂死后，诸将把吴世璠迎至贵阳即帝位，以贵阳府贡院为其“行在”，定明年为“洪化”元年（康熙十八年）。

吴世璠“继位”后，给其祖父吴三桂上尊号为“太祖高皇帝”，父亲吴应熊为“孝恭皇帝”。

新帝继位，自然也有封赏。吴世璠晋封叔父吴应期为“楚王”，以国丈郭壮图为“国公”，郭壮图女儿为“皇后”，依旧以吴三桂在世时所封的大学士方光琛为“首席参谋”。

如今，吴氏政权诸将达成了一致意见：在保守云贵的同时，绝不轻易丢弃湖南。但岳州的吴应期溃逃后，湖南门户已经大开，继而长沙也为清军所得。湖南吴军，各路涣散。

康熙十八年二月十三日，大将军简亲王率清军挺进衡州，这个曾被吴三桂更名为“定天府”的临时“首都”，也被清军攻克。

接着，清军陆续攻克耒阳、祁阳、宝庆（今邵阳市）。在不到两个月的时间里，自北而南，吴军闻风即逃，势如退潮，湖南绝大部分地区都被清军收复。

各路吴军溃退到辰州之后，陆续集结。辰州非常重要，此地在沅江之畔，临近贵州和四川，由水路和陆路都可以直通贵州。

辰州附近的战略要地辰龙关更是山势险峻、林木森密，清军骑兵至此，根本不能成列。辰龙关为辰州门户，不破此关，难以通过辰州。但由于林深路险，清军勒尔锦一直不敢进兵，加上雨季，只得率军退还。

清军撤走，溃败至此的吴军得以从容构筑防御工事。康熙帝在京中得到消息，对勒尔锦大为愤怒，下诏严加申斥。

迟至七月，清兵仍没有进攻辰州。在大将军简亲王喇布指挥下，清军集结四万精兵，在武冈、枫木岭隘口一带，对吴军发动了强大的进攻。

激战中，吴军勇将吴国贵被冷炮击中身亡，吴军大败。清军乘势陆续攻取了武冈和枫木岭。

康熙十九年初，在大将军察尼率领下，清军向辰州发动猛攻。三月，辰州地区的吴军将帅接连战败，各率所部投顺清朝。

至此，湖南全境被清军收复，吴军残部大踏步后撤，最后皆溃退回云贵地区。

四川方面，清军也开始从兴安、汉中进行总攻。从康熙十八年秋天起，由圣大将军图海为统帅，清军四路并进，直杀入川。先前在西北立下大功的张勇、王进宝以及赵良栋三员汉将，率领手下勇猛的绿旗兵，在康熙直接谕令下，每到一地都作为先锋，为后继的清兵打头阵。虽然绿营汉军死伤无数，但终究连战克捷。

最终，叛军将领王屏藩在走投无路之下自缢身死，而吴之茂等数名吴军大将被清军活捉。后来，这些人皆被解送北京凌迟处死。

四川大定。

一旦四川全入清军掌握，吴氏政权的灭亡更是指日可待，因为清兵可以直接从西南包抄云贵。

夺取云贵，乃清朝平叛的最后一战，也是最关键一战。

康熙十九年三月，康熙接受赵良栋建议，将大军分为三路，诸路齐进，进取云贵。

三路大军中，第一路即中路军，统帅为“定远平寇大将军”贝子章泰。此路大军都到湖南沅州集结，由镇远一路取贵州；第二路大军统帅为赖塔，统领广西满汉大军及部分广州清军精锐，从广西南宁出师；第三路大军统帅为汉将赵良栋，他统领四川与陕西满汉及绿旗兵，由四川分两路进兵，准备先取遵义，后进贵州。

征讨云南的三路大军，满汉官兵合计四十多万。当时，清朝在全国的兵力近百万。而云南讨伐，基本上属于全国总动员，可谓倾国出兵。如果加上转运粮饷及其他辅助性的役夫，估计人数达二百多万人。

相比之下，吴氏政权集中在云贵地区的总兵力，大概只有十多万人。经过连年征战，吴氏政权的兵源严重不足。加之溃败之余，战斗力也不是很强。

正当清军诸路即将大举出师时，吴氏政权当朝话事的国丈郭壮图派出大将胡国柱、马宝、王会、高启隆、夏国相等人率兵突袭四川。其主要目的，就是要在四川牵制清军，从而拖延清军进军云贵的进程。

事起仓促，四川清军连失泸州、叙州、永宁、建昌、仁怀等地。先前降清的叛将多人复叛，连夔州府当地汉人百姓也随之而叛，巫山、万县很快失守。

听闻四川形势如此，清廷大骇。一旦四川叛军和贵阳吴军合军抵抗，事情就很难办了。为此，康熙帝即刻命令四川官兵征讨反叛，并从进攻云贵的大军中调出部分满汉军到四川平叛。

四川再叛，只对清军中的赵良栋一路有影响，其他两路军按照原先计划出师。

康熙十九年九月十二日，清军蔡毓荣部自沅州率先出师。借助水陆之便，清军迅速进入贵州境内。稍作休整后，这路大军和章泰大军会合，迅速向镇远进发。不费一箭一矢，清军就占领了镇远府城。

根据康熙帝的紧急谕令，章泰与蔡毓荣、董卫国、林兴珠等人马不停蹄，指挥满汉大军直取贵阳。

贵阳道路虽然险峻，但一路之上，清军攻城略地，在九月二十一日就直抵贵阳城下。

当时，由于马宝、胡国柱等大将还在四川作战，未及回援。眼见清朝大军逼来，郭壮图大惊，只得拥吴世璠乘夜逃回昆明。至此，清军收复贵阳。

不容敌人喘息，康熙又下严诏，催令大军即刻攻取云南。没时间休整，满汉大军浩浩荡荡，杀向昆明。

逃回云南后，吴三桂的侄子、大将吴应期在酒席宴上多喝了几杯，痛哭失声。思及当初正是方光琛撺掇吴三桂反清，他便指着方光琛鼻子大骂。

对此，方光琛倒没什么表示，而在吴氏政权中执掌大权的吴世璠岳父郭壮图却反应激烈。得知吴应期有暗中政变，有自立为帝的可能性，郭壮图先下手为强，先把吴应期逮捕后用绳索勒死，继而还让人把吴应期两个儿子吴世琚和吴世理也都勒死，以绝后患。

大敌当前，清军都入滇了，吴氏政权内部还如此互相残害倾轧。可以想见，作为吴氏政权的下属军兵，人心怎么可能凝聚起来！

即使已经完全有把握攻克昆明，清廷为了减少军队消耗，还是尽量争取以招抚、招降方式进入昆明。

奉康熙之命，清朝的大将军察尼曾派人赴云南，招抚把持“朝政”的郭壮图，表示如果郭壮图能够出力促使昆明“归正”，肯定会被推为清军入滇首功，皇上当裂土分封为酬。同时，察尼给夏国相也写了一封类似的招降书。

虽大祸迫在眉睫，但郭壮图和夏国相二人跟随吴三桂多年，又和吴氏是姻亲关系，也非常熟悉清廷对待反叛人士的态度，先前连建国功臣都兔死狗烹，更何况曾经公开反叛的罪臣呢？所以，二人都对清廷的招降没有任何反应，更无反馈。

为了以武力最快解决云南叛军，康熙帝严旨，命令大军不得以任何借口逗留，即刻疾速进兵，否则将以重罪论处。

康熙二十年正月，章泰、赖塔、希福、马奇等人，也不敢考虑休整军队过年，马上指挥军队前行。

云南，乃吴氏政权最后的老巢，吴军负隅顽抗，严防死守。

在北盘江的江西坡（今贵州晴隆与普安之间），章泰部队遭到吴军一万余人抵抗。云南地区本来地势复杂，而江西坡这里更是异常险峻，其中山路曲折盘旋，如螺纹般绕山而上。

由于吴军阻险，临高射箭，一时间不少清军被射杀。等到吴军箭矢用尽，清军再次呐喊冲击。杀到半山腰，忽然遇到了吴军事先预备好的大象阵。由于思想准备不充足，清军步兵被踩死不少，战马受惊，跌落山崖摔死者不计其数。

由于清军打头阵的汉将绿营精锐死的死，伤的伤，逃跑之际，连在后面督战的满洲正红旗兵都制止不住，也被吴军杀死、踩死许多。

狂逃两天两夜，清军方敢停下来喘息。

此战下来，清军在江西坡留下的尸体密密麻麻。直到康熙末年，当地人在坡上种地，还常常犁出白骨，可见当年这场战斗中清军伤亡之多。

得知惨败消息后，章泰依旧不敢怠慢，很快就命令手下总兵白进功等人分成三个梯队，再次猛攻江西坡。

行至砂子哨，吴军已经驱大象下山迎战。由于此次清军有充分的心理准备，又分三队继进，所以没有重复上次被聚歼的态势。

双方激战半日，清军拼死力战，最终打败了吴军。

乘胜凭势。清军追击不舍，陆续收复了新城所、普安州、交水城，最终和赖塔所率的广西清军会合。

由此，章泰、蔡毓荣、桑额等清将所率的湖广大军，与赖塔所率广西大军，各自冲破吴军阻击，最终实现了战略会师。

在康熙严旨催促下，两军不敢有丝毫怠慢和疏忽，自交水分路齐进。二月十九日，清军行进到昆明郊区四十里外，在归化寺附近立营休整。

钲鼓齐鸣，马嘶喧天。吴军守城将士从昆明城内登高远望，见金马山、鹦鹉山、石虎岗、城北山之间的大部分地区，都满布清军。壁垒森然，旌旗招展，满营杀气，令昆明守军股栗不已。

在城下休整两日之后，清军攻城。郭壮图已成穷寇，只得派遣军将率领马步军万余人出城三十里迎战，同时带着吴军特有的“秘密武器”大象随军。

但战争打到这个时候，吴军大象只剩下五头。而此时的清军，对于大象这种东西也有了“免疫力”，不像先前那么惊骇。

双方开打。当时，章泰清军在左，赖塔清军在右，同时出击，和吴军缠斗在一起。

从早晨战至中午，清军气势愈盛。结果，清军依恃着人数的优势，再次击败吴军，并追赶败退的吴军直到昆明城下，阵斩吴军大将九员，生擒吴军将士六百多人。

即使兵临城下，郭壮图、吴世璠也毫无降意。吴军此时紧闭城门，依旧抱有幻想，希望人在四川的马宝、夏国相、胡国柱等人能够及时回兵救援昆明。

吴三桂经营昆明多年，城厚池深，铜墙铁壁。想攻陷这样的城防，不知道要死伤多少人。于是，赖塔与章泰仔细商议过后，决定先掘壕围城，把昆明困起来再说。

同时，清军还展开攻心战，向城内射去无数檄文和康熙免杀昆明军民的旨意，不停派遣官员到城外以及周围地区招降吴军将士。

此时的招降很管用。死到临头，但凡抱一点生存希望的吴军将士和官员，皆纷纷投降。很快，吴氏政权的大理府张国柱、姚安府刘汉章、临安总兵徐衷明及李玉彬、范应泰等人，三三两两，携带清军散布的诏书和檄文，到清军营内投降。

得知四川的吴军大将马宝等人正在回援昆明，康熙深恐这部吴军回滇后，会对劳累已久的清军展开反包围，因此命令赵良栋等人务必就地全歼马宝所部，在途中消灭这些回援的吴军。

结果，马宝、胡国柱二人跑得快，先行奔回云南。而驻守永宁的吴将宋国辅势孤难支，只得向清军乞降。

至此，四川叛军基本被清军击败，难以再起。

四川稳定之后，康熙帝下令，让赵良栋等部清军迅速赶往云南平叛。

败逃回滇的马宝虽然能够返回，但并没有及时回援昆明，而是在楚雄驻军喘息休整。

深知马宝勇武有谋，康熙帝派人给他发出最后的招降谕旨，希望这位在清朝前期立过大功的将领能够悔罪归诚，但遭到马宝拒绝。

不久，章泰遣都统希福统兵进击，在乌木山把马宝全军杀得大败。

逃到姚安山中躲避几天后，眼见自己所收集的溃卒还不到百人，马宝知道大势已去，在说客招降下，不得不在七月五日到姚安府向清军都统希福缴印投降。

马宝投降及日后被杀细节，清朝笔记《庭闻录》记载如下：

> （马）宝走姚安山中，领兵数窘我师（清军）。我师恨入骨，欲生得之以甘心。桑格遣说客招降，备仪从以迎之。
>
> （马）宝出至姚安府城，幅巾深衣，八人扛舆过市，大言曰："我不出，为累者必众；我不惜一死，救此一方民。"色厉词壮，俨然丈夫。迎者稍失意，辎華立下，如治其部卒。
>
> 赴楚雄，桑格郊迎，谬为恭敬，（马）宝喜不胜。居数日，桑格夜饮，（马）宝忽心动，停杯而泣，涕泪沾须，以子自寄为托。
>
> 明日，改服入滇，即逮赴京，处以凌迟极刑。噤嘿受刃，及洞胸，始大呼一声死。

可见，作为昔日反清英雄李定国的手下，马宝还是非常具有胆略和民族气节的。到姚安府投降这天，他身着明朝的"幅巾深衣"，义气昂然地坐在八人抬的轿上，招摇过市，并且对围观人讲："我不出来，必使很多人受连累。如今我不惜一死，正是为了救这一方百姓啊。"其慷慨悲壮，俨然大丈夫。当地清军迎候之人稍有不如意，马宝就用手中马鞭鞭打，如同对待自己的奴仆勤务兵一样。

而后，他从姚安被送到楚雄，清军提督桑格出城迎接。桑格乃满洲正白旗人，为清军著名的神箭手。他招待马宝，一是因为马宝在清军中的“辈分”确实高；二是为了稳住马宝，能够向北京献上“生俘”。总之，桑格对马宝一直表现得充满敬意。为此，马宝似乎觉得自己还有活命的可能，喜不自胜。

过了几天，桑格把马宝请到大帐夜饮。推杯换盏之际，马宝忽然心有所动，即刻停杯而泣，不知道是为家，还是为“国”，也可能是知道自己肯定难逃一死，忽发伤悲。

转天，马宝换了清朝装束后就被送到昆明。此时，康熙帝诏旨已到，命令把马宝逮送入京。到北京后，清廷立刻判处马宝以凌迟极刑。

南征北战数十年，马宝忍痛功夫挺大。挨剐之时，他定睛瞧看小刀落处，默然不出一声。待刽子手费尽功夫剐了最后一刀，以刀尖剜其心脏之时，他才大叫一声而死……

吴氏集团中，还有另一个重要人物胡国柱。他率领部下亲兵逃到云龙州（今云南云龙南）青里屋一带，被清军都统希福率人包围。

自知无法逃脱，胡国柱就征求幕客王愈扩的意见，是死，还是降。王愈扩是个很有气节的汉人文士，一杯在手，他指着窗外美丽的景色对胡国柱感慨万千地说：“君侯，您不见落花吗？或缤纷于裀席之上，或狼藉于泥土之中……”

王愈扩话没说完，胡国柱莞尔，已经明白王先生话中意思，赶忙表示说：“您说得是，说得是！先生爱我，胡某敢不受命！”

次日，他准备就绪后，对他的家人说：“我位至大臣，死固宜然！但担心死后清军搜不到我的尸身，会连累诸君！”于是，胡国柱掩上房门后，悬梁自缢。

得知胡国柱自杀，他手下两位大将王绪与李匡马上为他发丧，极哭尽哀毕礼。而后，这两人散尽家财，全部送给幸存的兵将，让他们携带金银各自逃跑谋生。而后，又派人广积木柴，柴底下放进大量火药。

一切就绪之后，王绪与李匡两人坐到柴堆上，纵情饮酒为欢。

酒酣之时，王绪忽然想起了什么，赶忙对一旁侍候的仆人说："你们快去告诉我的两个妾，她们可以不死的，让她们赶快收拾行囊逃命去吧！"

未几，仆人跑回来禀告说："两位美人已经悬梁自尽了！"

听人如此回报，王绪醺然间慨叹一声："唉，如花美人，也能这样壮烈而死啊！"

泪眼迷离之际，他和李匡最后痛饮一杯，命令仆从点火。

火苗越烧越大，轰然一声，火药引爆……

既然马宝、胡国柱、王绪等人已死，昆明等于没了外援。即便如此，郭壮图和吴世璠依旧没有任何降意，死死坚守昆明城……

清军围城半年多，还是不能破城。

由于几十万清军暴露在外，加之不服水土，陆续感染疾疫，病死者日益增多。接着，由于粮饷转运不继，清军营内已经出现粮食供应困难的情况。

在这样的情况下，守城的死守，攻城的不走，双方继续僵持着。

到了康熙二十年九月，康熙帝得知昆明城久攻不下，气急败坏，又下诏旨死催。同时，他还以满洲皇族特有的阴狠，指示清军将领派遣先前投降的吴军将士先登城墙做炮灰。

包围昆明半年多，按理说城内粮食早应尽绝了，为什么城内军民还能死守呢？经过仔细盘查，清军将领发现，昆明城一面临昆明湖，南北百里，一直没有严加封锁，舟船时常往来。

当时，驻守昆明湖周遭安宁、晋宁、昆阳、呈贡四州县的清军，大都是刚刚投降清军不久的吴三桂旧部将士，他们不忍心昆明城内的亲属和老战友挨饿，所以对湖区没有严加封锁。

对此，清军统帅发现后马上采取措施，杀掉一批心怀同情的吴三桂旧部将士，改派八旗兵驻守昆明湖沿线，从此切断了城内的粮食来源。

九月，汉将赵良栋平定四川叛乱后，率领大兵渡过金沙江进抵昆明，与章泰、赖塔两路大军会师。

看到包围昆明的满洲将领一直害怕伤亡而按兵不动，赵良栋就率领自己的宁夏绿营汉军对昆明发动猛攻。

赵良栋所部未及休整，不计死伤，即刻投入战斗。

看到汉军如此凶猛，十月八日，章泰只得下令满汉各军进兵，直抵城下，把昆明城围困数重。于是，清军不分日夜，开始肉搏攻城。

数十万清军兵临城下，运输线又被截断，城中粮食早已食尽，而箭矢嗖嗖，射入城中的招降书又表示投降免死。在这种情况下，守城的吴军将领已经有不少人生出二心，陆续有人偷跑出城，向清军投降。

从出降的吴军将领口中得知，昆明城内确实已经“山穷水尽”，章泰等人终于放胆攻城。清军猛攻数日，但昆明坚城太牢固，一兵当垛，百兵莫上……

康熙二十年十月二十八日，绝望之余，昆明城内的吴国柱、吴世吉等人集结手下士兵，密谋发动兵变，想生擒吴世璠和郭壮图后，开城献给清军。

忽然听到殿外呐喊声声，吴世璠才得知城内守军叛变消息。至此，吴世璠彻底绝望。这个吴氏子弟，当时只是一个十六岁少年，却非常有血性。他立即穿上皇帝的服装，昂首登临大殿。坐在宝座上举目四望一番后，忽然举刀自刎。

大概由于少年手力弱，一刀未死，这位少年就自己愣生生以手抉出喉管，又硬划一刀，终于鲜血如喷……

吴世璠这个少年，风仪翩翩。当他被吴三桂政权官员从北京偷运到昆明的时候，年方八岁。此前，嫡母为大清公主，爷爷为大清王爷，他的孩提时代肯定在北京过着锦衣玉食的贵族子弟生活。而后，祖父吴三桂起兵，迢迢路远，父亲吴应熊和几个兄弟在北京遭到清廷杀戮、剪除，这个孩子在昆明之时，肯定知道这些消息。

八年多来，虽然居于深宫，吴世璠身边肯定有硕儒老师教他民族大义。耳濡目染，国仇家恨，对这个少年来说，一切都绝对不再是书本上的文字，而是血淋淋的现实。正是在这样的教化之下，吴世璠这样一个十六岁的、没有经历过任何生活磨砺的少年郎，才能毅然决然挥刃自尽。比起他软弱怯懦的父亲吴应熊，简直判若云壤。其悲壮刚烈，不逊南明少年英雄夏完淳。

当然，由于“三藩起事”被清廷定性为谋逆的“三藩之乱”，吴世璠作为“逆首”之一，加上他自私自利的老丈人郭壮图，故而在历史中一直被丑化、妖魔化……

得知“皇帝”自杀，吴世璠的“皇后”郭氏也投环自缢。宫中从死的有百余人。

郭壮图闻变之后，马上和他的儿子郭宗汾紧闭府门，相继自刎而死。

郭壮图和吴世璠都死了，城内叛变的吴军将领怕不好向清军交差，就抓住了吴三桂的“大学士”方光琛及其子侄等人，大开城门，出城向清军投降。

数十万清军围城近一年，死伤无数。待到昆明城降，出于报复心理，清军入城后大肆杀掠一番，珍宝美女，恣其所欲！诸部清军，只有赵良栋所部约束严格，杀掠不多。

得城之后，清军马上把吴世璠首级割下，传送京师，然后把吴三桂首席谋士方光琛和其子侄押到军前凌迟处死。接着，又大张旗鼓对先前事迫投降的吴军将领高启隆、巴养元、李继业等人斩首示众。其间，不少吴军悍将的家属也被清军杀绝。

当时，吴三桂已去世三年多，清廷想找到他的尸首枭首戮尸来泄愤。但在清军迫近昆明时，吴世璠和他岳父郭壮图已经把吴三桂尸骨改葬他处。所以，清军在昆明附近刨了数座大坟，都没有找到吴三桂尸身。最终，清军在昆明安福园石桥下挖出一个骨灰匣，报称是吴三桂骨灰。为了请功，清军统帅部把这匣骨灰和吴世璠首级一并送到京师邀功……

当然，无论当时还是现在，大家都非常关心吴三桂爱妾陈圆圆的下落。当初就是因为这个绝色女人，吴三桂“冲冠一怒”，使得他自己一生的命运和吴氏家族的命运全然改变。

但真实历史记载中，包括清军攻入昆明后对吴氏家属的登记造册，没有任何官方文件言及陈圆圆。

民间笔记、野史记载却丰富多彩，有说她自缢的，有说她出家的，有说她隐居善终的，纷纷扰扰，陈圆圆下落，成为千古之谜……

## 恩怨尽时论浊清

由“三藩起事”而走向统治成熟的康熙帝

昆明被攻陷，吴世璠自杀，标志着云南吴氏政权彻底覆亡。而后，根株广蔓的吴氏大家族，基本被清廷诛戮无遗！

至此，话语权和生命权，定夺于胜利者之手。清廷的下一步，就是从容斟酌处理吴三桂同盟者、昔日部属、起事三藩主要骨干及其家属。

灭绝吴氏满门之后，康熙帝意犹未尽。为了拔除根株，清廷开始进行常人意料之中的政治大清算。

第一个要清算的，肯定非福建起兵的耿精忠莫属！

当初振臂一呼响应吴三桂，这位靖南王耿精忠确实给吴三桂帮过大忙。势穷力蹙之时，耿精忠在康熙十五年冬投降。当时，康熙帝显示出“大仁大义”，表示“既往不咎”，恢复了耿精忠的靖南王王爵，其旧属从人，也皆任原职如故。为此，当时耿精忠涕泪横流，表示要重新为大清舍生忘死，主动要求随清朝大军清剿台湾郑氏在大陆的武装，要“立功赎罪”。

因耿精忠部兵马善战，熟悉地形，会同清军接连击败郑氏军队，为清朝收复了泉州、漳州等地。而后，他奉命率领兵马驻守潮州。

耿精忠为表达自己的“忠心无贰”，还把儿子耿显祚送京作为“人质”，以图消除康熙帝对自己的疑虑。

但耿精忠有所不知的是，他投降的当年年底，其手下部将徐鸿弼、刘延庆以及卫士吕应旸、苏云会等人就暗中联名，向兵部揭发耿精忠归顺后意图逆谋的五款罪行，其中包括故意隐瞒“奸党”名单、暗中勾结台湾郑氏、曾和叛将刘进忠私语“乞降非所愿”、暗藏火药以图后起以及在投诚前刻意杀掉范承谟等事……

不仅部将、旧属揭发他，耿精忠在福州的弟弟耿昭忠为了自保，也发密奏给康熙帝，揭发哥哥意图谋逆。

耿精忠投降之后，已为笼中之鸟，康熙帝可以随时抓住杀掉。但当时清廷正注力清剿吴三桂政权，害怕杀了耿精忠后会打草惊蛇，使得未降的人不敢来降，所以一直隐忍不发。

康熙十七年春，清廷命令耿精忠从潮州回福州驻扎。同年秋天，由于吴三桂病死衡州，平灭吴氏政权已经是早晚之事，康熙帝开始考虑对耿精忠的处置。

为防止耿精忠逃跑并不使其部下生疑、兵变，康熙帝就让康亲王杰书劝说耿精忠自动请求入京觐见。

看到康亲王开导自己回京和皇上恢复一下感情，耿精忠不能拒绝。于是，在康熙十九年三月，他自动上疏请求入京。

接到疏奏后，康熙帝马上批准。为了避免耿精忠生疑，清廷还下旨任命耿精忠的部将马九玉为福州将军，管辖其原有的靖南王部队。

耿精忠刚刚入京，其弟耿昭忠、耿聚忠就联合上疏，请求朝廷对哥哥的叛逆不道予以严惩。大伪大乱之世，为免灭族，兄弟之间也是操戈同室。

此时，康熙帝再无顾忌，马上批准耿昭忠兄弟的请求，下令收逮耿精忠，还把先前耿精忠侍卫和部属的揭发材料都拿出来，交给法司审讯。

耿精忠对此肯定不服。他极力分辩，自陈归正后绝无叛志。事已至此，谁还会真听他的辩解呢？于是，耿精忠叛逆罪成。法司上奏，应革去耿精忠王爵，耿精忠、耿显祚及藩下骨干分子曾养性等人，俱应凌迟处死，家产籍没。

由于当时耿精忠手下诸将依旧在福州，康熙帝没有马上批复，而是先令耿精忠所有的亲属返京归旗，然后命令在浙、闽当官的耿精忠旧属皆还京听勘。接着，清廷又免除福州将军马九玉的职务——由此一来，昔日靖南王班底，被一网打尽。

康熙二十一年正月十九日，清廷对耿精忠案件进行廷议。议政王大臣们先拟定一个处分意见：应将耿精忠包括他的儿子在内共十人凌迟处死，其同党黄国瑞等十九人应予斩首之罪。

为了显示自己无上的“宽仁”，康熙表示，虽然耿精忠和他儿子等人罪大恶极，但也有可怜悯之处，可否从轻发落，改为斩首。

对康熙帝如此“大慈大悲”的表示，议政王大臣们心知肚明，纷纷挥舞胳膊，竭力陈说，认定耿精忠负恩谋反，罪不可赦。特别是大学士明珠，强烈要求对耿精忠父子凌迟处死。

最终，清廷对耿氏家族及其部属的处理意见形成决议：

革去耿精忠王爵爵位，凌迟处死；革去其子耿显祚散秩大臣职位，处斩；耿精忠部属徐文耀、王世瑜、曾养性、刘进忠、白显中等人，凌迟处死；部属黄国瑞、林芳孙、廖廷云、李似桂、夏季旺、吕应斗、武灏、司定猷、沈伟、郭景汾、罗万里、祖弘勋等人，处以斩首。

于是，入关前就为虎作伥的三世耿氏王爷，就此灰飞烟灭。

闹市之中，任凭耿精忠乞饶哀告，刽子手丝毫不为所扰，依照决议一一处决……

在处理耿精忠及其部属的同时，清廷对于平南王尚之信的行动也在进行中。康熙十九年三月，尚之信护卫张永祥、张士选等人赴京揭发尚之信降后谋叛。于是，清廷派出刑部侍郎宜昌阿等人，以巡视海疆为名到达广东，进行秘密查验。

宜昌阿到达广州后，马上找来尚之信手下都督王国栋秘密询问。王国栋转弯很快，他马上揭发尚之信归正后一直还想谋反，并且自告奋勇，要求自己为朝廷亲手逮捕尚之信。

当时，尚之信不在广州，而是率领部队在广西协同清军平叛，正忙着为清廷效犬马之劳。不仅操劳，还要真心表现。他每日焦心劳瘁，上疏献策，还带病为清廷收复了武宣（广西武宣）等战略要地。

待尚之信得胜回到广州，迎候他的刑部侍郎宜昌阿说有圣旨给他。尚之信还挺高兴，以为是康熙帝嘉奖自己呢，马上下马跪地听读。

结果，诏旨读出，原来是皇帝要擒拿自己入京审讯！

如同五雷轰顶，毫无思想准备的尚之信愣在原地，蒙了。稍后，他缓过神来，心中倒不是特别害怕，总觉得自己当初不是真反，认定自己入京解释清楚之后，朝廷肯定会赦免自己。

尚之信被收逮后，参与首告的其部下都统王国栋得志便猖狂，马上率人查封平南王王府库藏，且恣取资财，肆行无忌。

听到尚之信弟弟尚之节叹息诉苦，尚之信手下的长史李天植等人对此极为愤恨，想也不多想，就率领数人冲到王国栋马前，对之喝骂道："你王国栋陷身旗奴，要不是先王（尚可喜）赏识，对你破格提拔，岂能有你今天！如今尚公（尚之信）被逮，你既不为之辩白冤屈，又不遵旨将王爷送入京师听候勘问，却胆大妄为，忘恩负义，入王府抢劫财物，真是无耻小人！"

话到刀到，李天植跳起，一刀就把王国栋的脑袋砍落马下……

李天植杀人这件事，尚之信事先一无所知。监禁中，得知王国栋被杀，尚之信叹息不已，认定李天植简直就是给自己帮了倒忙。

果然，清廷以此事为借口，开始对尚之信正式审讯。

此种审讯，基本上是走走过场。康熙十九年七月，并没有让人把尚之信逮入京城勘问，康熙帝就批准了对尚之信及其家属、部下的判决：

尚之信不忠不孝，罪大恶极，念其曾授亲王头衔，从宽赐死；尚之节、李天植按律，就地正法；平南王王府所有资财，全部充公，用为军饷。

至此，尚可喜奋斗一辈子挣来的平南王家业，也顿时化为乌有。

由此可见，清廷对耿精忠、尚之信及其部属的前赦后治，根本谈不上任何"信义"。康熙帝虽然年轻，但其政治手腕的老辣、纯熟，已臻化境。

三藩之人，当初还有一个让康熙特别头痛、特别痛恨的，那就是西北起兵的王辅臣了。

根据清官方记载，王辅臣之死乃"病故"，显然他不是被清廷"正法"的。盛壮之年的勃勃武夫，王辅臣怎么会在清廷胜利之后一下子病死了呢？

对此，《清圣祖实录》中只记载正当清军围攻昆明之时，康熙帝让王辅臣随图海一起入京觐见，没有透露过多消息。

清朝文人刘献廷写过一本笔记《广阳杂记》，其中详细记载了王辅臣之死：

> （王）辅臣初在大同，城破之日，有结发妻自缢而死（指当时王辅臣跟随姜瓖在大同叛清之时）。后贵，复置妻妾七人。平凉被围时，（王）辅臣顾七人叹曰："死大同者，今无其人矣。"七人闻之，同时皆自缢而死。

（王）辅臣出战虽屡胜，而孤城坐困不支。经略图海招之降，与之钻刀设誓，保其无他。（王）辅臣出降，随经略转战有功，事多不具录。

事平，上撤经略（图海）还朝，即召（王）辅臣入京。鞍马已具，行有日矣，乃出其后妻。自七人缢后，（王）辅臣复娶一女，至此忽与之反目，怒不可解，登时欲出之。召其父来，与之决绝，而密语之曰：“领汝女亟离此，他方远嫁。我出汝女，所以保全之也。”

有工匠随征久，具呈于（王）辅臣，求批归省。辅臣取其呈手裂之，曰：“汝归即归耳，尚须此物耶。汝归不宜复来，逢人不可道一‘王’字。”命取银赏之，工匠涕泣辞去。

（王辅臣）随命司计者取库中银，多少分之，各为一封，多以百计，少或数两，一一标识。余一二万金，置之库中，以印条封之。更录簿一册，记银数并诸杂物，曰：“吾为提督久，岂无余赀，令人动疑，累汝后人也。”取旧账目悉火之。

（王辅臣）召诸将卒亲随人等至前曰：“汝等随我久，东西南北奔走，犯霜露、冒矢石，亦良苦。今我与汝等辞，汝等宜远去。”随其人之功绩，各以银一封与之，曰：“汝持此，愿归田者亟归，愿入行伍者速投他镇去，无言向在我处。”众皆哭，挥之行曰：“速去，我事自当，无累汝等，从此决矣。”既发遣众。

（王辅臣）乃命酒独酌高歌。饮讫，见盛鱼银碗在案，重二十余两。沉吟曰：“此物当与谁？”适有童子捧茶至，顾曰：“汝在此几年，曾娶妻否？”童子曰：“未娶也。”遽命取石，槌碗令扁，以授童子曰：“与汝归娶一妻，勿更来矣。”

复酣饮高歌二三日，问门下尚有几人，则唯数十人在矣。召之来共坐，呼酒欢饮。至夜半，（王辅臣）泣谓众曰：“我起身行伍，受朝廷大恩，富贵已极。前迫于众人，为不义事，又不成，今虽反正，然朝廷蓄怒已深，岂肯饶我。大丈夫与其骈首戮于市曹，何如自死。然刀死、绳死、药死，皆有痕迹，则将遗累经略，遗累督抚，遗累汝等。我筹之熟矣，待极醉，絷我手足，以纸蒙我面，冷水噀之立死，与病死无异。汝等以痰厥暴死为词。”

众哭谏之，怒欲自刎。众从其言，天明以厥死闻。

后经略（图海）入朝，上问王辅臣，经略言反非其本意，上怒曰：“汝与王辅臣一路人也。”图海惧，吞金而死……

细读之后，可以发现，王辅臣武将出身，却很有政治头脑。当时吴三桂政权即将垮台，得知康熙帝召自己入京，他马上料到此行凶多吉少，就开始积极准备后事。

他先是“怒出”继娶的后妻，而后赏银给工匠，再伪造账簿，取出库银分赏多年跟随自己的诸将，遣众归田。最后，对于随侍自己的童仆，王辅臣还把银碗砸扁赏之，令童仆携走回家娶媳妇，勿再来……

而后，和门下人饮酒夜半，王辅臣老泪纵横，表示说：“朝廷对我蓄怒已深，岂肯饶我！大丈夫与其骈首受戮刑场，不如自己求个好死！但是如果我用刀自刎、以绳自缢、吃药自杀，都会留下痕迹。如此畏罪自裁，朝廷定然怪罪，将会连累经略图海和督抚官员，也会连累你们这些人……我早就想好了，待我欢饮极醉之后，你们把我手脚捆住，用厚绵纸蒙住我的脸，再用冷水喷洒，我定会窒息而死。如此，朝廷派人验尸也验不出来，跟病死死状一模一样。然后，你们就说我‘痰厥暴死’，上报朝廷……”

门人们哭着劝谏，王辅臣非常生气，欲拔剑自刎。门人们赶忙同意依照他的教诲行事。待得天明，诸人就以王辅臣“厥死”上报。

记述王辅臣死状的《广阳杂记》作者刘献廷，乃清初汉人大儒，曾经北上应徐乾学之聘，参与清廷对明史的修撰。他对清朝的历法、数学、音韵等学科都有很大贡献，特别是对于地理学，实地勘验，非常具有可信性和科学性。

而《广阳杂记》一书，本来就是一本地理学专著，其中对于古今气候变迁、各地物候异同、河流侵蚀作用以及地理位置对城市发展的影响等方面，可谓见解独到。

按理说，刘献廷是个音韵学家、地理学家、史学家、文学家，行文肯定严肃。刘献廷在《广阳杂记》一书中对王辅臣记述唯一可疑之处，就是说完王辅臣死后，却说图海入京面见康熙帝时为王辅臣辩解，惹怒了康熙帝，归家之后惧而吞金自杀，大有小说家笔法——图海曾被康熙御诗赞誉为“钟鼎功名悬日月”，深受清廷重用。他康熙二十年因病还京，病卒于家，清廷赐谥“文襄”，绝非吞金自杀的。

从个人历史角度看，刘献廷一生除曾入史馆以外，并无与清廷政治高层交往，所以他所得到的图海自杀消息，当属民间传闻。根据《康熙起居注》，图海于康熙二十年十月六日还京后，不久就得到康熙帝亲自召见。其间，康熙帝对他“抚背赐茶”，恩礼优渥至极，丝毫看不出怪罪之意。而后连续几天，康熙召见诸大学士，图海也一直在被召之列。到十一月，图海告病，大概是积劳成疾，忽然就死于脑出血或者心脏病等类急病。康熙二十一年正月，康熙帝特意下诏，要礼部从优议恤图海。图海死后，清廷对图海后裔也颇多重用。他图海之子诺敏官至刑部尚书，图海之孙马礼善官至都统，马尔赛官至大学士……

把三藩的“首恶”们全部处理掉后，康熙帝还是不肯罢手。

攻陷昆明之后，从康熙二十年年底到次年五月间，康熙帝逐批处决了吴三桂那些已经投诚并且“戴罪”立过功的将领们：

原贵州提督李本琛，处以“从逆”大罪，凌迟处死。李本琛的孙子李象乾、李象坤以及侄子李济善、李济民，皆依律株连斩首。

清朝的原镇远副将江义，由于曾经被吴三桂封为“镇远伯”，凌迟处死。

吴三桂任命的将军王公良、王仲礼，巡抚吴谠，侍郎刘国祥，太仆寺卿肖应秀，员外郎刘之延等人，斩首。

吴三桂原骨干分子胡国柱、王绪、李匡已经自杀身死，他们的家属虽然投诚，但康熙帝依旧认定这三人罪行重大，以谋逆大罪下令对三人的男性亲属悉行处斩，妻女、家口、财物，皆加以籍没。

彭时亨、谭天秘二人，先响应吴三桂叛于四川，后投诚、复叛，因此“罪恶重大”，凌迟处决。

所有犯谋逆罪被杀的犯官犯将，家中满十六岁以上的男性子嗣一并处斩，家产籍没。犯人妻子、女儿以及未及成年之子，均没入官府为奴……

血腥屠杀和镇压之后，对于数万吴三桂旧属兵士，死罪饶过，活罪不免。经过严格审核后，这些人都被流放到关外、塞外苦寒之地充任“站丁”，另籍编列，其后代子孙，永远都不能读书入仕。到了清末，这些人的后代传了十多代，依旧充当站丁、宫门更夫等世袭的下贱职业……

历史，是胜利者的历史；史书，是胜利者的意志！而我们后人研究历史，肯定不能完全相信当时统治者御用文人所编纂的史书。

由康熙想剥夺吴三桂等人的利益而导致的三藩起事，是一场惊天动地的政治、军事大动乱，持续长达八年之久。为此，康熙帝对吴三桂恨之入骨，清朝史家也一直以“逆贼”称呼吴三桂，并且把这场大事变定性为犯上作乱的“叛乱”。时至今日，我们今天不少历史书中依旧沿袭清代名词，把吴三桂、耿精忠、尚之信起事称为“三藩之乱”。

恩怨尽时方论定。如果我们还是以清朝人的眼光看待历史问题，刻意贬低失败者吴三桂、耿精忠、尚之信及其追随者，显然失于简单和武断。

吴三桂起兵叛清，开始绝非主观故意，他和他的部将以及其他二藩将帅，为清朝血拼已久，封王裂土，实至名归。但康熙继位之后，从封建极权主义角度出发，刻意剥夺吴三桂等人的特殊利益，最终迫使诸人铤而走险。

从吴三桂初起之时的社会反应来看，云南旗帜一举，天下喧喧，各地响应，四海沸腾！如果清廷在当时的统治深得人心，吴三桂就不会得到那么大范围的支持。显然，“扬州十日”“嘉定三屠”，前事不远，加之统治者对汉族百姓敲骨吸髓般的压榨，使得汉族人民的内心并不认可他们的统治。

出于民族主义感情和利益的一致性，数百万军民纷纷参军参战。在极短时间内，使得清朝的国祚危如累卵。如果不是吴三桂过于谨慎而在湖南逡巡，假如吴军一鼓作气过江直逼燕京，胜负成败，殊难预料……

当然，吴三桂这个人，从个人品质上看，见利忘义，反复无常。幸或不幸，此人生活在明清之际波澜壮阔的大历史环境下，他的个人抉择，造就了他的机遇，也造就了他的悲剧。入清之后，如果不是康熙强夺吴氏集团的政治、经济利益，吴三桂本来可以以“大清忠臣”的名义善终床箦。而且，待吴三桂病死，清廷也可以相当自然地撤藩削王，而不会引致成百上千万军民死亡的政治大动荡。

当然，吴三桂反清，虽然带有鲜明的民族色彩，但他发动的这场战争，显然不能和明末清初明朝遗民拥戴南明政权那种“抗清起义”相提并论。吴三桂、耿精忠、尚之信等人，并不是明朝志士，他们起兵的目的也不是勠力同心于汉族荣光的恢复，而是为了保全自己的利益。

但是，任何一场战争的鲜血都不会白流。吴三桂引发的战争，其巨大的冲击力，使得清统治者瞠目结舌，同时也忽然明悟了自己先前的统治是多么不得人心和残酷。所以，战争之后，清廷及时调整了政策，社会为此获得了新的稳定和新的进步。

由康熙帝造成、吴三桂倾力发动的这场战争，从大一统帝国的角度上看，也在国内彻底根除了自明末以来尾大不掉的地方军阀集团，使得清王朝最终取得了政治上的完全统一。

从权谋角度上说，在平灭三藩起事过程中，康熙帝性格中的虚伪、阴险，暴露无遗。特别是他对于汉人的猜忌态度，可谓处心积虑。“汉人叛乱汉人平”，康熙的这个著名敕谕，载于康熙十八年十月辛未《圣祖仁皇帝实录》。当时，他派遣学士禧佛传谕西北的张勇等汉将：“自古汉人逆乱，亦唯以汉人剿平，彼时岂有满兵助战哉！”——凡此种种，不仅在当时，即使清朝灭亡之后，研修清史的人几乎异口同声，赞誉康熙帝的意旨在于对满汉臣民平等相待，对汉将汉军更是毫无嫌猜，所以能得汉将死力，最终平定三藩……

这种见解，实际上犯了简单主义的毛病。康熙所谓的“汉人叛乱汉人平”，说白了就是“以汉杀汉”。在整个平定三藩的斗争过程中，但凡康熙帝表示说“不忍官兵惨罹锋镝”的“官兵”，基本都是指满八旗子弟。

深恐维护统治的根底消耗殆尽，康熙帝一直对满族官兵呵护不已。战争期间，八旗军队轮番调回休整不说，在战争过程中也一直担任“接运粮饷”的“重任”——一来可以使得这些人充当监战队，二来可以饱食无忧，三来可以一直躲在相对安全的第二线，自有绿营汉军冲锋陷阵当炮灰！

三藩起事，确实也使得满兵的虚弱暴露无遗。早在清军刚刚入关之后对南明诸政权的平定战争中，八旗兵马已经显露出疲态。入关三十年后，一直处处受到优待、常年过着腐朽寄生生活的八旗子弟，从将帅到士兵，更是衰颓至极。他们在战场上的表现，更是胆怯懦弱，不堪一击。即便如此，平灭三藩之后，为了给清朝统治涂脂抹粉，康熙帝还大言不惭地说：“幸赖上天眷佑，祖宗威灵，及满洲兵士之力，逆渠授首，奸党悉除，地方平靖。”（《康熙起居注》）——也就是说，他最终还是把战功归于满族士兵，根本不提汉族官兵的功劳。

三藩平灭后，对于汉人的“易变难治”惊恐未消，康熙帝就开始以儒教做装饰，拜孔子，崇儒教，以此来拉拢汉族士庶人心，并且在各种场合大讲特讲“自古得天下之正莫如我朝”。

满族八旗入关得国，纯属侥幸和乘人之危。他们入关后的剃发易服之举，更使得上千万汉族百姓身首异处，血流成河。自顺治以来，清王朝对国民更是敲骨吸髓，竭泽而渔，几蹈亡秦之迹。

至于康熙一朝，由康熙帝本人缺乏政治经验而惹起的三藩事变，导致无数人丧命，百姓困苦不堪。而后，但凡言及康熙，不少学者都大讲特讲康熙一朝的“德政”——包括康熙后国库积银四五千万两之巨，包括康熙五十年实行三年内全国轮蠲一遍，包括清廷还曾实行过“滋生人丁永不加赋”政策……历史上，确实有过这些政策，但绝非康熙一朝和当代某些学者津津乐道的那样。

康熙一朝，包括被一些学者吹嘘的“康乾盛世”，当时清朝的国民生活水平根本没有任何提高，依旧是水深火热，赋税沉重。

但凡懂得一些经济学原理，随便对比一下明清赋税数字，我们就可以发现，清初全国的赋税总额，是以明朝万历末期至崇祯时期的横征暴敛为基准的。直至康熙末年，清朝的人口土地也并没有超过明万历时期，但清政府的赋税收入却较明朝万历初期增加了许多倍——这说明了什么？那就是清朝康熙一朝百姓承受的赋税压力，要比明朝大多了！

清廷统治者入关后立国的基础，就是无比沉重的高额赋税。

康熙一朝实行大量而频繁的“蠲免”，史学大家钱穆先生早已经说明那是“朝三暮四”的欺骗伎俩，而不是如某些人赞誉的“深仁厚泽”！这种变换手法的所谓“蠲免”，其实是清廷把竭泽而渔也无法获得的那部分空头赋税，宣扬成朝廷的德政和惠政。

康熙统治六十年，政治上确实取得了一些成绩，但绝非清朝臣子谄谀的“千古一君”。当时后世，谄媚者均对康熙帝无限拔高，说他不仅仅在政治上英明神武，还多才多艺，文史哲不用说了，什么音韵、数学、科学等，都是顶级“专家”——如果读过在康熙身边陪侍多年的意大利传教士马国贤的回忆录，我们肯定会对康熙的“天才论”啼笑皆非：

> 皇上认为自己是个大音乐家，同时还是一个更好的数学家。但是尽管他在科学和其他一般认识上的趣味都不错，他对音乐却一窍不通，对数学的第一因也所知甚少。
>
> 每座殿堂里都放了音叉或古钢琴，可是无论是他自己，还是他的妃子们，都不会弹奏。有时候皇上的某一个手指确实触摸了键盘，中国官廷所奉行的过分地溜须拍马，已经足够让他陷入被奉承的狂喜了，正如我经常见证的那样。(《清廷十三年·马国贤在华回忆录》)

马国贤是康熙帝的西学老师，他对弟子的回忆，绝对没有水分；对这个皇帝徒弟的水平，他也心知肚明。而且，这位“天纵英明”的康熙帝，还能从地理格物角度考证出“泰山发源于长白山”，我们就可以领略这位“千古一帝”的“科学”水平，远非其臣子和当今某些学者吹嘘的那样是个“万事通”。

言及康熙对吴三桂等三藩势力的平灭，清朝臣子皆奉承说是“本朝”“盛世”起点。纵观中国历史，强盛如秦汉，当时并没有“盛世”一词；魏晋之后，时人逐渐开始以“盛世”二字赞美当朝；即使大唐荣光赫赫，也只有“贞观之治”“开元之治”一说；到了清朝，满汉臣工阿谀本朝的那种“盛世”词汇，到处堆积，前所未有。即使到了各种丧权辱国的晚清，清朝文人们依旧说自己的大清朝是“盛世”……

而“康乾盛世”一说，在整个清朝都不曾出现过。自从多尔衮入关以来，皇权专制、民族歧视、封禁思想、穷兵黩武、国富民穷、文网之密，前所未有——所有这些，与我们中国历史上的汉唐气象、魏晋风度、两宋文明、大明胸襟相比，哪里有一点“盛世”的影子？！

# 说毒说狠说雍正

## 爱新觉罗·胤禛的为人处世

近年来，电影、电视剧编剧们对清朝皇帝，一改新中国建立以来的客观批判态度，在银幕上、荧屏上总爱习惯性地美化他们。

记得数年前，电视连续剧《雍正王朝》开播，真是盛况空前。

剧中的雍正帝真可谓宵衣旰食，日夜勤政……

真实历史中的雍正皇帝，绝对不是荧屏上这样一位敬兄爱弟、仁至义尽、忍受屈辱的“公仆”皇帝，而是一位阴谋夺嫡、残害手足、忘恩负义、精于诈术的清朝帝君……

## 作为不孝之子的雍正

当皇帝就当了六十一年，除日后他孙子乾隆帝实际超过这个纪录以外，刨除文治武功不讲，康熙皇帝在中国历史上，真是皇帝中的皇帝了。

“都知道人前显贵，没看到人后受罪”这句民谚，放在康熙帝身上，也不例外。

在康熙帝之前，清朝皇室没有预立太子的政策。因吴三桂等三藩起事，为稳定天下人心，康熙帝仿照历史上汉人政权嫡长子继承制，在康熙十四年（1675 年），立胤礽为皇太子。

康熙帝是清朝帝王中妾侍后妃最多的，多达五十五人以上，他的儿子自然就多。居于其次的，是他孙子乾隆，有名份的妾妃达四十一人。

胤礽其实不是康熙帝长子，如果按照出生顺序，乃康熙帝第七子。胤礽虽排行第七，但在当时活着的皇子中，他排行第二。大阿哥胤禔是惠妃叶赫那拉氏庶出，胤礽的母亲乃康熙帝第一个皇后——满洲正黄旗赫舍里氏（史称“孝诚仁皇后”）。所以，胤礽是真正的皇帝嫡长子。他的母家呢，在满洲贵族中也鼎鼎大名，外叔祖父是索额图，外曾祖乃顺治朝的辅政大臣索尼。

康熙帝对胤礽，可谓费尽心机地加以培养。胤礽幼小时，康熙帝亲自为他讲授“四书五经”等儒家典籍。这位皇太子六岁拜师入学，他的老师也都是当时的名臣大儒，包括张英、李光地、熊赐履、汤斌等人。胤礽十三岁时，康熙帝还仿照明朝教育东宫太子的做法，正式宣布皇太子出阁读书，并且多次指示他在文华殿为满族、汉族大臣讲解儒家经典。

胤礽遗传基因不错，天资聪颖，学业方面也进步很快，精通满文、汉文，娴于骑射，出口成章。和汉族王朝文质彬彬的太子不同，别看胤礽眉清目秀，但他的身体由于常年习武骑射练得非常健壮。每次远远看到宝贝儿子，康熙帝的喜爱之情就溢于言表。

胤礽稍长，康熙帝就向他传授为帝治国之道，终日和他分析历史经验，教导他如何驾驭大臣、体察世情，时不时带他外出巡视。康熙三十五年、三十六年期间，康熙帝三次亲征噶尔丹，先后有十多个月的时间不在京城。京中不能无主，他就命令时年二十二岁的皇太子胤礽坐镇京师处理朝政，代行郊祀礼。当时的胤礽基本就是代理皇帝了。

彼时的胤礽，天纵英明，恪尽职守，举动中规中矩，举朝称善。

为此，康熙帝非常满意。他不仅对胤礽充分信任，还常常在大臣面前夸奖自己这位儿子乃文乃武，自喜选择得人。

恰恰由于胤礽作为储君开始预政，一些大臣出于私利，逐渐聚集在胤礽周围，慢慢形成了“太子党”。其首领自然就是胤礽生母——孝诚仁皇后——的亲叔叔大学士索额图了。

而惠妃之兄大学士纳兰明珠，偏向皇长子胤禔。因此以他为首形成了与“太子党”对立的“大阿哥党”。

为维护太子地位，康熙二十七年，康熙帝下诏罢黜明珠。由此，朝中“太子党”开始一党独大。

康熙三十七年，康熙帝分别册封成年诸皇子为郡王、贝勒：封皇长子胤禔为多罗直郡王；皇三子胤祉为多罗诚郡王；皇四子胤禛、皇五子胤祺、皇七子胤佑、皇八子胤禩，俱为多罗贝勒。

这些受封诸子成年后，肯定要参与国家政务。根据满洲传统，各个皇子皆分拨佐领，也各有属下之人。康熙帝分封皇子之举，相对来讲，也削弱了皇太子一党的力量。

权力的滋味，一旦品尝，就欲罢不能！诸年长皇子得权得势以后，必然和皇太子产生矛盾。于是，在朝中很快就形成了以胤禩为首的“胤禩党人”（八阿哥党），这些人自然和“太子党”针锋相对。

“胤禩党人”中，包括皇长子胤禔、皇八子胤禩、皇九子胤禟、皇十子胤䄉等。

成形的“胤禩党人”中的诸皇子及其朝中党羽，就是要不断打击皇太子及“太子党”。随着他们之间矛盾的不断深化，最终康熙皇帝与储君太子之间、诸皇子与皇太子之间都产生了微妙变化。随着时间的推移，这些矛盾日益错综复杂。

康熙二十九年，康熙帝在亲征准噶尔途中患病。回京途中，由于想念太子，康熙帝下令胤礽日夜兼程前来接驾。可是，太子入见之时，脸上竟无丝毫戚容，这使得康熙帝大为寒心。自此，这对父子之间产生了裂痕。

而后，胤礽日益骄横跋扈。他的服饰、仪仗等逾制不说，其权势欲念更是恶性膨胀。看到父皇享国日久，兄弟们又都在排挤他，胤礽竟然私下里抱怨说："古今天下，岂有四十年太子乎？！"

侦知儿子如此"抱怨"，康熙帝大骇——这不是诅咒自己快死吗？由此，康熙对太子越来越不满。

但毕竟太子是自己的亲儿子，康熙帝认为胤礽性格变坏，肯定是索额图教唆，就开始随时找碴儿，准备拿索额图下手。康熙四十二年，忍无可忍的康熙帝终于当众宣布索额图有罪，下诏把他拘禁于宗人府，而后加以处决。至于索额图的罪名，非常含糊、笼统："背后怨尤，议论国事……"

当时，以索额图为首的"太子党"坐大，确实已经严重威胁到康熙帝的皇权统治。索额图本人又不检点，贪污受贿，跋扈嚣张，在朝中树敌过多。当然，八阿哥为首的"胤禩党人"也一直暗中散布消息，说索额图有拥立太子图谋不轨的企图……

索额图一死，胤礽就失去了政治靠山。虽然他还是太子，但日益受到康熙帝冷落。六年后，也就是康熙四十七年，康熙当时在布尔哈苏台，经过反复思量，最终下诏废除了胤礽的皇太子之位。

康熙帝宣布完胤礽罪状之后，由于过分伤心，当场栽倒在地。

康熙帝废掉太子的诏旨，对胤礽所犯过错描述得很详细：

> 今观胤礽不法祖德、不遵朕训，唯肆恶虐众、暴戾淫乱，难出诸口，朕包容二十年矣。乃其恶愈张，戮辱在廷诸王、贝勒、大臣、官员，专擅威权，鸠聚党羽，窥伺朕躬，起居动作，无不探听。
>
> 朕思国唯一主，胤礽何得将诸王、贝勒、大臣、官员任意凌虐、恣行捶挞耶？如平郡王讷尔素、贝勒海善、镇国公普奇俱被伊殴打。大臣、官员以至兵丁，鲜不遭其荼毒。朕深悉此情。因诸臣有言及伊之行事者，伊即仇视其人，横加

鞭笞，故朕未将伊之行事，一一询及于诸臣。

朕巡幸陕西、江南、浙江等处，或驻庐舍，或御舟航，未尝跬步妄出，未尝一事扰民。乃胤礽同伊属下人等，恣行乖戾，无所不至，令朕赧于启齿，又遣使邀截外藩入贡之人，将进御马匹，任意攘取以至蒙古俱不心服。

种种恶端，不可枚举……

显然，新仇旧恨，非一朝一夕可成……

废掉胤礽后，康熙帝把这个儿子监禁在咸安宫，仍然愤不能平，又下令将索额图的儿子格尔芬等人也处死。

几十年太子一朝被废，这对胤礽的精神打击过大，他因此变得疯疯癫癫。

毕竟对皇太子培养几十年了，父子至亲，废掉胤礽之后，康熙帝十分后悔，甚至因此悲伤成疾。不久，皇三子胤祉报告康熙帝，说皇长子胤禔曾经收买蒙古喇嘛巴汉格隆诅咒废太子胤礽。正是由于受到蛊惑，太子才变得疯疯癫癫。

康熙帝大怒，即刻命人审讯巴汉格隆，并在宫内宫外十几处地方挖出了蛊惑太子的怪力乱神的物件。

暴怒之下，康熙帝立刻革除长子胤禔的爵位，并下诏把巴汉格隆五马分尸。

既然胤礽事前是中邪，废黜太子的事情肯定要重新考虑了。康熙四十八年，康熙帝下诏恢复胤礽太子身份。

但是，胤礽复立没多久，就派遣步军统领托合齐保奏自己尽早即帝位——胤礽竟然策划宫内禁卫军统领对康熙逼宫。为此，康熙帝怒不可遏。

康熙五十年十月二十日，康熙帝将托合齐解职，任命隆科多为步军统领。不久，愤恨不平的康熙帝下令对托合齐凌迟处死，锉骨扬灰。

同时，康熙帝还下令绞死了参与其事的尚书耿额、齐世武等人。

康熙五十一年（1712年）冬，失望加绝望，康熙最终下定决心，再次下诏废掉太子胤礽，仍将他软禁在咸安宫。

对于康熙帝而言，太子废立关乎国祚，成为他一生最难以释怀的大悲大痛。从此，也造成了“终清世不复立太子”，清廷开始了秘密建储的制度。

胤礽的皇太子二次被废，康熙帝诸子之间的矛盾，更是愈演愈烈……

而康熙帝的暴死，更是使得四皇子胤禛横空出世，令人瞠目结舌地继位为帝，是为雍正帝！

那么，康熙帝是怎么死的呢？心思深险的胤禛，又是如何夺嫡的呢？

细读史料，其中记述虽然各有不同，但可以全方位了解当时清廷官方文件所记载的康熙死因：

根据《清圣祖实录》记载，康熙六十一年四月，康熙帝前去热河避暑；八月初三日，下令开端行围；九月初二日，康熙帝前往热河行宫。半个月之后，康熙帝一行往京城赶还，并于二十七日抵京，驻跸畅春园；十月二十一日（11月29日），爱好打猎的康熙帝又赴南苑行围；十一月初七日（12月14日），“上不豫，自南苑回驻畅春园”；十三日戌刻，“上崩于寝宫”。可见，康熙帝十月二十一日还能够打猎，十一月十三日，半个多月时间，竟然暴死，确实超乎意料。

根据萧奭《永宪录》记载：“己丑（康熙六十一年十一月初八），上不豫。传旨：‘偶冒风寒，本日即透汗，自初十日至十五日静养斋戒，一应奏章，不用启奏。’甲午（十三日）戌刻，上崩于畅春苑。”

根据弘旺《皇清通志纲要》所记：“（康熙六十一年）十一月初十日辛卯，上幸南苑。不豫，回畅春园。十三日甲午，戌刻，上升遐。上寿六十九龄。亥刻回都。隆科多受遗诏……”（此文中“上幸南苑”

日期有误，应为康熙六十一年十月二十一日癸酉）

根据康熙六十一年延信的满文奏折译文，康熙帝崩后，皇十四子胤禵奉召自甘州赴京奔丧途中，在陕西双山堡与奉命前来代理自己上将军职务的宗室延信相遇。胤禵握住延信的手，痛哭失声，反复询问有关康熙帝逝世前情况。延信回答说："查仓事毕，我等于十一月初六日前去海子（南苑）奏闻。是日，见到主子，主子面询仓务，我等良久方散。看得主子气稍虚弱，颜面亦瘦些。翌日（十一月初七日），主子就回畅春园住了。我等八旗大臣相约后，初十日又去（畅春园）给主子请安。奉人旨：'尔等不要再来。'自此，我们没有再去。十四日方闻此事……"

雍正元年九月十六日（1723年10月14日）捷克籍传教士严嘉乐（Karel Slavicek）从南昌寄给捷克国内同事的一封信，也描述了康熙帝逝世的情况：

> 在都城北京的南方，是用围墙围起的广阔的皇家猎场。猎场里有三座夏宫，一座在南，一座在东，另一座在西。天子（指康熙帝）常去那边狩猎取乐……1722年12月初，天子又外出狩猎。12月13日（十一月初六）晚8时许，突然刮起酷寒的寒风，使天子感触酷寒透骨，膂力不支，他被移送进夏宫。12月20日（十一月十三日），他的统治、他的狩猎取乐以及他的生命都完毕了。去世前，他没有召见一个欧洲人来为他做洗礼送他进天国。他在临终之前，宣布他的第四个皇子承继皇位……（严嘉乐：《中国来信》，这是现在所见有关康熙帝逝世前得病原因的最早记录）

意大利籍传教士马国贤《清廷十三年：冯国贤回忆录》中如此记载康熙帝去世情况：

1722年初，我被指定去担当天子的钟表匠安吉洛神甫（Father Angelo）的翻译和顾问。我们全天都在都城内务府钟表处工作，这里距离我们在畅春园的住地有两个多小时路程。有关官员下令我们在法国或葡萄牙耶稣会士的寓所下榻……在这时期（应为1722年12月，即康熙六十一年十一月），正在历代乡下御苑海子（行猎）的陛下，忽然感染炎症。由于天气差别，这种病在中国北方并不像在意大利南方那样盛行……由于抱病，天子前往被称为海淀的畅春园。一两天后，欧洲人（指布道士们）来到这里，对天子的安康情况表示问候……1722年12月20日，我们在寓居的（佟）国舅别墅中吃过晚餐后，我正与安吉洛神甫谈天，忽然，似乎是从畅春园内传来阵阵喧闹声响，低沉杂乱，差别平时。基于对国情民俗的理解，我立刻锁上房门，通知搭档：出现这种情况，或是天子去世了，不然，即是都城发生了兵变。为了摸清缘由，我登上住所墙头，只见一条横衢弯曲墙下。我诧异地看到，有无数骑兵在往四面八方狂奔，互相之间并不说话。察看一段时间后，我终于听到步行的人们说：康熙天子去世了。我随后知道，当御医们宣布无法救治时，他指定第四子雍正作为承继人。雍正立刻施行统治，人们无不平从。这位新帝关心的第一件事情，就是去给他去世的父亲穿衣。当夜，他骑马而行，兄弟、孩子及亲属们跟随着，在有无数佩带出鞘白刃的兵士保护下，将其父亲的遗体运回紫禁城。

但马国贤回忆录中又称："（康熙帝）驾崩之夕，号呼之声，不安之状，即无鸩毒之事，亦必突然大变。"

从上面几种资料看，在暴崩之前，当时年近古稀的康熙帝身体状况应该相当不错。无论是读《康熙起居注》，还是读当时的实录以及朝鲜使臣的笔记等，我们都可以从中得出这样的结论：康熙帝自青年时代起就极会保养身体，甚至对于人参、鹿茸等补药也有他独到的见解。由于保养得宜，从不食用矿物春药，加上平时酷爱行猎等体育运动，康熙身体的底子很好。

我们可以想象：身为老人的康熙帝，在木兰秋狝之时还精力十足，回到北京依旧兴致勃勃到南苑行围，如果他身体患有致命的慢性病或者感觉有什么不好，怎么可能有这样的精力呢？

从历史记载看，康熙五十八年到康熙六十年，康熙帝竟然没有任何患病的记载，连他自己都表示说“朕体安善，气色亦好”，还能亲自骑马从南苑到畅春园（根据《康熙朝满文朱批奏折》中康熙帝给吏部尚书富宁安的朱笔批示）。

特别是康熙五十九年，皇帝的头发又重生黑发，连白胡子都呈现青色。这些“返老还童”的表征，正是因为康熙帝最终下决心处理了第二次废皇太子事件之后，使得他心里放下一块大石头，身体状态越来越好了。

十一月初六日，他还能在南苑召见皇四子胤禛以及宗室延信等奉命查勘通州等处粮仓的人员，当面听取汇报。由于当晚气温骤降，他确实有受寒得病的可能性，但忽患重病的可能性极小。因为从对外宣称皇帝得病，直到他死亡，历史档案中没有任何延请御医前来诊病的记载。

皇四子胤禛号称“细心孝子”，在这段可疑的时间内（长达十一个小时）进出父皇身边五次，却没有一次去急招御医前来治病。

由于身体有恙，小有不适，康熙帝第二天（十一月初七）就到了畅春园休养。根据马国贤《清廷十三年：冯国贤在华回忆录》记载，当时的传道士们赴畅春园问候起居，并没能见到康熙帝。这倒不是因为皇帝当时病重，而是因为他处于斋戒时期。斋戒时段内，一般外人和宫眷都不可能轻易见到皇帝。

也就几天工夫，到了十一月十三日晚戌刻，也就是傍晚七点到九点之间，硬朗的康熙帝忽然病情恶化乃至暴崩。这种情况，只有心脏病和脑出血才可能导致突然死亡。

在康熙此次得病前，虽然因为废太子之事悲伤过度而患过疾病，但能够导致他猝死的病症，几乎没有出现过。

当然，“天有不测风云，人有旦夕祸福”。或许康熙帝就是忽患莫名急症，一个年近七十岁的老人，一夕暴死，也不算不正常。但是，从雍正帝日后的一系列举动看，康熙帝的死亡肯定是非正常的。

清朝的官方史料都说康熙在畅春园得病之时，还派遣皇四子胤禛行祭天大礼，而胤禛却以父皇有恙的借口拖延不去。康熙帝当时很可能是感觉自己身体不好，先派心腹大臣吴尔占提前到达南郊，以监视胤禛的动向——从康熙五十六年开始，康熙帝对这位以前一向印象良好的四皇子已经产生怀疑，知道这个皇子心机极深。康熙注意到，胤禛本来是胤礽一党，但胤礽第一次被废之后，他又和八阿哥胤禩往来密切，暗相勾连，如此朝三暮四，疑窦顿起。

也正是基于此，康熙帝如果真的病危或者病重，他不可能同意四皇子胤禛单独待在自己身边。

就在胤禛被迫去南郊祭天的同日，也就是十一月十日，这位皇四子却能够一日三次派侍卫进入保卫森严的康熙寝宫。以后，他又每日不断，多次派侍卫进入寝殿。其间，康熙帝身边再无任何大臣、皇子、后妃陪伴。直至三天之后，也就是十三日晚，康熙帝猝死。

根据康熙帝崩后胤禛登位之时所说，康熙帝在弥留之际向隆科多口述遗旨，传位给四皇子胤禛——更奇怪的是，日后雍正帝下令逮捕隆科多。隆科多被处决前，自称先帝驾崩前他本人并不在御床前，也没派任何人到御床前——所有这一切，都暗示着康熙帝之死，隐藏着一个惊天动地的大阴谋！

隆科多当时的官阶，只不过是个“护军统领”、理藩院尚书而已，并非“领侍卫内大臣”或者“大学士”那样的重臣。如果康熙病危期间尚有意识，他最可能要召见诸位皇族和亲近大臣。由此，无论遗诏哪个皇子继位，见证人也很多，不会造成日后雍正帝继位那种死无对证的尴尬局面。

雍正即位之后，由于诸皇弟的有意散布，民间一直有人说康熙皇帝是被儿子雍正皇帝害死的。而雍正朝曾静案中的供词也说："圣祖皇帝畅春园病重，皇上进一碗人参汤，圣祖就驾崩了。"似乎康熙帝去世当天，雍正向康熙进献人参汤之事，当时不少人都传说是实。为此，学者们多方考证人参汤对于高烧病人或者肺炎病人的致命性——这就完全走向了误区。

在清朝统治时期，民间传闻毕竟比较委婉和避讳。所谓的"人参汤"，其实就是喻指毒药——最有可能的是，在舅舅隆科多帮助下，当时身为四皇子的雍正帝在几天之内完全把父皇隔离起来，控制几日后，胤禛和隆科多最终下毒手，毒死、扼死或者闷死了康熙帝！

倾向康熙帝是寿终正寝的学者认为，康熙帝由于先前废太子事件之后，一直对诸子有所防备，他的身边侍卫人员和大臣都是严格挑选的，不可能有人得到机会害死他。

康熙帝警惕性很高，这一点确实不假。这位皇帝对中国历史熟悉至极，且不说僭伪之君或者匈奴、鲜卑，汉族帝王中隋文帝、南朝宋文帝等人就是被自己儿子所弑，康熙对此也毫不讳言。

康熙五十六年，康熙帝曾说："昔梁武帝亦创业英雄，后至耄年，为侯景所逼，遂有台城之祸；隋文帝亦开创之主，不能预知其子炀帝之恶，卒至不克令终！"康熙五十八年，他又说过："或有不肖之徒，见朕精神气血渐不如前，因以为奸，亦未可定！此诸臣俱应留心者也！"（两次讲话均见于《清圣祖实录》）

显然，康熙帝口中所说的"不肖之徒"，当然不可能是别人，就是他心怀叵测的诸子。

那么，警惕性如此高的康熙帝，其贴身侍卫就真的滴水不漏吗？事实证明相反——既然康熙帝怀疑皇四子胤禛，为什么偏偏提拔他的舅舅隆科多当侍卫长？如此说来，漏洞很大！

康熙皇帝有病卧床，再威武、再有力，也不过是个老人而已。一旦隆科多把守了寝殿大门，又有哪个卫士敢自己入得室内保卫皇上呢？

要加以说明的是，我们都知道隆科多是雍正的“舅舅”。其实，隆科多和雍正的血缘关系，不是来自母系，而是来自父系——隆科多的亲姑妈，乃康熙的生母佟佳氏。雍正之所以叫隆科多“舅舅”，是因为雍正的养母，也就是隆科多的姐姐，后来嫁给了康熙，成为康熙的第三个皇后。这位佟佳氏皇后嫁给康熙后，所生子女中只有一个女孩存活。当时康熙为了安慰她，就将皇太子胤礽和四皇子胤禛都交给她抚养。

皇太子让皇后抚养自然天经地义，但雍正的生母德妃乌雅氏和八阿哥胤禩的母亲良妃出身都很低贱，乃辛者库浣衣女奴。由于乌雅氏温柔恭顺，康熙年轻时就很宠爱她，所以把德妃的儿子胤禛过继给佟佳氏皇后抚养。其实，这也是为了给这个爱妃的儿子日后安排一个好前程——让当时的四皇子胤禛以皇后养子的身份和皇太子胤礽建立感情……

雍正帝继位后，迫不及待地下令逮捕康熙帝晚年的贴身近侍太监魏珠、梁九公、赵昌等人，而且断然加以诛杀。这几个跟随康熙帝几十年的老太监，如果不知道雍正帝不可告人的秘密，怎么可能在老皇帝尸骨未寒之际，就被新君儿子杀掉呢？

雍正帝弑父，当然不符合封建常规礼制。但平心论之，他的继位，对于清王朝的稳定还是极其有利的。如果雍正帝不伪造遗诏登上宝座，清朝国内政治必然会因为康熙帝的病危、死亡而大乱。

而恰恰由于父皇康熙帝在世时的诸子纷争和自己的弑父“经验”，雍正帝日后变得非常“聪明”，为清朝开创了秘密建储的制度——亲自书写储君皇太子名字后装于匣内，安放于乾清宫顺治皇帝所书的“正大光明”匾额之后；接着，别书密旨一道，藏于内府。待皇帝崩逝后，王公大臣们拿出两份文件对比，勘照无误后，就推举新君继位。

这种办法，可谓雍正帝汲取自己夺嫡经验后的“另辟蹊径”了……

## 作为不悌兄长的雍正

对于雍正皇帝非法继位，他的诸多兄弟极为震骇，都心中不服。当时，康熙帝驾崩后年满二十岁的皇子共有十五人之多：包括雍正帝的大哥允禔、二哥允礽、三哥允祉、五弟允祺、七弟允佑、八弟允禩、九弟允禟、十弟允䄉、十一弟允禌、十二弟允祹、十三弟允祥、十四弟允禵、十五弟允禑、十六弟允禄和十七弟允礼。

可能有人看到此处会感到有些不解，哦，怎么康熙这些儿子都改名了，从前不都是叫“胤”啥的吗?

对！雍正帝一登基，因为他的名字叫“胤禛”，自己做皇帝了，别人要避讳，亲兄弟也要避讳，所以诸兄弟都要改名，一夜之间，把“胤”都改成“允”了。

对于这些兄弟，雍正肯定是要斟酌处理的。首先，就是大阿哥允禔了。

爱新觉罗・允禔之母，乃康熙帝惠妃那拉氏。允禔本来排行第五，由于康熙帝前四子皆孩幼早殇，所以他就成为皇长子了。由于他的生母惠妃那拉氏是庶妃，而二皇子允礽的生母是皇后，自然允礽被康熙帝立为皇太子。

作为皇长子，允禔本人并不安分，所以一直觊觎太子之位。

允禔相貌堂堂，颇具才华，康熙在初期也挺看重这个长子，三次出征、巡视之时，都把他带在身边。允禔二十六岁时被封为直郡王，还曾受命祭祀华山。允禔对于太子之位一直有所期望，所以他一直关注康熙帝和皇太子允礽之间的关系。同时，由于自己的外叔祖大学士明珠在朝中一度势大，他更是觉得自己有政治靠山。

不过，当康熙四十七年九月初四日，康熙帝第一次废掉皇太子允礽之时，也明确宣谕："朕前命直郡王胤禔善护朕躬，并无欲立胤禔为皇太子之意。胤禔秉性躁急、愚顽，岂可立为皇太子！"

康熙帝金口玉言，这一句话就把允禔的皇太子之路完全堵死。

情急之下，允禔不知从何作想，竟然上奏康熙帝，要求亲手杀死已经被废掉皇太子之位的二弟允礽，说："今欲诛胤礽，不必出自父皇之手！"

康熙帝览奏，非常骇异，并马上意识到允禔正与皇八子允禩结党密谋储位。大怒之下，康熙帝痛批允禔的杀弟之念："既不谙君臣大义，也不念父子至情，更无兄弟情谊，真正狗彘不如！"

得知自己不可能当皇太子，想到八弟在小时候曾为自己的生母惠妃所抚养，允禔就在后台为允禩当皇储造势，希望日后八弟允禩继位之后，自己也能攀龙附凤，过上舒心日子。暗中活动也就算了，他表面上显得比八弟还急。在利用卦士张明德为允禩相面说他日后大贵，制造继储舆论的同时，允禔竟然找来一个蒙古喇嘛巴汉格隆以巫术来镇魇允礽，企图把被废的皇太子二弟害死。

得知此事后，连允禔生母惠妃都害怕到极点，主动要求康熙帝对这个不孝不悌的儿子予以正法。

康熙帝不忍诛杀亲生儿子，但也不能轻饶允禔，便下诏革其王爵，在其府邸幽禁终身。同时，康熙皇帝派贝勒延寿等人轮番监守允禔，并严谕说："凡有疏忽监守者，必当族诛！"

雍正帝继位后，允禔在政治上已经完全构不成威胁，所以，除继续加强监视以外，对这位大阿哥并没有特别的"惦记"。

允禔被父皇下令圈禁的时候只有三十七岁，之后囚禁长达二十六年，于雍正十二年十一月初一病死，终年六十三岁。清廷以普通的贝子礼葬之。

雍正帝的二哥允礽，两度为太子，两度被废，一直被禁锢在咸安宫。胤禛正式继位后，在即位诏书中特别言及这位“先太子”，给他做了不可翻身的政治定性：

> （允礽）弱龄建立，深为圣慈钟爱。寝处时依，恩勤倍笃。不幸中年神志昏愦，病类风狂。皇考念宗社重任，付托为艰，不得已再行废斥，待至十有余年，沉疾如故，痊可无期……

为了体现自己的仁慈，雍正帝对外表示：根据先帝遗诏，封允礽儿子弘皙为多罗理郡王。

雍正元年五月初七日，雍正派人在山西祁县郑家庄修盖房屋，派驻兵丁，要把二哥允礽迁移到当地严加看管。但未成行，转年年底，即雍正二年十二月十四日，允礽就忽然病死在紫禁城咸安宫，终年五十一岁。

忆及昔日对这位皇太子二哥的多年追随，雍正帝忽然胸怀“宽广”起来，亲自到棺柩前祭奠，追封二哥为“和硕理亲王”，谥为“密”。

听说允礽死前对自己感激涕零，还教导其子弘皙一定要“忠于皇上”，雍正帝对二哥死后留下的诸多儿子以及妃子、妾侍皆厚待，下令“丰其衣食，以终余年”。

作为康熙帝皇长孙、允礽儿子弘皙（允礽长子早死，弘皙虽然是第二子，实际上是长子）从小到大一直为康熙帝所喜爱，并且抚育宫中。允礽第二次被废太子之后，弘皙当时已经成长为一位贤德的青年人。所以，当时许多人就传言康熙帝会因宠爱孙子弘皙而第三次册立允礽为皇太子。但事实证明，康熙帝没有，也没有时间这样做……

雍正帝在位期间，对弘皙还算厚待。但到了乾隆四年（1739 年），乾隆帝对这位堂兄忽然生出怀疑，诬称康熙第十六子庄亲王允禄与弘皙等人结党营私，于是乾隆帝亲自降旨，称弘皙“自以为旧日东宫之嫡子，居心甚不可问”。于是，乾隆下诏革去弘皙亲王头衔，除宗籍，改名为“四十六”，并圈禁于郑家庄。后来又改禁在景山的东果园内。

对于雍正帝的三哥允祉，多年以来，不少研究者都说他属于书呆子类型。康熙在世的时候，允祉一直不太热心皇储之事，在熙春园悠游了二十三年（1707—1730年）之久。在大儒陈梦雷、杨文言、周昌言等人帮助下，允祉主持编纂出两部大书：《律历渊源》和《古今图书集成》。大概就是因为这两部书，允祉给人的印象似乎是与世无争。

其实，这位皇三子是乃文乃武之人。他不仅诗词歌赋作得好，写得一笔好书法，连射箭都是一流的。康熙帝很喜爱允祉，多次让这位三阿哥代自己祭祀，没事就让他到内宫赋诗宴饮。

特别值得一提的是，允礽能第二次被立为太子，允祉出力甚多。因为就是他揭发大阿哥暗中派蒙古喇嘛诅咒允礽，最终使得康熙回心转意，认定太子先前狂悖是遭到允禔巫蛊所致。

所以，允祉虽然不算“皇太子党”，但对于大清宗社还是真心关切的。

种种迹象表明，康熙晚年被储君之事弄得焦头烂额，诸子之中只有两三个人能够得到他的青睐。而当时的允祉，应该也一直在康熙帝考虑的范围之内。

按理说，三哥允祉从前不是雍正的反对派，更构不成对现政权的威胁，应该被妥善安置才对。但雍正帝继位仅仅一个多月，就把允祉手下的文人陈梦雷等人逐出京城，发往边地劳改。当时，八弟允禩门下势力很大，雍正帝暂时不敢动八弟，索性先对三哥允祉下手。

思起旧怨，想起允祉毕竟和前太子的关系一直友善，雍正帝为了惩罚这位三哥，不久就下诏发配他到遵化马兰峪为康熙帝守陵。

雍正六年，雍正帝又称允祉曾经向大臣苏克济索贿，想对他治罪，就把三哥从亲王降为郡王，并归罪于允祉的儿子弘晟，把这位康熙帝生

雍正皇帝像

前非常喜爱的孙子关进宗人府禁锢。

不久，雍正帝的心腹怡亲王允祥病死。当时，允祉因为侧福晋生病而参加允祥葬礼迟到，在拜祭的时候又无戚容。雍正知道后，勃然大怒，授意庄亲王允禄等人参劾。经过宗人府讨论，官员上奏称：

> 允祉乖张不孝，昵近陈梦雷、周昌言，祈禳镇魇，与阿其那、塞思黑、允禵交相党附。其子弘晟凶顽狂纵，助父为恶，仅予禁锢，而允祉衔恨怨怼。怡亲王（允祥）忠孝性成，允祉心怀嫉忌，并不恳请持服，王府齐集，迟至早散，背理蔑伦，当削爵。（《清史稿·允祉传》）

宗人府还建议雍正帝处死允祉、弘晟父子二人。此时，雍正帝因帝位已稳，也不想做得太过分，就下诏夺允祉王爵，圈禁景山永安亭，其子弘晟仍禁于宗人府监狱。

雍正十年闰五月，允祉暴薨，清廷以郡王礼殡葬。

乾隆二年，乾隆帝追谥这位三伯父为“隐”，表面上似乎给予平反，但这个谥字，显然也不是有多好——隐拂不成曰隐，不显尸国曰隐，见美坚长曰隐……

雍正帝七弟允祐，乃康熙帝第七子（其初行次为第十五），其生母为康熙帝成妃戴佳氏。

允祐生来就有残疾，但非常爱学习，精习书法。当他还是一个小孩子的时候，康熙帝就夸他“心好，举止蔼然可亲”。康熙四十八年三月，康熙帝晋封允祐为多罗淳郡王。康熙五十七年十月，正蓝旗满洲都统延信出征西陲之时，允祐奉命管理正蓝旗满洲、蒙古、汉军三旗事务。

雍正元年四月，允祐被晋封为和硕淳亲王。后来，以疾解旗务之职。雍正八年，病卒。

由于雍正帝一直认为这位七弟“敬谨小心，安分守己”，所以自继位以来，还算一直善待他。

雍正帝八弟允禩，在康熙帝诸子当中人望最好，才能最高，也最为雍正帝忌惮。

允禩虽为康熙帝第八子，但他的生母卫氏出身“辛者库”。“辛者库”是满语“辛者库特勒阿哈”一词的简称，意为“管领下食口粮人”，也就是内务府管辖下的奴仆。大凡清代八旗官员获罪后，他们本人以及家属都会被编入“辛者库”，成为戴罪奴仆。所以，康熙诸子中，允禩母家地位最为卑下。

在允禩小时候，康熙帝非常喜欢他，怕他日后受母亲卑微身份拖累，就把他交由长子允禔之母惠妃那拉氏抚养。雍正帝继位时，允许部分母妃“随子归邸”。当时，惠妃因亲子允禔在康熙帝之时已被圈禁，于是就移居至允禩府邸。

恰恰是由于母家身份低微，成长过程中总要仰人鼻息、看人脸色，允禩自幼聪慧，通晓世故，为人特别亲切、随和。长大之后，允禩也是乃文乃武，和诸大臣关系融洽，和绝大多数兄弟们的感情也特别好。

皇太子允礽第一次被废后，康熙帝十分器重允禩。而当长子允禔自知无望承继大宝后，就依卦师张明德所言，向皇父推荐八弟允禩当储君。此举惹得康熙帝深恨允禔，同时开始怀疑起允禩，对这位皇八子警惕起来。不久，康熙帝更以允禩“柔奸成性，妄蓄大志”为罪名，把这位皇八子圈禁起来。

而一向和允禩关系甚好的皇九子允禟和皇十四子允禵听说八哥被父皇关押，两人都带了毒药前去劝谏。看到两个儿子如此偏激、不懂事，康熙大怒，指着允禟、允禵骂道：“你们两个指望他日后登基称帝，封你们两个当亲王吗？你两个说自己出于义气，我看都是梁山泊义气！”

其间，年轻的允禵于言语间冲撞了康熙。康熙被气得从腰间拔出小刀，恶狠狠地说：“你要死，朕如今就叫你死！”亏得当时皇五子允禩跪抱劝止，在场的众皇子皆叩首恳求，康熙才放下手中的小刀……

卦师张明德案件审查结束后，康熙帝因允禩听张明德狂言后隐瞒不报，下诏革去他贝勒衔。

后来，康熙想复立允礽为太子。结果，当他召集满汉文武大臣让大家从诸阿哥中择立一人为新太子之时，以佟国维、马齐、阿灵阿、鄂伦岱、揆叙等为首的朝中重臣，竟然联名保奏八阿哥允禩为储君，使得康熙帝大感意外。由此康熙更加怀疑允禩机心深重，在朝中广树朋党。

康熙四十八年三月初九日，康熙帝重立允礽为太子；而后，康熙加封诸子，皇三子允祉、皇四子允禛、皇五子允祺三人都被封为亲王；皇七子允祐、皇十子允䄉被封为郡王；皇九子允禟、皇十二子允裪、皇十四子允禵被封为贝子——如此一来，未受封爵的成年皇子中，只有已遭囚禁的皇长子允禔、得罪皇帝的皇十三子允祥以及康熙帝大疑的允禩了。

康熙五十三年十一月二十六日，康熙帝前往热河巡视。允禩原该随侍，但恰逢其母良妃去世二周年忌日，就未赴行请安，只派太监到父皇处请假，并说自己将在汤泉处等候康熙帝一同回京。

儿子为母亲尽孝，康熙帝也理解。但他看到儿子派两个太监捎给自己的两只奄奄一息的老鹰之时，气急败坏：这不是诅咒自己折寿吗？

怒极的康熙帝马上召来诸皇子，把允禩骂得一无是处，说他“密行险奸，无君无父”，甚至说出和八儿子“父子之恩绝矣”的狠话，并且停发允禩本人及其属官的俸银俸米。

允禩遭此打击一蹶不振，并感染伤寒，几乎病死……

而当康熙帝暴崩之后，允禩并未否极泰来。

十一月二十日，雍正帝正式登基，马上下诏遣允禩、允祥、马齐、隆科多四人总理事务，以示优宠。十二月十一日，还加封允禩为和硕廉亲王，接着又授他为理藩院尚书——雍正帝之所以如此厚待允禩，并不是想重用这位八弟，而是知道朝中“八阿哥党”势力不小，企图先稳住允禩。同时，雍正帝开始了一连串动作，开始清除昔日“八阿哥党”的主要成员——允禟、允䄉、允禵、鄂伦岱、苏努等人，他的相继被黜。

不到半年时间，允禩在京中的亲密之人尽遭遣散……

到了雍正三年三月二十七日，雍正帝派有司议总理事务王大臣的功过，结果允禩得到四个字：无功有罪。责管工部事务期间，允禩的节省开支之举，被雍正帝斥为“存心阴险”。在处理了心腹密臣年羹尧“悖逆”案件之后，雍正帝开始集中精力处理允禩同党：

雍正三年七月二十八日，革去允禟贝子；雍正三年十一月初五日，宗人府建议，应革去允禩王爵，撤出佐领；雍正三年十二月初四日，把允禵由郡王降为贝子；雍正三年十二月二十一日，从上三旗侍卫内每日派出四人随行允禩，贴身监视他的一举一动；雍正四年正月初五日，允禩、允禟被革去黄带子，由宗人府除名；雍正四年二月初七日，将允禩囚禁于宗人府的监狱内，身边只留太监二人……

雍正四年三月初四日，雍正帝下诏，命允禩、允禟改名。允禩在高墙内只得自改其名为“阿其那”。五月十四日，雍正帝亲自将九弟允禟改名为“塞思黑”……

雍正四年五月十七日，雍正帝召见诸王大臣，发布长篇谕旨，历数允禩、允禟、允禵等人“罪恶”；雍正四年六月初一日，雍正帝将允禩、允禟、允禵“罪恶”颁示全国，给允禩议罪四十款，给允禟议罪二十八款，议允禵罪状十四款……

雍正四年八月二十七日，报称允禟因腹泻死于保定；九月初八日，允禩因呕病死于宗人府监狱。

雍正帝的九弟允禟，是雍正帝最恨的兄弟之一，乃“八阿哥党”主要人物。康熙晚年，允禩由于在王位争夺中处于劣势，就转而扶植自己集团中的十四弟允禵，允禟也积极参与。

雍正帝继位后，以军前用人为名，把允禟外派到青海，并且命令亲信年羹尧对之严加监视。同时，还对允禟一些党羽陆续加以惩治。

允禟到青海后，依旧以秘密手段和同伙互通消息。其间，他还成为中国第一个使用西洋代码的人——西洋传教士穆景远是他的心腹，允禟就利用穆景远手中的外文书籍，创造出一种以西洋字母拼读满语的办法，让儿子以此作为“密码”来传递消息。

但雍正帝耳目甚多，很快就把允禟监禁在西宁，并亲自改其名为“塞思黑”。

雍正四年六月，允禟被雍正帝下令解往保定监禁。在那里，他的服刑条件恶劣，根本没有任何王族罪犯应该享受的优待。仅仅过了一个多月，允禟就被雍正帝派人害死在囚所，年仅四十三岁。

雍正帝十弟允䄉，由于阿附允禩，深为雍正皇帝所恨。雍正元年，允䄉就被借故夺去爵位，在京城圈禁。

雍正帝十二弟允祹没有参与康熙诸子的结党活动，深受父皇信任，康熙末年任镶黄旗满洲都统。雍正皇帝继位后，封允祹为履郡王。为了压抑诸弟，雍正不久又借故把允祹从郡王降为比贝勒还低的贝子，“在固山贝子上行走”，也不给实爵，后来又将他降为镇国公。乾隆即位后，允祹被晋封为履亲王。大概其人心胸比较开阔，允祹一直活到乾隆二十八年才去世，终年七十八岁。

雍正帝唯一同父同母的“亲兄弟”，乃其十四弟允禵。

允禵，原名胤祯。此人自小就聪明过人，才能出众，在康熙诸子中很讲义气，深受父皇喜爱，常常被康熙帝带着四处出巡。

允禵比雍正帝小十岁，两人虽系一母所生，但因为允禵被其他宫妃养大，所以兄弟二人感情并不深厚。允禵最投缘的人，乃皇八子允禩。后来，皇太子两次被废，八哥允禩也遭康熙帝疏远，允禵为储君的呼声越来越高，他也尽心尽力，以博取当政大臣和士人的好感。

康熙五十七年春，准噶尔部首领策妄阿喇布坦出兵进攻西藏，西藏的拉藏汗请求清朝发兵救援。康熙五十七年十月，康熙帝委任允禵为抚远大将军，统率大军进驻青海，讨伐策妄阿喇布坦。

由于与允禵相关的文件和资料基本被雍正、乾隆父子删削殆尽，今人不太容易了解允禵为什么能够成为康熙帝最终属意的西征主帅。准噶尔战役关乎清朝的安危，康熙帝派这个儿子做主帅，显然不能简单用“喜欢”两个字来解释，其中必定有一定的政治用意。

康熙帝为了郑重其事，把欢送允禵的仪式搞得如同天子出征差不多，似乎是某种暗示储君的安排。

康熙五十八年三月，允禵抵达西宁后就开始指挥作战。他当时统帅的驻防新疆、甘肃和青海等省的八旗、绿营部队，精兵利甲，乃清军精锐。因为是皇帝爱子，允禵在军中被称为“大将军王”，他在奏折中也自称“大将军王臣”。

意识到父皇对自己的莫大信任，允禵感觉良好，认定父皇肯定要选择自己为接班人。所以，他临行前和允禩、允禟接触频繁，让二人及时向他告知京城内的风吹草动。

允禵赏罚分明，指挥得当，及时、有效地平定了策妄阿喇布坦所策动的西藏叛乱。康熙五十八年九月，允禵命令延信送新封的达赖喇嘛入藏，在拉萨举行了庄严的坐床仪式。允禵也因此威名远震。当时，远在京城的康熙帝喜出望外，派人起草御制碑文，对此次胜利大肆宣扬。康熙六十年五月，允禵移师甘州，准备乘胜直捣策妄阿喇布坦的老巢伊犁。同年十一月，允禵奉命回京述职，深受康熙帝赞誉。转年四月，允禵离京再赴军前。

康熙六十一年十一月，康熙病逝和四哥胤禛登基的消息传到西宁，恰似晴天霹雳，允禵当时根本就不相信父皇如此暴崩。皇位，竟然和自己丝毫无关！惶惑之余，他把大将军印务交给平逆将军延信，立即动身回京奔丧。

由于心中相信父皇死于非命，允禵回到京城后大闹灵堂。雍正十分气恼，下令革去他的王爵，将其降为固山贝子。雍正元年四月，康熙梓宫运往遵化景陵安葬之后，雍正谕令允禵不得回京，就留住在景陵附近的汤泉为康熙皇帝守灵，并命马兰峪总兵范时绎时刻监视他的行动。

雍正三年十二月，在雍正授意下，宗人府参劾允禵在大将军任内任意妄为，请将允禵多罗郡王爵位革去，降为镇国公。雍正准奏，当即革去允禵的王爵，降授固山贝子。接下来，诸王大臣进一步参奏，认定允禵在任大将军期间"心怀悖乱"，请求雍正帝对他明正典刑，以彰国法。

毕竟是自己的亲兄弟，对允禵的处理自然和允禩、允禟有别，雍正帝下令把他继续禁锢于景陵附近。从此，允禵基本上就从清朝的政治生活中销声匿迹，当了近十年的囚徒。

乾隆即皇位不久，下令释放允禵和允䄉两位皇叔。毕竟是自己的亲叔父，乾隆二年，乾隆帝封允禵为奉恩辅国公；乾隆十二年，封多罗贝勒；乾隆十三年，晋为多罗恂郡王，并任命他为正黄旗汉军都统，总管正黄旗觉罗学。

这时允禵年事已高，人也变得小心翼翼。乾隆二十年，允禵病死在家中。

自从雍正帝登基后，允禵就毫无作为。乾隆帝继位后，他也尸禄素餐。但他的一个玄孙奕山（1790—1878 年），却在中国近代史上大名鼎鼎，有"超级卖国贼"之称。作为道光帝侄子，奕山继琦善因外交失利被清廷处理之后，前往广东主持战事。他到任后只是到处购买钟表、呢料等洋货，收受贿赂，致使英军兵船直抵广州城下，攻陷广州西北方的泥城炮台和北方的四方炮台；而后，惊恐万状的奕山等人赶忙同英军签订了丧权辱国的《广州停战协定》(《广州和约》)。第二次鸦片战争期间，奕山任黑龙江将军，在咸丰八年（1858 年）屈服于沙俄军事压力，签订了中俄《瑷珲条约》，把东北大片领土擅自拱手让与俄国人。根据这个条约，沙俄强割了中国黑龙江以北、外兴安岭以南的六十多万平方公里的广袤领土……

雍正帝十五弟允禑，乃康熙帝密妃王氏所生，小时候挺招父皇喜爱，但两次清廷大封爵，都因为年龄太小没有获封（康熙四十八年第二次大封爵时他正好十七岁）。所以，在康熙帝暴崩之时，已到而立之年的允禑还是普通皇子身份。雍正四年，允禑被封为多罗贝勒；四年后，晋升为多罗愉郡王。雍正八年，雍正选定陵址之后，派这位十五弟允禑去负责建造事宜。但在第二年二月，允禑突得疾病去世，时年只有三十九岁。所以，允禑这一生相对来说比较平淡。

雍正帝十六弟允禄，乃允禑同母弟。康熙帝的堂兄、庄亲王博果铎于雍正元年正月十一日薨逝，因其无子，雍正帝就以十六弟允禄袭爵。这位十六阿哥精数学，通音律，情商又好。他承袭了庄亲王王爵之后，待人谦和，广受赞誉。乾隆继位后，依旧委派十六叔允禄总理事务，赏食亲王双俸，七十三而终。

雍正帝诸弟之中，和他关系最好的，是十三弟允祥和十七弟允礼。这二人一直是“四阿哥党”，受到雍正帝厚待，结局都还不错。

## 作为不义帝王的雍正

“狡兔死，走狗烹。”对于雍正帝来说，“狡兔”就是帝位；而两只大“走狗”：一只是隆科多，另一只是年羹尧。

“白帝城受命之日，即是死期已至之时。”这句话，是雍正登基称帝的大功臣隆科多说的。

“白帝城受命”，不是鞠躬尽瘁的诸葛亮吗？怎么会死期就到了呢？隆科多这句话，似乎饱含无限深意！

其实，隆科多说他自己“白帝城受命”，一是表示自己是忠臣，二是说明自己帝榻前受诏多么重要，知道的底细有多么多而已……

旗人姓氏不同于汉人，有时候通过名字看不出谁是谁的后代。隆科多这个人，家世极其显赫。他的家族其实属于汉军旗人，其祖父佟图赖入关后为清朝多次出生入死，出征山东、山西、河南、湖广等地，军功卓著，历任定南将军、礼部侍郎等。死后，又特封为一等公。佟图赖有一个女儿成为顺治皇帝的皇后，即“孝康章皇后”。

隆科多的父亲佟国维，既是康熙帝的舅舅，也是康熙帝的岳父，地位自然比佟图赖更尊崇。他曾三次跟随康熙亲征噶尔丹，立功颇多。此人仕途顺畅，最终做到“领侍卫内大臣”这样的高官，晋爵一等公。而且，佟国维的两个女儿：一个做了康熙帝的皇后，另一个做了康熙帝的贵妃。

由于外戚贵显，佟氏家族多人官至高位，当时就有“佟半朝”之称。隆科多就出生于这样的家庭，其祖父、父亲为清朝功臣，他既是康熙皇帝的表弟，也是康熙皇帝的内弟。而康熙帝本人作为封建帝王，任人唯亲肯定是不能避免的。

作为贵族子弟，从康熙二十七年开始，隆科多就到皇帝身边担任一等侍卫。其间，他曾经受过康熙皇帝的训斥，一度被革职。但没多久，他又官复原职，得授“步军统领”。这个职位很重要，俗称“九门提督”，其实就是京城卫戍司令官。此官并不是一般的皇亲国戚能当的。

隆科多前任托合齐不知检点，属于铁杆的“太子党”，惹得康熙帝大怒，被下令逮捕、审问。托合齐死于狱中之后，康熙还下令把这个先前的御前第一警卫官“锉尸扬灰”。

考虑到隆科多和自己关系至亲，加上他看似一直是个谦厚、不结党的人，康熙帝觉得隆科多不会对自己有异心，就选择他来担任自己的宫内警戒大事。

由于行事谨慎，康熙帝对隆科多非常满意，不久就擢为理藩院尚书，仍旧兼任步军统领，并专门委派他秘密监视被圈禁的废太子和大阿哥。同时，还委派他秘密监视京师内的宗室王公和部院重臣的动向。

二次废太子之后，在诸子之中，康熙皇帝不是很属意皇四子胤禛。而关键时刻，四皇子胤禛找对了人，隆科多感觉自己也押对了宝。康熙帝得病后，畅春园完全就在隆科多的掌握之下。当时，他的官职虽然在清朝朝廷中不是最重要的，但他的一言一行，却关系到大清帝国下一步的走向——隆科多选中谁，谁就能够成为帝国的新君。

赫赫威名的康熙皇帝，确实是在与外界隔绝的情况下突然死去的，其死因成为千古之谜。当时，在畅春园内，全部都是归属隆科多的皇家警卫部队。

隆科多当时之所以选中皇四子胤禛，肯定也有他的考虑。如果换作别人，肯定应该把皇十四子允禵当成第一个选择，因为允禵似乎是康熙帝生前几乎挑明的帝国继承人。但拥戴允禵即位，属于情理之中，隆科多的功劳会显得平平。而第二个选择，应该选深得众大臣拥戴的、风度翩翩并和蔼聪明的皇八子允禩，但这位皇八子，太聪明了，让隆科多不是很放心。第三个选择，自然就是和自己一直关系密切的皇四子胤禛了……

雍正帝刚刚登基之时，广为流传的七位皇子与隆科多一起在病榻前觐见康熙之事，乃雍正帝编造的政治谣言，主要内容见于《大义觉迷录》和《清圣祖实录》。

那么，隆科多为什么选择胤禛呢？根据逻辑推理，原因大概如下：第一，允禵、允禩都是继位大热门，这两个人其中的任何一个人当了皇帝，无论是他们本人还是其支持者，都会认为理所应当。而皇四子胤禛当了皇帝就不一样了，自己推立的功劳肯定就首推第一。第二，隆科多的姐姐，也就是康熙帝的“孝懿仁皇后”，曾经抚养过幼年时代的胤禛。有这层关系，隆科多自认为对胤禛知根知底。第三，允禵人在千里以外，虽然他握有重兵，但最终顺利抵京需要时日，如今自己在京城内部掌握禁卫军，胤禛另外一个心腹川陕总督年羹尧又能截断允禵入京之路，所以皇四子登基的胜算要大得多。第四，最重要的是康熙帝的生死掌握在自己手中，只要皇四子一句话，皇帝马上就成为“先帝”，四皇子就成为新君……

经过深思熟虑，关键时刻，隆科多当机立断，把胤禛推向了帝位。

隆科多押宝看似押对了，但也不算完全对，因为他选择的新主子雍正帝，乃中国历史上数一数二的沉猜帝王。最终，隆科多付出的代价，就是他的性命！

果然，不到两年时间，胤禛皇位刚刚坐稳，隆科多的好日子就基本到头了。至于如此重臣的犯罪把柄，随便一抓就是一大把。

但胤禛刚登基的时候，下诏让隆科多与多年心腹怡亲王允祥等四人为总理事务大臣。不久，雍正帝亲自下令，但凡日后政府公文，凡遇到“隆科多”三字，前面都要加“舅舅”二字。这种以私入公的做法，前朝没有，后来也无。

为了酬功，雍正帝赏赐隆科多双眼孔雀花翎、四团龙补服、黄带、鞍马紫辔等不用说，还任命他做吏部尚书，兼管理藩院事务，并委派他当过《清圣祖实录》和《大清会典》的“总裁官”。

雍正帝为了表示对隆科多的宠信，还曾在朝上公然恭维说：

> 舅舅隆科多这人，朕先前未能深知他，真正大错了。此人真圣祖皇考之忠臣，朕之功臣，国家之良臣，真正当代第一超群拔类之稀世大臣也！

雍正帝这些话，隆科多信吗？不全信！

一旦帝座坐稳，在打击年羹尧的同时，雍正帝开始对“舅舅”隆科多下手。雍正三年五月，雍正发动群臣谴责隆科多；当年六月，年羹尧的儿子和隆科多的儿子同时被惩；雍正四年正月，隆科多被派往蒙古和俄国谈判疆界问题。隆科多本来在对俄的外交谈判中表现非常强硬，但后来发生“玉牒案”，隆科多被清廷紧急召回清算，而替换他的策凌软弱，在后来的《布连斯奇条约》和《恰克图条约》中，将贝加尔湖一带和唐努乌梁海以北地区都让给了俄国人……

没经过多少调查，隆科多就被诸王大臣会议定了四十一条大罪！一石二鸟，趁着打击隆科多，雍正帝顺便把八弟允禩也拉上，同时清算昔日的“八阿哥党”……

那么，开始引发对隆科多定罪的“玉牒案”是怎么回事呢？原来，雍正帝指斥隆科多，说他私藏了记载皇家宗谱的玉牒。其实，这种皇家宗亲档案，并不需要特别保密。但清廷确实有规定，除宗人府衙门以外，外人不得私看。如果有公事应该查看，也需提前具奏，然后再前往玉牒保管处“敬捧阅看”。“舅舅”偷看玉牒这种事，肯定就属于“大不敬”！

皇帝定罪，一条就够掉脑袋，别说隆科多有四十一条之多！雍正为表“宽厚”，就把他圈禁在畅春园附近，让他在先帝驾崩的院外，成日闭门思过。

关了没有多久，雍正六年六月，隆科多不明不白死于禁所。

说完了隆科多，肯定要接着讲雍正帝另外一只大“走狗”年羹尧了。

年羹尧，字亮工，汉军镶黄旗人。他父亲年遐龄，官至工部侍郎、湖北巡抚；其兄年希尧，也当过工部侍郎。

康熙帝时代，年羹尧的妹妹是皇四子胤禛的侧福晋，在雍正帝继位后被封贵妃，因此年家更成为皇亲国戚。而年羹尧的妻子，又是清朝宗室辅国公苏燕之女。可见，年氏家族这一大家子人，各个都算是清朝的贵戚。

康熙三十九年，年羹尧中进士，不久在翰林院任职，成为清贵之官。从他青年时代的经历看，年羹尧绝对是文武双全。他的仕途“出身”非常清白，没有买官或者因为世袭等“污点”，属于实打实的有才能之人。

康熙四十八年，年羹尧迁内阁学士，不久升任四川巡抚，三十多岁即成为专制一方的封疆大吏。康熙帝那么聪明的帝王，能够委派年羹尧坐镇一方，肯定有所依据。所以，从才能角度看，年羹尧没有任何问题。

在清廷组织的应击准噶尔部首领策妄阿喇布坦入侵西藏的战争中，年羹尧悉心经营，尽心尽力，保障到位，最终以实际行动报答了康熙帝对他的信任。

康熙五十七年，清廷授年羹尧为四川总督，兼管巡抚事，统领军政和民事。

康熙六十年，年羹尧奉旨进京入觐。康熙帝非常高兴，亲手御赐其弓矢，升其为川陕总督。由此，年羹尧一跃成为坐镇清朝西陲的大员。同年秋天，年羹尧采取“以番攻番”策略，巧妙利用部落土司之间的矛盾，成功平定了青海郭罗克地方叛乱。

康熙六十一年十一月，康熙帝暴崩后，雍正帝召回十四弟允禵，委任年羹尧与满洲贵族延信共同执掌西征大军的军务。

雍正帝正式继位后，由于年羹尧是自己的大舅哥，对他更是信任非常，使其成为和隆科多比肩的雍正朝重臣，并让年羹尧总揽清廷在西部的一切事务。同时，在雍正帝谕令下，云、贵、川地方官员，都要听从年羹尧命令。当年十月，青海发生罗卜藏丹津叛乱，雍正帝正式封授年羹尧为抚远大将军，坐镇西宁，指挥大军平叛。

年羹尧勇谋兼具，运筹帷幄，打得叛军望风而逃。当时，清军各路兵马顶风冒雪，昼夜兼进，最后杀得罗卜藏丹津仅率二百余人仓皇出逃。清军追击至乌兰伯克，擒获罗卜藏丹津之母和另一叛军头目吹拉克诺木齐，基本把叛酋残部人马牲畜全部俘获。狼狈之下，罗卜藏丹津化装成妇人才得以逃脱。

这次历时十五天的歼灭战，年羹尧指挥清军纵横千里，所向披靡，对叛军进行了犁庭扫穴般的攻击，最终大获全胜。由此，“年大将军”威名赫赫，如日中天。

边陲安定，雍正帝高兴非常，他竟然称赞年羹尧为自己的“恩人”，立马下诏，晋升年羹尧为一等公，并下诏给他儿子年斌授予子爵，封其父年遐龄为一等公，外加太傅衔，以示荣宠。当时的年羹尧，一大家子上上下下，皆风光无比。

从此，但凡涉及西部省份的官员任免，雍正对年羹尧言听计从；年羹尧也几乎知无不言，言无不尽。君臣二人，可谓同心同德。

青海平定之后，雍正帝在给年羹尧的奏折中亲笔朱批："尔之真情朕实鉴之，朕亦甚想你，亦有些朝事和你商量！"看当时这对君臣之间的书信来往和奏章问答，其言语欢洽异常……

而后，年羹尧遵旨进京，和总理事务大臣马齐、隆科多一同处理军国大政，成为雍正帝最为倚重的大臣。

其间，雍正帝还形诸文字，如此评价年羹尧：

> 不但朕心倚眷嘉奖，朕世世子孙及天下臣民当共倾心感悦。若稍有负心，便非朕之子孙也；稍有异心，便非我朝臣民也！

雍正帝对年羹尧有意无意地宠信，自古人臣，罕有其匹——雍正二年十月，年羹尧入京觐见，获雍正帝赐双眼孔雀翎、四团龙补服、黄带、紫辔及金币等稀奇之物。由于当时年羹尧一家三代都先前受封，雍正帝就赏了年家一个一等男世职，由年羹尧次子年富来承袭。

雍正帝不仅在政治上对年羹尧非常荣宠，在生活上对于年氏一族也是无微不至。隔三岔五，雍正帝以皇帝之尊，亲笔写信给人在外地的年羹尧，详细告知其父亲年遐龄的近况，以及年羹尧之妹、自己的宠妃年氏及其所生皇子福惠的身体状况。奇玩异宝，赏赐无数；珍馐美味，无时不送。雍正帝还时常鼓励年羹尧，希望他不负期待，最终要使他和年羹尧两个人成为"千古君臣知遇榜样"……

飘忽之余，年羹尧得意忘形，完全忘记了自己的妹夫皇帝是什么人，忘记了"功高盖主"的古训。比如，他开始上折让雍正帝给自己编的书写序，并且还没等雍正帝答应，他竟已经呈上代拟的序言；在谢恩折中希望雍正帝“为善日强”，大有教导之意；主动向雍正帝索要宫内新制珐琅器物；雍正帝亲笔写苏东坡《中秋词》一幅及饼果等物赏赐年羹尧，朱谕中有“但愿人常好，千里共婵娟”，而年羹尧回折竟然写“万里共婵娟”，改皇帝的“千里”为“万里”，自作聪明，实际有“大不敬”之嫌……

志得意满的年羹尧忘乎所以，做了许多他不该做的事情，逐渐引起雍正帝对他的猜忌。整肃年羹尧的导火索，在雍正二年十月他第二次进京陛见时点燃。

立有大功，加上年羹尧官大气粗、财大气粗，入京途中，他竟然命令都统范时捷、直隶（今河北省）总督李维钧等人跪道迎送。

到达北京后，年羹尧黄缰紫骝，扬扬自得。郊迎的官员黑压压一片，王公以下皆慑于年羹尧威权，匍匐跪接。对待如此破格接待，年大将军竟然安坐马上，连个招呼都不打，蛮横、骄傲至极。那些觉罗王公们，也皆下马拱手，对此，年羹尧也只是微微颔首而已。

入朝之后，依恃着自己的不世功勋和先前的亲戚关系，年羹尧一度真忘了雍正是皇帝，以对待“哥们”的态度对待雍正。

不久，京中又有传言到达雍正帝耳边：坊间传说，皇帝赏功，都是年大将军要求的。与其说是御赐，不如说是年赏！

听到如此传言，雍正帝咬肌滚动，杀心陡起。年羹尧结束陛见离京时，就接到雍正谕旨，其中有段意味深长的话语：

> 凡人臣者图功易，成功难；成功易，守功难；守功易，终功难……若倚功造过，必致反恩为仇，此从来人情常有者……

此道诏旨，和平常雍正皇帝的奉承和嘉赏语气完全不同，已经深含

年羹尧著《治平胜算全书》内图

警告和提醒。到如此地步，年羹尧依旧执迷不悟。

当然，日后有人分析年羹尧获罪原因，具体事例不少。首先，他擅作威福，骄横跋扈，妄自尊大，连蒙古王爷见到他都要下跪。其次，由于大权在握，年羹尧一直有结党营私的嫌疑。他信用私人，排斥异己，以至于在文武官员选任上，但凡年羹尧所保举之人，清廷的吏、兵二部一律优先录用。一时之间，号称“年选”，气焰嚣张异常。最后，贪赃枉法，损公肥私，收人钱财，与人升官，几乎到了无原则的地步——年羹尧本来弹劾直隶巡抚赵之垣“庸劣纨绔”，以便让和他关系亲近的李维钧去当直隶巡抚。而赵之垣丢官后，心里很清楚年羹尧势大，哭哭啼啼，跑到其门下，孝敬财宝无数，很快就取得年大将军的欢心。于是年羹尧一改昔日的贬斥，竟然亲自携赵之垣入京，再三恳求雍正帝要接见这个“忠臣贤才”，并力保赵之垣可堪大用……

雍正帝要对年羹尧下手，把柄一大把，都不用处心积虑去找碴儿。

于是，雍正帝开始明示、暗示有关的官员，特别是年羹尧昔日的亲信们，要他们和年羹尧分清界限，不要站错队而遭到朝廷处理。

雍正帝当然不希望年羹尧变成吴三桂。所以，为了把年羹尧调离他的老窝西安，清廷还是要找出能够令人信服的借口。当时，四川巡抚蔡珽被年羹尧弹劾，押入京中受审后判处“斩监候”。而后，年羹尧又推举和自己关系好的王景灏出任四川巡抚。雍正帝就以此为突破口，忽然亲自接见蔡珽。

陛见之时，蔡珽满腹委屈，把自己从前得罪年羹尧，而后遭到年羹尧诬陷的事情尽数讲给了雍正帝听。

默然半晌，雍正帝公开表态：“年羹尧参劾蔡珽，事实不明。如果朕杀了蔡珽，岂不让天下人认为是年羹尧操持着朝廷的威福之柄？！”

结果，雍正帝不仅没杀蔡珽，还委任蔡珽为左都御史，使他变成了中央级的监察首长。得任皇帝鹰犬，加上对年羹尧的一肚子怨恨，蔡珽立刻成为雍正帝对付年羹尧的有力帮手。

清雍正三年二月初二日（3 月 15 日），天空出现了“日月合璧，五星连珠”的天文景象。所谓“五星连珠”，是指水、金、木、火、土五颗行星在天空中一字排开来，如同五颗珍珠一样，连成一串出现在天空；“日月合璧”，是把太阳和月亮加上去，使七个天体（太阳、月亮、金星、木星、水星、火星、土星）形成一条线。如此一起排算，就构成了“日月合璧，五星连珠”或者是“日月合璧，七曜同宫”。

这种天文现象其实不是多么罕见，大概三十年出现一次，距离我们今人最近的一次，是 2000 年 5 月 20 日。但在清朝，这可不得了，罕见“祥瑞”啊，于是群臣皆上表称贺，说正是由于皇帝夙兴夜寐、励精图治，才感动上天，以此祥瑞来保佑国家太平，人富年丰。

年羹尧自然不例外，也要上表称贺。对于一般的公文，清朝督抚大员们肯定不是自己动手处理；给皇帝的奏章，许多也都是师爷捉刀，但最后誊清的上交稿件，由于皇帝要亲自阅示，大臣们一般不敢怠慢，都是自己拿毛笔以馆阁体抄录一遍封好，派人送到京城。可这次年羹尧所奏表疏字迹潦草不说，还把“朝乾夕惕”误写为“夕惕朝乾”。

其实，这不算什么错误，意思是一样的。放在以前，可能没事，而现如今，心思变了，什么都变味了——雍正帝马上以此为把柄，痛斥年羹尧把“朝乾夕惕”误写为“夕惕朝乾”，认为此事绝对不是小事情。

雍正帝一脸沉痛，对朝臣说：年羹尧本来就不是一个粗心之人，他肯定是故意误写“朝乾夕惕”，显然是他自恃对朝廷有功，故而对朕疏忽不敬……

既然皇帝都这样认为，群臣纷纷附和。墙倒众人推，这是亘古不变的法则。

于是，在雍正帝指使下，清廷开始对四川和陕西的官员进行大换血，要把年羹尧的势力清除掉，并且把他的亲信甘肃巡抚胡期恒革职，把另一位亲信、时为署理四川提督的纳泰也调回北京，使得这些人日后不能成为对朝廷的威胁。

雍正三年四月，清廷下诏，解除年羹尧川陕总督之职，命他即刻交出抚远大将军印信，贬为杭州将军。

京城内外的大小官员，看到皇帝亲自打“老虎”，都不甘人后，和年羹尧熟与不熟，但凡有过交往和干系的，都纷纷上表，揭发年羹尧的“罪恶”：

> 山西巡抚伊都立、都统前山西巡抚范时捷、川陕总督岳钟琪、河南巡抚田文镜、侍郎黄炳、鸿胪少卿单畴书、原任直隶巡抚赵之垣交章发羹尧罪状，侍郎史贻直、高其佩赴山西按时捷劾羹尧遣兵围郃阳民堡杀戮无辜，亦以谳辞入奏，上命分案议罪。罢（年）羹尧将军，授闲散章京，自二等公递降至拜他喇布勒哈番，乃尽削（年）羹尧职。

把年羹尧尽削官职之后，雍正三年九月，雍正帝下诏把年羹尧逮送入京会审——如此一来，这个前国家勋臣，立刻成为“人民公敌”。

清廷法司在雍正直接控制下，办事效率极高。到了年底，议政大臣们就向雍正提交了审判结果，年羹尧共犯有九十二条大罪：包括大逆罪五条，欺罔罪九条，僭越罪十六条，狂悖罪十三条，专擅罪六条，忌刻罪六条，残忍罪四条，贪婪罪十八条，侵蚀罪十五条……

一条一条细细查看，雍正帝一脸正气，满脸痛心，对满朝大臣说：年羹尧所犯这九十二款罪行，其中三十多条，每条都可以处以极刑。所以，朕杀他三十多次都不多！但是，念及年羹尧确实对国家有过功劳，西征之事举国皆知，真要对他明正典刑加以碎剐或者斩首，恐遭物议。而朕自己作为帝君，难免会让人觉得有杀戮功臣之嫌……思来想去，朕还是对年羹尧网开一面吧……

群臣面面相觑，不知道雍正帝要如何“宽大”处理年羹尧。

“……念其曾经对朝廷有功，就不凌迟或者斩首了，赐其狱中自裁！”雍正帝卖个关子后，做出决定。

于是，清廷下诏，赐年羹尧狱中自裁。

封建时代法办一个人，当然不仅仅是他本人，其宗族全部都要牵连。年羹尧父兄子弟，但凡在朝廷或者地方任官者，俱被革职。其嫡亲子孙，皆发遣极远边地充军，家产也全部抄没入官。

为清廷卖命三代，功高震主，年羹尧的功业顿时化为乌有！

雍正帝看在年贵妃面子上，对年羹尧并没有斩草除根。除了对年羹尧的儿子年富依律斩首以外，并没杀他剩下的几个儿子。

年羹尧虽然骄慢跋扈，但从内心来看，他对雍正帝一直忠心耿耿，反心是绝对没有的，最主要的是年羹尧当时没有造反的心理基础和客观基础。

先前“哥们”已久，年羹尧总认为雍正帝对自己会回心转意。所以被判有罪之后，他一直对雍正抱有幻想，希望皇帝能够开赦自己。

在被革去川陕总督赴杭州将军途中，年羹尧就曾幻想半路雍正帝会召他回京复职，所以他在江苏仪征逗留不前。得知年羹尧如此磨蹭，雍正帝怒气更盛，大红朱笔乱摇，在年羹尧调任杭州将军所上的谢恩折上批复道：

> 看此光景，你并不知感悔。上苍在上，朕若负你，天诛地灭；你若负朕，不知上苍如何发落你也！……你这光景，是顾你臣节、不管朕之君道行事，总是讥讽文章、口是心非口气，加朕以听谗言、怪功臣之名。朕亦只得顾朕君道，而管不得你臣节也。只得天下后世，朕先占一个“是”字了。

这段朱批，雍正帝心事已明：年羹尧的下场，只有死路一条！

荣华富贵这么多年，为国家立过这么多大功，年羹尧是真不想死。所以，即使他接到了雍正帝命令他自裁的谕令，这位“年大将军”还是对自己下不了手，还是幻想“哥们”在最后关头会忽然下旨赦免他。

雍正帝当然不这么想，他认为自己最终不判年羹尧凌迟或者斩首，让这位前功臣保留全尸，就已经是法外开恩了，年羹尧对此应该感激涕零才对。得知年羹尧拿根绳子发呆并等自己的消息，雍正帝特别恼火，马上派人给他发出最后的谕令：

> 尔自尽后，稍有含冤之意，则佛书所谓永堕地狱者，虽万劫不能消汝罪孽也。

也就是说，从前那么肉麻地表示说要和年羹尧做个万古君臣榜样的雍正帝，在和这位自己的前大功臣永诀之际，为了避免年羹尧怀怨而死后冤魂会找自己麻烦，雍正帝利用佛家轮回的说教，声色俱厉斥责年羹尧：死，你年羹尧也要死得心甘情愿，心悦诚服！

事到如今，年羹尧还哀哀恋生，上折乞求：

> 臣今日一万分知道自己的罪了。若是主子天恩，怜臣悔罪，求主子饶了臣。臣年纪不老，留作犬马自效，慢慢地给主子效力……

雍正览折冷笑，再无朱谕批回。

事已至此，再无生路可寻。年羹尧泪眼模糊，只能把自己挂到房梁之上……

年羹尧位高权重，妄自尊大，违法乱纪，这些都是实情，肯定会招致同僚们的忌恨及雍正帝的不满。但雍正帝之所以一定要年羹尧死，倒不是因为他功高震主那么简单，最主要的还是出于这样一个心结：年羹尧和隆科多一样，事先秘密参与了雍正帝不法争夺帝位的活动，乃雍正帝夺嫡的真正知情之人。

这样的人，只要他活着，对自己就是一个大不利、大不稳定因素。所以，一旦时机成熟，年羹尧肯定要被清除掉。

清朝遗老所编纂的《清史稿》，对隆科多和年羹尧做如下评价：

> 雍正初，隆科多以贵戚，年羹尧以战多，内外夹辅为重臣。乃不旋踵，幽囚诛夷，亡也忽诸。当其贵盛侈汰，隆科多恃元舅之亲，受顾命之重；羹尧自代允禵为大将军，师所向有功。方且凭借权势，无复顾忌，即于覆灭而不自怵。臣罔作威福，古圣所诫，可不谨欤！

这些判语，多为雍正帝回护。但从年羹尧自身而言，自恃功高，妄自尊大，擅作威福，似乎犯了功臣之大忌，最后被杀确实也算咎由自取。

## 作为“可爱”暴君的雍正

一向以残忍、沉猜、阴险、心机深重著名的雍正帝，一生中所做最“可笑”的一件事，乃是由“曾静案”而起。由于这个案子，他主编了一套《大义觉迷录》。这套书，在清廷力推下，一时间传遍宇内。

雍正帝本来想借助这套书来宣讲清朝正统性，逐一驳斥坊间对自己不利的传闻，但结果弄巧成拙，欲盖弥彰！

首先，我们讲讲引发雍正帝当“总编”欲望的“曾静案”。

曾静乃湖南永兴人，康熙十八年生人。由于青年时代屡试不第，曾静就闭门读书，以授徒讲课为生，著有《知几录》《知新录》二书，其中蕴涵浓厚的民族意识。

雍正五年，曾静派弟子张熙到浙江购买了一大批书籍，其中有明末清初文人吕留良的一本诗稿。此前，曾静曾接触过吕留良弟子严鸿逵、沈在宽等人，在二人家中还看到了吕留良的其他著述。由于这位乡村秀才长期仕途蹭蹬，本来就有些“反社会”的倾向，看到吕留良遗著中关于“夷夏之防”的言论，想到自己长久以来不受清朝待见，未得考中及第，曾静就对吕留良的反清思想大感赞赏。

毕竟不是见多识广的大文人、真文人，雍正六年秋，曾静做出一件大荒唐事，他派弟子张熙到西北，投书给清朝的川陕总督岳钟琪，称岳钟琪是宋朝忠臣岳飞的后裔，劝他起兵反清。这还不算，曾静还在信中列举当今皇帝雍正犯有弑父篡立、杀兄屠弟、好色淫乱等罪行……

岳钟琪乃四川成都人，多年来因战功累官至川陕总督，任“宁远大将军”。继年羹尧之后，以一个汉人身份得享如此权力，岳钟琪感激雍正帝还来不及，哪里会造反呢？

曾静判断简单，认为岳钟琪就是岳飞后代，姓岳的肯定和女真后裔有血海深仇。同时，他听说年羹尧被杀后，雍正三次征召岳钟琪，岳钟琪都未进京，就断定这位岳大将军肯定对清廷不满，于是投书劝其反叛。

岳钟琪接到来信，骇异非常。他即刻逮捕张熙，大刑伺候，穷治其幕后主使之人。

张熙受过曾静洗脑，还挺坚强，打死也只字不吐。

这下可把岳钟琪急坏了。他深恐雍正帝怀疑自己，必须查出实情。岳钟琪于是改变策略，开始以诱骗手段对待张熙。一天，他屏去旁人，深夜探访张熙，说自己从前派人对他施以大刑，是为了掩人耳目，不让朝廷怀疑，并拍着胸口说自己早就想起兵反清。

看到岳钟琪和自己设酒盟誓，张熙就一五一十都说了，道出是自己老师曾静派自己来见岳钟琪。

岳钟琪大舒一口气，赶紧密奏雍正帝。清廷派人火速到达湖南，把正眼巴巴盼望岳钟琪起兵的曾静捉拿归案。

曾静作为一个文人，乡村学究，重刑之下，马上都招了，供出了严鸿逵、沈在宽等人，说自己所看的吕留良著作，都是在他们家里发现的。

雍正帝命令浙江总督李卫即刻捉拿吕留良家属（吕留良当时已死），同时逮捕严鸿逵、沈在宽等一干人等，收缴所有可以找到的吕留良文集。而后，雍正帝又派刑部侍郎杭奕禄、正白旗副都统海蓝以及湖南巡抚王国栋三员大吏，一同对曾静加以会审。

从前连县令都没机会见到，如今看到清廷三位省部级官员都来“看望”自己，曾静确实害怕极了，以至于在大堂之上还没动板子就号啕大哭。以往看吕留良著作之时所产生的冲天豪气，如今都变成了流不尽的眼泪和说不完的痛悔。

后悔也没用，三个官员下令，大刑继续伺候。在严刑逼供下，曾静又供出一大批人。有关无关，凡是和曾静有过交往的，都倒了大霉。

遵照雍正帝严旨，清朝官吏在数省范围内广泛追查，最终“曾静案”牵连人数达几十人，惊动了清政府几个部和几个省。由于株连甚广，当时交通、讯息又不是特别方便，清朝各地政府一直追查缉拿，所以直到雍正十年，曾静案才最终告结。

审讯期间，雍正帝曾令朝廷京官和各省总督、巡抚、道府守令以及各地学官依次表态，让他们议论曾静此人的应得之罪。

不出所料，各级官员一致表态，认定曾静罪大恶极。对这样的人，不仅要凌迟处决，还要诛杀三族。

雍正帝也亲自审问曾静，还让他自己议罪。

跪伏在雍正帝御座前，曾静一把鼻涕一把泪，严谴自己辜负天恩，说自己受了吕留良的著作蛊惑，萌发反清意念，确实大逆不道；谴责完自己，他又开始歌颂雍正帝和清朝的伟大光荣和正确，还形诸文字，在供词中不停奉承雍正帝……

细细阅读了曾静所写的《归仁录》，看到这位反贼不仅表示悔过，还大力颂扬自己，雍正帝眉头一皱，计上心来。他下令收录两年来自己关于曾静案的十道上谕、曾静四十七篇口供和《归仁录》以及张熙的两篇口供，最终合成四卷，起名《大义觉迷录》，公开印行颁发。

在这套书中，雍正帝本人对“华夷之辨”进行了重新解释，还对曾静等人谋逆时指责他的十大罪状（谋父、逼母、弑兄、屠弟、贪财、好杀、酗酒、淫色、诛忠、任佞）进行了一一辩解。

善要人知，绝非真善；恶恐人知，必定大恶！为了掩饰自己先前犯下的弑父罪行，雍正帝特别在乎天下人对他的看法。为了能够通过辩解把自己洗白，雍正帝下令刊刻发行《大义觉迷录》，还要求朝廷上下、地方官吏人手一册：

> 著将吕留良、严鸿逵、曾静等悖逆之言及朕谕旨，一一刊刻，通行颁布天下各府、州、县远乡僻壤，俾读书士子及乡曲小民共知之。并令各贮一册于学宫之中，使将来后学新进之士，人人观鉴知悉！

唯恐地方官员办事不力，雍正帝还恐吓说：“倘有未见此书、未闻朕旨者，经朕随时察出，定将该省学政及该县教官从重治罪！”

“曾静案”乃雍正一朝最重要的文字狱，轰动一时。《大义觉迷录》中的“上谕”部分，内容主要包括两方面：一是雍正帝对吕留良“夷夏大防”言论做出全面批驳；二是雍正帝对曾静指责他弑父逼母、夺嫡自立之事，逐条进行反驳。

首先，雍正论证了清朝统治天下的唯一正统性，提出“唯有德者可为天下君”，宣称大清政权乃上天赋予的：

> 夫我朝既仰承天命，为中外臣民之主，则所以蒙抚绥爱育者，何得以华夷而有更殊视？而中外臣民，既共奉我朝以为君，则所以归诚效顺，尽臣民之道者，尤不得以华夷而有异心。此揆之天道，验之人理，海隅日出之乡，普天率土之

众，莫不知大一统之在我朝。悉子悉臣，罔敢越志者也。

乃逆贼吕留良，凶顽悖恶，好乱乐祸，俶扰彝伦，私为著述，妄谓“德祐（宋恭帝赵㬎的年号）以后，天地大变，亘古未经，于今复见”。而逆徒严鸿逵等，转相附和，备极猖狂，余波及于曾静，幻怪相煽，恣为毁谤，至谓“八十余年以来，天昏地暗，日月无光”。

在逆贼等之意，徒谓本朝以满洲之君，入为中国之主，妄生此疆彼界之私，遂故为诬谤诋讥之说耳。（他们）不知本朝之为满洲，犹中国之有籍贯。舜为东夷之人，文王为西夷之人，曾何损于圣德乎？《诗》言“戎狄是膺，荆舒是惩”者，以其僭王猾夏，不知君臣之大义，故声其罪而惩艾之，非以其为戎狄而外之也。若以戎狄而言，则孔子周游，不当至楚应昭王之聘。而秦穆之霸西戎，孔子删定之时，不应以其誓列于周书之后矣。

盖从来华夷之说，乃在晋宋六朝偏安之时，彼此地丑德齐，莫能相尚，是以北人诋南为“岛夷”，南人指北为“索虏”，在当日之人，不务修德行仁，而徒事口舌相讥，已为至卑至陋之见。今逆贼等于天下一统、华夷一家之时，而妄判中外，谬生忿戾，岂非逆天悖理，无父无君，蜂蚁不若之“异类”乎！

且以天地之气数言之，明代自嘉靖以后，君臣失德，盗贼四起，生民涂炭，疆圉靡宁，其时之天地，可不谓之“闭塞”乎！

本朝定鼎以来，扫除群寇，寰宇乂安，政教兴修，文明日盛，万民乐业，中外恬熙，黄童白叟，一生不见兵革，今日之天地清宁，万姓沾恩，超越明代者，三尺之童亦皆洞晓，而尚可谓之“昏暗”乎！

其次，雍正帝宣称满洲入主中国乃因为列祖列宗开疆扩土有大德，指斥那些不向王化者才是“狄夷”，以文化之辨，来重新解释“华夷之辨”：

夫天地以仁爱为心，以覆载无私为量。是为德在内近者，则大统集于内近，德在外远者，则大统集于外远。孔子曰：“故大德者必受命。”自有帝王以来，其揆一也。今逆贼等以冥顽狂肆之胸，不论天心之取舍，政治之得失，不论民物之安危，疆域之大小，徒以琐琐乡曲为阿私，区区地界为忿嫉，公然指斥，以遂其昧弃彝伦，灭废人纪之逆意。至于极尽狂吠之音，竟敢指天地为昏暗，岂皇皇上天，鉴观有赫，转不如逆贼等之智识乎？

且逆贼吕留良等，以夷狄比于禽兽，未知上天厌弃内地无有德者，方眷命我外夷为内地主，若据逆贼等论，是中国之人皆禽兽之不若矣。又何暇内中国而外夷狄也？自詈乎？詈人乎？

且自古中国一统之世，幅员不能广远，其中有不向化者，则斥之为夷狄。如三代以上之有苗、荆楚、猃狁，即今湖南、湖北、山西之地也。在今日而目为夷狄可乎？至于汉、唐、宋全盛之时，北狄、西戎世为边患，从未能臣服而有其地。是以有此疆彼界之分。

自我朝入主中土，君临天下，并蒙古极边诸部落，俱归版图，是中国之疆土开拓广远，乃中国臣民之大幸，何得尚有华夷中外之分论哉！

从来为君上之道，当视民如赤子，为臣下之道，当奉君如父母。如为子之人，其父母即待以不慈，尚不可以疾怨忤逆，况我朝之为君，实尽父母斯民之道，殚诚求保赤之心。

而逆贼尚忍肆为讪谤，则为君者，不知何道而后可也！

再次，雍正帝开始洋洋洒洒，宣传清朝对明朝后裔的善待，清朝对中国百姓的德政以及清朝的“得国之正”，宣扬清朝政权对中国的巨大贡献：

从前康熙年间，各处奸徒窃发，动辄以朱三太子为名，如一念和尚、朱一贵者，指不胜屈。近日尚有山东人张玉，假称朱姓，托于明之后裔，遇星士推算，有帝王之命，以此希冀鼓惑愚民，现被步军统领衙门拿获究问。从来异姓先后继统，前朝之宗姓臣服于后代者甚多。否则，隐匿姓名伏处草野，从未有如本朝奸民假称“朱”姓，摇惑人心若此之众者。似此蔓延不息，则中国人君之子孙，遇继统之君，必至于无噍类而后已，岂非奸民迫之使然乎？

况明继元而有天下，明太祖即元之子民也。以纲常伦纪言之，岂能逃篡窃之罪？至于我朝之于明，则邻国耳。且明之天下丧于流贼之手，是时边患肆起，倭寇骚动，流贼之有名目者，不可胜数。而各村邑无赖之徒，乘机劫杀，其不法之将弁兵丁等，又借征剿之名，肆行扰害，杀戮良民请功，以充获贼之数。中国民人死亡过半，即如四川之人，竟致靡有孑遗之叹。其偶有存者，则肢体不全，耳鼻残缺，此天下人所共知。康熙四五十年间，犹有目睹当时情形之父老，垂涕泣而道之者。

且莫不庆幸我朝统一万方，削平群寇，出薄海内外之人于汤火之中，而登之衽席之上。是我朝之有造于中国者大矣，至矣！至于厚待明代之典礼，史不胜书。其藩王之后，实系明之子孙，则格外加恩，封以侯爵，此亦前代未有之旷典。

> 而胸怀叛逆之奸民，动则假称朱姓，以为构逆之媒。而吕留良辈又借明代为言，肆其分别华夷之邪说，冀遂其叛逆之志。此不但为本朝之贼寇，实明代之仇雠也！

最后，可笑的是，雍正犯了一个简单而又巨大的错误，因为，他对自己的定位，还是“外国之君”：

> 如中国之人，轻待外国之入承大统者，其害不过妄意诋讥，蛊惑一二匪类而已。原无损于是非之公，伦常之大。倘若外国之君入承大统，不以中国之人为赤子，则中国之人，其何所托命乎？况抚之则后，虐之则仇，人情也，若抚之而仍不以为后，殆非顺天合理之人情也。假使为君者，以非人情之事加之于下，为下者其能堪乎？为君者尚不可以非人情之事加之人于下，岂为下者转可以此施之于上乎？孔子曰：“君子居是邦也，不非其大夫。”况其君乎！又曰：“夷狄之有君，不如诸夏之亡也。”
>
> 夫以春秋时百里之国，其大夫犹不可非。我朝奉天承运，大一统太平盛世，而君上尚可谤议乎？且圣人之在诸夏，犹谓夷狄为有君，况为我朝之人，亲被教泽，食德服畴，而可为无父无君之论乎？韩愈有言：“中国而夷狄也，则夷狄之；夷狄而中国也，则中国之。”
>
> 历代从来，如有元之混一区宇，有国百年，幅员极广，其政治规模颇多美德，而后世称述者寥寥。其时之名臣学士，著作颂扬，纪当时之休美者，载在史册，亦复灿然具备，而后人则故为贬词，概谓无人物之可纪，无事功之足录，此特怀挟私心识见卑鄙之人，不欲归美于外来之君，欲贬抑淹没之耳……

吕留良乃清初著名的学者，在“曾静案”案发之时，他本人已死去四十多年。吕留良著作中，一直具有强烈的反清思想，极力申明“华夷之辨”，也就是不承认清朝统治的正统性。为此，气急败坏之下，雍正帝借《大义觉迷录》的刊发，极力驳斥了一直为传统儒学所认可的“华夷之辨”，从而提出了他自己反中华思想的“一君万民”世界观。

当然，雍正帝抗辩“华夷之辨”，目的在于要摆脱历史上汉人的“自文化中心主义”。他认定，能够成为中原王朝正统的统治者，主要应该依据两个条件：一是文化的正统性、优越性；二是政治支配与主从关系。那么，清朝的统治，就是天意所为。所以，清朝以“天”之名临预华夏，清朝的统治肯定就具有强有力的政治正统性。

曾静供词中，涉及康熙之死以及雍正即位的许多敏感问题。而曾静先前在投书岳钟琪时，就曾列举雍正“十大恶”——一谋父，二逼母，三弑兄，四屠弟，五贪财，六好杀，七酗酒，八淫色，九诛忠，十任佞——这些指责，当然基本是源于道听途说，比如康熙帝喝了雍正帝送的一碗人参汤暴崩，雍正帝把十四弟允禵调回监禁，两兄弟的生母太后悲愤之余在铁柱之上自撞而死……这些传闻，应该都是从已被镇压的雍正诸弟允禩、允禟手下那些太监口中传出来的。

可笑的是，雍正帝太看重这些指斥了。在上谕中不厌其烦，对自己的“十条恶行”逐条进行驳斥。特别是对曾静说自己的“弑兄屠弟”之说，详加辩解，一一列举诸兄弟的恶行，“残暴横肆”，怀有“毒忍之心”，才使得自己最终为了社稷大义对他们“大义灭亲”。最可笑的是，以皇帝之尊，雍正帝竟然自吹自擂，说“诸兄弟之才识，实不及朕”。

关于曾静所说的自己“好杀”一条，雍正帝更夸张：“朕性本最慈，不但不肯妄罚一人，即步履之间，草木蝼蚁，亦不肯践踏伤损。即位以来，时刻以祥刑为念……”

但凡看过雍正一朝资料的，就知道在他统治下，大兴文字狱，诛戮大臣，广为株连，国内极权主义统治非常恐怖，文人士子和百姓皆终日惴惴，哪里有一丝慈悲胸怀！

而对于曾静先前指斥的“淫色”一条，雍正帝更夸张地加以驳斥：

> 朕在藩邸，即清心寡欲，自幼性情不好色欲。即位以后，宫人甚少。朕常自谓天下人不好色，未有如朕者。“远色”二字，朕实可以自信，而诸王大臣近侍等，亦共知之。今乃谤为好色，不知所好者何色、所宠者何人。

总之，《大义觉迷录》的内容以曾静供词最多，这些供词中，有的是“奉旨问讯”，有的是“杭奕禄等问讯”。其形式都是对曾静《上岳钟琪书》《知新录》等书中“大逆不道”言论提出的质问和质询。而书中曾静的供词，则满纸“痛悔前非”，句句都阿谀雍正帝隆厚圣德，皇恩浩荡。这些谄谀之言，相比昔日曾静在书信中的詈骂和指斥，简直判若两人！

而雍正帝自己的反驳和申辩，我们今日观之，也可以用八个字来形容：义正词严，笑话百出！

“曾静案”结案后，雍正帝对曾静和他的学生张熙的处理，让当时大臣们感到匪夷所思——这两个人和他们的家属，全部宽免释放，予以自新之路。

雍正的解释是，曾静、张熙糊涂，他们误信吕留良的邪说，不过是受人迷惑的从犯。雍正帝还说：“曾静之前后各供，俱系伊亲笔书写，并非有所勉强逼勒，亦并非有人隐授意指，实由于天良感动，是以其悛悔之心，迫切诚恳，形于纸笔！”

望着诸大臣面面相觑的样子，雍正帝还严正声明：“朕之子孙，将来亦不得以其诋毁朕躬而追究诛戮！”

雍正帝赦免曾静和张熙，不过是故作姿态的帝王权谋，以此来说明曾静对他那些“谋父”“逼母”“弑兄”等指斥，都是子虚乌有的诬蔑和误解。雍正帝泪眼朦胧，对大臣们表示：“朕之心可以对上天，可以对皇考，可以共白于天下之亿万臣民！”

宽赦曾静和张熙后，雍正指示，在湖南设立“观风整俗使”衙门，要这两个人“现身说法”，充任“讲师团”主要干将，在湖南观风整俗使衙门安排下，开设多堂公开课，给当地士子和百姓宣讲雍正帝的浩荡皇恩。而后，雍正帝还命令刑部侍郎杭奕禄带着曾静、张熙到江宁、杭州、苏州等地开场授学，巡回“演出”。

这两个人痛哭流涕，指天画地，丑态百出，讲述他们自己的罪过和深刻的悔悟之情。

虽然饶过曾静和张熙，但雍正帝对于吕留良一门却惩治极严。吕留良本人和其长子吕葆中死了也不能幸免，被挖出来戮尸枭首；吕留良的学生严鸿逵在狱中被杖毙；吕留良活着的儿子吕毅中和吕留良的学生沈在宽，皆被押入刑场斩首；吕留良的一些私淑弟子，还有逐年刊刻、贩卖和私藏吕留良书籍的人，或被斩首，或被充军，或被杖责，一个都未被饶恕！

吕留良、严鸿逵、沈在宽三人的男性子弟除被斩首外，其三族妇女幼童，皆被罚没入功臣家为奴。

雍正十三年八月，雍正帝胤禛暴崩。其子乾隆继位之后仅仅一个多月，马上下令逮捕曾静、张熙。不久，就让人把这两个大清“宣传员”解送京城，处以凌迟之刑。

乾隆帝处决曾静、张熙两个人的理由很简单：

> 曾静之罪不减于吕留良，而我皇考于吕留良则明正典刑，于曾静则屏弃法外者，以（吕）留良谤议及于皇祖，而曾静止及于圣躬也。今朕绍承大统，当遵皇考办理吕留良案之例，明正曾静之罪，诛叛逆之渠魁，泄臣民之公愤。

更甚的是，乾隆还下诏，将早先流放在宁古塔的吕留良等人的后代，遣送到更荒远的黑龙江寒冷边疆，“给披甲人为奴”。

从顺治十五年（1658 年）开始，清廷规定“挟仇诬告者”流放宁古塔。在清代，宁古塔是“宁古塔将军”治所和驻地，当地并没有叫“宁古”的“塔”。相传曾有兄弟六人占据此地，满语称“六”为“宁古”，“个”为“塔”，所以称为“宁古塔”，乃满语转音而成。顺治年间，宁古塔辖界非常广大，盛京以北、以东地区，皆为宁古塔将军辖地。现在黑龙江东部的海林市，就是当时清廷流放人犯的宁古塔所在地。被遣戍宁古塔的流人，能生还的极少。

至于“披甲人”，不是“披甲守卫边陲的军人”这么简单。根据“以旗统军，以旗统民”的八旗制度，八旗之人平时耕田打猎，战时披甲上阵。而旗中的人群，按照其身份地位，分为阿哈、披甲人和旗丁三种。“阿哈”即奴隶，多为汉人、朝鲜人；“披甲人”是满洲征战中生俘的降人，民族不一，地位要高于阿哈；而“旗丁”则是满洲女真人。

那么，乾隆为什么刚继位就迫不及待地违背父训来重新处理曾静一案呢？很简单，老子的错漏，儿子来纠正！

《大义觉迷录》这部“奇书”，本来是雍正帝拿来给自己遮掩脸面的。结果，本来对清廷内部事务不甚了了的百姓，反而借助这套书对雍正帝生出了更多的“猜测”，以至于这部书在全国流行过程中，越描越黑，最终使得百姓们更相信本来还隐隐约约、模模糊糊的雍正帝“弑父逼母”“杀兄屠弟”的传说。

正是为了杜绝谤言，消除“恶劣”影响，乾隆帝才开始对此书进行禁毁……

于是，乾隆帝以查抄文字狱的耐心和细心，下诏在全国禁毁《大义觉迷录》，不仅把已颁行的书籍皆严令收回，同时严旨下令，民间有敢私藏者，皆逮捕刑讯……

由于清廷的高压政策，《大义觉迷录》在清朝乾隆帝继位之后由“宝书”变为禁书，以至于极少流传。日本一直深度关注中华文化，加之当时的商贩好奇贩卖，所以日本一直留有这部书的存本。今天坊间有《大义觉迷录》雍正年间内府原刻本及外省翻刻本，还有光绪末年香港仁社书局铅印本，以及新中国成立后中华书局的排印本……

从人性的角度，从帝王的角度，雍正帝确实都不算“好人”。

近年来，不仅不少史学家粉墨登场来重新诠释雍正帝，一些“觉罗”后人也纷纷出场，诉说雍正帝人品的高尚和政绩的突出。

有的人摆出证据：康熙末年国库存银只有700万两，经历雍正帝继统之后，清朝国库存银已达5000万两之巨。雍正帝还因为常年抱病操劳国事，最后竟然活活累死！

一方面，国库存银数字，其实完全是文字游戏，把康熙帝在位期间国库某年的最低存银，和雍正帝在位时国库存银的最高存银拿出来相比，根本就不客观。而且，即使雍正五年由于年景好国库一度达到过5000万两存银，也不能说明雍正帝多伟大。从入关开始，清朝统治者就一直靠横征暴敛和巧取豪夺来盘剥百姓。在集权主义、专制主义的清朝，国富，往往意味着民穷。

另一方面，雍正帝当然不是活活为国事累死的。国内外清史研究者早就根据史料判断出，雍正帝晚年一直迷信丹药。丹药中有最致命的矿物质，能够导致肾脏衰竭和人体中毒。

既然雍正帝干了这么多坏事，为什么史书中有关他罪恶的正式史料和资料不是很多呢？第一，因为雍正自己就是一枚巨大的涂改棒，把不利于自己的资料能涂改的都涂改，能删除的都删除；第二，他死后继位的是亲儿子乾隆帝。子不言父过，会更加卖力增饰父皇功劳。

人性，还是非常复杂的。笔者读过不少雍正帝所作诗文，其中不少诗歌还是意境悠长而文雅的：

坐惜芳华晚，登楼独举觞。
眼看春色暮，行踏落花香。

藻密鱼堪隐，林深鸟易藏。
凭栏无限思，新月逗清光。

（《春暮登楼》）

幽斋新雨后，爽气泛池荷。
碧落疏星淡，晴窗皓月多。
隔花闻漏滴，倚枕和渔歌。
更爱流萤好，悠扬拂槛过。

（《书斋秋暝》）

观其诗作，诗意纤靡，同是女真人，相比完颜亮的“大柄若在手，清风满天下”的豪迈和磅礴，两者气概相差悬殊……

# 清风不识字　何故乱翻书

## 乾隆朝的"文字狱"

掌上旋日月，时光欲倒流。

周身气血涌，何年是白头。

这首诗，内容虽然浅白易懂，但对于普通读者来说，读后多数会不明就里，如堕云雾之中。

但这四句打油诗，对于文玩核桃的玩家来说，特别是北京爷们儿，那就耳熟能详了。他们会炫晃着手里嘎嘎作响的玩意儿，津津乐道："瞧，人家乾隆爷写的诗，皇帝都玩这个！"

也就是说，诗中所谓"掌上旋日月"，就是玩家手里转晃的文玩核桃。

那么，这首诗，真的是乾隆所作吗?

肯定不是。

乾隆确实算上"诗霸"级人物。他 25 岁登基，在位长达 60 年，做太上皇 4 年，也就是说，他实际执政时间达 64 年之久。皇帝之中，前无古人！据学者统计，记入乾隆名下的诗，多达 41 800 首。

从量上说，历史上唯一能和乾隆相比的，只有宋朝诗人陆游，而陆放翁一辈子所写，不过 9 300 余首。

钱锺书先生在《谈艺录》中评价过乾隆的诗："清高宗亦以文为诗，

语助拖沓，令人作呕。”此评甚为中肯！先不说乾隆4万多首诗多为沈德潜等阿谀文臣代作，就是他本人有感而发所写的诗文，要不浅白粗俗，要不佶屈聱牙，诗歌水平根本就属于七八流，甚至不入流！

由于谀臣沈德潜捉刀得力，乾隆特别高兴，赐诗中有“我爱沈德潜，淳风挹古初”等句。

不过，沈德潜死后，乾隆不放心，让人拿沈的遗诗来读，猛然发现，沈德潜把平时为自己捉刀的诗歌全部放入其遗著诗集中。震怒之下，乾隆借查办江南举人徐述夔《一柱楼集》里面有所谓的“悖逆语”，以沈德潜曾经为这本文集作过序为把柄，下诏“夺（沈）德潜赠官，罢祠削谥，仆其墓碑”。

乾隆虽然是个蹩脚诗人，但他懂诗，能从诗中嗅出“文字狱”来。清朝历史上文字狱160多件，乾隆一朝就有130多件之多，可谓骇人听闻。

而他所谓爱文化、保文化的《四库全书》，修纂过程中毁书、销书、删书、改书，堪比秦始皇的“焚书”。如此阴险毒辣的文化统治权谋，还被当今一些“深爱”大清朝的学者粉饰为“一代盛事”，实在让人叹息。

仅明一代历史的资料，乾隆朝就销毁无数档案资料，至今我们国家第一历史档案馆保存的明代档案，只剩下3000件（清朝本朝档案却有1000万件之多），明初和明中期的档案，全部被乾隆和他手下的御用文人有目的地销毁了。

可悲复可笑的是，号称“诗霸”的皇帝，名下诗歌4万多，最后能够流传人口的，一首都没有！

# 一把心肠论浊清

## 胡中藻诗狱

清朝晚期，有个佚名作者写过一部著作《康雍乾间文字之狱》，其中有“胡中藻（李蕴芳）之狱”一节。作者参阅大量清朝原始文件，其中详细记录了乾隆时期胡中藻文字狱的情况。

从以下这段记述中可以清楚地发现，乾隆帝如何寻章摘句，从胡中藻《坚磨生诗钞》中找“反骨”。由于相关原文浅显易懂，特摘出与读者共享：

> 乾隆二十年（1755年）三月，上（乾隆帝）召大学士九卿翰林詹事科道等谕曰：我朝抚有方夏，于今百有余年。列祖列宗，深仁厚泽，渐洽区宇，薄海内外，共享升平。凡为臣子，自乃祖乃父以来，食毛践土，宜共胥识尊亲大义，乃尚有出身科目，名列清华，而鬼蜮为心，于语言吟咏之间，肆其悖逆，诋讪怨望如胡中藻者，实非人类中所应有。
>
> 其所刻诗，题曰《坚磨生诗钞》，“坚磨”出自《鲁论》，孔子所称“磨涅”，乃指佛肸而言。胡中藻以此自号，是诚何心？
>
> ……如其集内所云“一世无日月”，又曰“又降一世夏秋冬”。三代而下，享国之久，无如汉唐宋明，皆一再传而多故。本朝定鼎以来，承平熙皞，盖远过之。乃曰“又降一世”，是尚有人心者乎？又曰“一把心肠论浊清”。加“浊”字于国号之上，是何肺腑？
>
> 至《谒罗池庙》诗，则曰“天匪开清泰”。又曰“斯文欲被蛮”。满洲俗称汉人曰“蛮子”，汉人亦俗称满洲曰“鞑子”，此不过如乡籍而言，即孟子所谓“东夷”“西夷”是也。

如以称“蛮”为斯文之辱，则汉人之称满洲曰“鞑子”者，亦将有罪乎？

再观其“与一世争在丑夷”之句，益可见矣。又曰：“相见请看都盎背，谁知生色属裘人？”此非谓旃裘之人而何？

又曰：“南斗送我南，北斗送我北。南北斗中间，不能一黍阔。”又曰：“再泛潇湘朝北海，细看来历是如何？”又曰：“虽然北风好，难用可如何？”又曰：“撤云揭北斗，怒窍生南风。”又曰“暂歇南风竞”。两两以南北分提，重言反复，意何所指？

其《语溪照景石》诗中，用“周时穆天子，车马走不停”及“武皇为失倾城色”两典故，此与照景石有何关涉？特欲藉题以寓其讥刺讪谤耳。

至若“老佛如今无病病，朝门闻说不开开”之句，尤为奇诞。朕每日听政，召见臣工，何乃有朝门不开之语？又曰“人间岂是无中气？”此是何等语乎？

其《和初雪元韵》则曰：“白雪高难和，单辞赞莫加。”“单辞”出《尚书·吕刑》，于咏雪何涉？

《进呈南巡诗》则曰“三才生后生今日”，天地人为三才，生于三才之后，是为何物？其指斥之意，可胜诛乎？

又曰：“天所照临皆日月，地无道里计西东。诸公五岳诸侯渎，一百年来頫首同。”盖谓岳渎蒙羞，俯首无奈而已，谤讪显然。

又曰“亦天之子亦莱衣”。两“亦”字悖慢已极。

又曰“不为游观纵盗骊”。八骏，人所常用，必用盗骊，义何所取？

又曰“一川水已快南巡”。下接云：“周王淠被因时迈。”盖暗用昭王南征故事，谓朕不之觉耳。

又曰“如今亦是涂山会，玉帛相方十倍多”。“亦是”二字，与前两“亦”字同意。

其颂蠲免，则曰：“那是偏灾今降雨，况如平日佛燃灯。”朕一闻灾歉，立加赈恤，何乃谓如佛灯之难觏耶？

至如孝贤皇后之丧，乃有“并花已觉单无蒂”之句。孝贤皇后，系朕藩邸。时皇考世宗宪皇帝礼聘贤淑作配朕躬，正位中宫，母仪天下者一十三年。然朕亦何尝令有干预朝政，骄纵外客之事？此诚可对天下后世者。至大事之后，朕恩顾饰终。然一切礼仪，并无于会典之外，有所增益，乃胡中藻与鄂昌往复酬咏，自谓殊似晋人，是已为王法所必诛。而其诗曰“其夫吾父属，妻皆母遭之”，夫君父，人之通称？君应冠于父上，曰父君尚不可，而不过谓其父之类而已，可乎？又曰“女君君一体，焉得漠然为”，帝后也，而直诉曰其夫曰妻，丧心病狂，一至于此，是岂覆载所可容者乎？

他如《自桂林调回京师》，则曰“得免我冠是出头”。伊由翰林荐擢京堂，督学陕西，复调广西，屡司文柄。其调取回京，并非迁谪，乃以挂冠为出头，有是理乎？

又有曰“一世璞谁完？吾身甑恐破”。又曰“若能自主张，除是脱缰锁”。又曰“一世眩如鸟在笯”。又曰“虱官我曾惭”。又曰“天方省事应问我”。又曰“直道恐难行”。又曰“世事于今怕捉风”。无非怨怅之语。

《述怀》诗又曰“琐沙偷射蜮，馋食狼张箕”。《贤良祠》诗又曰：“青蝇投吴肯容辞？”试问此时于朕前进谗言者谁乎？

伊在鄂尔泰门下，依草附木，而诗中乃有“记出西林第一门”之句。攀援门户，恬不知耻。

朕初见其进呈诗文，语多险僻，知其心术叵测。于命督学政时，曾训以论文取士，宜崇平正。今见其诗中，即有“下眼训平夷”之句。“下眼”并无典据，盖以为垂照之义亦可，以为识力卑下亦可，巧用双关云耳。

至其所出试题内，《孝经》义有“乾三爻不象龙”说。乾卦六爻皆取象于龙，故象传言，时乘六龙以御天，如伊所言，岂三爻不在六龙之内耶？乾隆乃朕年号，“龙”与“隆”同音，其诋毁之意可见。

又如“鸟兽不可与同群”，“狗彘食人食”，“牝鸡无晨”等题，若谓出题欲避熟，经书不乏闲冷题目，乃必检此等语句，意何所指？其种种悖逆，不可悉数……

乾隆帝以一个特级编辑加特级校对的仔细，对胡中藻诗集看了又看，最终，一一加以归类，找碴儿寻衅，挑出了如许多的违禁、讽刺、谤讪、狂悖、怨望之语：

第一，“一世无日月”，“又降一世夏秋冬”——乾隆认为，大清朝自从定鼎以来，承平繁盛，远过汉唐宋明，而胡中藻竟然认为清朝“又降一世”，作为大清臣属，全无心肝！

第二，“一把心肠论浊清”——竟敢把“浊”字放在国号“清”之上，居心叵测。

第三，“天匪开清泰”；“斯文欲被蛮”；“相见请看都盎背，谁知生色属裘人”——显然，胡中藻在挑拨是非，离间满汉。

第四，“南斗送我南，北斗送我北。南北斗中间，不能一黍阔”；“再泛潇湘朝北海，细看来历是如何”；“撤云揭北斗，怒窍生南风”；“暂歇南风竞”——南北分提，难道想大清分裂乎？

第五，“周时穆天子，车马走不停”；“武皇为失倾城色”；“白雪高难和，单辞赞莫加”——胡中藻这几句诗的用词用典，和其诗题无关涉，寓意在于讪谤。

第六，“老佛如今无病病，朝门闻说不开开”——影射乾隆帝惰政。

第七，“人间岂是无中气”，“不为游观纵盗骊”，“三才生后生今日”——诗意狂悖，是何居心？

第八，“天所照临皆日月，地无道里计西东。诸公五岳诸侯渎，一百年来頫首同”；“周王湃被因时迈”——前诗寓意大清统治后山河蒙羞，后者用“昭王南征”典故，意在讪谤。

第九，“亦天之子亦莱衣”；“如今亦是涂山会，玉帛相方十倍多”——这三个“亦”字，想胡中藻真是悖慢至极！

第十，“青蝇投吴肯容辞”；“那是偏灾今降雨，况如平日佛燃灯”——前一句讥乾隆帝听信谗言，后两句讥乾隆帝不赈灾祸。

第十一，“并花已觉单无蒂”；“其夫吾父属，妻皆母遭之”；“女君君一体，焉得漠然为”——以这几首诗咏乾隆正妻孝贤皇后之丧，对于帝后至尊，胡中藻竟敢直诉曰“其夫”“妻”，而且“君父”人之通称，君比父尊，而胡中藻诗中竟然以君比父，真正丧心病狂。

第十二，“得免吾冠是出头”；“一世璞谁完，吾身甑恐破”；“若能自主张，除是脱缰锁”；“一世眩如鸟在笯”；“虱官我曾惭”；“天方省事应问我”；“世事于今怕捉风”；“琐沙偷射蜮，馋食狼张箕”——这些诗句，显然皆属怨怅之语，居心险恶……

如此寻章摘句，乾隆帝确实对诗人和诗歌敏感到极点！

乾隆帝乃清朝帝君，政治强人。他对胡中藻下手的目的，当然不仅仅是文字狱这么简单。

胡中藻，江西新建人，号“坚磨生”，乾隆六年进士，官至内阁学士，乃乾隆朝首辅鄂尔泰的门生。满洲权贵鄂尔泰，一度和乾隆朝的汉人大学士张廷玉有隙，其间各立朋党，互相倾轧。朝中大臣党同伐异，深为乾隆帝所恶。

为了整治朝中朋党，压抑相权，乾隆二十年二月，乾隆帝密令广西巡抚卫哲治将胡中藻任广西学政时所出试题及与人唱和的诗文，百般搜求，一并查出，然后上交到朝廷细细勘验。以此为借口，乾隆帝兴起了“胡中藻诗狱”。看似要诛杀胡中藻，其实意在鄂尔泰及其党人。鄂尔泰虽死，也要对他进行政治清算。

最终，清廷定案，奏称胡中藻“违天叛道”，依据清律应该拟凌迟处死，其家属十六岁以上男丁，皆斩立决。

乾隆览奏，竟然说：“朕御极以来，从未尝以语言文字罪人。”为表“宽大”，判处胡中藻和他的儿子皆斩首……

但是，对于和胡中藻一直诗文唱和的鄂尔泰侄子鄂昌，乾隆帝恨极，认为他身为满洲贵族，多年来竟然对胡中藻大加赞赏，实属丧心病狂。而他本人的《塞上吟》诗集，乾隆帝斥为“词句粗陋鄙率，难以言诗”，且诗句中竟然言“蒙古”为“胡儿”，尤其诋毁至极——乾隆表示，蒙古自满洲先世以来，倾心归附，与满洲本属一体，鄂昌竟敢以“胡儿”目之，真正狂悖忘本！乾隆帝本来要对鄂昌加以斩首之刑，念其为满洲旧臣后裔，从宽，赐死！

而后，乾隆帝在上谕中对死去的鄂尔泰还不依不饶：

> 胡中藻系鄂尔泰门生，文辞险怪，人所共知。而鄂尔泰独加赞赏，以致肆无忌惮，悖慢诪张。且于其侄鄂昌，叙门谊，论杯酒。则鄂尔泰从前标榜之私，适以酿成恶逆耳。胡中藻依附师门，甘为鹰犬……大臣立朝，当以公忠体国为心。若各存意见，则依附之小人，遂至妄为揣摩，群相附和，渐至判若水火。古来朋党之弊，悉由于此。
>
> 鄂尔泰为满洲人臣，尤不应蹈此逆习。今伊侄鄂昌，即援引世谊，亲昵标榜，积习蔽锢，所关于世道人心者甚巨。使鄂尔泰此时尚在，必将伊革职，重治其罪，为大臣植党者戒。鄂尔泰著撤出贤良祠，不准入祀！

胡中藻的《坚磨生诗钞》，原本已经禁毁，从乾隆帝挑出来的现有诗句看，其实里面根本没有什么“居心叵测”的意思，也没有反清思想，连乾隆帝深恶痛绝的“种族之见”也看不出来。至于胡中藻诗集中那些内容稍稍显得晦涩的诗句，不过是用了几个险韵、僻典，或者故意在诗中写上一些和题目不关涉的词儿，应该都算文人卖弄才情罢了。间或有几句看似牢骚之语，也不是什么“怨望”。

回望康熙年间的文字狱，清朝统治者蓄意制造出来的不多。雍正一朝，文网甚密，已经开始以“莫须有”制造文字狱，比如我们所熟知的“清风不识字，何故乱翻书”，就是清廷对雍正朝庶吉士徐骏所作诗文的借题发挥。到了乾隆时代，文字狱多之又多，完全都是捕风捉影，真正以“莫须有”来搞文字狱了。

康熙一朝，当时清朝统治还未稳定，借助文字狱来维护、稳定清朝的统治。雍正朝文字狱，是雍正帝借助这个手段来打击昔日和自己争位的阿哥及其同党政敌。而乾隆朝类似“胡中藻诗狱”的文字狱，显然就是乾隆帝要借此来打击朝中朋党，而且目标直指前朝重臣，告诫朝中百官不可轻易参与党争。

我们可以发现，乾隆朝文字狱的作用已经发生改变，受到镇压的人，由康、雍时代的汉族士大夫，转变成在朝为官的满汉官员。正是从乾隆时代开始，在朝或在地方的为官者人人自危，即便在自己的私人日记、信件中也谨小慎微，不敢稍露对朝廷、皇帝的任何不满、怨望。他们战战兢兢，如履薄冰，都害怕以言获罪……

## 字字惊心皆避讳

### 王锡侯“《字贯》案”

乾隆四十二年，江西巡抚海成接到新昌县（今宜丰县）一个名叫王泷南的人举报，说当地有个举人王锡侯，有四十里花园、十里鱼塘，全都是凭刻书、印书挣钱购置的。其刻印之书，内容多有大逆不道之处。随举报信，还呈有王锡侯所编的《字贯》一书。

但凡涉及文字狱这种政治案件，封疆大吏都不敢怠慢。海成仔细审验后，发现这部《字贯》确实有些问题，其“凡例”中写入了康熙帝、雍正帝、乾隆帝的名讳（玄烨、胤禛、弘历），没有实行缺笔避讳，有“不敬”之嫌。为此，海成斟酌后上奏，说地方已经基本审结此案，向乾隆帝建议，革去王锡侯“举人”头衔。

孰料，海成把王锡侯“《字贯》案”上报之后，乾隆帝览奏观书，勃然大怒，认定事情没有这么简单，命令大臣严办此案。皇帝加以督办，这个案子一下子就大了。

王锡侯，乃江西一老儒。康熙五十二年（1713 年），他与兄长王景云共同起蒙。真所谓“人生忧患读书始”，为追求功名，在少年时代，王锡侯把自己锁在村中王氏祠堂的小房里，头悬梁，锥刺股，夜以继日地苦读，埋头八股。一日三餐都由家人从地槛下的小洞送进去。死挣死学十多年，直到二十四岁才补博士弟子，三十八岁才中举。而后，王锡侯九试春闱，不断向更高的功名发起冲击，但皆铩羽而归。进士的大门，始终对他关得严丝合缝。最终，生活的艰难和运气的不济，迫使王锡侯彻底放弃了仕进之念。

对于王锡侯这样一位饱学宿儒，清史专家孟森先生说他是“一头巾气极重之腐儒”，其实也言之过矣！

作为通晓训诂、音韵、义理、八股的自负的读书人，这样的学者，陈寅恪时代或许有几个，今天可能一个都没有！但在当时的清朝，读书人被迫钻入故纸堆，如王锡侯之类的学者车载斗量，竞争确实太激烈了。

人生不满百，常怀千岁忧。既然富贵不可强求，王锡侯就想青史留名了——修书著述，乃读书人名垂青史最迅捷的路径。

王锡侯曾经自述："家本贫，然最耻向人言贫。心本粗，性亦带侠，见有强凌弱，众暴寡，蔑理法……"可见他还是个骨鲠之人。但清朝文网周密，他倒不是完全不知避讳，比如他本名就叫"王侯"，怕自己名字在科举之时犯忌讳，很早就改名为"王锡侯"。

于是用了长达十七年的时间，皓首穷经，王锡侯不辞辛苦，编写了《字贯》一书。乾隆三十九年，在友人赞助下，王锡侯于吉安隆庆寺开始雕刻《字贯》。七月中旬，他又在南昌分局刻印，第二年全部刻成，花费了一千多两银子。

这部《字贯》，实际上只是一本非常实用的速查字典。可见这位王锡侯不仅不是一位腐儒，其实还是一位很有现代意识的知识分子。他认为《康熙字典》检阅起来极为不便，所以就编了这本简易版的字典，将其内容分为"天、地、人、物"四类，便于学者作诗、用字的时候查找，也能因之举一反三，触类旁通。

至于王锡侯编纂《字贯》的初衷，其自序中说得非常明白：

> 钦唯圣祖仁皇帝（康熙帝），性由天亶，学绍缉熙，命臣工纂定《字典》(《康熙字典》)一书，搜千年之秘奥，垂三重之典章，煌煌乎如日月之经天，有目者共睹而快之矣。
>
> 然而穿贯之难也，诗韵不下万字，学者尚多未识而不知用，今《字典》所收数增四万六千有奇，学者查此遗彼，举一漏十，每每苦于终篇掩卷而仍茫然。
>
> 窃尝思《尔雅》以义相比，便于学者会通，然为字太少，不足括后世之繁变，亦且义有今古不相宜者，兹谨遵《字典》之音训，扩充《尔雅》之义例，于是部署大者有四：天文也、地理也、人事也、物类也。于四者之中，析为四十部；于每部之中，又各分条件；于条件之内，又详加鳞次；其切用者居于前，其备用者尾于后。恭奉《渊鉴类函》《佩文韵府》，

下至《本草纲目》《群经集纂》及诸经史有可证者，援引以助高深，其有重复可省者，稍节以便记阅。

字犹散钱，义以贯之，贯非有加于钱，钱实不妨用贯，因名之曰《字贯》。

在字里行间，王锡侯不仅没有对康熙帝大不敬，还竭力谄谀康熙帝，说康熙帝“性由天亶，学绍缉熙”。可见，王锡侯骨子里面没有任何反大清的意思。

那么，那个叫王泷南的人为什么要出首告发王锡侯呢?

原来，王泷南和王锡侯为同族亲戚。王锡侯家中曾有一座祖坟山，被族人王泷南看中并欲抢占，就喊来家中妇女，将污秽物弃于其祖坟之山，以此破坏风水并表示侮辱。王锡侯自然很生气，把官司打到县衙。孰料，王泷南早就率人提前上山，埋下芝麻种子后，用盐水使之快速发芽，并且在官府讼对之时声称那座山是他自家的芝麻地。

当县衙来人调查，发现这座王锡侯所称的“祖坟山”，确实是块芝麻地，就把这座山判给了王泷南。

受到如此委屈，王锡侯气愤难平。不久，王泷南因为一件事发，被官府判处流刑发配。后来，王泷南偷偷逃回老家。王锡侯得知此事后，马上报官。官府侦知后，再次抓到王泷南，第二次把他发配。

“冤冤相报何时了”。待王泷南流刑期满回家之后，他就开始寻找王锡侯的把柄。看到《字贯》一书在当地县城和南昌省城都挺好卖，王泷南更是眼红。出于报复心理，王泷南仔细翻看王锡侯所编的这部字典，最终找出了大错漏：王锡侯竟敢删改康熙帝的《康熙字典》，还敢在书中对三代清朝帝王皆不避讳……

于是，王泷南拿上举报信及《字贯》原书，把王锡侯给告了。

当时的江西巡抚海成，是满族人，学问不大，但对乾隆帝关心的禁书查禁特别热衷。到乾隆四十一年底，江西省已经查缴禁书八千余部，名列全国之首，受到乾隆帝表彰。对于王泷南上缴的这本字典，海成和幕僚仔细查看、研究，认为王锡侯这种做法不算罪大，属于“狂妄不法”，想出名并挣小钱罢了，书中也没有“悖逆”之词语。所以，海成在奏折上，只建议将王锡侯的举人头衔革去。同时，附上《字贯》一部，四角粘上标签，以供呈乾隆御览。

王锡侯知道自己被告后，大骇，立刻将《字贯》凡例中需要避讳的字重刻重印——“圣祖庙讳‘玄’，避用‘元’字，‘烨’避用；世祖庙讳‘胤’，避用‘引’，‘祯’避用‘正’；乾隆御名‘弘’避用‘宏’……”，并且把其自序内批评《康熙字典》的“而穿贯之难”一句话，也删掉不用。

海成上奏后，听说乾隆帝大怒，也很惶恐，马上率领大批人马奔向新昌县王锡侯老家，将王锡侯以及他的子孙、弟侄、妻媳等 22 人全部逮捕，并装进囚车，直接押解入京。而后，海成还多次亲自深入王锡侯所在村庄及其附近地区，搜缴王锡侯平时所著图书，最终共搜缴已刻著作 79 本，手稿 17 件，一一封好后交军机处转呈乾隆帝御览。同时，江西官府还缴获已印的《字贯》261 部，各种书版 2 174 片以及王锡侯的一些家藏书籍。

王锡侯被逮后，在北京供称说：“这书内将庙讳御名排写，也是要后世知道的，避讳实是草野无知，后来我自知不是，就将书内应行避讳之处，改掉另刻了，现有改刻书版可据。”

王锡侯编简易字典，确确实实没有任何别的用意。在序言中，他对当朝皇帝乾隆时代还夸赞有加，说自己能够“食太平之福，沐雨露之恩，游翰墨之场”……

但是，乾隆帝不管那一套，故意借题发挥，把王锡侯缩写缩编《康熙字典》以及犯忌讳的事情说得严重无比——王锡侯竟敢把他们祖孙三代的名字玄烨、胤禛、弘历开列在书中，没有任何避讳，罪大恶极——“此实大逆不法为从来未有之事，罪不容诛！应照大逆律问拟！”

其实，王锡侯在《字贯》“凡例”中特意将这几个字列出的本意非常“善良”，是提醒读书人注意，不要随便书写这几个字犯错。谁想，他自己却因此获罪。

乾隆帝即位后曾一度降旨声明：“避名之说，乃文字末节，朕向来不以为然。”

千万别把乾隆帝这句话当真！乾隆二十二年，原布政使彭家屏撰写族谱《大彭统记》，其中遇到庙讳、御名皆不缺笔。乾隆帝得知后，竟然赐令彭家屏自尽。对自己避名不究的食言，乾隆还自我解释说：“朕自即位以来从未以犯朕御讳罪人，但彭家屏历任大员，非新进小臣及草野稚陋者可比。”

时隔二十年，王锡侯确实就是一个草野小举人，但他犯错后，乾隆帝依旧没有饶过。

最后王锡侯不仅自己被杀，其子孙七人也被问斩，其余几十口亲属，“充发黑龙江，与披甲人为奴”。

待江西官府最终依律查抄王锡侯家时，发现六十三岁的老儒王锡侯只有六十几两银子，寒酸至极。为此，多年之后，王锡侯的新昌老乡、晚清文人胡思敬在其所撰的《盐乘》中表示说：“（王锡侯）被诛时，情状甚惨！”

小人枉作小人。在江西大搞文字狱的江西巡抚海成，也没有好下场。由于他先前上奏时只建议革去王锡侯“举人”头衔，乾隆帝认为如此刑罚太轻，有替罪人说好话之嫌。于是，乾隆帝诏谕天下道：

> 海成对此悖逆之事，竟然双眼无珠，茫然不见，仅请革去王锡侯举人以便审拟，实属天良尽昧，负朕委任之恩。

最终，清廷决定：江西巡抚海成，斩监候；原江西布政使周克开、按察史冯廷丞，也因为都看过《字贯》一书而没有能检出悖逆重情而革职；两江总督高晋，降一级留任。

由此，王锡侯一案，被杀被流被贬者，上上下下牵连近百人。

清王朝的文字狱，最早始于顺治二年（1645 年）。在清王朝入关后第一次乡试中，有河南中举者将皇叔父多尔衮写成了“王叔父”，于是主考官欧阳蒸、吕云瀵被革职，交刑部议罪；康熙五十年，翰林院编修戴名世因在《南山集》中用了明朝永历年号，不但自己被砍头，而且牵连三百多人入案，文字狱愈演愈烈。谁料，六十六年后，王锡侯这么简单的“《字贯》案”，也被乾隆帝定位成文字狱大案，真是“青出于蓝而胜于蓝”！

## 明朝期振翮，一举去清都

### 徐述夔一柱楼诗案

徐述夔这个名字挺拗口，知道的人不多。但是，如果吟出“明朝期振翮，一举去清都”这两句诗，估计好多人会恍然大悟：哦，这诗原来是他作的啊！

徐述夔乃康熙年间生人，出生在栟茶（今江苏南通市如东栟茶镇）一个乡绅家庭。江南之地，钟灵毓秀。徐述夔自幼聪明好学，十七岁时就参加科举考试，数关频过，秀才唾手而得。但是，当他在乾隆三年江南会试考进士答制艺题《行之以忠》时，他的考卷却出现一个非常严重的问题——满卷文章写得都好，恰如锦绣织成，但其中一句话，却让考官惊出一身冷汗——“礼者，君所自尽者也！”

徐述夔这篇文章中，有“君”，有“自尽”，连缀起来，大有诅咒君上之意。清朝皇帝不是元朝皇帝，国学知识齐备，眼光比锥子还利，再加上锦衣卫一样的大臣。因为这件事情，徐述夔的仕进之路就被堵塞了，名字也上了清朝的科举黑名单。经由礼部磨勘，认定他“文有违碍”，受到停考进士的惩罚。

心灰意冷之余，徐述夔终生郁郁，给自己所住的房子起名“一柱楼”，终日著书吟诗。他看似潦倒，其实也算富贵闲人，只不过这辈子没当官的命罢了。

日子树叶一般多，闲情似水那样长。徐述夔无聊之际，埋头创作，陆续写下了《一柱楼诗集》《小题诗》《和陶诗》《学庸讲义》《五色石传奇》《八洞天》等十多种诗文和小说。但这些诗作和小说，流传不算很广。

当然，古代知识分子都想通达做官，官做不成，肯定心里不痛快。平时，徐述夔少不了诗酒遣愁，愤懑之情也露于笔端。

诗酒生涯六十年之后，乾隆二十八年，徐述夔心中含恨、面上含笑而去了，善终于家。

徐述夔的儿子徐怀祖也是个监生，喜欢舞文弄墨，又是孝子。徐怀祖为了让父亲的名字青史留名，就花钱请人刊刻了徐述夔的《一柱楼诗集》《和陶诗》《学庸讲义》等著作。

乾隆四十二年，徐怀祖也撒手西归。

这爷俩无论如何也想不到的是，父亲作诗儿子印，轮到孙子被拿问！不仅仅是其孙被官府拿问，最终的结局，还是徐氏一族被满门抄斩，父子还受到剖棺戮尸的刑辱。二人的亲朋好友，皆受到牵连，下狱的下狱，流放的流放，杀头的杀头……

按理说，徐述夔、徐怀祖父子都去世了，谁会没事找碴儿啊？作为地方大姓，栟茶地方，除徐氏以外，还有一家姓蔡的，也是当地大族。蔡家，论名声不如徐氏父子大，其当家的蔡嘉树不过是个监生；论财气也不如徐家大，数年前蔡家还曾卖地与徐家。而恰恰因为这桩土地买卖，徐氏家族的噩运就开始了。

蔡嘉树堂兄蔡安树，先前有一块八顷四十亩的土地，曾以契价银2400

两售与徐怀祖。如今，徐怀祖死后，他出银 960 两要从徐怀祖儿子徐食田手里赎回，借口是那块田地中埋有蔡氏家族的先人。

买卖过去已久，蔡家要低价赎回土地，如此赔本的买卖，徐食田当然不同意。至此，徐家、蔡家几乎撕破脸皮。不久，身为监生的蔡嘉树就放出风声，说徐食田如果不答应蔡家低价赎田，他就将徐怀田祖父徐述夔的遗著《一柱楼诗集》向政府呈控，因为诗集中藏有“诋毁本朝”的大逆之语。

徐怀祖病死的那年，正是乾隆四十二年。恰恰在这一年，江西王锡侯《字贯》案闹得沸沸扬扬，使得清朝国内所有家藏“违禁”书籍的文人无不凛凛。听蔡嘉树如此放言，徐怀祖的两个儿子徐食田和徐食书也挺害怕。他们思来想去，决定不如一了百了，你蔡嘉树要告发我们家藏有“违碍书籍”，不如我们自己先去衙门自首算了，省得蔡家告到官府后更被动!

于是，乾隆四十三年四月初六，徐食田带人弄了一个大板车，将其祖父徐述夔所著《一柱楼诗集》《和陶诗》《小题诗》《学庸讲义》等 4 种书以及用以刊印的书版共 348 块，全部呈缴给东台县衙。

三天之后，本来想恶人先告状的蔡嘉树也携带不少徐述夔书籍，包括《一柱楼诗集》等，到东台县衙去告发。

通过仔细比对，东台知县涂跃龙发现徐食田所缴的刻本不全，其中并未上缴徐述夔所著《论语摘要》等三种抄本，于是就发传票，命令徐食田尽快补交。

出于地方官员的政治敏感，东台县令涂跃龙想尽量把蔡家、徐家的争讼压下来，大事化小，小事化了。于是，根据蔡嘉树向徐氏所起的赎田诉讼，涂跃龙判案，要求徐食田从原先蔡家卖给徐家的土地中，拨出十亩坟田赔偿给蔡嘉树，想尽速了结此案。

按理说，没出银子也没费力气，白白得到十亩地，蔡家该消停了。但是，识书断字的蔡嘉树的诉讼目的当然不是为了这区区十亩地，而是要借此兴起大案，把徐氏家族全部推上断头台！

因此，蔡嘉树不依不饶，在六月十三日就向更上的一级政府江宁藩司衙门呈控。他不仅把徐家给告了，连同东台县县令也告了，说涂跃龙收受徐家贿赂，断案不公。

当时，江苏设有江宁、苏州两个书局。这两个书局并非印书的书局而是查书的书局，乃清朝专司查禁书籍的机构。其中江宁书局就集中负责苏北各州县查缴的禁书。当时，由于东台县送来的《一柱楼诗集》并没有在书中标注到底何处有查禁内容，江宁书局人员也懒得自己动手，就把书退回东台县，要县里找专人标注后再送书局。可以想见，在这期间，徐家逆书案罪名根本没有成立，主要诉讼内容还是围绕蔡家和徐家的民事田产诉讼。

但是，蔡嘉树向江宁布政使衙门所投的控告信中，就明明白白摘出了徐述夔《一柱楼诗集》中“明朝期振翮，一举去清都”这两句，指其为“非常悖逆之词”。

江苏布政使陶易接到举报后，就和他的幕僚陆琰商量。陆琰为老吏，认定蔡嘉树乃挟私诬告，认为就此掀起大狱，对本地官员不利。因此，陶易在案卷上驳斥蔡嘉树说：“书版已经呈县，如有违碍应行销毁，该书自当交局，与尔何干？显系挟嫌倾陷。”同时，陶易援引清律，警告蔡嘉树：“讲论经传文章，发为歌吟篇什，若止字句失检，涉于疑似，并无悖逆实迹者，将举首之人即以所诬之罪，依律反坐。”

由此，陶易把案子发到扬州府审理，并且断定徐食田对他祖父徐述夔的诗集属于“自首呈缴”，按律当免罪；而蔡嘉树反而属于“挟嫌报复”，依律应予反坐，就把蔡嘉树发往扬州府下狱。

至此，徐述夔诗案，暂时告一段落。

如此，为田地而起的简单一件案子，大概也就消停了。但是，当这个案子辗转传到当时正在金坛按试的江苏学政刘墉耳朵里后，一下子就成为乾隆朝一件惊天大案了！

刘墉像

那么，刘墉又是怎么知道徐述夔诗案的呢？

蔡嘉树家中有位财务总管、师爷，如皋县人童志璘。此人原籍泰州，早年曾想入泰州学府，被当时的徐述夔阻挠，说童志璘军家子出身，没资格入学……如今，童志璘看到徐蔡二家争讼如此，新仇旧恨齐上心头，就不辞辛苦，到处奔波，为蔡嘉树控告徐家。

当年八月，得知清廷鹰犬江苏学政刘墉在金坛办理事务，童志璘赶忙前去，呈控徐述夔所著《一柱楼诗集》中有大逆不道之语。由于先前蔡嘉树被江苏布政使陶易判定反坐，汲取这个教训，童志璘给刘墉呈控的诉状就写得特别委婉——“既见此书，恐有应究之语，是以呈出”——一个“恐”字，就使得童志璘进退自如了。

徐述夔诗案将来定案，如果官府认定徐述夔诗中有违碍之语，自己肯定要受赏；如果徐述夔诗集中没有应究之处，自己也不会承担“诬陷”的法律责任。

所以，单单一个“恐”字，显示出童志璘的老辣心肠。

刘墉不敢怠慢，比起陶易，他的政治敏锐性要强得多，马上就将此事移交两江总督、江苏巡抚处理。同时，他还亲自写奏折，向乾隆帝汇报徐述夔诗案。

刘墉在奏折中给徐述夔诗集定性为“语多愤激”，还不敢断然决定徐述夔的诗就是反诗，而是交由乾隆帝“圣裁”：

> 如有悖逆，即当严办；如无逆迹，亦当核销以免惑坏人心风俗。现移督抚搜查办理。

八月二十七日，乾隆帝仔细阅读了刘墉的奏折和徐述夔的《一柱楼诗集》，拍案而起，马上密令两江总督高晋、暂署两江总督萨载及江苏巡抚杨魁三人，要他们切实严查徐述夔的一切诗文。

九月初七，乾隆帝收到杨魁的奏折；九月十三日，暂署两江总督萨载的奏折送到。萨载在章奏中认为，徐述夔诗文中悖逆地方极多，建议对其家族予以重处："徐述夔虽已身死，其尸骸仍应锉戮，其孙徐食田亦应从重治罪。"

览章之后，乾隆帝依旧怒不可遏。其实，他心里很清楚徐述夔诗中没有反清造反的意思，也算不上逆案、大案，但他对于地方官员近来对查办禁书的不积极和不作为感到非常不快，认定他们这些人拖延迁就，执行不力。而去年刚刚了结的王锡侯案，乾隆帝态度很鲜明，对海成已经是"斩监候"处置。岂料，依旧未起到震慑作用，江苏的官员们如今还是不拿文字案当回事儿!

为此，乾隆帝决定就以徐述夔这个案子为借口，来提高地方官员的警惕意识。于是，他频下谕旨，质问、指责陶易和高晋两个官员。

未等这两个人回奏，即他下谕旨的三天后，乾隆帝降谕，命令地方将江苏布政使陶易、扬州知府谢启昆、东台县令涂跃龙三级官员即刻革职，并且分开押送入京。

九月二十一日，乾隆帝下令将徐述夔诗文集卷首的校对者徐首发、徐成濯押解来京审问；九月三十日，江宁书局负责查勘书籍的保定纬、沈澜二人也以"延搁不签"的罪名被押到北京；不久，陶易的幕僚陆琰，也被逮捕进京审讯。

当时，清朝对"禁书"的政策是：只要窝藏禁书的人在限期内主动呈书到官，即可免予追究藏书之罪。而徐家兄弟把祖父徐述夔诗集献出，确实属于自首，更何况诗集也并非他们本人所写。照理说来，对他们无须定罪。

如果对徐家兄弟不定罪，怎么才能达到政治目的呢？为此，乾隆拍案，大讲自己的道理："徐食田听说蔡嘉树要把徐述夔的诗集呈控到官，才慌忙到县衙呈缴，所以不能算作自首！"

确实，《大清律》中有一条："知人欲告而自首，只能减罪，不能免罪。"

那么，徐家兄弟如果获得“减罪”，也就意味着最后还是能够得到轻判。

乾隆帝从来不给人存以任何侥幸的念头。他把《一柱楼诗集》看了数遍，确实找出了那两句扎眼的：“明朝期振翮，一举去清都。”

这首诗，乃徐述夔描写飞鸟的。明朝的“朝”，在这里念“zhāo”；而后一句中的“去”，是“离开”的意思。但经乾隆猜谜辨认，他认定这个“朝”是念“cháo”，“明朝期振翮”，就是要恢复、复辟明朝的江山；“一举去清都”，就是要一下子把清朝去除掉！

这还没完。为徐述夔校对的徐家族人徐首发和徐成濯，他们的名字更有反对大清的意思——“首发成濯”，典出《孟子》“牛山之木，若彼濯濯”，而典籍中还有“濯濯童山”之语。濯濯者，光秃也。因此，这两个人的名字连起来，就是“首发成濯”，显然隐含着对大清剃发易服政策的极端不满，乃“隐刺本朝剃发之制”。连名字都取成这样，徐氏族人的居心，深不可测！

皇帝如此一解释，徐氏这哥俩，显然是活不成了！

京中审案的同时，乾隆帝向全国各地总督、巡抚、都统都发出谕令，让他们共同在管辖地搜查徐述夔诗文。如此，就在全国范围内掀起了一股徐述夔“逆书案”的惊涛骇浪。乾隆帝就是要敲山震虎，让地方官员知道文字狱对于国家统治的重要性。

其间，乾隆帝还亲自审问了江宁藩司陶易，怒斥他“有心袒护，故纵大逆”，让他承认自己受了徐食田的贿赂。

陶易供认说，自己没有严办此案，确实有负圣恩，罪在不赦。但自己和徐食田根本不认识，也没有受贿……

连惊带吓，陶易入狱后，免疫力降低，皮肤溃烂，狂拉肚子，未等结案便死于狱中。

定案之后，对相关人员处理如下：

徐述夔作诗，徐怀祖刊刻流传，“父子相济为逆”。虽两个人都已去世，但也不能饶过。根据大清律，挖棺戮尸！当时，徐述夔已去世十五年，挖出来的尸体竟然未腐，模样还能辨得清，于是被碎剐凌迟后割下首级，悬挂在东台县城示众；徐怀祖刚去世一年多，停棺在家中，尸体完好，其首级被割下，送到栟茶场示众。

徐食田、徐食书，由于是正犯之孙，皆处以斩首；徐述夔的子、孙、兄、弟、兄弟之子，年十四岁以上者，皆处斩；十五岁以下男丁以及妻妾、姊、妹，子之妻、妾，皆没入官，发给功臣之家为奴。

徐氏家族财产也入官。徐家确实是当地大地主，仅田产一项，就有一万四千亩之多。

徐述夔的两个同族的学生徐首发、徐成濯，因为“列名校对”和“听其（徐述夔）命取逆名”，皆处以斩首。

江宁藩司陶易已死于狱中，乾隆帝就从宽不处理了；扬州知府谢启昆，因办案迟缓，“发往军台效力赎罪”；东台知县涂跃龙，因“未能立即查究”，杖一百，徒三年；江宁藩司衙门陶易的幕僚陆琰，“有心消弭重案”，故意宽纵，判处死刑。

最可笑的是原礼部尚书沈德潜，由于曾经撰文称徐述夔“人与文章皆可为法”，也被死后追究。当时，沈德潜已死十年，依旧被乾隆帝追夺一切谥典官职，撤出他在乡贤祠内的牌位，仆毁御赐碑文。当然，沈德潜死后受贬斥，主要是因为乾隆发现他把先前给自己所写的诗歌都放在他自己的文集中，所以借此案来报复。老名士死后遭此恶谴，士林大震。

人生无常，更让人感到离奇、诧异的，是原栟茶盐场大使姚德璘的塾师毛澄的遭遇。这个人曾为徐述夔的《和陶诗》作跋。后来，他改名黄斌，从原籍浙江转到甘肃做幕宾，已入籍迪化（今乌鲁木齐），在陕西中了举人。毛澄正等着朝廷授官呢，谁料到衙役前来将一根铁锁套在他脖子上，随即被押解入京——十五年前因吃了一顿徐述夔的饭而写就的一篇跋文，不仅断送了远大前程，还被朝廷按在狱中打了一百军棍，然后发配三千里！

对于本案的兴起者原告蔡嘉树，乾隆帝认为，既然和徐述夔为同乡，肯定尽知徐述夔虚实。而《一柱楼诗集》早已刊出，蔡嘉树早就应该上报朝廷，但他当时并不呈控，直到近日因为田产涉讼才挟嫌告发。所以，蔡嘉树绝对没有“尊君亲上”的真心，本来也应该斩决，但念他毕竟属于首告徐述夔逆诗，所以可以取保获释。

由此，把徐氏宗族害得家破人亡后，蔡嘉树也没有得到什么大便宜，日后还时时处于清廷地方政府的严密监视之下……

## 弄巧成拙马屁精

尹嘉铨案

回顾乾隆帝时代的尹嘉铨案，让人感受更多的不是对清廷和乾隆帝处心积虑搞文字狱的痛恨，而是对尹嘉铨这个人无事生非、滑稽行径的叹息。

尹嘉铨原本完全可以在退休后居家安享晚年，却闲极无聊，竟无端向乾隆帝讨赏讨封。最后，他得到的结果是家产被抄没，著作被禁毁，并被处以绞刑……

尹嘉铨，原籍直隶博野，举人出身。先后做过山东、甘肃等省的司、道等官，后来升调为大理寺卿，官正三品，居九卿之列。

他在任大理寺卿时，曾经负责稽查“觉罗学”，也就是以大理寺卿身份负责满族贵族子弟的教育工作，显然一度深为清廷所信任。如果不是“道德文章”过硬，估计他也通不过当时清廷的审查。乾隆帝当政时期，尹嘉铨还奏请清廷，希望旗人子弟同汉人子弟一样读《小学》，得到准许。

繁忙工作之余，尹嘉铨还特别在意课本的质量，编成了一本《小学大全》。

《小学》，原本是宋儒朱熹编辑的一本针对儿童教育的课本。其内容总共六篇，内篇有《立教》《明伦》《敬身》《稽古》四篇；外篇有《嘉言》和《嘉行》两篇。尹嘉铨撰写《小学大全》非常卖力，在原有基础上，他多增了《考证》《释文》《或问》各一卷，后来又加《后编》两卷。

由于是给满洲贵族子弟的授课课本，尹嘉铨倾注心力，尽一生之学，对此书悉心编注。教学相长，他可谓把一辈子献给了大清的教育事业。

乾隆四十六年，乾隆帝巡视五台山回程驻跸保定，尹嘉铨当时已经退休，正在老家直隶博野享清福呢。作为朝廷退休老臣，尹嘉铨本来想通过参加当地的接驾盛典再荣耀一次，但在入觐名单中没有找到自己的名字。

退休后的官员最怕被人遗忘，特别是被朝廷和皇帝遗忘！由于不甘寂寞，尹嘉铨在家中奋笔疾书，写了两份奏折。两份奏折都是以孝敬父亲尹会一为名义：一是为父亲请谥，二是为父亲请求从祀，即请求把自己父亲和清朝汤斌、范文程、李光地、顾八代、张伯行等名臣一起，从祀孔子庙。

尹嘉铨的父亲尹会一，是清朝一代名儒，雍正朝进士出身，历任吏部主事、扬州知府、河南巡抚、江苏学政等，平生尚实行而薄空言、重身心而轻文字，连名儒方苞都对他倾心敬服，恭执弟子之礼。乾隆十三年，尹会一还不辞辛苦，风尘仆仆为清廷在江南按试，最终死于任上。

尹嘉铨上这个奏疏，主要是由于不甘寂寞，想出风头。他也知道，乾隆帝不一定会批准自己的请求，但最起码可以通过这种为父亲求谥号求从祀的行为替自己博个孝子的名头。所以他派儿子先把请谥奏折送去，接着又把请从祀的奏折也送去。然后，自己待在家中，闭目养神，敬候佳音……

乾隆帝在保定休息的时候，游莲花池玩赏之余，还挺勤力，平时大臣们呈递的每本奏折都要看看。看到尹嘉铨的奏折，知道他是保定地区退休老臣，就拿到手里仔细观看：

> 大理寺卿臣尹嘉铨跪奏，窃臣伏读上谕养心殿暖阁恭悬皇祖圣训有“孝为百行之首，不孝之人断不可用。朕每日敬仰天语煌煌，实为万世准则。钦此”，此诚圣朝孝治天下之大经大法！我皇上御极以来，世德作求，常以维持风化为先，务兴贤作孝，备载于《御制诗》初集内：“尹会一孝其母而母亦贤，年七十余告请终养，诗以赐之：‘聆母多方训，于家无闲言。庥风诚所励，百行此为尊。名寿辉比里，考兹萃一门。犹闻行县日，每问几平反。’”颁发刻本，宣昭中外。凡在读书修行者，莫不观感兴起。臣为尹会一之子，时思是彝是训，尤不能忘。伏念臣父籍隶保定之博野，葬于故乡三十余年，久以论定，而幽光犹待时发。今幸翠华西巡，经临保定，过化存神，行庆施惠，仰祈特恩，俯照陆陇。其格外予谥之例，即依御制诗内字样赐之谥法，用昭圣主寿考作人，久道化成之巨典，实堪垂为万世准则。匪独臣家之私荣也。为此沥诚具折奏，恳伏乞皇上睿鉴施行，臣不胜激切待命之至！

从尹嘉铨奏折中可以发现，乾隆帝从前确实在尹会一当官期间赐诗给他，彰扬尹会一孝母的作为。而尹嘉铨不知天高地厚，还要乾隆帝赐谥给父亲，并且指明要乾隆帝以先前御制诗那种夸赞的语气，挑好字给父亲赐谥。这种过分请求，使得乾隆帝大发雷霆。

于是，当天，也就是乾隆四十六年三月十八日，乾隆帝在尹嘉铨的奏折上用朱批批复：

与谥乃国家定典，岂可妄求！此奏本当交部治罪，念汝为父私情姑免之。若再不安分家居，汝罪不可逭矣。钦此！

此时的乾隆帝，已经开始生气，但尹嘉铨的父亲尹会一毕竟为大清鞠躬尽瘁，所以没有发作。乾隆帝撂下这本奏折，接着看下一本奏折，就是尹嘉铨派儿子呈递的第二份折子。

看完后乾隆帝恼怒至极，大笔一挥，在尹嘉铨的奏折上朱笔写了几个大字：

竟大肆狂吠，不可恕矣！

封建时代，皇权威赫，办事效率有时候特别高。乾隆帝朱批下来，当天军机处就有了反应，马上有奏折呈递，表示大臣们一定即刻严办尹嘉铨：

臣等遵旨，将尹嘉铨所进二折交行在大学士九卿阅看。据三宝等跪称，尹嘉铨身列九卿，休致家居，乃不思循分守法，辄欲为伊故父奏请赐谥，实属谬妄。蒙皇上念其为父私情，批示宽免，已属恩施格外。及复有奏请，将伊父从祀孔庙一折，丧心病狂，实出寻常意料之外！尹嘉铨如此狂悖，不啻天夺其魄。臣等阅看之下，不胜骇异，自应重治其罪，以彰国宪……（军机处档案《军机处奏》）

于是，大学士英廉亲自牵头，开始严查尹嘉铨。一行人迅速行动，翻箱倒柜，查抄了尹嘉铨在北京的家产。直隶总督袁守侗当然也不敢闲着，在尹嘉铨老家博野，把尹嘉铨家的祠堂、祀田、义学田、房屋，甚至包括尹家在祁州典买的房地以及蠡县与人合伙经营的当铺全部查清封存。此外，直隶官府还在尹嘉铨老家宅子里面搜出大小四十六箱书籍，全部封存，派专人运送到北京，交由英廉一并查阅。

英廉知道乾隆帝不好敷衍，特意精选了通晓文义又查办过禁书的属下严加细察，还选派数名在职的翰林院“专家”，陪同自己对尹嘉铨家中搜得的藏书挨页细勘，目的在于查出可能存在的任何“悖逆语”。

这些人效率确实高，三月二十二日，尹嘉铨所有的书籍全部归档在查。

> 臣查尹嘉铨家中各屋，搜查有书大小三百十一套，散书一千五百三十九本，未装订书籍一柜，法帖册页六十五本，破字画五十八卷，书信一包，计一百十三封，书版一千二百块，诚如圣谕，恐此内有狂妄字迹，诗册不可不逐细查阅，臣当将各屋所有一切书籍俱移贮一室之内，使其便于检阅。但书籍甚繁，非一时即能查清，必须逐一细加翻阅，始不致或有疏漏。臣已专派翰林王仲愚、汪如藻，伊等通晓文义人，亦详慎，亦曾查办过书籍之事。臣督同该员等，逐细检查，并令臣衙门主事玉成会同办理。俟查明有狂妄字迹，另行具奏合并声明。谨奏。(军机处档案《军机处奏》)

尹嘉铨不是普通官员，其有深厚的家学渊源，本人又是清代有名的大儒，所以，他家的藏书都是好书、精书。而且他本人又爱写书，仅尹嘉铨自己撰写、编纂的书，就有八十多种，加上由他注解或代作序文的书，总共近百种。

在大学士英廉的亲自检查下，众人详看细验，最后从中发现了一百三十多处“悖逆文字”：

尹嘉铨称他父亲尹会一与张伯行等人为“孔门四子”，称父母死为

“薨”。所著《随王草择言》第一卷中，有怨望语：“后世孝友多不见用于世，即用世而立身之大端又难言之”；“今群臣非八人之比，乃使之遍居人人之官而望功业之成不可得也”。同书第二卷内，有怨望语：“固不务讲学之名以贾祸，亦不避讲学之名以免祸”；《亭山遗言》称，尹嘉铨曾梦到东岳大帝座间，说他为孟子之后身，当继孔子宗传；《尹氏家谱》中记有他父亲居官时，“密奏之事不载”等语；在《名臣言行录》中，尹嘉铨竟然模仿乾隆帝，自称“古稀老人”。而乾隆曾于乾隆四十五年七十岁时作御制诗，已经称自己为“古稀”，并刻了一方“古稀老人”的章。尹嘉铨竟敢如是！

尹嘉铨著作《随王草》内，有“应举入场，直同于庶人之往役”等语，显然是诬蔑朝廷的科举考试。同书中，还有《朋党之说起》中云：“而父师之教衰，君亦安能独尊于上哉？”当时雍正帝曾作《朋党论》，尹嘉铨此言论显然在藐视圣上……

乾隆皇帝小题大做，尽情发挥，多次降旨，饬令朝臣们予以深切重视，对尹嘉铨一定要加以严办。

负责该案审讯的大学士三宝等人更不敢怠慢，马上把本来在老家含饴弄孙的尹嘉铨押解到京，于三月二十八日开堂讯问。

三月十八日，乾隆帝看到尹嘉铨的奏折后大怒。十天过后，致仕在家的前部级官员已经成为钦定要犯了。可见，清朝皇帝的龙威，真是不可小觑。

前前后后，清廷提审尹嘉铨多达十七次，对其著作中或者所注书中一些小事，加以苛责和挑剔。

从尹嘉铨案审讯大臣们和“文字犯”尹嘉铨之间的问答，我们可见一斑：

问：尹嘉铨，你所著《近思录》内，将汤斌、陆陇其、张伯行和你父亲尹会一共称为“四子”，把他们说的话称作“四子遗书”，难道汤斌等四人能与颜回、子思、曾参、孟轲相比吗？你把你父亲和汤斌等人比附如此之高，岂不狂妄么？

供：我因平日听说汤斌等人品行好，又都著有讲学的书，所以就采集了一些，编辑成《近思录》，并将我父亲的著作附入，称为“四子遗书”。其实，他们四人哪里赶得上颜回、子思、曾参、孟子呢？总是我狂妄糊涂，无可置辩。

问：你所撰《尹氏家谱》内，有“宗庙”“宗器”“建庙”“入庙”等字样。这些字，难道是臣子能用的吗？另外，在你母亲行状一节内，称母死为“薨”。此等字样，寻常人又岂可通用，你难道不晓得吗？

供：我用“宗庙”“宗器”等字样及母死称“薨”之处，实非有意僭妄。因为古人书上有，我就信笔借用了，没有细想。总是我糊涂该死，还有何辩。

问：你所作《近思录》内有“先生见直道难容，欲告归之南巡，不果”等语，这不是诽谤吗？

供：这“直道难容”的话，系指与抚台大人意见不合，并非敢诽谤时政。但此等语句妄行载入，就是该死，还有何辩。

问：你所著《近思录》内称“天下大虑，唯下情不通为可虑”，如今遭逢圣世，民情无不上达，有何不通可虑之处？你说此话究竟是何用意？

供：我说的“天下大虑”原本是泛泛而论的话。如今我皇上洞悉民间隐情，并无下情不通之处。我这两句话，并非议论如今时势，也没有别的意思。但是，我书内妄生议论，就是我的该死之处，还有何辩。

问：你做《名臣言行录》，岂不知皇上圣意！我朝无奸臣亦无名臣，你为何将鳌拜、高士奇、徐乾学、鄂尔泰、张廷玉等曾经遭皇上罢斥或不能恪尽职守的人列入“名臣”之中？从实供来！

供：我这《名臣言行录》，将我朝大臣逐代采入，文字虽并非我自己所撰，但将鄂尔泰、张廷玉等人也荒谬地一并列入，确实荒唐。我不该评断本朝人物，比如鄂尔泰、张廷玉一生事迹，谁不知道！我却糊涂一并列入，今蒙皇上指示，我朝无奸臣也无名臣……是是非非，难逃圣明洞鉴。我如梦方醒，自悔以前做出此书，真该万死，于今悔之无及了。

问：你所做《多病徒传》内有云“子欲为帝者师”等语，你是何等样人，敢公然欲以“帝师”自恃，难道你竟不知道分量，想做皇帝师傅么？这等狂妄之词，是何居心？据实供来！

供：我用“帝者师”字样，是因为《汉书·张良传》中有“学此则为帝者师矣”一句。当时，张良常常称病，所以，我做的《多病徒传》中便也混加援引，并非胆敢以“帝师”自居。但此等字句任意引用，就好像我自比“帝师”一般，实在我糊涂该死，还有何辩。

问：你做《尹氏家谱》凡例内有“密奏之事不载”一语，你父亲尹会一居官时，除照例题奏外，有何密奏，你能据实说出来吗？

供：我父亲尹会一居官以来，本无密奏事件，我因为刊刻家谱时希图体面，便将我父亲任内寻常照例上奏事件刻入，又于凡例内混写上“密奏之事不载”一语，想借此夸耀我父亲彼时深得皇上信任，显示他当时有许多密奏不为外人所知。其实都是我捏造空言，并无实据，总是我糊涂该死。

问：尹嘉铨，你所书“李孝女暮年不字”事一篇，说“（李孝女）年逾五十，依然待字，吾妻李恭人闻而贤之，欲求淑女以相助，仲女固辞不就”等语。这处女既立志不嫁，已年过五旬，你为何叫你女人遣媒说合，要她做妾？这样没廉耻的事，难道是正经人干的吗？

供：我说的李孝女年逾五十，依然待字家中，乃我平日间知道雄县有个姓李的女子，守贞不嫁。吾女人要（为我）聘她为妾，我那时在京候补，并不知道；后来我女人告诉我，我才知道的，所以替她做了这篇文字，要表扬她，我实在并没有见过她的面。但她年过五十，我还要将她做妾的话，做在文字内，这就是我廉耻丧尽，还有何辩。

问：你当时在皇上跟前讨赏翎子，说是没有翎子，就回去见不得你妻小。你这假道学怕老婆。到底皇上并没有给你翎子，你如何回去的呢？

供：我当初在家时，曾向我妻子说过，要见皇上讨翎子，所以我彼时不辞冒昧，就妄求恩典，原想得了翎子回家，可以夸耀。后来皇上没有赏我，我回到家里，实在觉得害羞，难见妻子。这都是我假道学，怕老婆，是实。

问：你女人平日妒悍，所以替你娶妾，也要娶这五十岁女人给你，知道这女人断不肯嫁，而她自己又得了不妒之名。总是你这假道学居常做惯这欺世盗名之事，你女人也学了你欺世盗名。你难道不知道么？

供：我女人要替我讨妾，这五十岁李氏女子既已立志不嫁，断不肯做我的妾，我女人是明知的，所以借此要得“不妒”之名。总是因为我平日所做的事，俱系欺世盗名，所以我女人也学做此欺世盗名之事，难逃皇上洞鉴！

…………

北京公堂上这些表演，情形确实滑稽。一七十多岁退休高官，如今匍匐于地，被昔日的后辈晚生会审，一把鼻涕一把泪，解释、辩解自己的言行、文字，交代动机。

尹嘉铨有啥动机啊，不过就是虚荣心作祟而已。真所谓：万般可忘，难忘者闲名一段！

痛哭、懊悔、辩解、认罪，都没用。乾隆四十六年四月十七日，大学士三宝、英廉以及会审官员共同给皇帝上疏，认定皇上英明，尹嘉铨狂悖大逆，罪证确凿，建议从重从快，拟将尹嘉铨凌迟处死，其家产全部入官，所有书籍尽行销毁；其缘坐家属，男十六岁以上皆斩，余人给付功臣之家为奴。

奏折递进宫后，乾隆皇帝当天也是心情大好，随即口述了一道长达千余言的上谕，历数尹嘉铨罪状，认为根据大清律例，确实应该对尹嘉铨凌迟处死，其家属也应该株连判罪。但是，为了显示大清皇帝的仁慈和度量，乾隆帝表示要宽大处理，法外开恩，赏他一个痛快死法——绞立决！

过了三天，乾隆帝对于尹嘉铨的著作和书籍还是不放心，又下旨指示：

> 尹嘉铨悖谬书籍既多，其原籍亲族戚友必有存留之本，著传谕袁守侗明切晓谕，令将其书籍版片悉行呈出，毋任隐匿，一并解京销毁！

同时，为了把尹嘉铨案件办理成全国性的大案，乾隆帝还饬令各省封疆大吏，包括山东、山西、甘肃等省督抚，一定要详细访查，并威胁说，如果查办不实，导致尹嘉铨的违逆书籍有所隐漏的，定将督抚一同治罪。

为此，遵照乾隆帝谕旨，军机处将尹嘉铨著作书目开列出一份详细的清单，抄送各地，指令各省督抚按单查缴。

淫威之下，令行禁止。根据当时记载，各地政府对尹嘉铨的著作查抄不遗余力：据陕甘总督李侍尧奏报，甘肃共缴出尹嘉铨著作 57 种，计 264 本又 90 册又 1 534 页，书版 226 块，击碎尹撰石刻碑文 2 块；山西巡抚雅德奏报，晋省查出的尹嘉铨书文，其中 11 种拓本是军机处书单上所没有的；山东巡抚国泰禀报，共查出尹嘉铨纂著、疏解的书 4 种 266 部，磨毁石刻诗文、碑记数块；福建巡抚富纲奏称，已经查出尹嘉铨著作 90 余种；云贵总督与云南巡抚奏称，共缴到尹嘉铨所编纂之书 7 种，计 361 本，书版 31 块；十月二十二日，云南巡抚刘秉恬复奏，又查到尹氏著述 18 种共 79 本，其中两种是军机处书单上没有的；其他省份，如广西、湖南、湖北、江西等地，对尹嘉铨"逆书"也多有缴获……

所有这些著作被送到北京后，经过勘验，决定对尹嘉铨自著之书全部焚毁；而由他疏解或作序的书，则用抽毁的办法，将尹嘉铨文字进行剔除。最终，清廷共销毁尹嘉铨著述编纂书籍79种，包括《贻教堂文集》《近思录》（三编四编）、《随王草择言》《皇清名臣言行录》《尹氏家谱》《思诫轩奏疏》《二山尺牍》《就正录》等；抽毁的著作，包括有尹嘉铨疏注的《礼仪探本》《共学约》《小学大全》；作序的有《女孝经》《家礼存义》《纲目凡例释疑》《作吏要言》等。

我们可能奇怪，乾隆对儒学非常内行，他为什么要对尹嘉铨这么一老臣下此黑手，搞得他家破人亡呢？无他，乾隆帝就是想以莫须有的罪名，显示皇权的威严，显示皇帝明察秋毫的智慧，显示朝廷罗织罪名的从容。更何况，尹嘉铨笔墨中，并非全无忌讳之语，其中涉及君臣名分，以皇帝师傅自居，妄议朋党，都是乾隆帝所痛恨的东西。所以，乾隆帝用心深鸷，小题大做，也是其来有自，目的在于把自己的意志当作标准，严禁臣子置喙。

乾隆帝也曾经认真解释他对尹嘉铨私下对雍正帝说教的“曲解”，特意说明“朋党”乃清王朝严防的重大政治问题：

> 朋党为自古大患。我皇考世宗宪皇帝（雍正帝）御制《朋党论》，为世道人心计，明切训谕。乃尹嘉铨竟有“朋党之说起而父师之教衰，君亦安能独尊于上哉”之语。古来以讲学为名，致开朋党之渐，如明季东林诸人讲学，以致国事日非，可为鉴戒。乃尹嘉铨反以朋党为是，颠倒是非，显悖圣制，不知是何肺肠！且其书又有为帝者师之句，竟俨然以师傅自居。无论君臣大义，不应如此妄语，即以学问而论，内外臣工各有公论，尹嘉铨能为朕师傅否？昔韩愈尚言：自度若世无孔子，不当在弟子之列，尹嘉铨将以朕为何如主耶！

显然，乾隆帝认定的“朋党”，不是知识分子那种“卫道救时”的风发意气，而是一种人主无法驾驭的力量。他们所体现出来的“批评”

精神，是帝国所不能容忍的异端。因此，相比孔夫子师道尊严，“君臣大义”应该高于一切。在大清帝国内部，不仅“朋党”要警惕，对于“名臣”，朝廷也不能容忍。既然有“名臣”，就肯定不会有“圣君”。只有在君权衰弱的时代，才会有风采卓然的“名臣”出现。为此，乾隆帝一直以“名臣”的出现为国家不祥之兆……

上述几例文字狱，只是乾隆帝统治时代一百多件中的几个例子。我们可以由此推之，那个时代，对于知识分子来说，是多么令人感到窒息和恐惧。

海内清流余几辈，樽前明月止三分。

鲜血横流的文字狱之外，被当时和当下爱大清的文人们竭力称颂的《四库全书》之修书，使得无数蕴涵着中华文化精粹的著作惨遭焚毁。毁书之余，乾隆帝手下的御用文人们，还挖空心思，帮助主子篡改原著。恰如鲁迅先生在《病后杂谈之余》中所言：

> 现在不说别的，单看雍正乾隆两朝的对于中国人著作的手段，就足够令人惊心动魄。全毁，抽毁，剜去之类也且不说，最阴险的是删改了古书的内容。……他们却不但捣乱了古书的格式，还修改了古人的文章；不但藏之内廷，还颁之文风颇盛之处，使天下士子阅读，永不会觉得我们中国的作者里面，也曾经有过很有些骨气的人。

所谓的“康乾盛世”，留下最大的文化“成果”，其实就是登峰造极的文字狱。经历过那个噩梦般的时代，中国读书人终于清醒地认识到：文字，竟然能够让人肢体断裂和家破人亡；书香翰墨，竟然蕴藏着那么多的恐惧和鲜血。

万马齐喑之中，宋明以来六百年间所鼓荡起来的勃勃士气，荡然无存矣。

# 云深突万骑　风劲暗千旗

## 清朝平定准噶尔

乾隆二十年（1755 年）五月的清晨，格登山（今新疆昭苏县松柏边卡）向阳一边的斜坡上，嫩草如茵。太阳刚刚出来，空气中弥漫着一股淡淡的泥土气息。各种颜色的花，红色的、黄色的、白色的、蓝色的，在微风中轻轻摇曳着……

达瓦齐，这位准噶尔的汗王，忽然睁开眼睛，从睡梦中惊醒过来。他额头上汗津津的，原本侧躺在只铺了一层毛毡的草地上，这时候，他用胳膊肘撑着身子，像一只受惊的野狗一样，警惕地四处观望。

阳光下，格登山山下的草原烟雾缭绕，斜坡边缘流动着夏日特有的蜃气，更远处的山冈上，有几座荒废已久的、闪着蓝光的古垒。闭上眼睛，可以听到远处和近处飞禽的鸣叫声，还有自己和随从们的坐骑吃草时所发出的响鼻声、马笼头的叮当声以及轻微的蹄声……

达瓦齐叹了口气。一度威名赫赫的准噶尔汗王，如今竟然像只兔子一样躲在这荒凉的山冈上。他的胳膊肘弯了弯，全身趴在坚硬的土地上，默默地感受着那股奇异的，被疏离、被抛弃的感觉。

忽然一只苍鹰从近处的山头上飞掠而过，发出一声凄厉的叫声。那几匹正在埋头吃草的战马也都抬起头来，受到惊吓般地沉默着，似乎天空盘旋的苍鹰带来了某种不祥的预感……

如天神下凡一样，从岩石后面忽然跳出一个大汉。他大喝一声：

“大清天军已到，还不投降！”

随着这一声纯正厄鲁特蒙古语的断喝，一名手执长刀的壮汉冲入达瓦齐和他的数十名随从当中。白刃闪处，鲜血迸溅。

达瓦齐身边那个身材高大的威武护卫反应很快，他大叫一声，一下子就把来人吸引到自己身边。但未等他起身，那名突袭而来的、说一口厄鲁特蒙古语的汉子就杀到他近旁，“唰”地一刀砍下。护卫情急智生，胡乱地用刀鞘挡了一下，算是避过了致命的一刀。而后，他用手紧紧抓住了刀刃。此时，他扭头看了一眼达瓦齐，示意他快跑。

鲜血很快从护卫几乎被切断的巴掌上流到袖子里。疼痛似乎有个过程。忽然间，身材高大的护卫竟像个小孩子一样号哭喊叫起来，訇然仰面倒下去，然后在草地上痛苦地翻滚着。

四周窜出越来越多的清朝士兵，还有喀尔喀蒙古士兵，这些人以汉语、满语以及喀尔喀蒙古语怒喝呼喊，还有一些人喊着厄鲁特蒙古语，齐声嚷嚷着，要活捉达瓦齐。

达瓦齐跳起来，慌乱地拼命朝下坡方向奔跑。跑着跑着，忽然间，他发现刚才还号叫的护卫追上自己了。只不过，在脚边滚动的是护卫那血淋淋的被砍掉的脑袋——真是一个令人震骇的头颅，有着两只圆睁的眼睛和一张张开的黑洞洞的大嘴，似乎在滚落过程中还一直尖声喊叫着。

达瓦齐，这位准噶尔部曾经尊贵无比的汗王，满心惶骇，丢弃了他屈指可数的部下，丧家狗一般逃离了战场，拼命狂逃，狂逃……

## 欲壑难填的“坏邻居”

### 康熙时期对准噶尔部族的战争

说到清朝时期的蒙古部族，我们一般人都知道“满蒙一家”。似乎早在努尔哈赤和皇太极时期，几乎所有的蒙古部族都被平定了，而且满蒙相提携，勠力同心，最终击灭了明朝。所以，蒙古这个草原民族，似乎一直是大清忠心耿耿的臣民。

真实历史中，清朝开国之后的蒙古问题，远非我们想象中的那样简单。

想当年，元朝被朱元璋攻破了大都，最后一位皇帝元顺帝率残部逃入草原，元朝就成“北元”了。日后，它逐步分裂成三大部落。在中原正北方向，以大漠为界，分为漠南蒙古和漠北蒙古：漠南蒙古又称为“内蒙古”，漠北蒙古又称为“喀尔喀蒙古”，统治者都是成吉思汗后裔；而远在戈壁以西的那一只漠西蒙古，又被称为“厄鲁特蒙古”，这一蒙古部族的大部分头酋，并非成吉思汗正宗后裔。

元代以前，漠西蒙古（厄鲁特蒙古）属于斡亦剌惕族，原本在叶尼塞河（叶尼塞河起源于蒙古国，朝北流向喀拉海，其流域范围包含了西伯利亚中部大部分地区，是世界第五长河）上游放牧，后被成吉思汗长子术赤率部征服，逐步与蒙古宗室通婚。而后，他们一度受成吉思汗第三个儿子窝阔台统辖，被封为四个“卫拉特”（又称“厄鲁特”，部落的意思）。这四个部落互相平等，互不统辖。

后来，窝阔台继承成吉思汗的汗位，成为蒙古的第二任君主（元太宗）。由此，斡亦剌惕人（四个卫拉特蒙古人）的地位也随之提高，而元太宗窝阔台的儿媳妇、元代第三位皇帝元定宗贵由的皇后海迷失，就是来自斡亦剌惕族的美女。元定宗驾崩后，她曾临朝称制三年半，统治着多半个欧洲、整个西亚以及大半个中国。

明朝击灭元朝之后，明军曾经多次出击寻找蒙古余部。蒙古宗室北迁后，几经变迁，到永乐初年，蒙古已经分裂为鞑靼和瓦剌两大部分，双方一直鏖战不休。而所谓的“瓦剌”，正是后来清朝时期的“厄鲁特”，也就是“卫拉特”，乃语音的不同转译而已。

瓦剌部蒙古最辉煌的年代，当属也先当政时代。不过，也先当时不是瓦剌的汗王，他以“太师”身份操纵着北元第十三任君主脱脱不花。熟悉明史的读者都知道，土木堡一战，也先指挥瓦剌铁骑消灭明军五十余万，并且把明英宗朱祁镇生擒活捉。如果不是民族英雄于谦指挥军队坚守北京，估计当时的明朝就会提前成为“南明”。

到了明朝末期，在漠西厄鲁特（卫拉特）蒙古四大部落中，最大的一部是和硕特部，其首领姓“孛儿只斤”，乃“黄金家族”后裔（成吉思汗之弟哈撒儿的后裔），所以一直是四大卫拉特的盟主，驻扎在乌鲁木齐一带。其次是准噶尔部，驻伊犁。杜尔伯特部，驻承化。这两个部落首领都姓“绰罗斯”，有着同一个远祖，乃元朝大臣伯罕的后裔。第四个就是土尔扈特部，驻塔城，他们既不是元代皇族后裔，又不姓“绰罗斯”，乃元朝大臣翁罕的后代，在四个部落中势力最弱。

漠西的厄鲁特四部，多年一直以姓“孛儿只斤”的和硕特人为盟主。后来，和硕特部族因人口增长过快，大部在游牧过程中迁往青海、西藏，而留在新疆的小部人马由于势力单薄，争不过准噶尔部。当地的准噶尔部首领和多和沁（巴图尔珲台吉）很有政治头脑，他趁此机会联合与自己同宗姓的杜尔伯特部，最终争得了盟主地位。于是他以厄鲁特汗王自居，并将四部中的土尔扈特部族挤到伏尔加河下游一带放牧，同时把一个也姓“绰罗斯”的小部落“辉特部”提升为大部，从而又凑成了“厄鲁特四部”。

明朝末年，和多和沁“大汗”去世之时，有十一个儿子，其中的第六子僧格、第七子噶尔丹、第八子布木，同为一母所生。和多和沁把汗位传给了第六子僧格。没不久，和多和沁的长子车臣忽然暴起，将僧格杀掉，自己当了“大汗”。消息传出，远在西藏追随五世达赖喇嘛学习宗教的和多和沁第七子噶尔丹闻讯，报仇心切，马上率领一批人马悄悄潜回伊犁，一举袭杀了车臣汗。

噶尔丹杀掉车臣后，他并没有把本该继承汗位的僧格长子，也就是自己的侄子策妄阿喇布坦推举为“大汗”，而是自己直接当上了厄鲁特的第四代“大汗”。

噶尔丹，由于出生后就被认定为藏传佛教格鲁派高僧第三世温萨活佛罗卜藏丹津札木措的转世，因此奠定了他显赫的宗教地位。顺治九年（1652年），噶尔丹九岁时，就以“温萨活佛”名义向清帝派遣使团。从这件事情就可以看出，噶尔丹从童年时代起就在卫拉特蒙古政教事务中发挥着举足轻重的作用。噶尔丹十三岁入藏，投在达赖、班禅门下学经，深受二人赏识。根据梁份《秦边纪略》记载：

> 达赖喇嘛之徒遍西域，而特重嘎尔旦（噶尔丹），所语密，虽大宝法王、二宝法王不得与闻。

当时的格鲁派之所以看重噶尔丹，也是有利益在其中的。格鲁派首脑希望噶尔丹日后能够在蒙古政治中扩大黄教的影响，而噶尔丹则想借助达赖喇嘛在藏地、蒙地的巨大影响，重新建立起统一的蒙古帝国。噶尔丹从西藏返回准噶尔部之后，他既有贵族的身份，又有活佛的身份。而后，加上他过人的胆识和毅力，逐步统一了卫拉特各部，南并天山南路，西扩哈萨克，攻无不取，战无不胜，攻取、降服一千二百余城，逐渐成为与清朝对峙的强大部落政权。

清朝入关之后，主要精力放在中原地区和南方地区，鲜有精力经营西北。而准噶尔所在的西北地区，不仅仅与俄国接壤，还与印度、缅甸、尼泊尔、不丹、锡金等国接壤，又与今天的青海、四川、云南等省份相连。所以，准噶尔政权所在的地理位置，不容清朝政府小觑。

清朝对明朝原有地区的攻掠，只用了二十年就基本大功告成。而对于准噶尔部族地区的统一，竟然整整经历了三代君主，用了一个世纪的时间才得以完成！

1644年，清政府入主北京，从此清朝就成为理所当然的中央政权。当时，青海、西藏地区以顾实汗为首的厄鲁特诸部，很快就向清朝奉表，表示服从清朝大皇帝的统治。顺治三年，准噶尔首领巴图尔珲台吉也遣使入贡。此时的清朝，没有任何实际管理准噶尔游牧地区的意图，只要准噶尔部表示了臣服，清廷自然也回书、赠物，由此皆大欢喜。此前，皇太极已经征服了漠南蒙古各部，西藏的五世达赖和四世班禅也随和硕特蒙古都表示臣服。

到康熙时期，漠南蒙古归顺清朝，漠北蒙古表示臣服，唯独漠西蒙古和清朝关系相对比较疏远，来往不是很多。康熙帝亲政之后，智擒鳌拜，继之平定吴三桂为首的三藩起事，根本无暇顾及西北的噶尔丹势力。后来，当噶尔丹进攻青海的和硕特部蒙古之时，康熙帝才派人警告对方不要继续攻打。

由于害怕噶尔丹在青海和甘肃一带的军事行动影响刚刚平定的陕甘局势，清廷也不敢特别激怒噶尔丹，只是充当一个调停者的身份，希望噶尔丹和喀尔喀蒙古和好，不要再互相攻击。

肃州境内涌入躲避噶尔丹战祸的蒙古各部庐帐万余落。康熙帝当时还不知道这些人是被噶尔丹击败的和硕特蒙古人，以为是准噶尔部落的人，所以下令当地边将不要妄杀这些穷困来投的人，并指令大将张勇从兰州移镇甘州，加强防卫，密切注视这些人的一举一动，防止他们轻举妄动。

不久，有谍报称，噶尔丹将要率领大军进攻青海，康熙帝为此非常紧张，严令边将调查噶尔丹的出兵方向，在边境地区严兵守卫。其时，许多蒙古部落往青海方向移动，他们根本不是噶尔丹所率领的准噶尔部队，而是被噶尔丹击败的和硕特蒙古人。这些难民仓皇四走，致使清廷间谍以为这些残兵败将是噶尔丹大军。

后世不少学者，为了夸示康熙帝的仁德，总是赞扬他出于仁政考虑不对准噶尔进行主动攻击。其实，康熙帝不是不攻击，而是不能攻击——清廷正被吴三桂三藩势力整得焦头烂额，哪里顾得上西北的准噶尔呢。

康熙十八年（1679年）秋，噶尔丹忽然派人到清廷“贡献”方物，并说，噶尔丹本人已经被五世达赖喇嘛册封为“博硕克图汗”，其本意在于向清廷炫耀噶尔丹和达赖喇嘛的亲密关系。按理说，西藏是清朝的藩属，五世达赖喇嘛册封噶尔丹应该提前向清廷报告。由于当时清廷正忙于三藩战事，对此也没刻意追究，只得默许达赖喇嘛对噶尔丹的册封，继续对准噶尔部落施行怀柔政策。

作为游牧民族的准噶尔汗王噶尔丹，在持续的扩张中日益兵强马壮。他统一了厄鲁特蒙古诸部以后，又出兵南疆，将原本属于成吉思汗第二子察合台汗国的广大疆域划入他的势力范围，还将已经改信伊斯兰教的南疆首领囚禁在王城伊犁。由此，准噶尔人就控制了天山南北。

依靠着天山南部丰富的资源和税收，噶尔丹实力迅速增强。

而此时，康熙帝已经基本平定了三藩起事，并在康熙二十一年派出十个使团向外藩诸部“报捷”，真实意图就是要炫耀清廷的战功，安抚诸部。而在这十个使团中，也有一个使团是专门派往准噶尔部的。

而后，在收复台湾、一统四海之余，康熙帝开始密切注视东北方向俄国的一举一动，对于和俄罗斯关系密切的准噶尔更加警惕，并下令限制噶尔丹来京的使团人数，对于准噶尔和清朝之间的贸易也加以一定的限制。但从总的方面看，当时的康熙帝对准噶尔还是以安抚为主。

康熙二十六年，噶尔丹大举进攻喀尔喀蒙古。他先帮助喀尔喀的札萨克图汗击败土谢图汗，随后又将札萨克图汗和车臣汗的兵马打败，打得喀尔喀蒙古人死亡殆尽。大败之余，残余的数十万喀尔喀蒙古人逃往漠南地区。

至此，清廷非常为难。如果收容喀尔喀部落，不仅得罪了噶尔丹，还会给清朝边境带来巨大的压力。最终，为了表示大清的仁义，清廷还是决定收留逃亡来归的喀尔喀蒙古人。噶尔丹不依不饶，以索要喀尔喀头领为名，步步逼近清朝的边境。

安置数十万喀尔喀蒙古人，给清廷带来了沉重的经济压力。先前清廷平定三藩起事过程中已经耗费了一亿到一亿五千万两的白银，国库空虚。此时还要再花费大笔银两和物资安抚、赏赐来归的喀尔喀诸部，确实耗费心机。

噶尔丹对漠北喀尔喀蒙古的进击，也帮了沙皇俄国的大忙。喀尔喀蒙古的土谢图汗本来正率领大军猛击入侵贝加尔湖地区的沙俄军队。噶尔丹大军来攻，迫使土谢图汗不得不调转刀口来迎战准噶尔军队，从而使得俄军大松了一口气。他们趁机趾高气扬地在贝加尔湖地区加紧了扩张和侵掠。当时，俄国在欧洲战事中失利，本来实力大减，而在中俄有关边界的谈判中，清朝一方也一直占优势。恰恰害怕俄国和噶尔丹联盟对清朝形成不利的局势，清朝在当时雅克萨战役中取胜的有利局面下，也不敢再保持强硬的态度，被迫对俄国做出了巨大的让步，最终确定以额尔古纳河为中俄东段部分的分界线。

面对噶尔丹咄咄逼人的态势，清廷还是想当和事佬，竭力劝和准噶尔和喀尔喀蒙古之间的争斗，力促双方停火，还劝谕五世达赖喇嘛从中调停。噶尔丹方面则野心勃勃，不停进击。当时，准噶尔发生内讧，策妄阿喇布坦（噶尔丹同母兄僧格的长子）趁噶尔丹东进之机谋划政变，派军突袭噶尔丹大本营科布多，尽掠噶尔丹妻子、部民，最终使得噶尔丹也无法返回准噶尔故地，只得率部向漠北和漠南蒙古地区不停移动。

康熙二十九年上半年，噶尔丹以“追索喀尔喀等三部仇人”为借口，亲率三万精骑兵（对外号称十万）南侵。

康熙帝忍无可忍，终于下定决心迎击准噶尔，派出了两路兵马：一路由康熙胞弟、恭亲王常宁率二万多人出喜峰口，沿朝阳、林西一带奔乌珠穆沁，此为清朝的右路军；左路军由康熙堂兄、裕亲王福全率师三万，出古北口，准备沿承德、乌兰布通、黄岗梁一线奔往乌珠穆沁，形成两路夹击噶尔丹的态势。而康熙皇帝本人，也御驾亲征，随左路大军奔往战场。

行军途中，康熙皇帝忽患寒热之症（应该是疟疾），不得不驻跸于波罗和屯（今隆化）养病。期间，福全和康熙帝太子允礽互相参劾，争夺军权。康熙帝恐内讧导致部队兵变，命令左路军在土尔埂伊扎尔（今乌兰布通开发区红山军马场十二座连营）扎营待命。如此一来，清军右路军就变成了孤军深入。

康熙二十九年六月，清军与准噶尔军在内蒙古乌珠穆沁左翼旗境内的乌尔会河相遇，发生了双方历史上的第一次重大冲突，史称“乌尔会河之战”。

乌尔会河，当时汉名“芦河”，今名“乌拉盖河”，发源于大兴安岭西麓的索岳尔济山，向西南流经乌珠穆沁左翼旗，至乌珠穆沁右翼旗境内的克勒河附近消隐。

乌尔会河大战，是清朝和准噶尔之间一场极为重要的战役，对随后的乌兰布通之战以及噶尔丹败亡均产生了深远的影响。

根据俄文史料，康熙二十九年正月，噶尔丹派出使者达尔罕寨桑到达伊尔库茨克，会见俄国的基思梁斯基将军和柯罗文特使，就双方军事合作问题进行磋商。俄方接到请求后，马上派遣基比列夫到噶尔丹大帐探访。（[俄]兹拉特金《准噶尔汗国史》）

得知情报之后，清廷发令，让满洲贵族阿喇尼率领两万左右的八旗军和科尔沁十旗预备队挡住噶尔丹去路，以图一举荡平噶尔丹军队。

清朝在积极备战的同时，还展开了一系列政治、外交攻势，试图打乱噶尔丹的行动计划，削弱其进攻的势头。同年四月，清廷遣使到噶尔丹的侄子策妄阿喇布坦及其母阿奴喀屯处，馈赠大批礼物，试图联手策妄阿喇布坦夹攻噶尔丹。由于事先得知噶尔丹向俄国借兵的消息，康熙帝立即命令内大臣索额图召见在京的俄使吉里古里和伊里法尼齐，呼吁他们转达皇帝旨意给沙皇，以阻止俄国与噶尔丹的联手行动。

五月二十八日，噶尔丹南渡克鲁伦河；六月六日，准噶尔大军东渡乌尔顺河（今乌尔逊河），深入到呼伦贝尔地区。此时，原驻牧于呼伦贝尔地区的四子部落、茂明安、乌喇特、阿鲁科尔沁等蒙古各部相继畏惧而南迁，使得该地区处于空虚状态。清朝军队在当地设防不利，使得噶尔丹长驱直入。

接着，准噶尔大军沿喀尔喀河东南推进，到大兴安岭西麓后，转向西南至索岳尔济河，一路持续追杀南下的喀尔喀部落。

六月十四日，噶尔丹先遣部队已来到乌尔会河东岸的乌兰之地，他们大肆劫掠乌珠穆沁人马，并四处追寻车臣汗和土谢图汗。

尽管几个月来清廷一直在遣将调兵迎击噶尔丹，但除尚书阿喇尼率领的八旗军接近乌尔会河以外，其余诸军均未到达布防地点。

得知噶尔丹大兵进入乌尔会河一带后，康熙帝急忙命令诸王领兵出战，并决计御驾亲征。但是，清朝大军从北京出发日期被定为七月初四日。这个时间，正是噶尔丹进入乌尔会河的第二十天。而清朝大军从京师到乌尔会河地区，还需要二十天时间。为此，如果清朝尚书阿喇尼的部队与噶尔丹交战失利，那么清朝大军就很难及时施以援手。

康熙帝研究战报之后，也嫌大军出发时间过晚，就下诏强调大军应该速出。由于清朝军中缺少火器和马匹，需要一定的时间筹措，所以即使清廷再抓紧安排，大军发兵日期也只比原来提前了三天。

同时，一直沿路移动、寻找战机的清朝尚书阿喇尼所率军队，也是在噶尔丹进入乌尔会河的第八天才到达河边的，这就使原本是远征而来的准噶尔大军有足够的时间养精蓄锐，能够以逸待劳地迎击清军了。

可见，正是由于清军指挥不利，行动缓慢，最终使得擅长运动战的准噶尔大军准备充分，在日后的战斗中尽显优势。

此时的康熙帝，还没有意识到阿喇尼所部清军的危险，他唯一担心的是噶尔丹获知清军北进的消息而撤退。为了牵制噶尔丹，康熙帝派出理藩院员外郎阿尔必特祜、达赖等人前往噶尔丹行营活动，以清廷使节的名义，说服噶尔丹在当地逗留，让他准备和皇帝派出的特使谈判，目的就是要迷惑和迟滞噶尔丹行进的速度，羁迟其军。康熙帝还指示说，如果噶尔丹见皇帝敕谕退兵，最好谕令他不要退兵，留在原地等待赏赐；如果噶尔丹继续进军，则令诸军疾发，对其实施攻打；如果噶尔丹大军崩溃，诸军务必穷追！

但清廷上述周密的安排，都是一厢情愿，而且为时已晚。尚书阿喇尼根据先前清廷“调所备之兵以防之”的指示，已经指挥大军对噶尔丹发起了进攻，致使清廷集中全部兵力一举歼灭噶尔丹军队的计划完全落空。

阿喇尼得知准噶尔军到达乌尔会河的消息后，马上率领大军前往。

六月二十一日黎明时分，清军到达乌尔会河。望见准噶尔军营地之后，阿喇尼马上挥军对噶尔丹发起进攻。对此，清代官方史料中的“阿喇尼战报”，非常简略地记述了乌尔会河之战始末：

> 尚书阿喇尼等奏报与厄鲁特（准噶尔）战于乌尔会河地方。厄鲁特兵二万余掠乌珠穆沁男女、牲畜、辎重徐行，溯水上流游牧。阿喇尼侦之，分兵二队，乘夜往袭。二十一日昧爽，于乌尔会河地方及其营，令所选蒙古勇士二百余攻之。令喀尔喀兵五百，驱其所掠。未及战，诸部落（内蒙古札萨克诸旗）及喀尔喀兵争取其子女牲畜，阵动不能止，遂退。厄鲁特分两翼，阵而立，我军次队继进，厄鲁特发鸟枪，军退。前队兵及喀尔喀兵复进，喀尔喀畏其鸟枪，先却，诸部落兵力薄，亦退。厄鲁特增兵，从山上绕出我左右，我军不能进，遂敛兵归。
>
> 是役也，厄鲁特多火器，而我火器兵未至，是以不得前进，乃驻军乌珠穆沁之鄂尔折伊图，以俟诸军。阿喇尼等具状以闻。（《亲征平定朔漠方略》，卷六，康熙二十九年六月戊子）

清朝有关尚书阿喇尼率领清军在乌尔会河和噶尔丹军队交战的报告，线索清晰，但是对清军伤亡只字未提。而准噶尔在此次战争中得胜的报道，在俄文史料中被详细保存下来。康熙三十年三月，噶尔丹使者在伊尔库茨克与俄将军基思梁斯基的交谈中提到：

> 天未晓，中国的两个统帅对博硕克图汗（噶尔丹）及其主帐发动军事进攻，据抓来的中国人供称，两位统帅共有军队两万人，全部轻装，未带大炮，备有弓、矛。博硕克图汗略为整顿了武器装备之后，便率兵与中国人作战，从黎明打到午后。博硕克图汗大杀中国军队，一个（中国）统帅当场毙命，另一个……在十五或二十人掩护下逃窜。博硕克图汗的叔伯兄弟丹济拉跟踪追击……缴获大车五百多辆以及全部辎重。（[俄]中央国家古代文书档案库，第1121号档，1691年，第258号档，第215卷，第43张。转引自[俄]兹拉特金《准噶尔汗国史》）

此外，俄国使者基比列夫到达噶尔丹牙帐的第二天，也跟着噶尔丹“观战作证”，他在眼见为实的出使报告里写道：

> 卡尔梅克（俄国人对准噶尔人的称呼）博硕克图汗把中国兵杀得一个不剩！（[俄]中央国家古代文书档案库，第1121号档，1691年，第258号档，第215卷，第46张。转引自[俄]兹拉特金《准噶尔汗国史》）

显然，清朝、俄国当时所记载的情况，基本完全相符。所以，载入《亲征平定朔漠方略》中的“阿喇尼战报”中所描述的战斗过程，还是比较可信的史料。

综合各方面史料，可见当时准噶尔军选择高地扎营，首先占据了地理优势。交战之前，噶尔丹从清军俘虏口中得知清军共有二万人而且全部轻装，这就使得噶尔丹知己知彼，对自己的准噶尔大军的实力更有把握了。

当时，噶尔丹军队和清军人数虽然基本相当，但准噶尔军队居高临下，以逸待劳，加上拥有强大的火力，所以胜利的天平在一开始就向准噶尔军队方向倾斜。

清军方面，统帅阿喇尼对于敌我力量的对比根本没有清醒认识，还派少量蒙古部族军队先行进攻准噶尔军。由于这些蒙古兵在战斗过程中争相认取先前被准噶尔军抢掠的亲属和牲畜，不仅使清军第一次进攻就因为自己方阵大乱而未遂，还给准噶尔大军预留了充足的备战时间。

在噶尔丹指挥下，准噶尔军分出两翼，形成“弓形阵”，等待清军入内。这种“弓形阵”，也称“扇形阵”，是蒙古人几个世纪以来就广泛采用的作战方式。其基本程序是：蒙古军首先选择有利地形（一般是高地），形成扇形阵地，张开口袋，诱敌深入。待敌人进入口袋之后，蒙古骑兵忽然三面进行还击。这种“弓形阵”，还往往辅以其他战术战法，从而变得更加灵活，更能有效歼灭敌军主力。

在乌尔会河之战中，噶尔丹所摆“弓形阵”，更具灵活性和隐秘性。当阿喇尼派七百蒙古兵第一次发动攻击时，噶尔丹并没有下令还击和追击，目的就是要避免暴露自己的阵地和兵力，使对方做出敌方势单力薄的错误判断。果然，阿喇尼很快就组织起第二次进攻。明知清军地势不利，而且没有强大火力作为后援，阿喇尼仍要执意进攻，主要还是因为他判断准噶尔军队的人数不多，而且自己所率的清军全部是轻装，即便受挫，也能迅速撤退。

在清军第二次进攻中，准噶尔军虽然兵力显得单薄，但他们依托“弓形阵”和火力优势，竟然打退了清军。此次交锋中，清军虽遭败绩，但还能发挥轻装作用，主力并未受到重大损失，前队兵马依然保持着足够的战斗力。

接着，阿喇尼又指挥清军发起了第三次进攻。这次，准噶尔军仍利用“弓形阵”进行了有力反击。他们从三面发动进攻，并用鸟枪等火力对清军展开攻打，使得清军伤亡惨重。

忽然遇到对方强大的热兵器袭击，清军纷纷溃退。

恰恰在这个关键时刻，噶尔丹下令埋伏的准噶尔军队从阵地绕出，忽然出现在败逃清军的左右，对清军迅速形成夹攻状态。大骇之下，清军遭到致命打击。史料上记载说准噶尔军队“从黎明打到午后”，可以想见，处于被包围和被夹击状态中的清军人员伤亡肯定少不了！当然，俄国使节基比列夫在报告中所称“博硕克图汗把中国兵杀得一个不剩”，也是有些夸大的说法。但基比列夫作为当时战争的目击者，确实看到了清军遭到噶尔丹军队围歼的具体实况……

从清朝文件中可以发现，阿喇尼在呈上给康熙帝的军报中，将清军失败原因归咎于准噶尔部多火器，而清军火器兵没有及时赶到。其实，这只是清军大败的一个因素。在指挥艺术和战略战术等诸多方面，清军统帅阿喇尼显然要远逊于噶尔丹。

清军的惨败，在阿喇尼刚刚赶赴乌尔会河之时已经注定。

当然，乌尔会河之战的失败，康熙帝作为最高统帅肯定也有责任。清朝文件似乎都说阿喇尼是自己贸然和噶尔丹接战，其实，康熙帝应该事先有密旨指示他攻击准噶尔部队的。为了掩饰康熙帝的指挥不当，清廷在战后才对时任理藩院尚书的阿喇尼加以降级的处理。

噶尔丹铁定心要占据喀尔喀蒙古原有地区，也是因为其先前的内讧所致——自从侄子策妄阿喇布坦发动政变控制了准噶尔部基本领地后，噶尔丹就失去了能够回旋的大后方。他的老窝科布多地区有限的资源根本无法满足其远征属众的需求，更不能满足他事先复兴蒙古帝国的需求，甚至在行军过程中，噶尔丹属下几万人的给养都成为问题，有时候他们甚至“以人肉为食”（根据中国第一历史档案馆藏清内阁蒙古堂档，康熙二十八年档）。

为此，饥渴难当的准噶尔大军一路势如破竹，尽掠喀尔喀额尔德尼台吉，劫夺昆都伦博硕克图部众和济农阿难达赉的人畜，而后南下内蒙古，在乌珠穆沁旗大肆掠夺。所以，他们的这次远征，看似扩地拓土，其实也属无奈之举。

乌尔会河大战中，清军惨败，喀尔喀蒙古更加人心惶恐，纷纷逃散。这些蒙古败兵败将，途中四处劫掠，致使清朝北部边疆大乱。为此，清廷上下也开始生出对噶尔丹军队深深的恐惧，促使康熙帝重新考虑对准噶尔军队的战略和战术，并开始采取极为谨慎的策略，严禁各路清军各自为战。

在接下来的乌兰布通之战中，清朝大军统帅福全等到各路清军会齐后，才敢下令向噶尔丹军队发起进攻。

福祸相依。对于噶尔丹来说，乌尔会河大战的获胜，使得他在信心大增之余，开始盲目地骄傲自大起来，对清朝兵力日益生出轻视之心，继续率领大军侵扰漠南蒙古地区，进逼乌兰布通。这个地方，距离北京仅七百里。

噶尔丹大军来临的消息传出，给清朝北京城造成极大恐慌，根据刘献廷《广阳杂记》记载：

> 京师戒严，每牛录下枪手派至八名，几于倾国矣。城内外典廨尽闭，米价至三两余。

正是在这种情况下，康熙帝才硬着头皮开始了他的御驾亲征。

事后可以发现，清军虽然在乌尔会河之战中惨败，但清朝强大的国力和兵力是准噶尔部远远不及的。康熙帝及时调整了战略，清醒地认识到清军的不足，在朝廷内外及时扭转了消极悲观情绪，认真做足各方面准备，并迅速重新组织起大军来迎击、追剿噶尔丹。

反观噶尔丹，乌尔会河暂时的胜利，反而成为他最终败亡的导火索。他野心膨胀至极，不顾双方实力的悬殊继续向南进犯，终于在乌兰布通遭遇清军主力。

“乌兰布通”，也译为“乌兰布统”。“乌兰”乃蒙语“红色”之意；“布通”，指“倒置的酒坛子”，所以“乌兰布通”即“红色坛子”之意。乌兰布通位于今天的克什克腾旗之西。该地区北面靠山，南临高凉河（西拉木伦河上游支流），地势险要。

笔者曾经数次路过此地，亲眼看到过红褐色的乌兰布通峰在大草原上静静矗立着。自元代起，这一带就水草丰茂。元清两代，此处都是皇家的避暑和狩猎胜地。

由于当时清廷调集的蒙古各盟、旗的助攻部队近二万人一时无法按时到达，情急智生，康熙帝就命令福全先对噶尔丹展开谈判，以赐物赏银为诱饵，引诱噶尔丹放松进攻态势，以待科尔沁诸部骑兵赶来助战。

福全得计之后，先礼后兵，和噶尔丹互派使节，进行了一系列的谈判，以拖延双方决战的时间。

七月二十日，裕亲王福全指挥的清军主力抵达克什克腾旗的土尔埂伊扎尔（即后来的木兰围场）。由于地势平阔，清军宿营于此，整个营区长达六十里，宽二十里，驻军有五六万之众。

同日，为了稳住噶尔丹，福全遣使，入噶尔丹营帐表示道：

> 汝阑入我边汛，尚书阿喇尼等不得不迎战。汝向与天朝修贡通好，此来追喀尔喀耳。今喀尔喀劫夺我外藩，肆行悖乱，亦与我朝相失。圣上特遣和硕裕亲王及皇长子来，与汝申明礼法，自兹以往永定盟好。

也就是说，清朝使者对噶尔丹显得很客气，说先前清军将领阿喇尼和准噶尔开仗乃由于噶尔丹不小心误入边界，清军不得不迎战；而且你一直向大清朝贡，这次进军目的原本也是为了追击喀尔喀蒙古人。而喀尔喀某些散兵游勇确实到处劫掠，大清朝正想灭他们呢。为此，大清皇帝派遣裕亲王福全以及皇长子来这里，就是来和你申明礼法的。从此之后，我们互定盟好，直到永远……

清朝派大军前来，却说是为了结盟，噶尔丹自然不相信。清朝使臣接着解释说：难道你没听说吗，我大清出兵俄罗斯，后来还是礼尚往来以谈判解决了问题，最后双方也是不战而归啊……

任凭清朝使者如何说，噶尔丹就是不信，他早就看出清廷是假谈而真打。将计就计，噶尔丹也对清朝使者“抱屈”，表示说：“喀尔喀蒙古乃吾世仇，因追杀他们，我军才误入清朝边境。我准噶尔一向拜服中华皇帝，不敢妄行！”

谈了半天，噶尔丹还是坚持原议，向清朝索要喀尔喀蒙古的头领土谢图汗和哲布尊丹巴。

得知消息后，躺在病榻上休养的康熙帝非常愤怒，下密旨给福全：“暂时和噶尔丹虚与委蛇，静待盛京、乌喇、科尔沁等部兵马。为了稳住对方，你可以派人送噶尔丹牛羊，犒赏其军，老其锐气，疑其士卒！”

得旨后，福全马上派人给噶尔丹送去一百只羊、二十头肥牛以示友好，并致函噶尔丹，希望约定地点双方面对面进行和谈，以求彻底解决喀尔喀蒙古问题。

噶尔丹大贼之人，他对清朝送来的牛羊照单全收，却对福全所说的和谈之事支支吾吾，依旧有条不紊地推进，一时间使得福全和所有清朝的随营大臣皆不知所措。

于是，福全派人快马加鞭禀报康熙帝，奏称噶尔丹狡诈多端，踪迹难定。而清朝大军人多，回旋困难，是打是和是退，希望皇帝早下定夺。

康熙帝急得不停地派遣使臣传达旨意；而清廷和噶尔丹大营之间，

使者也往来频繁，互相致意，传递消息。但双方都心知肚明，知道对方是在拖延时间，以争取战争的主动。

七月二十九日，噶尔丹大部队开抵乌兰布通山，并在山上居高临下扎营。

乌兰布通山间林木茂密，山势险要，而东西两侧又有大面积沼泽区，噶尔丹选择此地扎营，也是心思缜密：此高地易守难攻，加上两翼都是沼泽地，清军即使依仗优势骑兵突击，也不可能奏效。

八月一日，清军主动迎战。大批清军从土尔埂伊扎尔营地开拔，陆续到达乌兰布通山下，准备仰攻准噶尔大军。当日下午，清军首先使用西洋传教士帮忙设计和铸造的“武成永固大将军炮”“神威无敌大将军炮”等重火器猛轰噶尔丹山上营地。使用这种大炮进攻，先前清军在平定吴三桂三藩起事的时候多次奏效，但多为居高临下轰击。如今，噶尔丹大军在上方，大炮仰射，准头就很差，没有多少炮弹命中目标，只是弄出很大声响，给敌人一定的心理威慑而已。

准噶尔军队先前和俄国交往甚厚，对这种热兵器并不陌生，所以他们也没有感到特别震骇。

当时噶尔丹的战术，就是以“驼城”防卫。所谓“驼城”，就是把原本用来运送辎重的骆驼按卧在地，然后堆上木箱，再把用水沾湿的毛毡蒙在上面，士兵随后就可以躲在骆驼和木箱之间向外射击及投掷长矛。

这种“驼城”一直挺好使，特别是和喀尔喀蒙古打仗的时候，噶尔丹依恃这种战法，取得了很大的胜利。可面对清朝大军，噶尔丹明显心理准备不足。先前他在乌尔会河打败阿喇尼清军，是因为那是一支远道行进的军队，携带的火炮等物品不多。而那次战役过后，噶尔丹产生一种错觉，觉得自己从俄国得来的火器，要比清军数量多而且先进。而乌兰布通战役中，清军刚开始进攻的时候，虽然大炮声声，但由于准头不够，确实也没给准噶尔军队造成多大的伤亡，使得噶尔丹胸有成竹。于是他指挥大军抵抗，准备伺机反守为攻，消灭清军主力。

但是，清军大炮太多了，除传教士助造的大炮以外，还有铁心火炮五门，子母炮三门，其余操纵火炮和火器的八旗火器营军人就有千人，汉军火器营有四百人，可见当时清军火力之强。不顾准噶尔军队居高临下的枪林弹雨，清朝火器兵不时调整角度和方位，大炮的炮弹越打越近，越打越准。而准噶尔军队中那些事先没有被堵塞耳朵的骆驼们，很快就因为清军大炮巨大的音声和爆炸导致的碎片而受惊，忽然间纷纷挣扎站立，四处逃散。由此一来，准噶尔军队的“驼城”就不成“城”了，躲在后面的准噶尔士兵顿时暴露在外。

望见准噶尔军队“驼城”垮塌，清军指挥官大喜，猛摇令旗，拼命击鼓，指挥清军进攻。于是，大批清军，首先是汉人为主的绿营军，呐喊着开始冲杀，仰攻准噶尔军队。

准噶尔的“驼城”虽然已经当不成掩体，但毕竟居高临下，他们拼死抵抗，不停往下射箭，俄式滑膛枪砰砰直响，猛烈狙击来攻的清军。不一会儿，清军在半坡上就死伤枕藉，好不容易有些人杀到了“驼城”边上，短兵相接中，体力又不敌勇悍非常的准噶尔军人，不少清军被杀在当地。

首攻不胜，清军丢下上千具尸体，狼狈遁下乌兰布通山。康熙帝的一个舅舅，即佟国维的哥哥佟国纲，在这场战斗中表现非常勇猛。他指挥左翼军，在炮火掩护下，绕过沼泽地从侧面横击噶尔丹，斩杀了不少准噶尔军人，但在后撤过程中被准噶尔人的滑膛枪打中，战死沙场。这位“领侍卫内大臣”、国舅爷的战死，对清军士气打击极大……

见此情状，身临前线指挥作战的裕亲王福全非常沮丧。既然国舅都战死了，且一直以能征善战出名的陕西绿营汉军都如此大败，剩下的八旗兵和蒙古兵肯定就更不行了。看看天色已晚，福全只好宣布暂时休兵。

噶尔丹虽然抵抗住了清军的进攻，但敌我兵力悬殊太大，他也不敢贸然指挥准噶尔军队往下冲击清军以扩大战果，只是待在山上清理战场，重新稳固防御工事。

有关八月一日这天的战事，裕亲王福全在给康熙帝的奏报中，竭力宣扬准噶尔军队的顽强，并且夸称清军“大败之”，说自己下令清军停止进攻的原因，是因为天色昏黑，害怕清军出意外：

> 抚远大将军和硕裕亲王福全等疏报，七月二十九日，臣等闻厄鲁特屯于乌兰布通，即整列队伍。八月初一日黎明前进，日中见敌，设鹿角枪炮，列兵徐进。未时，临敌，发枪炮击之。至山下，见厄鲁特于林内隔河高岸相拒，横卧骆驼，以为障蔽。自未时交战，至掌灯时，左翼由山腰卷入，大败之，斩杀甚多。右翼进击，为河崖淖泥所阻，回至原处而立。本欲尽灭余贼，但昏夜地险，收兵徐退。其噶尔丹死于乱兵与否，俟后查明另奏外，事关大败贼众，谨以奏闻。

如果读福全奏报，给人的印象是：清军此战基本消灭了准噶尔军队，连噶尔丹差不多都被打死在乱马军中了。

而如果阅读当时在清廷供职的法国传教士白晋在给法国路易国王的报告，就可以发现这位传教士对这一天的战事讲得很客观：

> 在反击厄鲁特汗（噶尔丹）的一次战役（即乌兰布通之战）中，皇帝（指康熙帝）知道他的军队所以蒙受重大损失而未能将敌军彻底击溃，是因为厄鲁特人（准噶尔人）仗着良好的排枪的强大火力，迫使皇帝的骑兵退出战线……

第二天的战况，福全在战报这样写道：

> 八月初一日，击败噶尔丹，薄暮收军。次日，即前进剿杀余寇，见噶尔丹据险坚拒，故使我将士暂息。

可见，经过八月一日下午的激战，清军并没有消灭噶尔丹主力。而且，在第二天的战斗中，噶尔丹反而集结军队，回缩到更高的阵地，凭险固守，使得清军不能再大踏步前进。

可见，战争开始时由于清军火力凶猛，准噶尔军确实遭受了一定的损失，但战斗力并未急剧减弱，他们坚守阵地，勇猛抵抗。延至第二天，虽然噶尔丹的战线有所收缩，但清军并未占得大便宜，双方处于对峙状态。

也恰恰是这种对峙，其实就宣布了噶尔丹在乌兰布通战役中的最后失败——准噶尔军队孤军深入，没有根据地，没有后援，不可能坚持长期作战。反观清军，虽遭重创，但来援的兵力持续不竭，从各地增调的援军陆续挺进乌兰布通，逐渐对准噶尔军形成合围之势。

在这种危急形势下，噶尔丹要想保全兵马，唯一的选择就是尽可能快地脱离战斗，趁机退回漠北。

为了能使得自己的部队安全撤退，噶尔丹开始主动和清军接触并寻求“谈判”。

八月二日，噶尔丹派出军中的大喇嘛伊拉古克三呼图克图到清军统帅部，表示请和。为了迷惑清军，噶尔丹虽然是请和，但语气严厉，依旧坚持向清朝索要土谢图汗和哲布尊丹巴。

此时的清军统帅部，由于康熙帝不可违背的求胜意志，包括福全在内，全都声色俱厉，当即拒绝噶尔丹要求，让他立即率军投降。

为了继续麻痹清军，噶尔丹派人表示，这一两日内，大喇嘛济隆呼图克图也要到清军统帅部来商量讲和事宜。

八月四日，大喇嘛济隆呼图克图率弟子七十余人到清军统帅部求和，并且当众承认噶尔丹深入清朝境内抢掠人畜是“大非礼”，但又强调这不是噶尔丹的过错，而是其“部下无知”。在恭维康熙帝是“一统宇宙之主”的同时，这位大喇嘛还代表噶尔丹降低谈判条件，放弃索要土谢图汗，只要求清廷把哲布尊丹巴遣送回来即可。接着，大喇嘛说噶尔丹马上就要撤出乌兰布通，希望清军放行，待准噶尔军队行到有水草之地，再与清军会盟和好。

自恃越来越多大军的到来，福全等清军将帅都很不耐烦，对大喇嘛济隆呼图克图表示：你们没有再讨价还价的理由，如果噶尔丹不投降，我们马上进军！

其实，就在大喇嘛济隆呼图克图抵达清军大营的当天夜里，噶尔丹就率领余众迅速撤离了乌兰布通。他们夜渡西拉木伦河，甩开清军，奔向边外，最终成功逃走。

不过，脱离了乌兰布通战场之后的噶尔丹并没那么幸运。在归返科布多大营的途中，噶尔丹部队遭遇瘟疫，加上一路缺吃少穿，两三万人的大军最终得以生还科布多的，不过数千人而已。

关于乌兰布通之战，清朝的正史都是大肆宣扬康熙帝指挥下取得的大胜，但从福全回京后受到处罚的结果可以看出，清军确实在此战中贻误战机，最终并没有全歼噶尔丹，而是让他逃走了。所以，此役可谓不分胜负。

但从长远角度看，清朝还是从乌兰布通战役中得到了胜利——此次战役影响了整个欧亚大陆的战略格局，清军挫败了俄国支持下的噶尔丹的挑衅，粉碎了当时俄国在东亚殖民的意图，奠定了清朝“盛世”的根基。而且，噶尔丹迢迢而战，因乌兰布通大战而元气大伤，加上其内部分裂，其侄策妄阿喇布坦把他的根据地攻掠一空，使得噶尔丹日后很难有足够的实力东山再起。

在乌兰布通击走准噶尔军队之后，康熙帝为了巩固北部的边防，一面在木兰行围习武，“激励将士，申明赏罚”；一面及时对那些先前被准噶尔大军击溃的喀尔喀蒙古人采取了收容措施，命令各地发放米银，救助喀尔喀三部离散之人。

不久，康熙帝亲自与蒙古各部首领于多伦诺尔会盟，联合喀尔喀各部力量，以求进一步统一漠北地区。多伦诺尔在今承德市西北，地势平旷，饶有水草。康熙三十年四月，康熙从北京出发，亲率上三旗官兵，出古北口，溯滦河而上；而下五旗官兵出独石口，两路大军最终会师于多伦诺尔。当时，喀尔喀各部首领及内蒙古科尔沁等四十九旗的王公台吉，早已提前恭候在会盟之地百里以外，听候大皇帝传谕。

作为宗主，康熙帝首先调解了喀尔喀三部之间的纠纷，当廷斥责土谢图汗吞并札萨克图部的牧场，攻杀札萨克图汗沙喇。土谢图汗战栗流汗，事后“具疏请罪”。康熙帝下令，以沙喇之弟策妄札卜代统札萨克图部，并封其为“和硕亲王”。在调解了喀尔喀蒙古之间的纷争之后，喀尔喀三部首领在理藩院大臣及鸿胪寺官员引导下，逐次被引进御帐，跪地朝拜康熙。

康熙帝让这些蒙古王爷们和自己共进御宴，奏乐进茶。随后，在隆重而和睦的气氛中，双方举行了会盟大典。转天，康熙又专门设宴，招待了土谢图汗、哲布尊丹巴、车臣汗吴默赫以及策妄札卜等三十五名首领。宴会上，康熙郑重宣布：保留喀尔喀三部首领的汗号，同时宣布取消蒙古贵族原来的“济农”“诺颜”的名号，按满洲贵族的封号，各赐以亲王、郡王、贝勒、贝子、镇国公、辅国公的爵位。而喀尔喀蒙古的行政体系，也如内蒙古四十九旗一样，实行札萨克（旗长）制。按内蒙古四十九旗模式，给地安插，喀尔喀蒙古共分为三十四旗，旗下设参领、佐领。由此结束了喀尔喀各部长期以来以强凌弱、自相劫夺的混乱局面，加强和巩固了中央政权对喀尔喀蒙古各部的管辖。

为了尊重蒙古部族的宗教，清廷采用喇嘛教作为统治蒙古的手段。会盟以后，康熙帝应蒙古贵族“愿建寺以彰盛典”的要求，在多伦建立了一所巨大的喇嘛庙，取名为“汇宗寺”，使之成为暂居内蒙古地区的喀尔喀各部的宗教中心，并命令哲布尊丹巴在寺内主持宗教活动。

日后，以哲布尊丹巴为首，喀尔喀蒙古各部首领经常到多伦以东一百里的木兰围场朝见康熙，并且逐渐形成了固定朝谒的制度。

噶尔丹在乌兰布通撤退后，辗转逃亡，一边向沙俄示好，一边向康熙帝请和。由于清朝已经封锁了噶尔丹前往青海、西藏的道路，天山南路又被噶尔丹的侄子策妄阿喇布坦占领，噶尔丹前后受敌，日子越来越难过。

康熙三十六年，得知噶尔丹本人在巴颜乌兰，康熙皇帝在祖宗灵前发誓："誓不以此虏遗子孙！"他又一次决定御驾亲征，准备率领大军全歼噶尔丹残余部队。

清廷分三路远征，黑龙江将军萨布素领军为东路，大将军费扬古为主帅率领陕甘兵出西路，康熙帝自领中路军出独石口，约定四月下旬在土拉河会师，夹攻噶尔丹。

得知康熙帝御驾亲征，噶尔丹大惧，拔营宵遁。得知消息后，康熙帝马上命令清军统帅费扬古在半路截击噶尔丹。

五月十三日，费扬古所部清军在昭莫多（今乌兰巴托以南）得遇噶尔丹近万人的骑兵，双方展开激战：

> 时敌军至者近万，皆百战之贼。我军饥疲，马僵其半。费扬古以马力不能驰击，非反客为主以逸待劳不可。距敌三十里，即止营其地。有小山三面皆距河，林木荟蔚，可设伏。乃率左右翼步骑，先据小山阵于东，余沿土腊河阵于西。遵上所授方略，各军皆下马步战，约闻角声始上马……日暮，沿河伏骑尽起，一横贯其阵，一袭其后队辎重，贼始崩溃。（《康熙政要》）

由于清军在战斗中再次使用了火炮、滑膛枪等热兵器强势攻击，加上人数优势，噶尔丹最终大败，只带了几十名骑兵脱逃。

这次战役，对噶尔丹的打击是致命的。为此，准噶尔部一名善弹筝笳的老乐工被俘后，在康熙皇帝所举行的庆功宴上，以厄鲁特蒙古语演唱了一首悲壮凄凉的歌：

> 雪花如血扑战袍，夺取黄河为马槽。灭我名王兮虏我使歌，我欲走兮无骆驼。呜呼，黄河以北奈若何！呜呼，北斗以南奈若何！

昭莫多之战后，噶尔丹逃往鄂尔多斯地区，想伺机逃往西藏地区。围追堵截之间，清廷对他多次劝降，但噶尔丹至死不降。

康熙三十七年，穷途末路的噶尔丹在赴额黑阿剌尔途中，突然病死在布颜图河畔，时年五十四岁。

噶尔丹死后，准噶尔汗位回到了噶尔丹侄子策妄阿喇布坦手中。在清廷剿灭噶尔丹过程中，策妄阿喇布坦一直配合，所以被康熙帝视为盟友。

从噶尔丹败亡之时算起，一直到康熙五十六年，清朝和策妄阿喇布坦统治下的准噶尔政权和平共处了二十年左右的时间。

策妄阿喇布坦和噶尔丹一样，内心深处依旧想恢复大元的天下。但当时的清朝太过强大，所以策妄阿喇布坦也一直不敢与清政府公开对抗。他慢慢发现西藏之地可以利用，就把目光转向西藏地区。

先前噶尔丹在与清朝的相抗过程中，以摄政桑结嘉措为首的西藏政权一直暗中偏袒噶尔丹。噶尔丹失败后，他们便把目光转向了继噶尔丹称霸于准噶尔部根据地的策妄阿喇布坦，并且以五世达赖的名义授予策妄阿喇布坦以“额尔德尼卓里克图珲台吉”（宝权大庆王）称号，并授给印玺、衣服等物。

实际上，五世达赖喇嘛早已于 1682 年圆寂。为了控制西藏局势，摄政桑结嘉措一直隐瞒五世达赖死讯，对外宣称五世达赖喇嘛禅定，所以不会见任何人。而当日后清朝和蒙古诸部知道五世达赖喇嘛已经圆寂的消息时，竟然是五世达赖圆寂的十五年后，也就是 1697 年。当时，噶尔丹已处于穷途末路。

噶尔丹掌权准噶尔时期，他本人和西藏宗教上层的关系非常密切。噶尔丹当初能够坐上准噶尔汗位，与西藏的宗教力量支持大有关系。为了报答达赖喇嘛的支持，噶尔丹又反过来大力推行黄教。而策妄阿喇布坦当上准噶尔部大汗后，在宗教上和前几任准噶尔部首领一样，极其重视西藏达赖喇嘛的影响度，所以才会接受西藏政权当时以五世达赖名义对他的封赠。

策妄阿喇布坦与清朝保持和平的同时，多次向西方拓展。1698 年和 1699 年，准噶尔军队侵入哈萨克草原南部，征服了赛拉木。而后，他们又俘虏了锡尔河下游的喀喇卡尔帕克族的亦不剌因苏丹，在当地征收贡税，行驶宗主权。1722—1723 年，准噶尔进攻哈萨克人和乞儿吉恩人，占领了赛拉木及塔什干等多座城市。和先前噶尔丹在位时期一样，准噶尔人大肆掳掠并且强迫那些绿洲城市以及临近的游牧民上缴贡赋。所以，当时准噶尔军队统治之下的民族很多，包括哈萨克人、兀良罕人、帖良古特人、叶儿羌的布哈拉人、布鲁特人以及巴喇宾人等。

随着势力的日益强大，策妄阿喇布坦征服欲膨胀，竟然攻入西藏杀掉了和清朝关系密切的拉藏汗，这使得康熙帝忍无可忍。

拉藏汗不是藏人，乃是属于青海和硕特蒙古的贵族后裔。拉藏汗的曾祖父顾实汗（又译作“固始汗”），曾经应西藏格鲁派之邀，远征青海，并且在青海、西藏建立了他的势力基础。后来，在青海等地称霸的和硕特部首领顾实汗作为卫拉特蒙古一部的首领，于崇德二年（1637 年）向在沈阳建国的清太宗皇太极派去使团。1642 年，顾实汗和达赖喇嘛、班禅喇嘛一起，再次向清朝派遣了表示友好的使者。当时的清朝还在关外，为了争取在蒙古人中间有巨大影响力的五世达赖喇嘛，清廷也向拉萨派遣了使团。

清朝入关后，五世达赖喇嘛曾于1652年和1653年间访问了北京，拜见了顺治帝。清朝方面也承认了达赖喇嘛在西藏的地位。从此，西藏正式接受清朝的册封。

1655年1月，顾实汗病死。不久，青海和硕特蒙古内部发生了左右两翼之争。1659年，西藏在政治上拥有实力的摄政索南拉布丹也病死，五世达赖终于能够自己出面，顺利而巧妙地调停了青海和硕特蒙古的纷争，授予顾实汗的一个儿子以“达赖珲台吉”称号，又授予顾实汗另外一个儿子为“丹津却吉札勒布”（持教金刚王），成功地分割了和硕特蒙古贵族在青海、西藏地区的统治权。由此，一直作为“西藏王”的和硕特部首领的权力不再凌驾于五世达赖之上，反而变成被五世达赖喇嘛册封的头领了。1660年，和硕特蒙古“持教金刚王”的继承人，又被五世达赖授予“持教达延王”称号，也就是历史上的“达延汗”。

1682年，五世达赖喇嘛圆寂，而掌握西藏政教全权的摄政桑结嘉措秘密从前藏宁玛派中选出了一位六世达赖。这位桑结嘉措是一个心思深沉的人，他为了牵制与准噶尔部噶尔丹有密切联系的青海和硕特蒙古部族，同时为了避开清朝的压力，就持续隐瞒了达赖喇嘛的死讯。而准噶尔部的汗王噶尔丹，一直到死，也不知道五世达赖已去世的消息。

1697年，桑结嘉措得知噶尔丹由于遭到清康熙帝亲征打击而到处流窜时，才在拉萨公布了五世达赖喇嘛圆寂的消息，并在当地举行了六世达赖喇嘛的坐床仪式。这位六世达赖喇嘛，就是“情诗达赖”仓央嘉措。

藏历水猪年（1683年），仓央嘉措出生于西藏纳拉活域松（现西藏山南县）的一个普通藏族家庭，被当时的西藏执政桑结嘉措秘密选定为五世达赖的转世灵童。1696年，得知五世达赖已死多年的消息后，康熙皇帝震怒，下诏严谴桑结嘉措。桑结嘉措向康熙帝承认自己“错误”的同时，马上找到多年前就隐藏起来的这位五世达赖喇嘛的转世灵童，于1697年（藏历火兔年）9月，把时年已十四岁的仓央嘉措从藏南迎到拉萨。

途经浪卡子县时，桑结嘉措让当时的五世班禅罗桑益喜认仓央嘉措为徒，为他实行剃度。仓央嘉措受“沙弥戒”，取法名为“罗桑仁钦仓央嘉措”。10月25日，西藏政权在拉萨布达拉宫举行坐床典礼，仓央嘉措正式成为六世达赖喇嘛。

过了三四年，人在青海的顾实汗曾孙拉藏汗继承汗位。这位真正的“西藏王”，逐渐与西藏摄政桑结嘉措产生矛盾。拉藏汗的曾祖是顾实汗，祖父是达延汗，父亲是达赖汗。长期以来，和硕特蒙古内部也是矛盾重重，由于清廷所委任的青海亲王扎西巴图鲁的逼迫，拉藏汗被迫带着部属离开青海中心地区不断南下，最终进入西藏地区。拉藏汗继位之初，曾经得到过西藏摄政桑结嘉措和五世达赖的支持，双方关系不错。当时，为了笼络拉藏汗，桑结嘉措还特别授予对方“成吉思汗之名”(《康熙朝满文朱批奏折》)。

由于拉藏汗率领从人进入了藏地为时不久就和西藏摄政桑结嘉措生出嫌隙，很快二人关系势同水火，甚至发生了桑结嘉措买通拉藏汗府内侍向拉藏汗饮食中下毒的事件。康熙四十四年正月，西藏摄政桑结嘉措对外号称：根据六世达赖指示，驱逐拉藏汗离开藏地，让他返回青海的和硕特部聚居地。由此，双方正式交恶。

愤怒之下，拉藏汗先假意返回青海，北上到那曲后，又集结兵力忽然返回，率领军队进军拉萨。经过三次交战，拉藏汗终于击败了西藏摄政桑结嘉措的军队，使得桑结嘉措星夜逃出拉萨。

七月中旬，先前被桑结嘉措拥立的六世达赖仓央嘉措出面劝和，召拉藏汗入布达拉宫商议。拉藏汗知道六世达赖意在使用缓兵之计，就表面上假装同意和解，出宫后却忽然发兵，抓住退到贡噶的桑结嘉措等人，并且派人在途中杀掉了这位权倾一时的西藏摄政。

占领了拉萨，处死了摄政桑结嘉措，拉藏汗向康熙帝汇报，奏称桑结嘉措“谋反”，而被桑结嘉措拥立的六世达赖仓央嘉措不守清规，请求朝廷废掉这位“假达赖”。

由于拉藏汗在清廷和噶尔丹的战争中一直支持清朝，清廷又怕策妄阿喇布坦把仓央嘉措弄到手里后加以利用，康熙帝自然准奏，命令拉藏汗派人将仓央嘉措解送到北京予以废黜。

1706年，已失达赖名号的仓央嘉措在押解途中郁郁寡欢，行至青海湖滨时，就不明不白死去。死后，他的遗体按照藏地传统实行天葬。当时和后世有关仓央嘉措被黜后的死因说法很多，有说是病死的，有说是被杀的，还有说是被清廷软禁在五台山的。无论如何，这位达赖没留下“金身”，时年仅二十五岁。

仓央嘉措原本的世俗家庭，一直信奉宁玛派（红教）佛教。这个教派的教规，并不禁止僧徒娶妻生子。他被秘密选定为五世达赖的转世灵童后，在家乡过了十四年的乡村生活。这段经历，使他有了和别的转世灵童不一样的尘世生活，加之他本人对大自然的热爱，所以灵感迸发，写下了许多缠绵的“情歌”。现今存世的仓央嘉措诗歌，大概有六十多首，除几首佛教颂歌外，大多是描写男女爱情的歌诗，一般都译成《情歌》。但在藏文中，所谓的“仓央嘉措情歌”，本意应该是“仓央嘉措道歌”。如果依据禅宗的理念，仓央嘉措的“情”，或许也是“道”。但由于达赖系统所属的格鲁派（黄教）佛教一直强调清规戒律，严禁僧侣结婚成家和接近妇女，所以拉藏汗说仓央嘉措不守佛法，其实也是事出有因。

拉藏汗主政拉萨之后，拥立了一个新的六世达赖喇嘛，名字叫阿旺伊什嘉木措。这个六世达赖虽然得到了康熙帝认可，但与拉藏汗同族的青海和硕特蒙古多表示抵制拉藏汗所立的这个六世达赖。于是他们在西藏东边的理塘地方找到一个叫格桑嘉措的男孩，确信这个孩子才是六世达赖喇嘛的转世灵童。为此，青海和硕特蒙古首领们集体请求康熙帝对这个孩子给予保护。

当时，康熙帝对之不置可否，但考虑到将来可能的需要，就下令把那个男孩移住于西宁的塔尔寺，派清兵严加守卫。

自从噶尔丹死后，清朝和策妄阿喇布坦所统治的准噶尔部保持了近二十年的和平。到了1715年，策妄阿喇布坦犯边，开始攻击哈密和吐鲁番等地。由于哈密地区关系到天山南北两路以及天山东路和内地的经济贸易往来，康熙帝不能坐视不管。由此，清朝和准噶尔战事重起。

当时的策妄阿喇布坦非常不愿意看到西藏处于清朝的影响下，他利用当时的西藏人及青海和硕特蒙古对拉藏汗的普遍反感，开始了对西藏的远征。

1717年6月，策妄阿喇布坦派出时任“大斋桑”（清朝史料中作“宰桑”，是“宰相”和“贵臣”的意思）的堂兄弟策凌敦多卜（策零敦多布），率领六千骑兵，自羌塘高原（阿里地区）强行突破，突然出现在拉萨以北的腾格里诺尔（纳木错）湖畔。

拉藏汗闻讯，急忙从青海调来和硕特蒙古军应战。双方激战两个多月，拉藏汗不敌昔日的卫拉特同胞，下令撤退，转而固守拉萨。由于拉萨城中许多藏人反对拉藏汗的统治，他们暗中打开大门，以至于准噶尔军队没遇到什么抵抗就攻入城中。最终，拉藏汗和他的儿子在布达拉宫内英勇战死。

准噶尔的策凌敦多卜占领拉萨和周边地区后，立刻废除了拉藏汗所立的六世达赖喇嘛。他本打算把住在塔尔寺的那个转世灵童接到拉萨坐床，但当时的塔尔寺处于清朝严密监控下，而策凌敦多卜又得不到青海和硕特蒙古的协助，所以最终他想新立达赖喇嘛的想法没有能够实现。

准噶尔军进入拉萨后，并没有成为藏人想象中的解放者。他们肆意掠夺，大肆破坏格鲁派以外的宗教寺院，杀戮、驱逐僧人，很快就引起了西藏人民对这些准噶尔军人的极强的敌意。

康熙帝得知拉藏汗的死讯，是在拉藏汗战死三个月后。当时一支向西宁出发的清军在途中加入青海和硕特蒙古援军，共约一万人的骑兵直指拉萨，但在中途，这支联军却遭准噶尔军全歼。

确认拉藏汗被杀后，清廷在康熙五十九年确认了七世达赖喇嘛人选。也就是说，康熙帝正式承认了青海的和硕特蒙古在理塘地方找到的那个男孩格桑嘉措（当时在塔尔寺）为七世达赖。（青海和西藏三大寺黄教势力一直以仓央嘉措为六世达赖，以格桑嘉措为七世达赖。今天保存在拉萨解放公园的康熙帝《平定西藏碑》，仍称格桑嘉措为六世达赖。）

于是，在康熙帝亲自布置下，清军开始第二次兵分两路大举进军西藏：一路是四川军，从西藏东部（康区）的巴塘横越山地，进入拉萨。当时准噶尔军主力集中在拉萨北方的达木草原，拉萨城防御十分薄弱。另一路是青海军，由康熙帝第十四子允禵率领，带着七世达赖喇嘛一起，雄赳赳地向拉萨进发。

由于在西藏的杀戮抢夺和倒行逆施，准噶尔军队深为藏人痛恨。面对清军强大的压力，准噶尔的“宰桑”策凌敦多卜在拉萨大肆劫掠一番之后，率军向拉萨西北方逃去。

而后，七世达赖喇嘛在清军护送下，在拉萨民众的欢呼中胜利进入拉萨城。康熙五十九年九月十五，格桑嘉措在布达拉宫坐床。这也标志着清朝正式保护西藏的开始。

格桑嘉措入藏后，其家属也随同前往拉萨。清朝政府封他们为公爵，西藏地方政府又给了他们家族很多庄园和农奴。格桑嘉措家属由此成为西藏一大贵族，即今天的“桑珠颇章”家族。

雍正五年（1727 年），西藏阿尔布巴、隆布鼐、扎尔鼐三人谋害首府噶伦康济鼐，预谋叛离清朝。转年，清军赶至拉萨，将阿尔布巴、隆布鼐二人凌迟处死。由于七世达赖格桑嘉措之父索南达结参与阴谋，为防止再起事端，清政府决定将七世达赖移往理塘。同时，诏令五世班禅罗桑益西到拉萨摄理黄教教务。七世达赖格桑嘉措在理塘居住了一年后，又奉诏移往泰宁惠远庙。其间，雍正帝召达赖之父索南达结从理塘进京，面斥其干预藏政。索南达结服罪，保证不再重犯。雍正帝为安抚达赖，加封索南达结为“辅国公”。雍正十三年，清廷命七世达赖自泰宁返回拉萨，把他的职权严格限制在宗教事务方面，下令其父索南达结常驻桑耶寺，每年只许到拉萨一次，严防其干预藏政。而当时西藏的一切行政事务，委任颇罗鼐全权办理，并由清廷派驻的驻藏大臣监督。二十年间，颇罗鼐尽职尽责，使得西藏社会出现了安定和繁荣的局面。

乾隆十二年，颇罗鼐去世，其子珠尔默特那木札勒仇视达赖，暗中与准噶尔部联络，准备阴谋发动叛乱。但清朝政府发现及时，很快平定了这次叛乱。在这次平叛过程中，七世达赖格桑嘉措表现比较好，及时向清廷做了汇报。为此，乾隆十六年，清廷下令由七世达赖格桑嘉措掌管西藏地方政权。所以，西藏黄教的政教合一地方政权，也正是从七世达赖之时正式开始的。

## 难以征服的强大势力

### 雍正时期的准噶尔部族

在拉萨横行了两年零十个月，准噶尔军队不得不撤出。而策妄阿喇布坦的堂兄弟策凌敦多卜撤出拉萨之前，命令士兵将拉萨周边的寺庙劫掠一空，把全部祭器、佛像、经书运回伊犁。这在西藏历史上，称为“准噶尔人之劫”。

得到这批珍宝之后，策妄阿喇布坦在准噶尔盆地的伊犁河北岸，建筑了一座规模宏伟的喇嘛庙，当时叫作“固尔扎都纲”（蒙语称寺庙为“都纲”）。因寺顶金碧辉煌，时人又称为“金顶寺”，是伊犁南北两疆黄教的朝圣中心。后来，固尔扎庙毁于阿睦尔撒纳叛乱。乾隆二十六年平叛后，清政府在固尔扎庙遗址上兴建了“宁远城”，也就是今天的伊宁；三年之后，清廷又在承德仿固尔扎庙的原样兴建了“安远庙”，又称“伊犁庙”……

康熙帝死前，西藏的情势得以平定；雍正帝继位没过多久，青海又出事儿了——和拉藏汗同属和硕特蒙古一系的罗卜藏丹津，忽然造反了。

罗卜藏丹津是顾实汗的孙子，达什巴图尔的儿子。达什巴图尔去世，罗卜藏丹津承袭亲王王位。早在康熙五十五年，为了平衡和分化青海地区的和硕特蒙古势力，清廷下诏，命令罗卜藏丹津和右翼的贝勒察罕丹津、达颜等人为右翼部长，同领青海和硕特蒙古右翼部族；以额尔德尼额尔克托克托奈、阿喇布坦鄂木布为左翼部长。

清廷这种以行政手段干预青海的方法，就是康熙帝的雄才大略，他企图以多设部长的办法，使和硕特蒙古部互不统属，互相牵制。

此诏一下，罗卜藏丹津大感不快。当时，由于对拥立七世达赖喇嘛的意见不一，青海和硕特蒙古各部已经产生分歧。为此，当时准噶尔汗王策妄阿喇布坦才趁机派大军入藏杀死拉藏汗，占据拉萨。

虽然对清朝分割权力的举动深为不满，但在反对准噶尔的战役中，罗卜藏丹津一直站在清朝一边。康熙五十九年，罗卜藏丹津还参加了清军送七世达赖进藏坐床的军事行动。

西藏平定后，罗卜藏丹津并没有从清廷那里得到自己预先设想的对拉萨的控制权。雍正继位后，因嘉奖护送七世达赖的功劳，清廷还晋封和硕特部落的察罕丹津为“黄河南亲王”，这更加引起罗卜藏丹津的愤懑和不满。

为此，从西藏拉萨返回青海后，罗卜藏丹津就暗中和准噶尔汗王策妄阿喇布坦联系，准备在青海背叛清廷。当时，由于康熙皇帝刚刚去世，镇守西宁节制各路进藏军队的皇十四子允禵已经离开西宁回京奔丧。感觉当时的清朝大军无主，罗卜藏丹津就乘机召集青海和硕特蒙古各台吉，诉说利害，在察罕托罗海会盟，煽动这些人起兵反清。

由此，罗卜藏丹津下令和硕特各部恢复原来的称号，不再按照清廷的封赠称王、贝勒、贝子、公等爵号，号召和硕特蒙古人重建昔日顾实汗的霸业。

起兵之后，罗卜藏丹津自号“达赖洪台吉”，号令青海和硕特各部。而同属和硕特部族的清朝亲王察罕丹津当然不同意。于是，罗卜藏丹津即刻发兵四千，率先攻击同族的清朝郡王额尔德尼额尔克托克托奈等人。

察罕丹津眼看不敌，慌忙率领眷属和手下百余人逃至老牙关，后从河州（今临夏）转移到兰州。当时，塔尔寺主持、大喇嘛察罕诺门汗（察罕丹津的侄子）以及郭隆寺众喇嘛，都和罗卜藏丹津遥相呼应，使得西宁一带格鲁派大小寺庙以及中甸、阿冈、多不藏马嘉、铁布、纳珠公寺、朝天堂、卓子山、先密寺、兴马寺、西脱巴等地的蒙藏部众和喇嘛近二十万众，一时间并起抗清，声势浩大。

由于罗卜藏丹津的起事出乎清廷意料，叛军一度顺利率领精骑进至河州、西宁附近，直抵河东。

雍正元年七月，清廷派侍郎常寿赴青海，想和罗卜藏丹津媾和，但罗卜藏丹津骄傲自得，竟然将常寿扣押。十月，清廷任命川陕总督年羹尧为抚远大将军，从陕甘各地调集各路精兵齐集青海，准备一举平定罗卜藏丹津的反叛。

眼见清军人多，来势凶猛，原本跟随罗卜藏丹津反清的和硕特蒙古首领纷纷倒戈，主动向清军投降。

雍正二年正月，清廷又任命岳钟琪为奋威将军。二月，岳钟琪率领大军直杀到青海湖，一举击败哈喇河畔的罗卜藏丹津驻军。而后，清军分为三路西征。

三月，岳钟琪率中路军直取柴达木，生擒罗卜藏丹津生母阿尔腾喀吞；副都统达鼐率兵追到花海子，擒获罗卜藏丹津的主要骨干部将……

至此，起兵才七八个月的时间，罗卜藏丹津便一败涂地，只得率领寥寥几个随从逃往新疆的准噶尔部避难。

罗卜藏丹津的叛乱，给青海的和硕特蒙古带来了深重灾难，导致青海蒙古族人口从17世纪中叶鼎盛时期的二十多万锐减到十多万，严重破坏了青藏地区和甘肃西部的社会安定和生产发展。

罗卜藏丹津叛乱被平定后，雍正帝采纳年羹尧的《青海善后事宜十三条》和《禁约青海十二事》，将青海蒙古部族置于中央政府的严格控制下，对他们大力推行分化与羁縻相结合的政策，下诏把青海和硕特蒙古仿照内蒙古札萨克制度分编为二十九旗。同时，清廷对青海蒙古各旗划定了游牧界限，彼此不得互相统属，不得互相往来。

经罗卜藏丹津叛乱后，青海和硕特蒙古的军事力量一蹶不振。察罕丹津被清廷重用，荣获“札萨克”头衔，掌管和硕特前首旗（河南蒙旗），成为青海举足轻重的权势人物。

西藏、青海正式并入清朝的有效管辖范围，使得清朝形成了对准噶尔南部、东南部的包围态势。从此，清朝在统一准噶尔问题上拥有了更大的主动权。

雍正五年，准噶尔汗王策妄阿喇布坦病逝，他的儿子噶尔丹策零继承汗位，人称“小噶尔丹”。这位准噶尔新汗，在开疆拓土方面，比他的父亲策妄阿喇布坦和叔祖噶尔丹都厉害得多，曾经让雍正、乾隆两代清朝皇帝坐卧不安。

噶尔丹策零刚刚继位，雍正帝已经坐稳了帝位，准备出兵征剿准噶尔。为此，雍正帝特别设立军机处（开始时叫“军需房”），目的在于方便西北用兵的指挥工作。

雍正七年，雍正帝派出清开国大臣费英东的曾孙、吏部尚书傅尔丹为靖边大将军，率五万精锐进兵讨伐，其中有六千京师八旗、九千御林军、八千盛京八旗，其余是来自科尔沁等地的蒙古铁骑；同时，他任命岳钟琪为宁远大将军，从西路出师助战（此时大将军年羹尧已经被赐死）。

出征之时，雍正帝先到太庙祭告列祖列宗，并在太和殿给主帅授钺，还亲自到南苑阅兵助威。

雍正一朝对准噶尔的战争准备工作做得又早又好，但真打起来，却是准噶尔一方首先取得主动。雍正九年，准噶尔军队首先攻击吐鲁番地区，和清军展开了拉锯战。本来补给困难，西路军岳钟琪所部清军又被准噶尔派出的小股游击队破坏了辎重补给，在乌鲁木齐一带被动挨打。

当年夏秋之交，和通泊（和通淖尔）一战，清军惨败。

当时，为了防范准噶尔军队进入喀尔喀蒙古攻袭，雍正帝命令靖边大将军傅尔丹率兵前往科布多筑城（今蒙古吉尔格朗图。历史上的科布多地区，在今天分为三个部分，中国、俄国和蒙古各占一部分）。

当时，噶尔丹策零得知北路清军比西路清军人数稍疏，就决意集中兵力进攻北路，得胜后进而劫掠喀尔喀蒙古部落。由于傅尔丹率领清军凭城固守，噶尔丹策零清晰认识到，自己手下的准噶尔骑兵长于野战而短于攻城。所以，他就派出塔苏尔海丹巴为间谍，故意让守卡清军捕获。被审讯之时，塔苏尔海丹巴诈称说：噶尔丹策零发兵三万，由大策零敦多卜、小策零敦多卜分别率领，来犯清军北路。如今，小策零敦多卜已到达察罕哈达，而大策零敦多卜因故逗留未至。

傅尔丹信以为真，就决定乘准噶尔大军未集中之时，先发制人。于是，他选兵万人，循科布多河西以进。其中，清将素图、岱豪为前锋，定寿等人领第一队，马尔萨等人领第二队，傅尔丹率大兵继后而进。而后，傅尔丹令衮泰率领小部分兵士留守护城，陈泰屯于科布多河东，保护饷道。

六月初九日，定寿所率第一队进至扎克赛河，抓获准噶尔军队的巡逻兵。根据俘虏供称，此处距察罕哈达仅三日路程，在那里刚刚到达的准噶尔兵不超过千人，尚未来得及立营。傅尔丹得知消息后，马上命令清军连夜速进。但大军行军数日，并不见一个敌人。

六月十七日，清军又抓获一名准噶尔兵，供称说准噶尔军队二千人屯于博克托岭。于是，傅尔丹派遣素图、岱豪将三千人马前往攻击。

此时，准噶尔用弱兵等待清军，准备一战之下就佯败而退，引诱清军上钩。而当时的准噶尔主力大军二万，事先已经埋伏在山上，严阵以待。

六月十八日，定寿所率领的第一队清军进至库列图岭，遇到准噶尔守军后交战，阵斩四百多人，准噶尔军队残部驱赶驼马，翻越山岭逃遁。

六月十九日，傅尔丹大军赶至，与清军前锋等部会合；二十日，清军追敌，进入博克托岭。正搜索间，忽然准噶尔伏兵四起，居高临下，纵马冲击。

傅尔丹十分惶急，但还是稳定心神指挥督战，临阵杀敌千余人。塔尔岱、马尔齐督兵攻夺西山制高点，但准噶尔军队据险防守，清军仰攻不利，死伤多人也未能攻下。

此时，傅尔丹深知自己中计，全军处境危险，就决定向和通泊一带突围。于是，傅尔丹将全军分为五队：定寿、素图、觉罗海兰、常禄、西弥赖据山梁东；塔尔岱、马尔齐据山梁西；承保居中，马尔萨出其东；达福、岱豪当前，舒楞额、沙津达赖等人护后。

六月二十一日，清军根据五队的安排，分别部署突围。

准噶尔大军发现清军突围意图后，就开始全力进攻山梁东、西的两部清军。当时，山间气候多变，雨雹突至，更增加了不谙山地作战的清军突围的困难。于是，傅尔丹派兵援西路，令承保援东路。清军战至日暮，也未能解围。

六月二十二日，苦战久之，东、西两队清军不敌准噶尔军队，皆全军覆没。

六月二十三日，准噶尔军乘胜包围了在和通泊边水草地集结的清军大营。此时此刻，作为统帅的傅尔丹亲自督兵抵御，杀叛军五百多人。当时，高树红色大纛的科尔沁蒙古兵被准噶尔兵围攻，而高树白色大纛的土默特蒙古兵在沙津达赖指挥下，前往阵中，奋力拼杀救援自己的同胞。当时清军胆寒，望见土默特蒙古兵的白纛在敌阵晃动，就误认为土默特蒙古兵也被准噶尔军队围歼，登时大溃。

由此，兵败如山倒，清军最终一败而无法收拾。至此，傅尔丹只得指挥残余兵士边挡边退。七月一日清军退回科布多时，傅尔丹手下仅剩下两千人。

五万大军被杀殆尽，这是清朝和准噶尔战争中清军损失最严重的一次大败。

这场大战之中，清军大将常禄、巴赛、查弼纳、马尔萨等人力战阵亡；海兰、苏图、定寿、永国、马尔齐等人力竭自杀；副都统塔尔岱身负重伤。

胜利之后，准噶尔大军大声唱着歌凯旋。

为噶尔丹策零立下汗马功劳的两位将军：一个是大策零敦多卜，先前出兵西藏；另一个是小策零敦多卜，是噶尔丹策零的堂弟，也是大策零敦多卜的堂侄。

杀了清军近五万人马，准噶尔人也骄傲至极。

雍正十年七月，噶尔丹策零派遣大军进犯杭爱山下的哲布尊丹巴呼图克图领地。扑空之后，就突袭清朝多罗郡王策凌的老营。

策凌乃蒙古喀尔喀部人，姓博尔济吉特氏，是成吉思汗嫡裔。此人自幼生长于塔密尔河流域，康熙二十七年，当时准噶尔部的噶尔丹举兵侵入喀尔喀，策凌被迫带着祖母格楚勒哈屯和弟弟恭格喇布坦投奔清朝。策凌是成吉思汗十八世孙图蒙肯的嫡嗣，清廷对他很重视，赐居于京师，教养于内廷，恩养一同满洲王子。康熙四十四年，由于迎娶和硕纯悫公主，策凌得授贝子品级，而后被清廷派遣率领本部归牧于塔密尔。康熙五十四年，策妄阿喇布坦派兵侵袭哈密之时，策凌应召，随同清军征战。康熙五十九年，跟随清朝的振武将军傅尔丹进击准噶尔，擒其“宰桑”贝坤等百余人。雍正元年，清廷诏封策凌为多罗郡王。

雍正九年八月，取得和通泊大胜后，准噶尔的大、小策零敦多卜率兵三万，进袭喀尔喀蒙古。为此，策凌和亲王丹津多尔济率兵往击，在鄂登楚勒击败准噶尔军队。雍正帝闻讯大喜，下诏进封策凌为“和硕亲王”，赐银赐金，不久又授其为“喀尔喀蒙古大札萨克。”

雍正十年六月，小策零敦多卜率兵三万由奇兰再次入侵喀尔喀，策凌和清将塔尔岱联军在本博图山截击准噶尔军队。

但是，准噶尔分军，突袭了策凌的塔密尔老营，抄掠人畜无数。听闻准噶尔军队抄袭了自己老营，二子被俘，策凌悲愤至极。当时，清朝侍郎绰尔铎因转运粮饷任务，正在策凌军中，他就激劝策凌率兵遏敌归路，乘间定能大破敌军。

策凌此时眼中冒火，连连点头，即刻率领本部人马还军驰击。

八月间，准噶尔军退往额尔德尼昭，策凌率领部军紧跟其后，拼命追赶。追途之中，策凌与准噶尔军队交战十余次，每战皆胜。

当时，准噶尔的小策零敦多卜据杭爱山麓，逼鄂尔坤河（今属蒙古国）而阵；策凌指挥满洲八旗兵列阵河南，自己则率万余喀尔喀蒙古兵埋伏在山侧，其余蒙古诸军阵于河北。

准噶尔人看到满洲八旗兵背水而阵，兵力甚弱，皆大笑哄然。因为去年战事中，八旗兵完全不经打。于是，小策零敦多卜挥舞旗帜，指挥准噶尔军队越险而进。

果不其然，满洲八旗兵还未接战，看到准噶尔骑兵冲过来就转身逃跑。于是，准噶尔骑兵挥刀追逐。

岂料，正在准噶尔骑兵轻松笑语打猎般追击之中，策凌所率的喀尔喀蒙古伏兵忽然从山下杀出，他们狂风暴雨一般，横击准噶尔骑兵，杀得准噶尔兵士尸满谷中，阵斩万余级，缴获牲畜、器械无算。

受此一惊，小策零敦多卜大骇，赶忙率领残众渡河逃跑。结果，策凌蒙古兵待其半渡而奋起击之，准噶尔兵士被杀大半，河流尽赤！

如此大战，杀敌近两万，缴获器械、马匹、牛羊无数，清军和蒙古军的损失竟然只有十多人受伤而已，而领兵的大小将领，无一被杀或者受伤！

得报之后，雍正帝欣喜若狂，即刻赐号“超勇”，赏赐策凌“黄带子”，同时赐马两千、牛一千、羊五千、白银五万两，进策凌为“固伦额驸”。当时，策凌的妻子纯悫公主已薨，为了荣显策凌，雍正帝下令追赠纯悫公主为“固伦长公主”。

额尔德尼昭大战的这位清朝英雄策凌，他的真实面容至今仍可见到。当时，法国传教士王致诚为这位英雄画过一张半身朝服画像，后来此像被八国联军抢走，现藏于柏林民俗博物馆。

先惨败而后大胜，雍正帝一朝，对准噶尔应该算是打了个平手。但额尔德尼昭战役，确实可称为清朝和准噶尔战争的转折点，自此之后，准噶尔势衰，再没有能力主动且大规模地对清朝边境进行侵扰。

但一直到雍正十二年，清朝也没有能够达到彻底平定准噶尔的目的，双方进入相持状态。而准噶尔内部，也是内讧不断，姻亲贵族之间你争我杀，没能尽锐攻击清军，双方开始停战议和。

双方之间的打打和和，一直延续到乾隆继位。这位新天子上台后，也被准噶尔人闹得一度曾想把边界再向东移，最终，还是因为大清额驸策凌两次进京力谏，说他所率领的喀尔喀蒙古人能阻止准噶尔军队的东犯。至此，乾隆帝内心稍安……

## 犁庭扫穴般的灭顶打击

### 乾隆帝时期对准噶尔的最后的征服

乾隆帝继位之初，苗民起事。为此，清廷用了整整一年的时间，调集五省兵力，二换统帅，耗费白银两百多万两，才镇压了起事苗民。

为了休养生息，坐稳帝位，乾隆帝对于远在西北的准噶尔政权，起初持怀柔态度，不想再起战端。

自乾隆三年起，清廷和噶尔丹策零进行了两次和谈，规定了准噶尔和喀尔喀蒙古的游牧边界，准许噶尔丹策零到西藏“熬茶”（到拉萨做佛事活动）的请求，还恢复了清朝和准噶尔之间的正常贸易往来。

万事和为贵。此后，双方和平相处了几年时间，各自休养生息。

乾隆十年，准噶尔汗王噶尔丹策零病逝，一时间准噶尔部乱端渐起，不断有准噶尔族人逃到清朝境内，报告准噶尔部的内乱情况。当时，清朝一些大臣建议乾隆帝趁着噶尔丹策零刚刚病逝的机会，大举进攻准噶尔。但乘人之丧用兵，正义者不为，乾隆帝马上表示清廷不会因人之丧而举兵。内心深处，他也担心，准噶尔内部变乱会导致大量准噶尔流民涌入清朝边境地区。一旦局势失控，或许又会发生大的事端。为此，乾隆帝下令边疆大臣严守边境，提前做好防范。

乾隆十年，噶尔丹策零去世时共遗有三子一女：女儿鄂兰巴雅尔年纪最长，为辅政官；长子喇嘛达尔扎十九岁，乃婢女所生；次子策妄多尔济纳木扎尔十三岁，年纪虽然不大，却是嫡子，所以继承了汗位；还有一个幼子策妄达什，尚未成年。

十三岁的纳木扎尔继承准噶尔汗王王位之后，荒淫无度，肆行暴虐，甚至将经常劝说自己的姐姐也囚禁起来，逐渐激起众怒。

倒行逆施五年之后，这位年仅十八岁的汗王被大哥喇嘛达尔扎逮住，挖出双眼后，残害至死。由此，汗位落入噶尔丹策零的庶出长子喇嘛达尔扎之手。

喇嘛达尔扎虽然是噶尔丹策零的大儿子，但他母亲是婢女出身，众心不服。加上此人十分阴险，为人傲慢，使得准噶尔部族中许多贵族大为不平。

当时，在准噶尔部中，最有可能继承汗王王位的，有以下三人：

达瓦齐，乃第一代准噶尔汗王和多和沁的嫡传子孙，也是战功赫赫的大策零敦多卜的孙子。

阿睦尔撒纳，策妄阿喇布坦的外孙，又是拉藏汗的孙子。当初，拉藏汗的姐姐嫁给了策妄阿喇布坦，策妄阿喇布坦又把自己的女儿博托洛克嫁给了拉藏汗的儿子丹衷。后来，策妄阿喇布坦派出大策零敦多卜率领六千准噶尔战士奇袭拉萨，其出兵借口就是到拉萨帮助策妄阿喇布坦的女婿丹衷。结果，这些准噶尔骑兵驰入拉萨后，把拉藏汗、丹衷父子都杀了。丹衷的妻子，也就是策妄阿喇布坦的女儿博托洛克当时已经怀孕在身，日后生下了阿睦尔撒纳。从血缘角度看，阿睦尔撒纳既是策妄阿喇布坦的嫡系外孙，又是和硕特汗王拉藏汗的嫡孙，所以，其身份还是非常高贵的。

达什达瓦，其四世祖名叫墨尔根岱青，乃准噶尔第一代汗王和多和沁的亲兄弟。其父亲，乃是在和通泊大败清军的勇将小策零敦多卜。

达瓦齐、阿睦尔撒纳和达什达瓦三人，自恃在准噶尔部族中出身高贵，就暗中联合，准备共同拥立噶尔丹策零的幼子策妄达什为汗王。不料事情不密，喇嘛达尔扎先下手为强，忽然派人进攻，把小弟弟策妄达什，达什达瓦，达什达瓦的哥哥漫济和车凌纳木扎尔、弟弟伯格里、儿子德勒格乐和图鲁巴图等人，全部杀掉。幸亏达瓦齐和阿睦尔撒纳提前得知消息，连夜纵马逃出，远遁到哈萨克地界。

粉碎了“政变”，喇嘛达尔扎忘乎所以，让人在自己汗王营帐内大摆庆功宴，大酒喝了数日。结果有一天，先前逃走的阿睦尔撒纳和达瓦齐忽然率领一千多人马杀回。事起仓促，喇嘛达尔扎正盘腿坐在那里端着酒杯，眼睁睁看着达瓦齐的弯刀朝自己脑袋砍来……

喇嘛达尔扎被杀后，伊犁一时无主，由于达瓦齐率先回来，就被众人拥立为准噶尔新汗王。为了酬报阿睦尔撒纳的功劳，达瓦齐把塔尔巴哈台（今新疆塔城）一带丰美的牧地赏赐给这位同盟者。

达瓦齐即位之初，地位不稳，所以暂时对清朝采取归顺态度，上表贡献，表示愿为清朝藩属。这种表态，不过是权宜之计。达瓦齐也是荒淫无度之辈，当了汗王之后，终日酗酒，不理政事，没事还寻衅杀人，相比先前的喇嘛达尔扎，真是有过之而无不及。

看到噶尔丹策零死后的准噶尔汗王一个不如一个，部族内部分化更甚，以至于人人嗟怨。其间，纳默库济尔噶欲图乘机起事，想杀掉达瓦齐自立。危急时刻，达瓦齐还是仗着阿睦尔撒纳的帮助，最终粉碎纳默库济尔噶的政变，顺便铲除了朝中的异己力量。

经过这么一件大事，阿睦尔撒纳逐渐也生出野心，觉得达瓦齐的汗位自己完全可以取而代之。但是，阿睦尔撒纳不是准噶尔男性直系血亲，忽然取代达瓦齐，肯定也得不到部族内部的支持。为此，他一直以拥立达瓦齐为名，暗中积极培植个人势力，到处抢夺地盘，逐步扩张力量，准备相机而动。

乾隆十八年十月，清朝的定边左副将军、蒙古喀尔喀的和硕亲王成衮扎布等人，在塔密尔军营中得到消息，说杜尔伯特大台吉车凌、车凌乌巴什、车凌孟克（史称“三车凌”）遣使巴颜克什克等人前来，希望向清朝归降，并说他们已经率领部众三千余户在额克阿喇勒待命。

由于准噶尔部一向善使诱降计，成衮扎布不敢怠慢，一边派遣将士前往防备，一边飞速奏报朝廷。

乾隆皇帝看到报告后，于当年十一月二十三日谕告军机大臣，表达了他自己的独特的看法，认为这次“三车凌”不是诱降：

> 朕观车凌等来降，似非叵测，何也？达瓦齐与讷默库济尔噶构兵不已，俱令车凌等相助，两家胜败既难预定，即幸而所从者胜，亦仍受其约束，自不若归降大国，冀得妥生。伊等既经来至边卡，将情事实告，应即令其入内休息。可速传谕成衮扎布，即遣军营明白历练大员，前往晓谕，告以尔等率众投诚，业经奏闻大皇帝，大皇帝念尔等俱准噶尔台吉大员，输诚向化，甚可嘉悯，今所驻额克阿喇勒，乃我边卡外地，倘有追兵至此，未便应援，或有所失，朕心深为不忍，即可移入卡内驻扎。

……从前准噶尔台吉阿喇布坦、丹济拉等投诚，俱封以显爵，优加赏赉，其宰桑及部落人等，皆授官分产，至今安居乐业。伊等入见后，朕自格外加恩，此时先令成衮扎布动用官项牛羊，赏给伊等，以为接济，其驻牧处所，另行酌定。至准噶尔素称狡诈，固宜派兵防范，但伊等天性好疑，亦不可启其猜嫌，倘车凌等愿留卡外居住，我虽预备，无庸宣露，若已入卡内，则更无可疑，不须过为防范。(《清高宗实录》，451 卷)

显然，乾隆帝敏锐地察觉到准噶尔内部长期纷争的混乱局面，对于清朝的用兵是个天赐良机，已经开始密切注视着时局变化，所以才批准“三车凌”来降。接着，清廷开始安置准噶尔降人，准备遣军北征，彻底解决准噶尔问题。

为了给准噶尔人树立来降厚待的样板，乾隆帝公然表示要对来降的“三车凌”格外加恩。于是，清廷赏赐他们大量牛羊，为这些人安排游牧场所，乾隆帝还特遣侍郎玉保携带自己的“御用”元狐帽，赏赐给“三车凌”，让他们明年夏季到热河朝觐。

降附的“三车凌”惧怕准噶尔兵攻袭，请求清廷允许他们立即徙入汛内。

成衮扎布遵奉乾隆帝命令，马上欢迎这些降人入卡，安排他们暂时驻于乌里雅苏台（今蒙古国扎布罕省省会扎布哈朗特）。后来，清廷安排这批部民定牧于扎克拜达里克。

乾隆十九年初夏，“三车凌”率众台吉、宰桑抵达热河，受到乾隆帝格外优待，赐宴于万树园，命他们和自己一起观赏烟火游戏，并且当众晋封车凌为亲王、车凌乌巴什为郡王、车凌孟克与色布腾为贝勒。同时，赏赐车凌银五千两、车凌乌巴什银四千两、车凌孟克与色布腾各银三千两，其余台吉、宰桑，也获清廷封为贝子、公、一等台吉不等，都按照品级赐予银两。而“三车凌”带来的三千余户一万多人，按内札萨克、喀尔喀札萨克先例，编立旗分佐领，设立十三个札萨克，赐号为“赛音济雅哈图盟”，以车凌为盟长、车凌乌巴什为副盟长。清廷又赐“三车凌”羊一万余只、米四千石以及数百石粮食种子。

“三车凌”来归之后，经过详谈，乾隆帝更真切了解到了准噶尔内部大乱的情形。思前想后，他准备趁准噶尔高层篡夺相继、人心离散之际，对准噶尔开始实打实的动兵。

不久，清朝北路军营陆续奏报说，达瓦齐和阿睦尔撒纳两个人又打了起来——原来，在乾隆十八年，阿睦尔撒纳公开向达瓦齐提出，要求与他平均划分厄鲁特诸部，平起平坐。达瓦齐非常生气，马上拒绝阿睦尔撒纳的“请求”。至此，双方翻脸，阿睦尔撒纳被拒绝后，率部在准噶尔到处杀掠，准备自立为汗王。乾隆十九年，达瓦齐亲率大队兵马，在额尔齐斯河和阿睦尔撒纳大战一场，阿睦尔撒纳战败。逃窜过程中，他不得不向清朝军队表示投降。

正是阿睦尔撒纳归顺清朝的消息，才使得乾隆帝最终下决心尽快解决准噶尔问题。

廷议之时，大臣们意见不一。除大学士傅恒赞同此议之外，绝大多数满汉大臣都不主张劳师远征准噶尔。确实，雍正九年清军的和通泊大败，丧师五万，哀号之声犹在耳际，如今再次冒险深入，肯定凶多吉少。

当时的准噶尔部落，人数只有六十多万，但这个部族向来崇尚勇武，剽悍善战，在天山南北声名素著，习于冲杀。因此，用兵于万里之外，冒险远征准噶尔，后勤补给困难，万一有个闪失，谁也不敢承担后果。何况，五年以前，清朝还派出数万大军围攻大小金川弹丸之地，竟然也劳师三载，伤亡将士数千，导致国库费银一千多万两，还使得两位领军大臣因败被诛。前鉴不远，如今再劳师动众妄开边衅，那么远攻打准噶尔，大臣们皆心寒胆战。

看到满朝的大臣如此庸懦，乾隆帝大怒，于是他乾纲独断，于乾隆十九年五月初四日下谕，做出远征准噶尔的决定：

> ……准夷素性猜疑，阴怀叵测，将来必至构衅滋事，不得不先为防范。况伊部落，数年以来，内乱相寻，又与哈萨克为难，此正可乘之机。若失此不图，再阅数年，伊事势稍定，必将故智复萌，然后仓促备御，其劳费必且更倍于今。况伊之宗族车凌、车凌乌巴什等率众投诚，至万有余人，亦当思所以安插之。朕意机不可失，明岁拟欲两路进兵，直抵伊犁，即将车凌等分驻游牧，众建以分其势，此从前数十年未了之局，朕再四思维，有不得不办之势！（《清高宗实录》，464卷）

确实，准噶尔一直好战，给清朝西北、北部地区以及喀尔喀蒙古等地带来严重威胁。康熙帝、雍正帝两朝，都因准噶尔的侵袭而惴惴不安，二帝殚精竭虑，已经耗费了巨大的人力、物力和财力。现在，准噶尔内部乱起，如果错过当下这几十年未遇的良好时机，数年以后，一旦达瓦齐控制住了准噶尔内部局势，肯定会故态复萌，和清廷对抗，袭扰清朝边境与喀尔喀蒙古。那时，再想征服准噶尔，必定难上加难。

如今，既然“三车凌”率众万余来归，清廷对准噶尔内部详情尽悉，正可以让他们引导大军前行。所以，天时、地利、人和，都宜于乘机大举发兵。

于是，乾隆帝谕告内札萨克、喀尔喀众蒙古王、贝勒、贝子、公、台吉，他以先前的历史为依据，强调准噶尔分离势力不除，势必会直接威胁到青海、西藏的安全。

为了进一步宣讲攻打准噶尔部的必要性、迫切性和可能性，乾隆帝在当年十月十三日亲御太和殿，召见满洲王公大臣，狠狠训斥了那些

“畏怯退缩”的大臣，并且表示如果日后用兵之时有人因怯懦失机而导致军事行动半途而废，必杀无赦！

经过乾隆帝的再三谕告和训斥，大多数满洲王公大臣才勉强从内心里接受了乾隆帝远征准噶尔部的主张，开始积极调兵遣将，卖力地备办粮草、马匹、器械，整个朝廷都全身心投入到大军远征的准备工作当中。

细察乾隆帝的派兵详情也可以发现，他确实是铁下心来要一举攻灭准噶尔部：

在军机大臣奏准调派的五万名兵士中，有乾隆帝认为战斗力最强的满兵一万三千名，索伦、巴尔虎兵八千名，还有久随征战的察哈尔兵四千名，土默特兵一千名，共二万六千名；另外，还有阿拉善、哲里木、昭乌达、喀尔喀、和托辉特等蒙古兵一万一千名。满兵、索伦兵、巴尔虎兵和蒙古兵共三万七千名，而其中的汉人绿旗兵才一万一千名——可见，这次征伐准噶尔的战役，满蒙士卒约占出征军队总数的四分之三，这与雍正九年主要依靠绿旗兵（西路军皆为汉军绿旗兵）征伐相比，差距很大。

最后，乾隆帝根据准噶尔降人提供的情况和群臣的建议，决定在乾隆二十年秋季用兵。军机大臣传谕各地，抽调士卒，指示诸部，一定要在乾隆二十年四月之前分别到达先前指定的西路军和北路军军营。

正当清政府积极调遣兵马赶运粮草之际，北路军的定边左副将军策楞突然送来消息，奏报说七月初八日，阿睦尔撒纳与纳默库、班珠尔率领辉特、和硕特、杜尔伯特三部，带兵五千余名以及部族人口二万多人，已进入清朝边卡，前来投奔大皇帝。

由于阿睦尔撒纳的来归，乾隆帝重新调整了对准噶尔用兵的策略。

深知阿睦尔撒纳出身显贵，乃和硕特部拉藏汗之孙、策妄阿喇布坦的外孙，而其母博托洛克后来相继改嫁给辉特部台吉卫征和硕齐两个人，阿睦尔撒纳借此优势成为辉特部首领，其同母兄班珠尔又是和硕特部台吉。如此骁勇多谋、在准噶尔部根深蒂固的人物投奔大清，乾隆帝大喜过望，马上下诏对阿睦尔撒纳厚加赏赐，封其为亲王，封纳默库与班珠尔为郡王，并准备在平定达瓦齐后，重新编设厄鲁特四部，到时候，再晋封阿睦尔撒纳为辉特汗、班珠尔为和硕特汗。

接见心切，乾隆帝命策楞马上派人护送阿睦尔撒纳等人往热河朝觐，以便能够亲自询问准噶尔内部情况，征询他们有关清朝进兵的建议。

心急火燎，为了能够早日见到阿睦尔撒纳，乾隆帝甚至不惜打破惯例，命令扈从军队加速行走，把北京至热河避暑山庄的行程由六站改为三站，开始了御驾急行军。

乾隆十九年十一月初，阿睦尔撒纳遵旨及时赶到热河，觐见乾隆帝，跪地叩首表示降附。而后，他向乾隆帝详细陈述了准噶尔部大乱的情形，并提出，清朝大军进军的最好时间，应该选择转年春天。

根据阿睦尔撒纳等人的奏述和建言，考虑到当时形势已与半年前有了较大的变化，乾隆帝便灵活修改了作战方略，在两个方面做出重大改变：第一，将出师时间提前，由原定的乾隆二十年秋天改为春天；第二，大量减少满族、蒙古族、汉族兵丁，由原来以满族、蒙古族兵为主，以“三车凌”的杜尔伯特兵当向导的军力部署，改为以厄鲁特兵为主，即以阿睦尔撒纳、纳默库、班珠尔及“三车凌”率领的厄鲁特辉特部、和硕特部、杜尔伯特部士兵为主——这个安排，就是乾隆帝的所谓“以准攻准”策略。

乾隆帝接见阿睦尔撒纳后，把对准噶尔用兵的时间从秋天改到了春天，确实是奇思妙计——乾隆帝本来决定在乾隆二十年秋季进军，用意非常明显，因为那时塞外草密水足，战马肥壮，不仅可以节省草料运输成本，还有利于战马的奔驰。但先前是作战对手的阿睦尔撒纳却当着乾隆帝的面提出：秋高草茂之时，清朝大军马肥能驰，准噶尔部族的战马也料精能跑。两军交战之后，清军战马并不一定在当地跑得过准噶尔军队的战马。即使清军打了胜仗，最后也不容易全歼熟悉当地路径的准噶尔部士兵。此外，塞外秋季很短，打不了多久，就会迎来严寒的冬天。届时，气候寒冷，草枯水冻，如果再加上大雪封路，清朝大军势必无法支持久驻。到时候，也只有撤兵一条路可走。清军一撤，达瓦齐就会率部重返故地，其势复炽。

乾隆帝听阿睦尔撒纳一席话之后，大为赞许。清军迢迢数千里和准噶尔作战，后勤供应任务确实非常繁重。打仗，其实就是打后勤保障。清军把一石米运到前线，一般情况下需要花费十几石甚至几十石米的成本，这还不包括沿途役夫的死亡和伤病。同时，迢迢千里行军，兵士、马匹都容易患病，到时候，清军的非战斗减员肯定也会十分严重。所以，清军最怕的，就是和准噶尔军队打持久战。而最佳的作战方案，是速战速决。

先前，清朝出兵都是选择在秋季，最终结果，都不能一举平定准噶尔。而阿睦尔撒纳的春季出征建议，对于准噶尔部来说，也属于出其不意。春天春草没有长出，草原马畜疲乏不说，达瓦齐和他的手下，依照正常的思维逻辑，也根本想不到清朝会在春天发动进攻。所以，他们就不可能事先远遁，在广袤的草原上拖着清军打持久战。

阿睦尔撒纳是个军事天才。他认定，只要选择春天出击，清朝大军定可以一战成擒，永绝后患！

事后的战况证明，阿睦尔撒纳这一建议非常正确。准噶尔方面，在春天根本没有任何战争防备，使得清军一路迅速进军，很快就杀至伊犁。

既然“以准攻准”方针已定，清军的战术肯定也要调整，乾隆帝最终决定依靠准噶尔前锋兵来进行主攻。乾隆十九年十二月，清廷宣布，北路军以班第为定北将军、阿睦尔撒纳为定边左副将军，西路军以永常为定西将军、萨喇尔为定边右副将军，郡王纳默库、班珠尔为北路参赞大臣，亲王车凌、郡王车凌乌巴什、贝勒车凌孟克为西路参赞大臣。

清朝的西路兵，一共有一万六千名，其中前锋军包括车凌、车凌乌巴什的杜尔伯特兵有两千名、察哈尔兵一千名、凉庄满兵一千名，还有阿拉善蒙古兵五百人、宁夏满兵一千人，共五千五百名。这支军队全部交由萨喇尔率领，快马加鞭前进；定西将军永常率领少数部队，随后缓行。

清朝的北路前队先锋军有六千人，都是阿睦尔撒纳先前的部下，完全归他统领；而定北将军班第只带少数兵丁，距前队十日路程距离，缓慢随后行进。

由于定西将军永常于乾隆二十年三月初九日率领绿旗兵与维吾尔部族士兵出发，欲与前队会合，惹得乾隆帝非常生气，连连降诏斥责永常办事草率，说他想和萨喇尔争功，勒令他立刻率领所部返回肃州。

朝中大臣不解，向乾隆帝询问缘由，乾隆帝解释说：阿睦尔撒纳乃准噶尔人中的知名之人，他率领前锋军先行，一路遇到的准噶尔部众就可以不战而降。如果将军、副将军一起领兵，则军士们只在军中服从将军指挥，阿睦尔撒纳的功效就显现不出来，不能展其所长……

乾隆二十年正月，乾隆帝仔细阅读了西、北两路军营将军、副将军班第、永常、阿睦尔撒纳、萨喇尔等人连续呈上的奏疏，经过仔细分析谕告军机处，要求清朝大军在二月中旬一定奋勇深入。

官军遵旨，北路定边左副将军阿睦尔撒纳领前队兵六千名，于二月十二日出发；定北将军班第带领察哈尔兵一千五百名，于三月初八日出巴颜珠尔克边卡，奋力前往；西路定边右副将军萨喇尔领兵五千多名，于二月二十五日出发。

身为准噶尔新汗王，达瓦齐既无深谋，也无远虑，依旧终日饮酒作乐，不理政务。不仅当时清朝大军正在途中，其邻近的哈萨克人也率部来攻，致使准噶尔许多部落遭哈萨克骑兵抢夺。为此，准噶尔内部族属皆怨，暗地里都表示，自从达瓦齐当上汗王之后，部族内部无一日得以安宁。所以听到清朝大皇帝发大军来进剿，本来就首鼠两端的准噶尔、和硕特、辉特、杜尔伯特等部的台吉、宰桑和部众们，一时间纷纷转向，争相投降清军——“所至台吉、宰桑，或数百户，或千余户，携酮酪，献羊马，络绎道左，竞相来归。”（《清高宗实录》，481卷。）

对于这些准噶尔降人，乾隆帝处理得当，命令清廷根据各部人口多少、势力强弱以及影响大小，对他们从优封赏，进行妥善安置。

额林哈毕尔噶宰桑阿巴噶斯、乌勒木济、哈丹三人，很快就率部向阿睦尔撒纳表示降顺。乾隆帝得知消息后，下诏封授三人为散秩大臣，赏给孔雀花翎，诏令将三人部众统为一支后仍归三人管辖指挥；布噜古特的诺海奇齐等三十多台吉以及业克明安辉特的扎博勒登台吉，也率部向西路的清朝副将萨喇尔投降；准噶尔大台吉噶勒藏多尔济跪迎清朝乾隆帝诏旨，奏称自己本来就与达瓦齐势力相等，先前还拒绝达瓦齐征兵，如今正在准备率领部众向清朝大皇帝归诚。

由于这个噶勒藏多尔济在准噶尔部地位尊贵，乾隆帝马上派遣萨喇尔和“三车凌”携旨前往他的营地进行奖谕，并封其为“绰罗斯汗”（即“准噶尔汗”）……

看到归顺大清能得大便宜，准噶尔各部台吉、宰桑争先恐后，纷纷来降，以至于清朝大军师行数千里，沿路没有遭到任何抵抗。仅仅用了两个多月，清军就打到了伊犁。

乾隆二十年五月初二，大军进入伊犁，达瓦齐早就窜逃无踪。

北京的乾隆帝得知消息后，非常高兴，马上诏谕群臣，说明自己先前乾纲独断的伟大和正确，并且开始下谕大赏功臣，赐阿睦尔撒纳亲王双俸（“双亲王”），其护卫官员人数增加一倍，加赏豹尾枪四杆，其子也被封为可以世袭的世子；班第、萨喇尔俱晋封一等公，赏四团龙补服、金黄绦朝珠；玛木特晋三等公，赏二龙团补服；车凌恩赏一同阿睦尔撒纳，赏给亲王双俸，所属护卫官员增添一倍；车凌乌巴什、班珠尔、纳默库三人，俱由郡王晋升为亲王；车凌孟克贝勒晋升为郡王；其余官员兵丁依次议叙，大加赏赐；由于事前大学士傅恒独赞用兵，再授一等公爵位……

乾隆二十年六月初一日，乾隆帝以平定准噶尔告祭太庙；初七日，为自己的生母皇太后加徽号，颁布恩诏，在全国范围内庆贺平定准噶尔。

六月十三日，天山南路的霍集斯伯克诱擒达瓦齐，把他五花大绑押送给清军。至此，厄鲁特四部全部纳入大清版图。

那么，从伊犁城逃窜出去的达瓦齐，又是如何被擒的呢？

原来，达瓦齐从伊犁仓皇撤退之时，身边还有近万人。这些人簇拥着达瓦齐，退据到伊犁西南的格登山。

擒贼擒不到王，肯定不算全胜。为此，清军争渡伊犁河，尾随达瓦齐溃兵，一直追至山下。

五月十四日夜，清军前锋将领派出一名叫阿玉锡的准噶尔人。他仅率二十多精骑，先行上山，为清军作哨探。

这位阿玉锡，本来就是准噶尔部一名非常骁勇闻名的勇士。雍正十一年，阿玉锡在部落内犯事，即将遭受断臂酷刑，情急之下，他挣脱锁链逃脱，投奔了清朝乌里雅苏台的军营。

由于阿玉锡和他手下二十多人都是准噶尔人，服饰、语言相同，在山下守备的达瓦齐士兵，根本没有对他们进行阻截。这些骑士慢悠悠骑着马，一直到了达瓦齐所在的格登山山顶地带。

黎明时分，望见达瓦齐及其手下皆半梦半醒，阿玉锡来了精神，他横矛拍马，擎纛大呼，率领他的手下开始进攻。

阿玉锡从人虽然不多，但枪矢并发，杀声阵阵，山下清兵响应，声震山谷。

跟随达瓦齐的兵士本来就斗志全失，如今忽然被人劫营，眼睁睁看着一位清朝大将杀到，登时精神崩溃，除达瓦齐身边卫士以外，基本没什么人拿起武器搏斗。

不到一个时辰的工夫，阿玉锡以二十多人的奇袭队，竟然一举擒获准噶尔大小首领二十余人。在场的近七千人，全部举手投降。

此战虽然漂亮，但依旧跑了达瓦齐。他率领几十人狼狈逃窜，从天山托木尔峰下的木扎特达坂向南狂逃，最终还是被乌什城城主霍集斯伯克诱擒，缚献给清军。

准噶尔猛士阿玉锡在这次大露脸之前，就曾经接受过乾隆帝的召见。当时，乾隆帝听说有个归顺的准噶尔勇士能够空手夺枪，就亲自召见他，还欣赏过阿玉锡的马上功夫。乾隆帝非常高兴，赞赏之下，任命阿玉锡为侍卫，加授四品翼长。平准之役，阿玉锡自然不甘人后。

独胆英雄如此，以二十多人生擒活捉近七千人，乾隆帝大喜，待阿玉锡凯旋后，他马上予以接见，封这位功臣为散秩大臣，名列“平准五十功臣”名单之中。其画像也被悬挂于紫光阁，乾隆帝还御笔题有赞辞：

> 于格登山，贼据险守。率廿四人，间道袭后。诸贼大溃，爰以成功。本厄鲁特，降顺效忠。

今天，阿玉锡的神采，我们依旧可以见到——受乾隆帝诏旨，在清廷供职的意大利传教士郎世宁创作《阿玉锡持矛荡寇图》。这幅画作今存台北“故宫博物院”，乃纸本设色作品。画中的阿玉锡，全身戎装，坚毅勇敢，蒙古骑士装扮，持矛跃马，正在聚精会神向前冲杀。

这幅画，郎世宁依旧以西洋写真技法来刻画，但舍去了全部背景。阿玉锡那种如入无人之境的勇猛跃然纸上，着实逼真、生动。

其间，乾隆帝还御笔题写长诗，描写阿玉锡在格登山战役中的英勇：

> 阿玉锡者伊何人？准噶尔属司牧臣。其法获罪应刴臂，何不即斩犯厥尊。徒步万里来向化，育之塞外先朝恩。萨拉

尔来述其事，云即彼中勇绝伦。持铳迎面未及发，直进手夺无逡巡。召见赐银擢侍卫，即命先驱清漠尘。我师直入定伊犁，达瓦齐聚近万军。鼓其螳臂欲借一，依山据淖为营屯。我两将军重咨议，以此众战玉石焚。庙谟本欲安绝域，挞伐毋乃违皇仁。健卒抡选二十二，曰阿玉锡统其群。曰巴图济尔噶尔，及察哈什副以进。阿玉锡喜曰固当，廿五人气摩青旻。衔枚夜袭觇贼向，如万祖父临儿孙。大声策马入敌垒，厥角披靡相蹦奔。降者六千五百骑，阿玉锡手大纛搴。达瓦齐携近千骑，蜕走喙息嗟难存。荆轲孟贲一夫勇，徒以藉甚人称论。神勇有如阿玉锡，知方亦复如报恩。今我作歌壮生色，千秋以后斯人闻。

准噶尔汗达瓦齐被擒献北京之后，乾隆帝并没有把他送到闹市千刀万剐，而是在午门举行献俘仪式后，下诏把达瓦齐软禁起来，以显示大清皇帝“怀柔远人”的深切用心……

关于厄鲁特蒙古部族今后的安排，乾隆帝依旧想用从前清帝对待漠南蒙古和漠北喀尔喀四部一样的办法，把厄鲁特依旧编为四部，但要对这四部分设四汗，实行札萨克制度。

乾隆帝认为，如果四部统一于一个大汗之下，像先前准噶尔汗王那样，大汗的权力难免过大。所以必须改变这种局面。

于是，乾隆帝谕令归降后的厄鲁特四部，都按照内札萨克和喀尔喀四部之例，实行札萨克制度，编立旗分佐领，每部设立盟长、副将军各一员，但凡有事，均必须向清朝派去的驻扎大臣报告，然后，由驻扎大臣转奏朝廷；各台吉属下人员，应按时上缴贡赋；昔日那些没有固定台吉管理的宰桑所辖人众，现由定北将军班第等人按照具体情况，酌定他们的贡赋数目。

正当清廷上下大加赏赐、歌舞升平之际，忽然有消息传来，使得所有人都无比震骇：大清的“双亲王”、准噶尔贵族阿睦尔撒纳造反了！

在消灭达瓦齐过程中，阿睦尔撒纳为清军立了大功，居功甚伟，为什么忽然会宣布反清呢？

阿睦尔撒纳的造反，和乾隆帝的判断失误有直接关联！

乾隆二十年九月，正率领大批从人进行“木兰秋狝”的乾隆皇帝接报：定边左副将军、和硕亲王阿睦尔撒纳把副将军印信交给了额琳沁多尔济之后，就从齐斯地方逃走，而后，他和他的兵士沿途大肆抢掠。

当时的乾隆帝，接报后半信半疑。很快，他又接到莫尔浑的报告，奏称阿睦尔撒纳的两个哥哥齐木库尔和普尔普已经活捉了阿睦尔撒纳派遣的使者，告发阿睦尔撒纳确实已经谋反。

震惊之余，乾隆帝马上谕告军机大臣，正式宣布阿睦尔撒纳谋逆罪行，并且嘉奖齐木库尔和普尔普大义灭亲的举报行为，表示只要拿获阿睦尔撒纳，就会把他名下的人众和产业都赏与这哥俩。

按理说，一年前阿睦尔撒纳率部众两万多人长途跋涉自动降清，他本人又得到乾隆帝亲自接见，授予“双亲王”厚衔，身为大清定边左副将军，确实不应该反清。但是，仔细分析阿睦尔撒纳的为人和他的野心，就可以看出，他勃然而起的反清行动，绝对不是偶然的心血来潮。

阿睦尔撒纳骁勇机智，从达瓦齐称汗时开始，他就一直想当厄鲁特四部的总汗王（浑台吉）。由于不是准噶尔一系父系血缘的嫡传，他败于达瓦齐之手，无可奈何之余，才不得不投靠清朝。当时，他手下能够作战的兵士，不过五千人而已。为此，他的降清，当然不是忠心耿耿来效忠的，而是要依恃乾隆帝的力量，壮大自己在准噶尔部族中的影响力。

入清之后，阿睦尔撒纳确实深得乾隆帝信任，特别是他献计献策，多次要求率领所部为先行替大皇帝厮杀，让乾隆帝百分百觉得他乃大清耿耿忠臣。所以，当清廷内部有人怀疑阿睦尔撒纳人品的时候，乾隆帝即刻勃然大怒——当时，在北路军营的户部尚书舒赫德和二等公策楞，就一直对阿睦尔撒纳有所警惕。他们很早就建议乾隆帝，最好将阿睦尔撒纳和他手下的士卒留在军营待命，然后把那些兵士的家属都移往数千里外戈壁以南的苏尼特与四子部落接壤地方。提出这种提议，并不是说这两个人心地多么阴险深沉，而是出于现实的考虑：阿睦尔撒纳手下两万人众的老弱妇孺，需要消耗大量的牛羊米粮，而喀尔喀蒙古地方能力有限，不能尽数供应他们。而当时把这些人安插在乌里雅苏台附近，清军的军营后勤补给情况皆显露无遗，当地所在又是通往准噶尔中心地区的大路，难免有人把清军春天攻袭的情报泄露出去……

岂料，乾隆帝阅读了策楞和舒赫德的奏折之后，雷霆大发，拿着奏章就对大臣们说：阿睦尔撒纳和他部下这些远方归顺之人千里来投大清，如今，竟然有人出主意，意图离散他们的父母妻室儿女，让这些人分居于数千里以外。如果真这样做，这些降人内心必生疑惧，进而心生怨望，肯定会激发事端！所以，策楞和舒赫德二人，居心叵测，乖张谬戾！

气愤之余，乾隆帝竟然当廷下诏，把策楞和舒赫德二人削职，以闲散在参赞上效力赎罪，还籍没二人全部家产，下诏把策楞之子特通额、舒赫德之子舒常也都革职，发往黑龙江苦寒地方去披甲当兵。而二人在京诸子，全部逮捕交由刑部处理，以为惩戒。

乾隆帝对策楞、舒赫德二人如此处理，确实过分，基本上就是以此来取悦阿睦尔撒纳了。由此一来，清廷内部的大臣再也不敢讲阿睦尔撒纳的不是。日后，阿睦尔撒纳紧紧抓住了乾隆帝对自己深信不疑的弱点，肆无忌惮地逞其淫威。

乾隆帝实施“以准攻准”政策，委任阿睦尔撒纳为定边左副将军，让他带领北路前锋军作战。一路之上，阿睦尔撒纳派人高举他在准噶尔部落昔日使用的大纛，旌旗招展，发号施令，以清朝大皇帝的名义和他自己的名义，四处招纳降人。在掌握了北路用兵大权的同时，他不断树立自己在准噶尔部族中的威望，沿途大量劫夺财畜、财物，不断充实自己的实力。

用心更为险恶的是，阿睦尔撒纳在攻打达瓦齐的过程中，一直炫耀他自己的战功，到处宣扬说，那么多准噶尔部民的降附，是向他阿睦尔撒纳投降。而且，平时他也不穿清朝官服，不佩戴御赐的黄带翎顶，更不使用清朝副将军印，而是私用和达瓦齐相同的准噶尔“浑台吉”菊形小红印章，还移檄各部落，隐瞒他自己降清的实情，以给准噶尔各部造成这样的印象：阿睦尔撒纳是大清皇帝的盟友，大清皇帝委派他为厄鲁特总汗王，统领满族、汉族、蒙古族兵前来；击灭达瓦齐报仇后，大皇帝就会正式任命他为总汗王。

一路上，阿睦尔撒纳任意诛杀掳掠，对于凡是和自己不一心的各部族宰桑等贵族大员，杀头的杀头，抄没的抄没，恣情任意，跋扈非常。同时，他还暗中和各地喇嘛联合，送去银两买通，由此深得伊犁地区众喇嘛的支持……

乾隆二十年五月间，阿睦尔撒纳趁机向清朝的定北将军班第“委婉”提出，要选取一个“合适的人”担任厄鲁特总汗。他认为事前清廷以噶勒藏多尔济为“绰罗斯汗”的提法，会导致准噶尔部族众心不服。最适宜的是在大定之后，从噶尔丹策零亲戚中“不论何姓”推举一人当总汗。

阿睦尔撒纳的这个建议，关键之处在于两点：一是他对噶勒藏多尔济被封为准噶尔汗表示否定，二是建议从噶尔丹策零亲戚中“不论何姓”推举出“众心悦服”的一人当大汗。他嘴里所谓的“不论何姓”，就是暗示非准噶尔父系血统的人（就是他自己）也可以当总汗。

早在进军之前，乾隆帝就已宣布要推噶勒藏多尔济当准噶尔汗，这个人和噶尔丹策零都是巴图尔珲台吉的曾孙，又拥有大量人畜，在当时的准噶尔部族中人多势强，当准噶尔汗王完全符合条件。

草原民族，父亲死后，兄弟围绕遗产继承相互争斗之事，屡见不鲜。所以，历史上往往显赫一时的伟大游牧帝国，一旦其大汗死亡，王朝顿时土崩瓦解，主要原因就是兄弟内讧。包括先前崩垮的蒙古帝国，也是如此——钦察汗国、察合台汗国、窝阔台汗国、伊儿汗国，这蒙古四大汗国，历经百年后几乎同时倾覆，四分五裂，基本丧失掉农耕土地，大多退回了草原。蒙古帝国的优势在于，它曾经一度过于强大，强大到欧亚大草原的游牧民几乎不能忘记成吉思汗的威名。为此，在无比广阔的大草原上，有一条不成文的法律——只有成吉思汗“黄金家族”的父系子孙才可以拥有蒙古“汗”号——这种“法律”，也称为“成吉思汗血统原理”。推而广之，准噶尔部族也是按照父系原理来推选汗王，因此，阿睦尔撒纳虽然血统高贵，但他并非准噶尔汗王的父系嫡裔，所以，无论是乾隆帝还是部族内部的台吉们，都没人认为他能够理所当然地当上准噶尔汗王。

定北将军班第乃清廷多年老吏，听阿睦尔撒纳这么一说，自然对他的用意心知肚明，马上斩钉截铁回复阿睦尔撒纳说：皇上圣裁，早已经规定在四卫拉特各封一汗，如果有人生出新想法，在准噶尔另举外姓之人（其实就是暗指阿睦尔撒纳本人），不仅违背了皇帝圣意，准噶尔部族众心也肯定不服。

作为辉特部台吉的阿睦尔撒纳，想当整个准噶尔汗的“浑台吉”，还真不是那么容易的事情。

阿睦尔撒纳被班第这么一堵，心中恼怒。但话已出口，驷马难追，何况，一旦清廷公开宣布厄鲁特四部所分封的四汗人选，届时自己再想当总汗，那就难于上青天了。于是，他话中有话，威胁班第说：

> 我蒙皇上重恩，已极尊荣，复有何求。但我等四卫拉特，与喀尔喀不同，若无总统之人，恐人心不一，不能外御诸敌，又生变乱，俟与额附共同商酌，再为陈请。（《清高宗实录》，489 卷）

阿睦尔撒纳这几句话，讲明厄鲁特四部和喀尔喀四部情况不同，如果清廷在厄鲁特四部实行札萨克制，四部各封一汗，没有总汗，说不定就会人心涣散，遇到外敌没有力量抵御不说，内部还会发生变乱。而阿睦尔撒纳最后所说的“与额附商议”的“额驸”，乃指乾隆帝女婿科尔沁亲王、时任参赞大臣的色布腾巴尔珠尔。长时间以来，阿睦尔撒纳一直极力拉拢这位纨绔额驸，想日后他能为自己在皇帝面前说话，推举自己当上厄鲁特四部总汗。

此事非小。阿睦尔撒纳刚走，班第立刻把这次谈话内容详尽写成奏章，急送入京向乾隆帝汇报。虽然乾隆帝一向相信阿睦尔撒纳的“忠心”，但看到班第奏章中阿睦尔撒纳想当准噶尔“总汗”的汇报，就立刻警觉起来：这可是关系到清朝国策的原则问题啊！

于是，他一边回复班第，夸奖说班第对阿睦尔撒纳的回复甚为得体；一边马上谕告军机大臣，说阿睦尔撒纳对于准噶尔总汗的位置有希冀侥幸之心，希望清廷大员对他予以密切关注。

但是，关涉如何处理阿睦尔撒纳，乾隆帝根本拿不定主意：如果让他留在当地，准噶尔已经告破，于事无益；如果立刻催促他来京觐见，又怕激使他疑惧生变。

对于阿睦尔撒纳可能的造反一事，乾隆帝当时还没有任何心理准备，只是指示班第先不要再提清廷封准噶尔汗的事情。对于阿睦尔撒纳和萨喇尔都认为噶勒藏多尔济不能服众这个事实，乾隆帝指示班第仔细摸查，如果噶勒藏多尔济确实不足服众，可以和阿睦尔撒纳商议后，从噶尔丹策零的近族亲戚内选出一人封为汗。

可见，乾隆帝心中，虽然一直重视阿睦尔撒纳，但对选任他为准噶尔汗，根本没有考虑。

六月二十二日，定北将军班第、参赞大臣鄂容安的密折又被送到京师。在这次密奏中，他们对阿睦尔撒纳的不轨行为做了十分详细的描述：

伊渐志足意满，唯知寻获被抢人口，攫取牲只，又妄自夸张，谓来归之众，俱系向伊投诚。及入伊犁，益无忌惮，纵属下人肆行劫夺，不行禁止……又素性贪忍，凡有仇隙者，任意杀害……至查办牧场及遣人收服四路之事，亦尚未办，一意迁延，唯与各宰桑头目私行往来，行踪诡秘……凡有传行事件，并不用印信，仍仿达瓦齐私用小红钤记。臣等节次理论，终不遵行，动即扬言此处人众欲叛，视萨喇勒如仇，潜行猜忌，图据伊犁，恋恋不已。仰恳特降谕旨，令其速行入觐，早定四部封汗之事，以杜非分之想。(《清高宗实录》，491 卷）

可见，班第、鄂容安已经把阿睦尔撒纳种种谋逆言行讲得非常清楚，但乾隆帝还是不相信对方会谋反，只批示说：阿睦尔撒纳不过是希图侥幸，贪得牲口财物，应该不会有别的野心。而后，他指示班第和鄂容安再加细心察看。接着，乾隆帝当日又给阿睦尔撒纳单独下一谕旨，在嘉奖他办事有力的同时，命他马上来热河觐见——朝廷要分封四汗，酬赏他们帮助清廷平定达瓦齐的功劳。

过了六天，也就是六月二十八日，乾隆帝马上明白过来，忽然相信了班第和鄂容安的奏报，让军机大臣们认真协同班第等人，准备拿办阿睦尔撒纳。如果阿睦尔撒纳一直拖延到热河的行期，就马上考虑对他就地擒拿……

乾隆帝这个决断虽然英明，但为时已晚！

当时的阿睦尔撒纳，势力已经相当强大，而且做了相当充分的起兵准备。更可怕的是，根据乾隆帝的旨意，在平定达瓦齐之后，满族、蒙古族、汉族大军过早撤出了准噶尔地区。当时，还是由于班第的申请，乾隆帝才批准给班第留兵五百人。

倘若当时清廷在当地留驻一万兵马，估计阿睦尔撒纳就根本不敢轻举妄动了。

当然，早撤大军，并非说明乾隆帝是庸君，他也是出于政治考虑，为了节省国力，“以准治准”，幻想阿睦尔撒纳等人也能像先前归顺的喀尔喀四部那样，自行处理属下内部事务。事实证明，事与愿违，大清朝的物力、财力、人力没节省，还给阿睦尔撒纳等人以最大的机会起兵，导致严重动乱的发生。

乾隆帝在六月底决定逮捕阿睦尔撒纳，当时，阿睦尔撒纳本人还对这位大皇帝存在一定幻想，因为早先他送了大笔礼物给乾隆帝的女婿科尔沁亲王色布腾巴尔珠尔，希望他向朝廷转奏，能封自己为准噶尔总汗。

这位额驸于六月随大军凯旋。事前，他和阿睦尔撒纳约定，在七月下旬向他汇报好消息。但这位科尔沁王爷回京后，得知皇上对阿睦尔撒纳已经起了杀心，哪里还敢替他说话，就没敢上奏。这使得阿睦尔撒纳先前“朝中有人好说话”的打算完全落空。

左等右等科尔沁亲王色布腾巴尔珠尔的消息，就是等不到，身边的清朝定北将军班第，又不断上门催促自己到热河朝觐，阿睦尔撒纳顿觉情况不妙，就暗中加紧进行起兵叛乱的准备工作。

同时，为了迷惑清政府，他对于催促自己入觐的官员尽力敷衍。七月初十日，他跟随喀尔喀亲王额琳沁多尔济出发，开始了他的热河之行。

其间，阿睦尔撒纳磨磨蹭蹭，行走缓慢，不断与手下亲信密谋，并派出自己同母异父的弟弟纳噶察往见班第，威胁说：准噶尔内部不少贵族和喇嘛都私下密议，如果阿睦尔撒纳当不成总汗，他们宁死也不会推举别人当总汗……

班第不敢怠慢，立即遣人把这一情况密奏乾隆帝。

人在北京的乾隆帝马上命令班第在途中逮捕阿睦尔撒纳。但是，班第手下只有五百士兵，而仅伊犁一处，就有喇嘛六千多人，这些人基本都是阿睦尔撒纳以银两买通的心腹，加上阿睦尔撒纳的旧部和阿巴噶斯等宰桑、台吉及其部下，阿睦尔撒纳能够调动的兵马至少有一两万人。所以，班第根本不可能在当地擒拿阿睦尔撒纳。

逮捕不了阿睦尔撒纳，班第就一直催促对方马上动身到热河入觐。只要到了热河地界，以几个戈什哈之力，就能把阿睦尔撒纳收拾了……

计划赶不上变化，一路行进一路等，到八月中旬还未等到科尔沁额驸给自己的回音，阿睦尔撒纳深知事情有变，就于八月十九日忽然率众潜逃。

当时，他跟随喀尔喀亲王额琳沁多尔济行至乌隆古河附近，那里距他在札布堪河的昔日游牧地不远，地形熟悉不说，又有旧部在附近接应。于是他撇下喀尔喀亲王额琳沁多尔济，从额尔齐斯河间道向北逃逸而去。

阿睦尔撒纳公开反清后，其手下党羽纷纷作乱响应。乾隆二十年八月二十四日，清朝的定北将军班第、参赞大臣鄂容安以及定边右副将军萨喇尔三人，得知情势大变，就带着手下寥寥可数的五百兵士，慌忙从伊犁河北的驻地出发，匆匆回撤。

撤退途中，准噶尔叛军紧紧追赶。二十九日，清军一行人跑到距伊犁二百余里的乌兰固图勒，即被叛军追击包围。

当时，定边右副将军萨喇尔见敌兵势大，不听鄂容安劝告，即刻扬鞭拍马奔逃。那五百兵马，见其中一名主将跑了，也多随之而逃，一下子就把班第和鄂容安撂在那里。当时，这二人身边，只有司员和侍卫六十人！

面对多达上万的准噶尔军，班第、鄂容安及其手下力战不支，二人相顾叹息道："今日我们真是白死了，于国事无济，辜负圣上嘱托！"

叹息久之，班第拔剑自刭。鄂容安也抽剑欲图自杀，但他是翰林出身，腕力弱而不能致死，于是命仆人用刀猛力刺戮自己的腹部，血流肠溃，终于得死。

班第乃蒙古镶黄旗人，鄂容安乃满洲大学士鄂尔泰的儿子，皆为乾隆帝心腹大臣。如此，清军一主帅、一大臣被包围自尽，成为近百年来清朝罕有之事。

班第和鄂容安死后一个多月，乾隆帝才得二人“陷敌”的消息，但当时还不知道二人已经自杀殉国。为此，一直强调清朝文臣武将要为国捐躯的乾隆帝，罕见地告谕军机处，让他们设法和班第、鄂容安联系，希望二人静待时机，可以不死：

> 以朕初意，准噶尔危乱之余，甫经安定，若屯驻大兵，恐多惊扰，是以但命伊等驻扎办事，兵少力弱，为贼所困，非失守封疆可比。伊等或相机脱出，或忍死以待大兵，方为大臣举止，若谓事势至此，唯以一身殉之，则所见反小矣。鄂容安素称读书人，汉苏武为匈奴拘系十九年，全节而归，阿睦尔撒纳固不足比匈奴，我大清又岂汉时可比，自当爱惜此身，以图后效。恐伊等以失守罹罪，不识大义，遽尔轻生。（《清高宗实录》，499 卷）

一直要臣子保持忠贞气节的乾隆帝，之所以罕见地希望二位臣子不要自杀殉国，其实正是因为乾隆帝深知自己才是导致阿睦尔撒纳叛乱、陷二臣于敌阵的“罪魁”。

日后，班第、鄂容安灵柩回京，乾隆帝亲临祭奠，并且把两个当时生擒并导致二臣丧生的贼酋克什木、巴朗抓到灵前，活生生割耳砍头祭祀。为了羞辱陷贼而不能死义的萨喇尔，乾隆帝还命令他跪在灵前观看整个祭祀仪式。

在商讨谥号的时候，清廷内阁由于鄂容安是翰林文人出身，按照常例，谥号中都有一个“文”字，所以，就拟了“文刚”“文烈”两个谥号呈乾隆帝选择。悲痛不去，乾隆帝以朱笔抹去两个“文”字，赐谥

“刚烈”——为清朝死节文臣开了一个先例！同时，在乾隆帝亲拟的赞语之中，还有“用违其才，实予之失”之语，深自疚责，可见他对于鄂容安的爱惜和对他英才早逝的遗憾。

当然，最终造成阿睦尔撒纳造反、伊犁地方准噶尔部落趁乱反叛的结果，班第、鄂容安确实也有失误之处。特别是班第，气量窄狭，谨慎过当，一直没有妥善慰抚准噶尔投降的大小头目。为了避嫌，他平时也不和伊犁附近的部族首领来往，和当地豪酋关系极其疏远。鄂容安翰林出身，虽然久在军机处、上书房行走，又历任巡抚、总督，但他对于行军打仗根本就是外行，又不通蒙古语，所以，人在伊犁，鄂容安并不能展其所长。萨喇尔作为准噶尔人，身为定边右副将军和一等公爵，很能打仗，但这个人原来不过是达什达瓦台吉手下的一个宰桑，在厄鲁特四部内部根本就没有威望，他以清将身份到伊犁之后，又妄自尊大，惹得从前比他地位高很多的准噶尔部众台吉和宰桑心怀怨恨。

这三个人，有文有武，民族不同，性情各异，在伊犁也没能做到同舟共济。加上疏于自卫，一朝事起仓促，三人只能孤军奋战，最终二人自杀军溃，也在情理之中。

定北将军班第和鄂容安身死之后，清廷内部多位大臣更加反对继续对准噶尔用兵。在这样的局势下，乾隆帝乾纲独断，严厉斥责这些庸臣们的怯懦无能，几次下达长篇谕令，重申清廷用兵的必要性。而且，他雷厉风行，马上采取措施，调兵遣将，下定决心要最终解决准噶尔问题。

阿睦尔撒纳初起之时，其实人单势孤，其铁杆追随者不过两千多人，他的妻子、子女以及同母兄班珠尔，均被押往北京关押起来；和他呼应为乱的，仅有阿巴噶斯、哈丹以及伊犁的克什木等几个准噶尔宰桑。

厄鲁特四部中的大台吉、大宰桑，当时都遵循清廷谕令，到热河避暑山庄朝觐乾隆帝，其中包括准噶尔部族最大的台吉噶勒藏多尔济、和硕特部大台吉沙克都尔曼济、辉特部大台吉巴雅尔，还有先行降附的杜尔伯特“三车凌”以及准噶尔的大宰桑鄂勒哲依、哈萨克锡喇等。一时之间，这些人齐集热河行宫，朝拜乾隆帝，他们在领取清朝冠服和赏银之后，陪侍大皇帝参加宴会，载歌载舞。而阿睦尔撒纳继父之子、辉特部大台吉齐木库尔、普尔普、德济特以及纳噶察等人，也由喀尔喀亲王额琳沁多尔济率领，前往热河入觐。这些人都积极表示拥护大清一统，并且自告奋勇请缨，要求率领本部人马帮助大清追捕阿睦尔撒纳。特别是齐木库尔和普尔普两人，他们不顾弟兄私情，在阿睦尔撒纳变起之前，就曾经多次向清廷密告其弟欲图谋叛，对清朝确实表现出忠心耿耿的劲头儿。

如果当时清廷用人得当，阿睦尔撒纳之乱，应该很容易平定。

但乾隆帝在乱起之后，再次决策失误，继续推行“以准平准”政策，在大加封授厄鲁特四部大台吉、宰桑的同时，依旧派这些人为大军的前驱和主力，前往伊犁地区平叛。当时，按照准噶尔旧有的四个厄鲁特，清廷封噶勒藏多尔济为绰罗斯汗，封车凌为杜尔伯特汗，封沙克都尔曼济为和硕特汗，封巴雅尔为辉特汗……同时，乾隆帝还派遣这些汗王、四部台吉、宰桑等人，依旧率本部出征，而且以噶勒藏多尔济等人为领队大臣，各自在军营统兵。

为了搞统一战线，乾隆帝甚至还把已成阶下囚的原准噶尔汗王达瓦齐放出来，封他为“和硕亲王”，赐第京师，以为降王楷模。大皇帝旨意下达，这个达瓦齐乐得赶忙叩谢乾隆帝的封王和不杀之恩，还即刻亲写书信，招降昔日他在准噶尔领地的诸位台吉和宰桑，让他们都出降并为大清效力。达瓦齐的书信确实有一定的效果，不久之后，辖众数千户的大台吉伯什阿噶什来归，被清廷封为“和硕亲王”。

具体分析起来，乾隆帝“以准攻准”，本意是充分调动厄鲁特四部台吉、宰桑来帮助清军征剿阿睦尔撒纳。这个策略确实挺高明，但这个策略的基础是清廷要派出一支具有极强威慑力的主力大军。可是，在讨逆大军中，厄鲁特人倒成为清军的主力军——西路定西将军永常统兵五千人，而绰罗斯汗噶勒藏多尔济一汗部下就有四千五百名，加上辉特汗巴雅尔、杜尔伯特汗车凌、和硕特汗沙克都尔曼济三汗的兵士以及车臣默尔根哈屯的两千名兵丁，平叛大军中的清军人数反而远远少于厄鲁特士兵人数。如此，就给日后的行动埋下了极大的危机——一旦这些台吉、宰桑们忽生叛念，人数寡弱的清军，又怎么能制服得了他们呢？

更糟糕的是，乾隆帝依仗的定西将军永常，胆小如鼠，虽然手下有劲兵五千，却总是屯兵不出，又不信任前来报告情况的准噶尔部人员，常常闻警即逃，丧失了多次擒拿阿睦尔撒纳的机会。并且为了躲避兵锋，他还上疏乾隆帝，要求把主军撤退至哈密。

如果清军撤到哈密，前进基地顿失，后果不堪设想。

乾隆帝闻讯大怒，即刻下旨痛斥永常，并将其革职。清廷及时调整人选，命令策楞代永常为定西将军，以玉保、富德、达尔当阿为参赞大臣，哈达阿为定边左副将军，扎拉丰阿为定边右副将军。同时，乾隆帝还下诏授厄鲁特宰桑鄂勒哲依、哈萨克锡喇、尼玛、达什车凌等人为参赞大臣，共同参与征讨。

定西将军策楞遣玉保等人领兵一千一百名，于乾隆二十年十二月初七日起程，厄鲁特部众台吉、宰桑分别随先行部队和主力出发，而定边左副将军哈达阿统领索伦、喀尔喀以及辉特兵三千人，从北路同时发动进攻。

此次进军初期，由于新近封授的厄鲁特四部台吉、宰桑干劲很大，清军很快就连连得胜。在紧紧追击哈丹的过程中，擒获其家属，并招降不少准噶尔部众；鄂勒哲依向各鄂拓克集兵四千多名，与策楞分道前进，威迫乌噜特、克噜特、绰和尔等部酋长重新归顺清朝；同时，策楞还招降了不少伊犁喇嘛和宰桑，让他们悔过立功。清廷反应迅速，对这些人均封授官爵。

在厄鲁特四部的支持下，清军在乾隆二十一年二月就收复了伊犁。

至此，阿睦尔撒纳叛乱基本得到了平息。

然而出人意料，没过多久，风云突变，厄鲁特四部大多数台吉和宰桑忽然转变态度，在极短时间内，他们就变成了清廷凶狠的敌人——原因并不复杂，清军人数太少，清将庸碌无能！

清军之所以能够飞速收复伊犁，确实是乾隆帝“以准攻准”政策取得成效。那些率部从征的准噶尔宰桑、台吉立下了殊勋，但相比之下，清朝几位主要大将却皆为庸夫。当乾隆二十一年正月清朝大军长驱直入抵达特克勒河时，清军已经探知阿睦尔撒纳与清军仅相距一日路程，如果当时大军即刻往追，肯定会把阿睦尔撒纳擒获。危急之余，阿睦尔撒纳派人至清朝军营，伪报说台吉诺尔布已将阿睦尔撒纳生擒，马上押送来献。结果，清朝大将玉保竟然相信了这一谎言，下令军队停止前进，并且以红旗报捷于定西将军策楞。策楞不察虚实，也马上飞章告捷。乾隆帝大喜，立刻下诏，封策楞为一等公、玉保为三等男。结果，阿睦尔撒纳利用清军麻痹的机会，再次逃出，率残部越过库陇癸岭，逃入了哈萨克地界。而后，策楞、玉保二人却互相推诿，屯兵于伊犁，不敢继续追捕。

得知真实情况后，乾隆帝勃然大怒，马上下诏逮捕策楞和玉保，委任达尔当阿为定西将军，以哈达阿为负责北路的定边左副将军。

达尔当阿从西路率军而出，一举击败哈萨克和阿睦尔撒纳军队之后，打得阿睦尔撒纳变换衣服狂逃。清军追及，和这个酋首相隔仅二三里，眼看就要生擒阿睦尔撒纳之时，忽然一哈萨克人来报，说哈萨克头酋马上就会捕捉阿睦尔撒纳献与大军，乞请清军暂缓静候。当时，阿睦尔撒纳已经成为瓮中之鳖，手到成擒，清军将领争欲进击，而身为大将的达尔当阿，竟然相信来人如此简单的谎言，挥令全军停止前进。结果，阿睦尔撒纳利用这个机会，又拍马遁逃而去。

而那位哈达阿，领军由北路出军后，在巴颜山道遇阿睦尔撒纳盟友哈萨克汗阿布奈所率一千多人，清军以优势兵力临敌，竟然按兵不动，使得对方得间逃逸而去……

种种败绩过后，阿睦尔撒纳依旧逍遥，准噶尔先前投附清军的许多台吉、宰桑们，逐渐对清朝将领和军队产生了轻视之心。

乾隆二十一年七月，和阿睦尔撒纳关系密切的喀尔喀车臣汗部郡王青衮杂布首先率部叛变，一举堵塞了清政府第十六驿至二十九驿的台站，使得清朝军队和京城的通信顿时隔绝。不久，阿睦尔撒纳妻弟、杜尔伯特部郡王纳默库也率部叛清。到了乾隆二十二年三月，绰罗斯汗噶勒藏多尔济、辉特汗巴雅尔、辉特部大台吉与郡王车布登多尔济、阿睦尔撒纳的弟兄普尔普和德济特、和硕特汗沙克都曼尔济之弟明噶特纷纷反叛。如此多声名显赫的准噶尔部族头酋先后反叛，人心大变，一直从征有功、深为乾隆帝看重的大宰桑鄂勒哲依、哈萨克锡喇、尼玛、达什车凌、唐木忒等人，也顺势率部为乱。如此一来，清军被杀多人，连清朝宁夏将军、巴里坤办事大臣和起，也被哈萨克锡喇所诱斩。

狂逃的阿睦尔撒纳得知准噶尔四部纷纷叛清，马上率领残部从哈萨克回奔，在博罗塔拉河与刚刚叛清的诸台吉和宰桑会盟，自立为准噶尔汗王。

先前因为指挥失当而被逮捕解职的策楞和玉保，当时正在被解送回京的途中，被厄鲁特乱兵抓住，凌迟残杀。

大功垂成之时又生新乱，乾隆心乱如麻。他稳住心神，继续驳斥那些庸懦王公大臣们息兵的建议，频发谕旨，坚持继续进军，下狠心要把厄鲁特四部彻底解决。

特别是当乾隆帝得知先前那些接受清廷无数赏赐的准噶尔贵族们再次反叛的消息，更让他杀心顿起，于乾隆二十一年十一月二十三日诏谕军机大臣：

> 厄鲁特等似此辜恩背叛，必应尽行剿灭！（《清高宗实录》，527 卷）

随着杀心大起，乾隆帝对于厄鲁特四部的战后处置，态度也发生了质的变化。初征准噶尔之时，他并未想完全改变厄鲁特四部旧有的制度，一直想在四部分封四汗，仿照内札萨克、喀尔喀四部之例，把这些部族纳入清朝版图后，还允许他们保持相当大的内部自治权，对他们的管理和统治，与清朝的州县大有区别。但是，如今眼看准噶尔各台吉、宰桑降而复叛，大肆杀害清军清将，乾隆帝在决议剿杀的同时，决定日后必须把准噶尔部众直接辖属于朝廷之下，设立厅、府、州、县进行管理，取消准噶尔部族一切自治权力。

既然那么多准噶尔贵族都叛清了，不能再用“以准攻准”的旧策，乾隆帝开始主要依靠清军本身进行平叛。于是，乾隆帝连下谕旨，调兵遣将，拨发帑银，以喀尔喀亲王成衮扎布为定边将军，统领大军由北路珠勒都斯进攻；任舒赫德、鄂实等为参赞大臣，户部尚书阿里衮、一等公明瑞等人为领队大臣，命定边右副将军、领侍卫内大臣兆惠和参赞大臣富德领军，从西路额林哈毕尔噶进行征讨。

这两路大军，共七千名精锐卒士，骨干都是满洲索伦、汉军绿旗以及蒙古兵。部队旌旗高举，前锋于乾隆二十二年二月初十日起程，主力大军于十一日出发。而且，考虑到以往大军进攻后准噶尔人逃往哈萨克或潜匿山谷躲避，待清军一撤又回去作乱的情况，为了一劳永逸平定准噶尔，乾隆帝命令随军的绿旗兵丁屯垦田土，同时广泛招募维吾尔部族农民进行耕种。如此一来，既有利于解决清朝军队粮食的供应，又使得先前反叛的准噶尔台吉、宰桑再无归路。清廷相信，一直帮衬准噶尔部族的哈萨克部族，日后也会因马匹给养问题逐渐和准噶尔叛军互相攻击。如此一来，有条不紊地步步为营，定可永绝根株，彻底平定准噶尔。

准噶尔虽然地方大乱，贵族们纷纷叛清，但毕竟经过几轮内讧和清军的征剿，其内部已经元气大伤，人心涣散。为此，乾隆帝判定，一旦清朝大军深入，准噶尔之乱不难平定。

果如乾隆帝所料，由于此次清廷任人得当，赏罚严明，加上所委任的将军、大臣和三军官兵奋勇向前，一时间，清军势不可当，节节胜利。

与清军相反，厄鲁特四部的台吉、宰桑们却开始了互相残杀。首先，绰罗斯汗噶勒藏多尔济被他侄子扎那噶尔布杀死，阿睦尔撒纳又袭掠扎那噶尔布，尼玛也想乘间谋害扎那噶尔布。由于各自心怀叵测，这些人就开始互相攻伐杀掠。不久，又赶上天花疫症蔓延，准噶尔部族人员死亡无数。

趁着敌人内部互相攻杀和瘟疫蔓延的当口，清军迅速开进，很快重新收复了伊犁。先前叛清的车布登多尔济、普尔普、德济特、巴雅尔、达什车凌、尼玛、扎那噶尔布等人，或被生擒，或被斩杀，哈萨克锡喇也大败逃遁远去。至于阿睦尔撒纳本人，在济尔噶朗猝遇清朝大兵，计穷力尽之余，心神顿失，再次逃入哈萨克地区。

穷寇必追，清将富德马不停蹄，领兵紧追。

乾隆二十二年六月初三，哈萨克阿布赉汗的弟弟阿布勒比斯遣使来见，说去年阿睦尔撒纳逃来时，阿布赉就想生擒阿睦尔撒纳献给大皇帝，不料被他事先察觉，盗马逸去，所以没能活捉他。日后，如果阿睦尔撒纳再入哈萨克地区，我们一定把他捉住献给大皇帝——也就是说，一直赞襄准噶尔的哈萨克部族，至此也向大清表示恭顺。

既然哈萨克也待不住了，阿睦尔撒纳不得喘息，就于乾隆二十二年六月逃入了俄国境内。

此后，清政府多次要求俄国擒献阿睦尔撒纳，但遭到俄方拒绝。俄罗斯西伯利亚总督出于俄国利益，把阿睦尔撒纳保护了起来。但两个月后，阿睦尔撒纳就得了天花绝症痛苦而死。

既然阿睦尔撒纳死了，他的利用价值全失。到了当年年底，俄国边界官员就派人把他的尸体送到了恰克图。

乾隆帝不放心，派出侍郎三泰、喀尔喀亲王齐巴克雅喇木丕勒等人，押着阿睦尔撒纳的几个亲属，迢迢千里前往验看。

冰冻的阿睦尔撒纳尸体摆到地上，几个人左看右看好久，确实验明是阿睦尔撒纳的“真身”，他们才放心回京向乾隆帝复命。

清廷对准噶尔部两度用兵，国力消耗巨大，不少大臣、兵将牺牲，为此，乾隆帝深恨准噶尔部族的反抗。

阿睦尔撒纳身死，但准噶尔部族残余的抵抗并没有结束。鉴于天山两路先前收服的厄鲁特部族人数众多，乾隆帝认为，这些人力穷降附，属于“畏威乞降”，其心难信。为此，他传谕清朝的将军大臣：

> 看其情形毫无可疑者，即移向额林哈毕尔噶等处，指给游牧，以备来岁屯田之用。如稍怀叵测，即移至巴里坤，再令移入肃州，即行诛戮！朕从前本无如此办理之心，实因伊等叛服无常，不得不除恶务尽也！

皇帝如此命令一下，就造成这样的结果——清朝将领完全可以依靠自己的感觉，任意决断无数准噶尔部族俘虏的性命。

多年以来，准噶尔人降而复叛，在战争中对清军将士和清朝民众杀戮严酷，最终也造成清朝“帝怒于上，将帅怒于下”的激烈情绪。尤其是前线清朝官兵，数年长途死战，很多官长、士兵被杀，报复心也日盛。如今，乾隆帝此诏一下，等于是刻意鼓励前线清朝官兵大开杀戒。于是，各路清将指挥部队，对各地残余的准噶尔部族开始了毫不留情的清剿。同时，清廷对于这种杀戮的正当性，也加以官方解释：

> 合围掩群，顿天网而大狝之，穷奇、浑沌、梼杌、饕餮之群，天无所诉，地无所容，自作自受，必使无遗育逸种于故地而后已！

搜剿当中，清军只要见到准噶尔毡帐，即刻纵马而至，十十成群，挥刀斩断“哈纳”（编织蒙古包围圈的柳条）。訇然一声，准噶尔蒙古包马上坍陷，而后，清军怀着深仇大恨，矛捅枪刺，尽戮哀声惨号的准噶尔人。即便其中有勇武者，但面对武装到牙齿的精锐八旗部队，也只能引颈受戮而已。

在搜剿的清军中，还有不少准噶尔以外的其他蒙古部族军队，由于多年互相残杀，他们丝毫不会因这些准噶尔人操持相类的蒙古语而手软，反而比满军和汉军杀人更加踊跃。

根据清朝的礼亲王昭梿记载，当时的准噶尔诸部：

> ……既降复叛，自取诛灭，草薙禽狝无唯类，固无论已，此固厄鲁特一大劫，凡病死者十之三，逃入俄罗斯、哈萨克者十之三，为我兵杀者十之五，数千里内遂无一人。苍天欲尽除之，空其地为我朝耕牧之地，故生一阿（阿睦尔撒纳）逆为祸首，辗转以至澌灭也。（《啸亭杂录》卷三）

而史学大家赵翼做如下文学描述：

> 时厄鲁特慑我兵威，虽一部有数十百户，莫敢抗者，呼其壮丁出，以次斩戮，寂无一声，骈首就死。妇孺悉驱入内地赏军，多死于途，于是厄鲁特种类尽矣！（《皇朝武功纪盛》卷二）

所以，根据清朝文献和当时文士记载，在准噶尔归于统计的十万户中，有得天花瘟疫死掉的十分之四，有窜入俄罗斯、哈萨克地方的有十分之二，有被清朝大军剿杀的有十分之三。俘获的准噶尔妇孺，也成为奴仆，被清廷当作功臣将士的赏品。因此，准噶尔整个种族基本消失……

平定准噶尔之后，清廷以各地移民充实其地，最先有吉尔吉斯人、哈萨克人、喀什噶尔的塔兰奇人，随后还有来自甘肃的东干人（或维吾尔人）、察哈尔和喀尔喀居民、图瓦族的兀良哈人（或称索约特人）以及来自东北地区的锡伯族和朝鲜族移民。

1771 年，与准噶尔先前同属厄鲁特四部的土尔扈特人投附清朝。为了安排这些远远来投的忠实臣民，乾隆皇帝就把他们安置在固尔扎东部和南部，也就是裕勒都斯河谷和乌伦古河上游的河谷地带。在那里，如果他们仔细搜寻，还能够发现昔日准噶尔兄弟部落（绰罗斯部和辉特部）生活过的某些痕迹……

由于反叛过大清，残余的准噶尔人不敢再称自己是准噶尔人，而是以旧名“厄鲁特”自称。久而久之，其后人也就忘了他们原来的准噶尔部族之名。

如今的厄鲁特人后裔，主要分布在今天的伊犁昭苏和尼勒克两县，以及塔城的额敏……

## 西北大功泽流后世

### 清朝统一准噶尔的深远意义

乾隆御宇，准噶尔终于获得统一。战争之中，流血和杀戮在所难免，但从大处看，清朝政权不仅取得了军事上的重大胜利，也取得了政治上的胜利，维护了国家的领土完整，在相当程度上遏制了沙俄对中国领土的蚕食和侵略。

回顾清朝统一准噶尔的历史可以发现，在清朝立国之初，清廷对于准噶尔没有直接管辖的意图，只是想对其进行有效的羁縻而已。但是，正是当时准噶尔部族的扩张以及沙俄趁机而起对清朝边疆地区领土的觊觎，才引起了康熙帝以及清廷的警觉。随着清王朝势力的不断强大，大一统国家的主权愿望逐渐强烈，势必要统一周边地区。这不仅是帝王的意志，也是历史的必然！

虽然清朝统一准噶尔的过程长达一个世纪，但实际用兵作战的时间只有十七年。

多年以来，清廷基于自身国力的考量，对于准噶尔部族一直采取“和为贵”的政策，总幻想以喀尔喀蒙古作为帝国北部边防屏障。而喀尔喀内讧以及噶尔丹得寸进尺的进攻，迫使清朝在康熙帝时期持续用兵七年，两度大战，皇帝三次亲征，最终遏止了噶尔丹势力的恶性膨胀。随后的二十年，清朝和继噶尔丹之后的准噶尔汗王策妄阿喇布坦，基本处于和平相处状态。而后，恰恰是西藏的宗教问题，再次导致清朝与策妄阿喇布坦政权重开战火。策妄阿喇布坦企图控制藏地黄教的野心，导致准噶尔与清朝大动干戈。而大清帝国最终驱准保藏成功，进而统一了青海和硕特蒙古，从地理上对准噶尔形成了包围态势。雍正帝志大才疏，统一准噶尔未成，还造成和通泊战役惨败，不得不屈尊俯就，继续与准噶尔部族进行谈判，试图与对方划定游牧边界。

乾隆继位之初，国事纷纭，并未想出兵准噶尔，但准噶尔噶尔丹策零死后导致的内部纷争，使得大清边疆持续受到新的压力。在此背景下，清廷“以准攻准”，虽然过程一波三折，但结果显而易见——乾隆帝最终以武力统一了准噶尔，并且成功地在准噶尔游牧辖区内稳定了西域、青海以及西藏地区，奠定了中国今日西部版图的基础。

17、18 世纪，正是世界历史上的大变革时期。在全球范围内，人类的生活方式发生了巨大的变化。一度驰骋亚洲草原的准噶尔部族，也可以视为古老英雄时代的最后一朵美艳绝伦的罂粟花。

噶尔丹、策妄阿喇布坦、噶尔丹策零应该和康熙帝、乾隆帝、西藏五世达赖喇嘛、喀尔喀哲布尊丹巴呼图克图一世以及俄罗斯的彼得大帝一样，是那个时代他们本民族的英雄人物！他们带给世界的，不仅仅是鲜血和叹息，也有史诗般辉煌的荣耀和新思维！

在抵制俄罗斯势力的侵袭方面，准噶尔人一直顽强抵抗，不屈不挠，试图把俄国赶回北方！

从万历三十二年（1604 年）开始，俄国的哥萨克势力就在准噶尔部传统游牧地上先后建立了托木斯克、库茨涅茨克、叶尼塞斯克等军事堡垒，不断以武力胁迫准噶尔部首领归服俄国。准噶尔人民为了维护民族独立和尊严，从未间断反对沙俄的兼并。准噶尔部族的首领，包括巴图尔珲台吉、僧格、策妄阿喇布坦以及噶尔丹策零，也从未向俄罗斯沙皇表示过屈服。

顺治六年，准噶尔的巴图尔珲台吉组织大军，袭击了托木斯克的俄军，有效地阻止了沙俄势力的入侵。僧格继位后，俄国多次派遣使团前往准噶尔部，试图拉拢僧格归顺沙俄。在与俄国交涉时，僧格不卑不亢，维护了本民族的尊严，并且多次用兵，对侵袭境土的俄国军队展开攻击，揭开了中国西北少数民族抗击俄国入侵的序幕。策妄阿喇布坦和噶尔丹策零当政时期，面对沙俄在西西伯利亚不断强大的势力，策妄阿喇布坦不畏强权，针锋相对，在给俄国西伯利亚总督加加林的信中言辞咄咄逼人，要求俄方拆除修建在准噶尔牧地上的托木斯克、克拉斯诺亚尔斯克等城堡，否则将以武力攻打俄国的这些城市堡垒。康熙五十五年，策妄阿喇布坦派遣大策凌敦多卜率领一万精骑，在雅梅什湖畔包围了俄军，打死打伤近三千名俄军，活捉俄军数百名，取得了重大胜利。噶尔丹策零继位后，多次派使臣与俄国交涉，要求拆除额尔齐斯堡垒线上的那些要塞，恢复准噶尔原有疆域。乾隆七年，他还派使臣喇嘛达什前往彼得堡，直接和女沙皇安娜·伊凡诺芙娜交涉，在信中义正词严地要求沙俄停止在准噶尔牧地筑堡、挖金、取铜，并且警告说："撤出你们的上述人员，否则我绝不能容忍他们在我的土地上生活！"但噶尔丹策零未及收复雅梅什湖地区，就撒手尘寰……

由此观之，明清时期对沙俄势力的抵堵和抗争，准噶尔首领的种种

乾隆皇帝像

表现，可圈可点，功不可没。

乾隆三十六年，土尔扈特的东归祖国，标志着卫拉特四部最终的完全回归，也昭示了大一统国家向心力的无比强大！

土尔扈特部族来自历史上的克烈惕部，部族始祖为翁罕，他曾经是铁木真的保护者，和铁木真有父子之义。随着元朝的灭亡，该部落逐渐衰落，往西回缩，并且易名为土尔扈特部。明朝末年，土尔扈特部游牧于塔尔巴哈台西北雅尔（今新疆塔城西北及俄罗斯境内乌拉札地区）。16世纪末17世纪初，其西部牧地已达额尔齐斯河上游伊施姆河一带。

崇祯元年（1628年），土尔扈特部在首领和鄂尔勒克的带领下，连同附近部分和硕特、杜尔伯特蒙古部众，大概五万帐十九万人，离开了塔尔巴哈台和额尔齐斯河中游西岸的原游牧地。他们越过哈萨克草原，一路长途跋涉，经过几年艰苦的进军，向西迁徙到伏尔加河流域下游南北两岸的广大草原上。

这一广袤地带虽然被俄国征服，但由于长期战乱，原住游牧民大批散走，再加上俄国经历了二十年大混乱时期，因此，土尔扈特人来到伏尔加草原时，几乎如入无人之境。

于是，在这个天赐乐园中，土尔扈特人休养生息，放牧牲畜，逐水草而居，部落首领和鄂尔勒克的牙帐设于伏尔加河支流的阿赫图巴河。

虽然远离祖国，他们依旧遵循古老部落组织的习惯和观念，敬佛诵经，按蒙古习俗生活。

16世纪中期开始，沙俄以武力相继占领了喀山汗国、阿斯特拉汗国和诺盖汗国，而后，很快就把侵略魔爪伸向土尔扈特蒙古。1659年，迫于俄国强大的军事压力，土尔扈特在形式上臣服于沙俄。但在伏尔加草原上，还是形成了一种双重主权的特殊状态：俄国享受形式上的最高主权，土尔扈特人保持着实际上的内政独立。

此后，为了彻底征服土尔扈特部，沙俄强迫土尔扈特人放弃他们信仰的佛教，改信东正教，企图以宗教手段来驯服强悍、善战的土尔扈特部，这激起了土尔扈特人激烈的反抗。

到了彼得一世统治俄国期间，沙俄和瑞典进行了长期战争。为了应付战争支出，沙俄对土尔扈特蒙古等部不断加强政治控制和经济掠夺，还一直强迫土尔扈特部众开赴前线为沙俄作战。其间，部族勇士伤亡甚多，严重削弱了土尔扈特蒙古的力量。

女沙皇叶卡捷林娜二世统治时期，沙俄对土尔扈特部采取了进一步的掠夺和控制，妄图使土尔扈特蒙古地区成为沙俄管辖的行政区。对此，土尔扈特部的王公贵族以及广大牧民都表现出极大的忧虑和不安。

乾隆三十五年秋，为了使土尔扈特蒙古免遭灭亡和凌辱，经过秘密酝酿，土尔扈特汗王渥巴锡决定选择东返伊犁河流域，恢复土尔扈特和祖国各民族的联系。

虽然一直努力保密，但消息还是被泄露。为了躲开俄国大军的追剿，渥巴锡汗不得不提前行动。他们本来计划携同左岸的一万余户同胞一道返回故土，不巧的是，当年暖冬，河水迟迟不结冰，左岸的人无法过河。为此，渥巴锡只得下令右岸的三万余户民众立即行动。

顶着凛冽寒风，伏尔加河右岸的三万三千多户土尔扈特人，离开了他们寄居将近一个半世纪的异乡，开始了艰苦卓绝的伟大征程。他们千方百计，欲图回到东方的故乡，开始他们新的生活。

圣彼得堡的俄国女沙皇叶卡捷林娜二世得知消息后，即刻派出大批哥萨克骑兵追赶东去的土尔扈特人。同时，沙俄采取措施，把留在伏尔加河左岸的一万余户土尔扈特人严格监控起来。

一路上，除了要面临残酷的战斗，土尔扈特人还不断遭到严寒和瘟疫的袭击。面对艰难险阻，土尔扈特人不屈不挠地向着祖国回归！

乾隆三十六年三月，定边左副将军车布登札布目瞪口呆地望着举众而来的奇异人群，探听实情后，马上向朝廷奏报。

得知土尔扈特人东归细节之后，乾隆帝大受感动，即刻指示清廷做好安排和接待，接纳这批义无反顾的东归义士。根据清宫档案《满文录副奏折》记载，离开伏尔加草原的十七万土尔扈特人，经过一路的恶战、饥饿、瘟疫，到达伊犁之时，人数仅仅剩下出发时的一半！

不久，恰逢承德普陀宗乘之庙落成，乾隆帝在那里举行盛大的法会。渥巴锡等人也被邀请到承德避暑山庄入觐。

乾隆帝亲自接见了渥巴锡等人，封他为卓哩克图汗，领乌讷恩索诛克图盟旧土尔扈特部。皇帝还诏令将巴音布鲁克、乌苏、科布多等地划给土尔扈特人做牧场，让他们能够在祖国安居乐业，并在赐宴后对土尔扈特部族首领赏赐无数。

而后，乾隆帝下令在普陀寺竖起两块巨大的石碑，用满文、汉文、蒙古文、藏文四种文字铭刻上他亲自撰写的《土尔扈特全部归顺记》《优恤土尔扈特部众记》，用以纪念渥巴锡等东归英雄回归祖国的伟大事件。

土尔扈特人民不畏强暴，反抗沙俄的压迫、剥削，他们重返祖国的英雄壮举，感天地、泣鬼神，创造了一个民族大迁徙的奇迹。为此，爱尔兰作家德尼赛在《鞑靼人的反叛》一书中，感慨叹息道：

> 从有最早的历史记录以来，没有一桩伟大的事业能像上个世纪后半期一个主要鞑靼民族跨越亚洲草原向东迁逃那样轰动于世那样令人激动的了……

# 茫茫祸福本无涯

## 肃顺荣辱与咸丰政局

20 世纪 80 年代，笔者看过电影《火烧圆明园》。对两个人印象深刻：其一是僧格林沁，其二是肃顺肃六爷。

电影里面有段情节，表现 1860 年英法联军入侵中国攻陷天津后，进逼北京。然后，英国代表和清廷代表在通州议和，清朝的蒙古王爷僧格林沁一口京腔，以中国功夫痛殴英国参赞巴夏礼，最后，他还把那个英国大块头扔到水池里。由于少年时代受到的都是课本教育，看电影之前一直以为僧格林沁是个镇压农民起义的“刽子手”，忽然看到他以好人面目出现，还能“大灭帝国主义的威风”，当时特别激动，在影院和观众一起鼓掌叫好……

日后，笔者静下心研习中国历史，才知道真实历史中的僧格林沁并没有和巴夏礼打架，而是在张家湾设下埋伏，逮捕了巴夏礼等英法代表几十人。后来，他还命人在狱中虐杀英法代表数人。那个巴夏礼，当时被僧格林沁派人按在地上使劲磕头，导致日后他竭力主张报复，最终北京圆明园被烧。

僧格林沁确实是中国近代史上抗击洋人入侵的一位大英雄。咸丰九年（1859 年），咸丰帝命僧格林沁到天津督办大沽口和京东防务。当时，僧格林沁吸取第一次大沽口战役失败的教训，积极筹建大沽海口以及双港一带的防御工事，并整肃军队，做好反侵略的各项准备。英法新任驻华公使普鲁士、布尔布隆二人率领所谓的“换约”舰队从上海沿水路北上，擅闯大沽口。僧格林沁立刻督军力战，击毁英军战舰 3 艘，打死打伤英军 464 人，而英国海军司令贺布在战斗中也被打成重伤。最终，英军狼狈而逃。

僧格林沁所指挥的这次大沽口保卫战，是自 1840 年中国军队和洋人开战以来最大的一次胜利。当时，连人在欧洲的革命导师马克思，也对此次中国军队的反击给予了充分关注与肯定。（见马克思 1859 年 9 月发表的《新的对华战争》一文）可惜的是，日后僧格林沁攻灭新捻军不成，在山东高楼田间受重伤堕马被杀……

电影《火烧圆明园》中，肃顺嚣张跋扈，狂妄至极。特别是最后，他嘴巴里面被塞入一颗核桃，押入囚车送到菜市口斩首。

日后，笔者细读清史，才得知影片中塑造为反面人物的肃顺是清朝的辅政能臣。面对当时“太平天国”起事、洋人进逼、天下大乱的困难局面，正是在他的帮助下，咸丰帝才得以整顿吏治，开源节流，并且实打实起用汉臣，使得清朝没有速亡。

## 京门落魄有王孙

### 肃顺的青年时代

晚清文人、外交家薛福成在他的《庸盦笔记》中曾经记载说：“端华同母弟肃顺，方为户部郎中，好为狎邪游，唯酒食鹰犬是务，无所知名。”

薛福成与肃顺基本属于同时代人，又在清廷做过官。他的记载，非一般道听途说的笔记可比。虽然薛福成对肃顺所持的看法和清廷诛戮肃顺后的公开说法相符合，但他也没有必要“编造”肃顺青年时代的履历和故事。

肃顺，字雨亭，乃清朝郑亲王乌尔恭阿第六子。根据《清史稿》的简单叙述，肃顺生平如下：

> 道光中，考封三等辅国将军，授委散秩大臣、奉宸苑卿。文宗（咸丰帝）即位，擢内阁学士，兼副都统、护军统领、銮仪使。以其敢任事，渐向用。咸丰四年，授御前侍卫，迁工部侍郎，历礼部、户部。（咸丰）七年，擢左都御史、理藩院尚书，兼都统。时寇乱方炽，外患日深，文宗忧勤，要政多下廷议。肃顺恃恩眷，其兄郑亲王端华及怡亲王载垣相为附和，挤排异己，廷臣咸侧目。

可见，道光帝在位时期，肃顺和一般宗室庶出子弟一样，基本上任闲散差事。待得咸丰帝继位，他深受信任，步步高升，最终能够和同父异母兄郑亲王端华和怡亲王载垣一起，把持清廷朝权。

咸丰元年，肃顺刚刚三十五岁。待咸丰七年他显贵之时，年纪刚过不惑，可谓春风得意。

慈禧一朝备受荣宠的荣禄在青年时代遭受过肃顺的排挤，他晚年和下属陈夔龙闲聊之时，讲过肃顺的长相：

> 以相法言。肃顺长身玉立，鸢肩火色，头部上锐下丰，全系火形。五行火形最少，亦最贵。但忌声嘶。肃顺豺声，是以不克善终。（陈夔龙《梦蕉亭杂记》）

中国的传统相术，一般把人分成金、木、水、火、土五种形状。荣禄认为，肃顺属于火形之人，其身材颀长，肩膀如老鹰般耸起，面色彤彤泛红，即是相书上的“鸢肩火色”。“头部上锐下丰”，“上锐”，指肃顺头顶发尖，即民间俗称“橄榄头”；所谓“下丰”，就是广颐阔下巴。

传统相术，大多推崇天庭饱满，地阁方圆，即上下皆阔的“国字脸”。肃顺头颅如橄榄，按理说，应该不会走显贵之运。但关键在于他是火形之人，火苗的形状都是上尖下阔，加上他“鸢肩火色”，所以自可以走一番贵运。

查看历史资料，宋人所编《太平广记》中，唐朝大臣马周也有“鸢肩火色”的体貌特征。马周乃李世民重臣，这位唐朝皇帝多次说：“我于马周，暂不见则思之。”（《旧唐书·马周传》）马周精明干练，深得唐太宗宠信，数年内官职就蹿升至宰相。他的同事岑文本对人说：“吾见马君，令人忘倦；然鸢肩火色，腾上必速，但恐不能久耳。”（《太平广记》卷二百二十四）可见，岑文本认为马周“鸢肩火色”的体态，和火苗迅猛上蹿的特性类似，所以，就判断他官职升迁必然极其快速，但恐怕日后也不能长久。果然，马周年仅四十八岁即患消渴症（糖尿病）而死。

为此，荣禄认为火形之人在人世间非常罕见，在富贵场中也属于“最贵”的。但荣禄对陈夔龙又说，火形之人，最忌“声嘶”，肃顺的声音恰恰阴沉嘶哑，显示出他的那种“火形”，不过是余烬之“火”，所以最后要遭受砍头噩运。可见，按照旧时代的相术，即使是天潢贵胄，运势不济，也不能全享福禄寿的善终。

从满人的名字，有时候还看不出一个人的出身。肃顺，爱新觉罗氏，满洲镶蓝旗人，纯正的皇族宗室，是清太祖努尔哈赤的侄子济尔哈朗七世孙。他的父亲和硕郑亲王乌尔恭额，是济尔哈朗第十二代王爵继承人。乌尔恭额有嫡福晋一人，侧福晋两人，庶福晋五人。乌尔恭额生有八子，嫡福晋无子，两个侧福晋各有一子，但只有排行老三的端华长大成人。所以，端华日后继承了郑亲王爵位。肃顺呢，虽然也属于天潢贵胄，但是庶福晋所生，排行老六。

作为婢妾之子，肃顺自幼起地位就低，不过一闲散宗室耳。

在清朝，宗室爵位共分十二等：亲王、郡王、贝勒、贝子、镇国公、辅国公、不入八分镇国公、不入八分辅国公、镇国将军（分一、二、三等）、辅国将军（分一、二、三等）、奉国将军（分一、二、三等）、奉恩将军，另外还有奉特旨才能加封的亲王世子和郡王长子两个爵位。

端华虽然是老郑亲王侧福晋所生，但他上面没有嫡福晋所生的兄长，所以能够承袭郑亲王爵位。肃顺作为庶出的闲散宗室，只能享受到一般的宗室政治特权。道光年间，肃顺得以在侍卫处任职，后来考封了三等辅国将军，才有了一定的宗室爵位。

清宗室取得爵位的方式大概有四种：功封、恩封、袭封、考封。

所谓功封，就是因功而封。清朝的功封，多为“世袭罔替”，也就是俗称的“铁帽子王”，子孙后代辈辈为王。清朝历史上共有十二位王取得过此种“世袭罔替”爵位：清初的礼亲王代善、郑亲王济尔哈朗、睿亲王多尔衮、豫亲王多铎、肃亲王豪格、承泽亲王硕塞（儿子承继后改封庄亲王）、克勤郡王岳托、顺承郡王勒克德浑，雍正时的怡亲王，同治时的恭亲王，光绪时的醇亲王、庆亲王。恩封，就是皇帝直系子孙年满十五岁者，由宗人府奏请皇帝封爵。这种王爵一般多为世袭递降，按照代系，亲王降至镇国公、郡王降至辅国公、贝勒降至不入八分镇国公、贝子降至不入八分辅国公，以后不再递降，均直接世袭。所谓袭封，指亲王以下、奉恩将军以上的宗室贵族病死后，由其一个嫡子继承一定的爵位。所谓考封，指亲王以下各王公除一子袭封外，其余诸子到了二十岁，例得推封。

肃顺的父亲虽为亲王，但母亲为妾，所以他只能是三等辅国将军。讲到不同人物的“职称和工资待遇”，同为兄弟，肃顺与三哥端华简直就是天上地下：端华“世袭罔替郑亲王”，宗室爵位属于第一等，岁俸银一万两，禄米一万斛；肃顺呢，宗室爵位位列第十等，每年只有俸银二百六十两，禄米二百六十斛。

肃顺早年做闲散宗室时，一度在市井上混过很长时间，这使他熟悉了当时京师坊间动态，洞悉民情世故，相比一般养尊处优、整日处于真空状态的宗室贵族，肃顺太清楚当时的清朝社会状况了。

署名为“沃丘仲子”所著的《近代名人小传》中，曾经这样评价肃顺：“接人一面，终身能道其形貌；治一案牍，经年能举其词。”可见，虽为宗室贵胄，肃顺还非常有吏才，博学强记，知人达物。为此，咸丰帝继位，得蒙召见之后，肃顺深得皇帝欢心。所以，他从内阁学士兼礼部侍郎到户部尚书、工部尚书、礼部尚书；从御前侍卫到御前大臣；从领侍卫内大臣到总管内务府大臣；从协办大学士到赞襄政务王大臣；从副都统、都统到经筵直讲、乡试正考官，官职真是一路上升。

皇帝的青睐，加上两位亲王的护持，肃顺最终得以控制清廷的中枢大权。

早在道光年间，清朝的吏治已经败坏不堪。为此，道光帝在上谕中曾无奈承认：

> 当今之势，宪章具在，法令森然，若能大法小廉，奉行以实不以文，何患政事不理、百姓不安乎？无如世风日下，人心益浇，官不肯虚心察吏，吏不肯实意恤民，遇事则念及身家，行法不计及久远，朕所惧者在此，所恨者亦在此！

当时的清朝各级官员，暮气已深，“以缄默不言为慎密，以圭角不露为深沉，以漫无可否为和平，以多所容忍为宽厚，以模棱两端为和衷济事之道，以遵循故事为奉公守法之规”。

如此官风陋习，清朝的各级官员大多为行尸走肉一般，帝国的行政效率极其低下。就连道光朝的重臣、大学士曹振镛向其门生宣教自己之所以能够历经乾隆、嘉庆、道光三朝而恩宠不衰的秘诀时，只有六个字：多叩头，少说话。

当时，清朝官场还流行一首《首县十字令》，道尽这些“蝗虫”为官保官所必需的十大本事与技能：

> 一曰红，二曰圆融，三曰路路通，四曰认识古董，五曰不怕大亏空，六曰围棋马钓中中，七曰梨园子弟殷勤奉，八曰衣服齐整言语从容，九曰主恩宪德满口常称颂，十曰座上客常满樽中酒不空。（最早见于宋漫堂《筠廊随笔》）

在这样的官场习气下，帝国政治生态之恶劣可见一斑。

屋漏偏遭连夜雨，肃顺和主子咸丰帝难兄难弟，又遭逢乱世。咸丰帝甫继位，恰好赶上洪杨起事，“太平天国”的北伐军一度打到了天津，北京危在旦夕；洋人也趁火打劫，英法联军步步进逼。

起用肃顺之前，咸丰帝所重用的郑亲王端华和怡亲王载垣，皆为宗室庸人，无胆无识无才，面对内忧外患，束手无策。在这样的情况下，肃顺才得以飞速提升。

满洲入关后，从多尔衮、顺治开始，表面上声称“满汉一体”，其政权运行一直首崇满人。多年以来，不但汉族平民百姓地位低于满族平民，清廷中汉族官员地位也不如满族官员。

直到“太平天国”起事前，清朝的军事指挥权很少授予汉人之手。如果某地发生变乱兵事，清朝皇帝大多选满洲亲贵大臣为大将军率兵出征讨伐。姑且不论康、雍、乾各朝，直到道光二十年（1840 年）爆发鸦片战争之后，道光帝第一次派往广州的三人，靖逆将军奕山是满族人，隆文是满族人，只有杨芳是汉人；第二次派往浙江的统兵者三人，皆是满族人：扬威将军奕经、文蔚和特依顺。

“太平天国”忽然起于广西，当时的清廷还是依循旧例，以蒙古族大学士赛尚阿为钦差大臣，以满族人乌兰泰为大将，汉人向荣协同，调集八旗兵和绿营兵前去镇压。但此时的满族亲贵，长期闲居京师，养尊处优，全无清初时期那些王爷、贝勒、贝子的骁勇剽悍，更无知兵善战者；而昔日所向披靡的八旗劲旅，兵战不习，架笼玩鸟都是行家。所以，经过两年多征战，“太平天国”非但未被镇压下去，反而势如燎原，迅速蔓延到大江南北。

为此，清政府少数满族亲贵重臣当时就认识到，完全依靠满蒙亲贵和八旗兵，不可能击灭“太平天国”，必须倚重汉族官僚才能最终平叛。

肃顺最大的本事，除典籍知识深厚以外，还能识人善任，特别是能够重用汉人。他曾公开对一些满人亲贵说：“满人糊涂不通，不能为国家出力，唯知要钱耳。”而对于后来的汉族中兴名将，如曾国藩、胡林翼、左宗棠、郭嵩焘等人，肃顺都颇为推重，使他们得以施展才华。

## 长袖善舞经济才

### 肃顺在咸丰朝的筹饷积财

在清朝帝王中，咸丰帝才智中平，曾力图整饬吏治，励精图治。他继位后仅十一天，就降诏求言，要求大小臣工对于国家的大政方针进行“据实直陈”，各抒己见。后来，他多次下诏，要求清廷各位大臣据实上奏时政弊政，知无不言，言无不尽。

咸丰帝继位后，在帝国的行政方面还是比较谨慎的，基本上沿用其父道光帝晚期的朝廷重臣班底。其中爵位最高者，应属怡亲王载垣和郑亲王端华。端华乃肃顺三哥。而怡亲王载垣，先祖乃是康熙帝第十三子允祥。在康熙皇储之争中，允祥始终坚定支持胤禛。所以，雍正帝继位后，立即封允祥为怡亲王，委以重任，赐以“忠敬诚直勤慎廉明”御匾。允祥为国事操劳病死后，雍正帝还给了他前所未有的政治礼遇：给允祥议定超规格的园寝规制，恢复允祥的原名胤祥。到乾隆三十九年（1774 年），乾隆帝追思允祥当年的赞襄大功，特意下诏以“怡亲王”

为“世袭罔替”亲王。

但是，怡亲王载垣和郑亲王端华这两个王爷虽然爵位高、资格老，但他们的政治才能都非常一般，遇事没有任何主见，很难在朝政中发挥真正有力的作用。正是在载垣、端华等人的援引下，肃顺头角一露，很快得到咸丰帝的信任与重用。

自咸丰四年后，肃顺先后得以调任御前侍卫、工部左侍郎、礼部左侍郎、都察院左都御史、理藩院尚书、礼部尚书、户部尚书等职，一路蹿升。

侍郎乃清廷六部副长官，相当于现在的副部长，尚书则相当于现在的部长。清廷有六个部，按吏、户、礼、兵、刑、工为先后次序。同为尚书，吏部尚书最尊，工部尚书最卑；同为侍郎，同样是吏部侍郎最高而工部侍郎最低。可见，肃顺在咸丰朝，一路迁升，从无降革。

随着肃顺权势步步加大，他周围逐渐聚集了一批官员。到咸丰十年左右，基本形成了以肃顺为核心的“肃党”官僚集团，其中包括怡亲王载垣，郑亲王端华，军机大臣穆荫、匡源、杜翰以及焦祐瀛等人。

掌握了最高决策权力之后，肃顺在咸丰帝的支持下，针对当时清政府存在的诸多弊病和弊端，大刀阔斧地进行了一系列的改革和整顿工作，而且卓有成效。

当然，主持朝廷政务，咸丰帝、肃顺君臣的主要策略无外乎二：一是开源节流，二是变通钱法。

开源节流方面：第一，在全国范围内大力推广捐纳和捐输，说白了就是卖官鬻爵。读者欲知这方面的详情，可以参见笔者《帝国殃咎——太平天国的兴亡》一书。第二，借债筹饷，这也是清廷的应急措施，当时在民间发行国家债券，也是勉为其难。第三，增加赋税，这也是没有办法的办法。第四，再减八旗俸饷。

而咸丰帝、肃顺君臣最需紧急实施的还是变通钱法，这是缓解朝廷燃眉之急最主要的方法。

清朝财政，到了嘉、道时期，已经因为多年来收支失衡，非常拮据。1840年鸦片战争爆发后，战费的支出以及战败后英国侵略者的借机敲诈，帝国被迫支出巨额赔款，使得清政府财政困难重重。1851年“太平天国”起事，内战蔓延18个省区，大半个中国陷入战争，清廷在许多地区无法征收赋税，加上战争军饷等支出日益增多，帝国财政更是捉襟见肘。

1853年4月，内战进入激烈阶段，清廷户部已经无力筹集军饷，政府财政陷入严重危机，于是决定实行通货膨胀政策。咸丰帝令户部发行官票、宝钞，很快又下旨令户部、工部鼓铸铜、铁大钱，最终造成国内物价猛涨、恶性通货膨胀的严重后果。

清政府的财政收入一向以地丁（清政府实行的农业税）、钱漕、盐课、关税和其他杂税为主要构成，其中以地丁收入占最重要的地位。一般情况下，地丁约占清廷财政总收入的3/4，而盐课、关税及其他杂税，约占总收入的1/4。

道光朝之前，清朝每年地丁所入已经征不到足额。道光朝期间，由于西北天山南路地区发生动乱，黄河、运河频年决口以及各省不时发生重大灾情等，地丁收入数更是屡屡减少。据清军机处档案记载，1847年，原本预计18省征田粮应为2500余万两，可是最终征收额仅在2000万两。两年后，又减为1900余万两。当时，川、广、闽、甘等7省的地丁收入，已难以满足本省军事支出需要。同时，盐课和关税也因灾情困扰相应减少。因此，各省财政对中央“欠解”已经成了道光朝以来财政收入的大问题。

但在鸦片战争前夕，清朝中央政府的财政收支尚能大致相抵，每年结余还有500余万两。当然，这区区500万两余额，和道光朝以前相比差很多。乾隆四十六年，清廷国库曾一度有结余7000余万两。但自嘉庆元年（1796年）至九年这10年间，清政府为镇压蔓延湖北、四川、陕西、甘肃和河南5省广大地区的白莲教起义，耗费军需饷银多达2亿两，相当于当时清政府5年的全部财政收入。此后，在道光朝前期，又连年在西北用兵，耗费了不少军费。

1840年，英国发动鸦片战争，严重破坏了清朝经济的正常运转。而在广东、福建、浙江、江苏4省沿海各地，由于英国侵略军的疯狂破坏和掠夺，广大居民赖以维生的生产资料几乎被抢掠一空，大量城乡农民、手工业者失业，一时间民穷财尽。而未直接受战争蹂躏的省份，由于清政府征调频繁，加派勒捐，居民负担倍于常赋，百姓疲苦至极。而后，英国侵略者以军事赔款、鸦片烟价和商欠等名目，向清政府勒索2800万银圆，折合白银为1960万两。这笔巨款，半数以上取自两广等地商民，约计1510万银圆，占总数50%以上，其余1290万银圆则取自官府财库。

种种迹象表明，鸦片战争之后10多年间，清政府财政货币状况急剧恶化。

“太平天国”起事以来，不到两年时间，叛清力量从广西出湖南，遍及湖北、江西、安徽、江苏、河南、山东、山西、直隶、浙江、福建、广东、四川、贵州、云南、陕西和甘肃等18个省区，连续打了10多年，使得清政府中央财政收支完全失衡！

军事失败，社会动荡，经济凋敝，清廷统治在如此摇摇欲坠的情况下，只得加紧厉行搜刮。同时，清廷不得不进一步为聚敛民财寻找新途径，开始铸造铜、铁大钱，发行票钞，只能把通货膨胀政策当作在财政上延续清王朝命脉的救命稻草。

咸丰元年九月，御史王茂荫上奏《请行钞法》。他是咸丰朝第一个建议行钞的官员。当时，王茂荫力主行钞，反对铸造大钱，但同时也指出：“钞无定数，则出之无穷，似为大利，不知出愈多，值愈贱。”

显然，王御史深知滥发钞币必然招致钞币贬值。所以，为了保持钞值稳定，他建议仿照清初顺治年间成例，每年先造10万两钞币，试行一二年后，每年倍之，但发行总额以1000万两为限。这个数字是依据清政府当时财政年收入在4000万两的数字为基础而得出的。

在理论上，王茂荫的条陈，非常符合财政学和货币学原理，在方法上也稳健可行。但由于他所建议的行钞法允许钞币随时兑换现银，就和咸丰帝及多数大臣的意见不同，所以未得到咸丰帝的支持。

后来，左都御史花沙纳上疏，也奏请行钞，其基本内容大多与王茂荫所奏相似，但花沙纳钞法有一个重要不同，就是银钞只能充交官项用，不能兑现。（见花沙纳《请停捐举人、生员，并酌行钞法疏》）为此，花沙纳的奏疏迅速获得咸丰支持。

由于当时太平军紧逼，内战形势日益严峻。咸丰帝在1853年4月，向内阁指示立刻发行官票，先在京师行用，然后颁发各省一律遵办。

咸丰在短时间内连续发出三次谕旨，一再要求从速发行官票宝钞，迫使户部不得不遵行，使得票钞在全国范围内一时泛滥成灾，从此一发而不可收。而清廷视为救命稻草的通货膨胀政策，最终无可挽回地步上恶性膨胀的道路。

清廷发行纸币，鼓铸大钱，罔顾经济规律，国内没有必要的白银储备，最终造成这些货币信用低下，民间百姓普遍不愿行用。当时，清政府设立宝钞处、官钱局等机构进行强制发行。其间，京城和外省许多商人与户部官员相勾结，从中大肆舞弊贪污。

时任户部尚书的肃顺非常生气，他马上下令查账，结果查出了数桩贪污案，清廷一些重要官员皆牵涉其中。

咸丰帝更怒，命令怡亲王载垣会同刑部对这些人严加审讯。结果，仓场侍郎崇伦、科布多参赞大臣熙麟等人，因涉及贪污而被抄没家产；甚至恭亲王奕䜣的家人，也受到牵连。

就在肃顺、载垣等人查办案件之时，清廷北京的户部忽然失火，不但烧毁了部分户部房舍，而且还延及礼部。对此，老百姓纷纷哄传，说户部失火是清廷不道治国，从而导致天怒人怨。

咸丰帝和肃顺二人当然不迷信，他们认定，此次户部突然失火，恰好在户部舞弊案尚未查清之际，最可能的原因是有人纵火，想借大火毁灭相关账目以图自保。为此，咸丰帝指令肃顺等人加快审查速度。

经过两三年的审讯，肃顺最终查出赃款多达千万两，抄没商人、官吏多达百余家，数百名官员因此而受到处罚。前后两任汉人户部尚书翁心存（翁同龢之父）、周祖培二人，皆因此案而受到降革处分。当时，翁心存因不能忍受肃顺的挫辱，愤而辞官；而周祖培更因此与肃顺结下不解怨仇。

肃顺的果断敢为和雷厉风行，一时间取得很大成效，缓解了清廷的财政困难。虽然当时清廷吏治因为户部大火案得以整饬，但肃顺以严从政，得罪不少清廷官员，树政敌过多，深为不少大商人所恨，最终怨谤归集。

日后肃顺被杀，有人就说肃顺查处户部舞弊案的目的，在于屡兴大狱为自己立威。但我认为这种说法完全是无稽之谈。肃顺得旨于咸丰帝，为了忠君谋国，为国理财，肯定不能徇情敷衍。

## 乱世重典不饶人

### 肃顺协帝诛杀柏葰和耆英

咸丰七年，肃顺已当了大半年的都察院左都御史。在监察官员任上，他雷厉风行，针对当时清廷暮气沉沉的官场风气，坚持“乱世用重典”原则，以严刑峻法整治朝政，对保守势力官员进行了沉重的打击。

当时，肃顺最主要的作为，就是在科场舞弊案中杀掉了大学士柏葰，并且鼓励咸丰帝处决了和洋人谈判不力而擅自回京的耆英，严明了国法和军纪。

“戊午顺天乡试科场案”（“戊午科场案”）是咸丰朝非常严重的一次科场舞弊案。

咸丰八年，清朝乡试揭榜后，御史孟传金上奏，认定此次乡试中发生了许多舞弊事端，甚至还出现了中试举人朱墨不符的情况——清朝考生的原始试卷用黑墨书写，称“墨卷”；而后，誊录生统一用红笔抄写的卷子，称“朱卷”。朱墨不符，就是说考生的原始卷与誊录卷内容出现不一致的现象。

更甚者，有位中试的举人，竟然是个平时不读书的京剧票友。此外，林林总总的“问题”试卷，竟然多达五十多份！

即使到了晚清时代，朝廷对于科举还是非常看重的，被皇帝和大臣们当作国家命脉来对待。为此，咸丰帝震怒加忧虑，马上命令怡亲王载垣、郑亲王端华、户部尚书全庆以及兵部尚书陈孚恩会审此案。

这次乡试，主考官是大学士柏葰，同考官是翰林院编修蒲安，副考官是户部尚书朱凤标、左都御史程庭桂等人。

会审结果，主考官柏葰犯案竟然最严重——广东肇庆的考生罗鸿绎托请他的同乡、兵部侍郎李鹤龄，向同考官翰林院编修蒲安暗递“条子”，约定他在考试时第一篇文章最后用“也夫”二字做结尾；第二篇用“而已矣”三字做结尾；第三篇用“岂不惜哉”四字结尾；而他的诗，则用“帝泽”做结尾。

主考官柏葰，原名松葰（道光十年改为柏葰），字静涛，巴鲁特氏，是蒙古正蓝旗人。虽然是蒙古族属，他却出生于北京，完全汉化，而且自小聪明好学，于道光六年考中进士，时授庶吉士。而后，柏葰仕途顺畅，曾任工部、刑部侍郎，正黄旗汉军副都统等职，为人谦和，为官也一向挺清廉。

当时，同考官蒲安和柏葰的家人靳祥非常要好，经过靳祥游说，柏葰阅卷之时才将罗鸿绎的考卷定为副榜。在清朝，考试被录取，称为正榜，这就得到了参加会试的资格；而副榜呢，则入国子监肄业，不得参加会试。于是，罗鸿绎赶紧送银送物，再次委托柏葰的家人靳祥从正榜内取出一卷，和自己的考卷对调。这样罗鸿绎的考卷就进入了正榜。

发榜后，罗鸿绎看到自己金榜题名，家里又有钱，高兴之余，立刻向时任兵部侍郎的老乡李鹤龄赠送了白银五百两。李鹤龄倒不贪，拿出三百两转给同考官蒲安。前前后后，柏葰只收过十六两银子的“门包”，也就是一般弟子、下属见面时入门递送的礼仪式的红包。

作为当朝一品大员、大学士，柏葰在现实中显然是个老好人，他牵涉入案，根本不是为了贪图银两，毕竟人情世故无价宝嘛。岂料，他的这次人情，最后把脑袋当礼物送出去了……

罗鸿绎这件事情，只是这次科考案中的其中一件。更激起当时士人愤慨的是，镶白旗满洲附生平龄是一个戏迷，竟然也中了此次乡试第七名举人。他平时很少读书诵经，更不言诗作赋，而是经常和一些游手好闲之人请戏班子相聚唱戏为乐。在清朝，演员再有名也不过是个“戏子”，而“戏子亦中高魁”，读书人无不切齿怒目。

清朝考试审核特别严格，正榜取中的试卷还要进行“磨勘”，也就是复审。磨勘之时，专人看卷，所以一下子就暴露了。罗鸿绎考卷内容不通，其中错别字就有三百多。磨勘官员马上明白这里面大有猫腻，但当时害怕柏葰位高权重，不敢马上公开批驳，于是私下告知御史孟传金。

御史官职不大，脾气大，其职责就是纠察找错。于是，孟传金奏折上达，咸丰帝马上派太监到礼部拿罗鸿绎的试卷亲自验看。

咸丰帝一看大怒，尤其是如此满纸错字还能得中，简直没有天理。

但咸丰帝不是那种杀人不眨眼的暴君，此案又涉及当朝大学士柏葰。咸丰帝就派人把罗鸿绎提到南书房重试，命令端华、肃顺二人监考。

咸丰帝给出重试的文题，乃“不亦乐乎”，诗题为“鹦鹉前头不敢言”——咸丰帝也是个有幽默感的人，气到这份上了，还拿罗鸿绎找乐。

即使有真才实学，皇帝亲自出试卷都会大失水准，别说罗鸿绎了。

他跪在南书房，眼前端坐着端华和肃顺这么大的官儿，吓都吓死了，哪里还能写出像样的文章！

待够时辰，卷子呈上，看见罗鸿绎满纸错漏，端华和肃顺兄弟俩当时差点笑出声来。

咸丰帝拍案，立刻命令刑部“穷治”此案。

听闻事情败露，柏葰的家人靳祥吓得自杀，希望能以自己一条命保住老东家。

王公大臣经过核议，都认为要严惩。特别是肃顺，强烈建议咸丰帝对柏葰处以“斩立决”极刑。

柏葰身为朝廷一品大员，竟辜负国恩，听受嘱托，严重影响了大清公平、公正的开科取士制度，罪大恶极。

从咸丰帝内心来讲，确实恨柏葰不争气。可是，柏葰乃道、咸两朝重臣，老成宿望，位高名重，还刚刚被自己提拔为文渊阁大学士。咸丰帝平时和柏葰感情不错，还真不愿为此事杀他，打算最终刀下留人，从宽处理。

肃顺振振有词，认定柏葰情虽可原，法难宽宥！他劝告咸丰帝，国家危急之时，更应该振刷吏治，以诛杀警示诸位官吏，由此才能达到励精治国的目的。思来想去，咸丰帝提笔照准。

柏葰被押赴刑场后，认为自己虽然有罪，但罪不至死。清朝皇帝常常有法外开恩、刀下留人的旧例，所以，被押送菜市口之前，他还吩咐儿子说：“法场之上，皇上必有宽赦的驾帖下来，我的罪过，不过是罚往新疆远流罢了，你可将一切远途应用之物准备齐全，待皇帝宽赦令一下，我好立即赶赴新疆服刑……”

柏葰挺有大学士的谱儿，平时读书养气，涵养也好，心平气和，跪在刑场上耐心地等待咸丰帝恩赦诏旨。

岂料，猛然抬头，他看到朝中老友刑部尚书赵光一路痛哭而来，号啕不已。

见此情状，柏葰悟道自己是难逃一死了，就叹息道：“我死不足惜，肃六（肃顺大排行）他日，必同我一样下场！”

柏葰这句话，其实也是一句气话，岂料后来还真一语成谶。三年之后，肃顺也在原地被“斩立决”！耐人寻味的是，当时监斩肃顺的，还是刑部尚书赵光！

柏葰被杀，也成其“大名”——他竟然成为隋唐科举考试以来，帝国时代唯一一位因科考而被处死的朝廷一品大员！

柏葰平日人缘好，官声不错。他被处决后，不少人明里暗里为他大鸣不平，认为乃肃顺挟嫌报复。甚至有文人在笔记中像模像样记述说，当刑部尚书赵光向咸丰帝敬请驾帖时，咸丰帝提笔在手，一直犹豫，还自言自语地说：“柏葰是‘罪无可逭’，但‘情有可原’！”当时，一旁侍立的肃顺听咸丰帝如此说，怕皇帝有意为柏葰减刑，马上接口道：“虽说是‘情有可原’，但终究是‘罪不可逭’！”眼看咸丰帝犹豫不决，肃顺竟然亲自拿起御笔，代咸丰帝书写了处决柏葰的驾帖——云山雾罩，都是编造以泄愤的故事。

杀柏葰，肃顺等人确实竭力坚持，但最后的决定，还是咸丰帝乾纲独断。

在此次科场舞弊案中，和柏葰一起同时被处决的，还有蒲安、罗鸿绎、安、罗鸿绎、李鹤龄等人，七人被革职，数十人遭到朝廷降革处分，有九十多人受到牵连。

这场科举案，和顺治十四年（1657 年）的顺天、江南乡试案，并称为清代两大科场巨案。

1861 年，咸丰帝病死热河之后，慈禧太后发动“辛酉政变”，除掉了肃顺、载垣、端华等人。很快，就有御史疏请为柏葰平反昭雪，但慈禧太后认为柏葰在科举案中不能说完全无罪，拒绝了对他的平反提议。念及柏葰身为两朝重臣，一向办事勤慎，清廷遂下诏，赐柏葰之子钟濂为四品卿衔……

肃顺鼓励杀柏葰，“打黑”除害，当然有党同伐异、借刀杀人之意，但其行主要还是出于整顿吏治的公心。而且，在“户部钞票舞弊案”中，曾为“肃门七子”之一的户部主事李篁仙，肃顺也没有加以庇护，还是公事公办，显现出肃顺不事阿徇的办事风格。

清廷如此大力处理顺天府科场舞弊案以后，起到了“杀一儆百”之效，使得清朝的科场风纪大有改观，以至于“数十年诸弊净绝”。

为了努力振兴朝纲，肃顺还协同咸丰帝严厉处理了宗室耆英。

耆英非一般满洲贵臣，也是爱新觉罗氏，满洲正蓝旗人，历官内阁学士、护军统领、内务府大臣、礼部尚书、户部尚书、钦差大臣兼两广总督、文澜阁大学士。作为道、咸两朝的宗室重臣，耆英还是中国近代史上的卖国条约签署人。

道光二十二年，奕经在浙江战败后，清政府命耆英为钦差大臣，同伊里布一起赴浙江向英军求和。英军闯入南京下关长江江面之后，耆英同伊里布赶奔南京，低声下气和英国代表璞鼎查谈判，签订了中国近代史上的第一个不平等条约——中英《南京条约》。不久，耆英又在璞鼎查要挟下，上表给道光帝，诬陷在台湾抗英的台湾道姚莹、总兵达洪阿“冒功欺罔”，致使姚、达二人被清廷革职逮问。道光二十三年，耆英再任钦差大臣，与英国签订中英《五口通商章程》《虎门条约》。转年，他任两广总督兼办通商事务，与美国签订了《望厦条约》，与法国签订了《黄埔条约》……

咸丰帝继位后，追念耆英旧恶，认定他作为直接办理对外交涉的清廷大员，在道光末期一直畏葸媚外，代表朝廷却忘记国家利益，和英、法、美等西方国家签订了一系列不平等条约，使得大清损失了诸多权利。为此，咸丰帝曾经亲笔朱谕，历数耆英罪状，说他“畏葸无能”“抑民以奉夷”“丧尽天良”……训斥之后，还下诏将耆英的官职从正一品降为五品顶戴，以六部员外郎候补，居家软禁。

其实，对于这么一个丧权辱国的满洲权贵，当时的咸丰帝，还是看在他是宗室贵胄份上，对他进行了“从宽”处理。

岂料，受到咸丰帝罢免后，耆英心中并不服气，竟公然在家中书写楹联：“先皇（道光帝）隆褒，有胆有识；时皇（咸丰帝）罪过，无耻无能。”——敢写出这种含沙射影的文字，耆英着实是找死。

即使八岁孩童，也能看出耆英这几个字是发泄心中愤懑。

咸丰八年初夏，英法联军攻陷了大沽炮台，兵抵天津，威胁京师。为此，咸丰帝急派大学士桂良、吏部尚书花沙纳赶赴天津，和英法联军进行议和。

桂良、花沙纳从未办理过对外交涉事务，面对英法军队将领的恃强要挟，二人一筹莫展。于是，朝中的巡防大臣、惠亲王绵愉上奏，认为罪臣耆英较为熟悉外国情形，一直又为洋人信任，建议咸丰帝对他“弃瑕录用”。

得知消息后，作为清朝政坛不倒翁，耆英本人感觉复出有望，马上也上疏毛遂自荐，愿意“力任其难”，为大清继续效力。

病急乱投医。咸丰帝不得已，只得再次起用耆英，授予他侍郎头衔。咸丰帝本来想先由桂良等人出面答应英法联军将领提出的一些条件，如英法夷酋表示满意，即可签约议和；如英法夷酋仍不满意，可由耆英以“老朋友”身份和洋人讨价还价。如此，洋人或许不会对清廷“狮子大开口”。

出人意料的是，作为“老朋友”，英法议和代表忽然一改常态，不但不对耆英显示出任何好感和信任，反而对他表示特别不满，当面凌辱、鄙夷。这是因为，先前洋人军队攻占两广总督衙门后，缴获许多清廷官方档案，包括当地官员的奏章和清帝的批复，其中就有耆英向清帝报告他如何运用手段欺蒙和控驭这些“外夷”的奏折。为此，在天津议和过程中，英国代表就拒绝和耆英会面。

身负朝廷重任到天津，以为打个哈哈、来几个大拥抱就和洋人“老朋友”们把和约给草签了，谁料到这些夷人如此精明、刻薄，搞得耆英异常窘困。想了又想，他急忙把咸丰帝派遣自己来天津的谈判底牌透露

给洋人，但依旧得不到对方的信任。

生怕自己人身安全无法保障，耆英竟然没和任何人打招呼，匆忙逃离天津回到京师。对此，耆英自己解释说，由于此次对外议和事关机密，怕被洋人劫留，不能以书面形式上奏，必须亲自回京向咸丰帝报告。

咸丰帝闻讯，勃然大怒。未经自己允许，耆英根本就不能擅自离津。他如此回京，完全是畏葸无能，丢尽了大清脸面。

在北京，惠亲王绵愉也忧心忡忡，赶忙自劾保举不当。在自请处分的同时，他还奏请将耆英审讯后“即行正法”。

中英《南京条约》的签订

于是，咸丰帝命恭亲王奕䜣、惇亲王奕誴，会同大学士、六部九卿、宗人府，共同审讯耆英。

恭亲王奕䜣等人毕竟和耆英同属大清宗室。他们商议后认为，耆英不候谕旨而自行回京，确属糊涂，犯罪事实清楚。但事出有因，耆英也是担心和谈决裂，且他并非统兵将帅。况且，大清律例并没有对清廷大员无旨擅自回京应做如何惩处的专门条款。

于是，奕䜣等人奏请咸丰帝，将耆英定为“绞监候”。无论是“斩监候”还是“绞监候”，这种缓刑，对于清廷贵胄来说其实都是大台阶。一般来讲，罪官不久就会官复他职，比如鸦片战争时期的皇族奕山、奕经以及两江总督牛鉴，都在被判“绞监候”不久后就得以开释复官。

听说恭亲王要如此轻判耆英，时任理藩院尚书的肃顺坚执不从。他上奏咸丰帝，从振刷政治的高度出发，认定耆英“居心巧诈”，多年以来，他以宗室之贵，一直畏葸无能，应对这个人即行正法，以儆效尤：

> 耆英亲供内，多系饰词，亦并无不可陈诸奏章者，是其畏葸无能，居心巧诈，诚如圣谕：实属自速其死，若不即行正法，仅议绞候，转令苟延岁月，遂其偷生之私，倘幸以病亡，获保首领，国法何伸。请旨将耆英即行正法，以儆官邪，而申国法。

看到肃顺如此说，咸丰帝“怒从心头起，恶向胆边生”，五月十九日（6月29日）这天，他唤恭亲王等人到圆明园，朱谕宣示耆英罪状，痛斥耆英：

> ……抵通接奉寄谕，又不闻赶紧折回，抽身唯恐不速。等朕旨于弁髦，处处巧诈，有意欺罔，即立与骈诛，百喙莫辞！

于是，清廷派左宗正仁寿率领左宗人绵熏力、刑部尚书麟魁等人，马上前往宗人府空室，把耆英押到那里并宣谕其自尽。如此赐死，咸丰帝还表示说是自己加恩于他，赏他一个全尸。

当然，清廷处决耆英，当时和以后，依旧有不少人认为肃顺有挟嫌报复的意思。仔细思之，肃顺和耆英本人似乎一直没有什么大过节，而且在此之前，惠亲王绵愉就曾奏请将耆英正法，咸丰帝本人也深恨这个宗室老滑头。

所以，处决耆英其实也是清廷对鸦片战争以来清朝黑暗官场的一次大清肃、大整顿。

如此不惧政治惰性和宗室情面，冲破阻力，最终强烈要求处决耆英，也证明了肃顺确实具有超乎常人的胆略和气魄！

## “咱们旗人混蛋多”

### 肃顺对汉族大臣的提携

满族入关后，由于一直推行“首崇满洲”政策，满、汉畛域分明，上上下下，种族歧视始终存在。

作为咸丰帝手下满洲宗室重臣，肃顺却力主破除满汉成见，而且，他平生“最喜结汉人”（章士钊《热河密札疏证补》）。身为满人，肃顺却最看不惯只知道吃喝玩乐的同族，对待其满族下属，呵斥、凌辱，如同对待奴隶。

肃顺当时看不起满人，确实也有他的道理。

晚清时，北京城的常住人口是七十万左右，其中共有二十多万满洲人住在皇城外围的内城。此时的八旗满洲，昔日骁勇荡然无存，二百多年富裕、闲雅的生活，把这些人基本变成了生活上的审美大家。昔日白山黑水之间的奋勇冲杀，都变成了繁缛礼节和声色犬马。平时，看戏、喝茶、下棋、养花、练书法、画画、吹笛、哼京调、放风筝、揉胡桃、放鹰、遛狗、喂鸽子、煨人参、养鸟、猜拳、踢毽子、斗鸡、斗蛐蛐、搓麻将以及服春药、抽鸦片、逛妓院、侃大山、睡大觉，成为京城富裕旗人生活的基本内容。

当然，他们中的绝大部分都操着一口流利、圆润的京腔，没几个人会讲满语，更没有血性和力气去为大清保卫疆土。相比内忧外患给中国大地带来的血雨腥风，鸟笼中爱鸟的吃喝和洗澡，对于这些旗人爷们儿来说更为重要一些。

所以，肃顺肃六爷和咸丰皇帝所忧虑的事情，诸如中国北方百万平方公里的土地遭到日、俄瓜分，朝廷被迫签订两百多个不平等条约，甚至洋人的铁甲大舰已在天津等海口、河口游弋，面对所有这些乱状，这些当年纵横天下的八旗兵后代，他们唯一的感觉是惊惶不安。但是，一旦听到了画眉鸟那轻柔娇亮的叫声，喝几口普洱或者香片，吃几口芸豆糕、千层酥，他们的生活顿时变得无比惬意起来。而后，再想到咱家大清金山银山多了去了，地方也大了去了，大不了，送给洋人们一点金银和土地，只要能在京城继续生活下去、享乐下去，还有什么忍不得呢……

肃顺对族人恨铁不成钢，转而对汉族文人和官吏，却一直礼数有加。在一次宴会过后，他曾对身边满族同僚说："咱们旗人混蛋多，懂得什么？汉人是得罪不得的，他那支笔厉害得很啊！"

由于衷心敬佩汉人，肃顺能以清廷尚书、宗室之尊，折节下士，把大批汉人才俊网罗入自己的幕府。

邸中客常满，樽中酒不空。肃顺一直在私宅广泛招纳当时有名望的汉人官吏和名士，不吝财物，爱才如渴。因此，当时的汉人文人名士，都喜欢和肃顺来往，投于他的门下。

当时，京城有非常出名的所谓"肃门六子"——郭嵩焘、王闿运、尹耕云、高心夔、李寿蓉、盛康。其中，高心夔是其谋主，李寿蓉在他所管户部任事，王闿运和郭嵩焘则是没事陪肃顺高谈阔论、不任实职的高级幕客。

除了这六个才子，李鸿裔、龙汝霖、邓辅纶、莫友芝、许振祎、吴汝纶、赵树吉、刘树堂等汉人，也和肃顺相交莫逆。而这些名噪一时的汉族文人，日后不少人也都名满天下，如郭嵩焘、王闿运等人，后来都曾加入曾国藩集团为清朝出力。

身为满族宗室贵胄，肃顺经常参加郭嵩焘、王闿运、高心夔等汉族

京城富裕旗人的生活

文人举办的酒会，对这些人大加庇护。他对汉人名士的器重，不仅仅是口头赞誉，而且付诸行动，常常不拘一格地选拔和保荐人才。

受到肃顺提携的这些汉人，也大多成为肃顺的智囊团成员。他们多是在京师参加会试时相识的青年才俊。他们中的许多人都年纪轻轻，怀有抱负，关心时务，又来自全国各地，尤其是来自和“太平天国”交战的东南地区，非常熟悉前线战况。比如郭嵩焘、王闿运、龙汝霖、李寿蓉、曾国藩、胡林翼等人，均为湖南长沙府人。这些人素有交往，经肃顺门下一会，更是志同道合，相互关注、提携。

对汉人才子进行有力的护持，就是其曾力救左宗棠。

有关那件差点要了左宗棠性命的“樊燮案”，徐珂《清稗类钞》、薛福成《庸盦笔记》以及《清代野史》等笔记、野史中，都记载很多，大略情形如下：

当时，湖南名士左宗棠在湖南巡抚骆秉章幕府供职，权大位重，几乎就是骆秉章的文胆和真正决策人。正是在他的帮助下，骆秉章大力整顿了湖南吏治和财政，增加了不少赋税收入，使得湖南成为供应湘军粮草和兵员的重要基地。听说左宗棠能干，咸丰帝谕令骆秉章，将左宗棠送入京城。但骆秉章太需要左宗棠这样的左膀右臂了，恳切奏请，将这位才子继续留用湖南。咸丰六年，曾国藩克复武昌之后，也奏陈左宗棠有济师济饷之功，咸丰帝于是赏加左宗棠四品卿衔。

左宗棠没有考中过进士，所以只能以幕僚起家。此人恃才自傲，脾气很大，为此差点招来杀身之祸——咸丰九年，永州镇总兵樊燮有事找左宗棠，见面不跪，惹得左宗棠大怒，当即赏了这位总兵几个大嘴巴，然后以“骄倨之罪”把他革职。樊燮不服，愤恨之余，他就一状告到了湖广总督官文那里。此时，湖南布政使文格，早对左宗棠心怀忌恨，就协同官文，暗助樊燮，想借“樊燮案”将左宗棠除去。

官文为打击湘军势力，就事论事，马上对左宗棠加以弹劾，并召左宗棠到武昌，要与樊燮对簿公堂。

看到官文发来的公文，不仅左宗棠害怕，其上司骆秉章也害怕，赶紧上疏力争。

当时，接到官文奏折，咸丰帝下旨，令官文密查，表示说："如左宗棠果有不法情事，可即就地正法！"

此事被肃顺得知，他赶忙把这个消息通过门客高心夔和王闿运传出去。最后，翰林院编修郭嵩焘也知悉了此事。

郭嵩焘乃湖南湘阴人，和左宗棠是老乡，一直倾慕左宗棠的才能。听说左宗棠性命堪忧，郭嵩焘立请王闿运帮忙，让他恳求肃顺设法营救。

肃顺当然答应，但他对王闿运说，自己没事陛见的时候忽然言及左宗棠，会惹起咸丰帝怀疑，最好有朝外的汉族官僚上疏保举左宗棠。届时，咸丰帝问及，自己就能鼎力相助。

肃顺这话不是敷衍，王闿运等人也深知，按照清朝规制，满族宗室和高官不能随意结交外朝的汉族官员。

王闿运把肃顺的意思告诉郭嵩焘后，郭嵩焘立即撰写了奏折，然后揣上三百两银子，去找时任大理寺少卿的好友潘祖荫。

潘祖荫是江苏吴县人，时年才三十岁，年轻有为。当时，他正和京师一名伶朱莲芬打得火热，但手头缺钱，整日愁眉不展。郭嵩焘找到潘祖荫后，先是大赞了一番朱莲芬的美貌，紧接着就拉潘祖荫到朱莲芬家饮酒为欢。

把三百两银子塞给潘祖荫之后，郭嵩焘忽然说："现在要具折保举人，你肯帮个忙吗？"

潘祖荫欢喜无限，把银子递给朱莲芬，就随口问要帮谁。郭嵩焘摇摇手，说："你暂且不要问，奏折我已代你写好。等你上奏后，我再以三百金答谢！"

缺啥有啥，风流浪子潘祖荫看着朱莲芬，心旌摇荡，马上答应郭嵩焘。

酒足饭饱，郭嵩焘拉着潘祖荫同往朝中递折。途间，潘祖荫再次问郭嵩焘要保举何人。郭嵩焘担心对方畏惧变卦，依旧支吾不说。

到了奏事处，潘祖荫也着急，说："事已至此，我必无悔理。只是你要保何人，折中写了什么，也要先告诉我知道啊。否则，万一皇上召见我，问我这事儿，我怎么应对呢？"

听潘祖荫如此说，郭嵩焘才拿出奏折与他看。还好，左宗棠毕竟不是什么谋逆大犯，自然可以保奏，潘祖荫于是将奏折呈上。

不久，咸丰帝阅折，就召见潘祖荫询问：你为什么要保奏左宗棠？

被皇帝这么一问，潘祖荫心虚，仓促之下随口漫答：左宗棠曾是为臣的老师。

这种谎言，仔细再问就可以拆穿。但当时咸丰帝心情不错，也就没有继续深问。

不久，湖北巡抚胡林翼保举左宗棠的奏折星夜呈到咸丰帝御案上，这就是著名的《敬举贤才力图补救》疏。在奏疏中，胡林翼费劲心力，大力举荐左宗棠，说他是大清朝的大用奇才，此人文韬武略，样样都是一等，把左宗棠夸得天花乱坠。最终，胡林翼奏折落到八个字上，说左宗棠是"名满天下，谤亦随之"！

看胡林翼话都说到这个份上，咸丰帝心动，就拿着潘祖荫和胡林翼的两份奏折，询问肃顺等满洲亲贵中枢大臣的意见。

果然，一切均为肃顺料中。眼看皇帝询问有关左宗棠的事情，肃顺马上回奏说："潘祖荫是朝中重臣，其所保必定可信。请圣上姑且宽容左宗棠一次，观其后效。"

咸丰帝想了想，接着又问肃顺："官文弹劾左宗棠，而潘祖荫、胡林翼又保举左宗棠。方今国家多事，人才难得，左宗棠如果真是不法之徒，固应严惩；但如果左宗棠擅长于军旅，自当弃瑕录用……"

肃顺马上接上咸丰帝话茬："为臣我早就听说，左宗棠在湖南巡抚骆秉章幕中，一直赞画军谋，迭有成效。骆秉章之功，应该都是左宗棠的功劳。这几年以来，骆秉章在湖南功绩卓著，足见其幕僚左宗棠的才能。可见，左宗棠这个人才确实难得。至于官文弹劾左宗棠，也肯定有他的道理，估计是左宗棠在骆秉章府内太过揽权……”

肃顺如此一番话，咸丰帝恍然大悟。作为首席军师，左宗棠的“揽权”，正是说明他有本事啊！这种揽权，也肯定就是先前胡林翼所奏“名满天下，谤亦随之”！

看到皇帝色动，肃顺深知咸丰帝心意已改，就乘机进言说：事实证明，如今满族将帅确实腐败无能，根本不足依靠，所以非重用左宗棠、曾国藩这样的汉臣不可！

继而，肃顺还请求咸丰帝密寄湖广总督官文，让他收录朝内朝外保荐左宗棠的奏疏，然后令其酌情办理。

官文接到咸丰帝圣旨，当然立马明白皇帝是要用人，并要保护左宗棠，也不敢再以“樊燮案”来难为人了，马上就和手下师爷商议，飞速具奏结案。

所以，左宗棠陷入此案的结果，是不罚反赏。清廷下谕，以三品京卿任用，又给他升了一级。而后，在咸丰十年，曾国藩署理两江总督的第二天，清政府就派时任兵部郎中的左宗棠襄办曾国藩军务；此后，曾国藩在外，肃顺在内，推举保荐，左宗棠步步升迁；咸丰十一年五月，清廷授左宗棠太常寺卿，襄办江南军务；咸丰十一年七月，湖南巡抚毛鸿宾上疏朝廷，称左宗棠识略过人，才能堪比曾国藩、胡林翼，希望朝廷能任以封疆重任，必能保境安民，立得大功……

可见，左宗棠参革樊燮后激起事端，引火烧身，几乎被清廷“就地正法”。最终，正是有肃顺这样的人他才因祸得福，不但保全了性命，且声望日隆，日后得与曾国藩、胡林翼并称“楚中三杰”。最终扶榇出关，平定天山南路地区，不仅为清王朝立下大功，还为中国保全了一百六十万平方公里的疆土！

讲完肃顺力救左宗棠的事情，笔者还要顺带说说差点要了左宗棠性命的那位武官樊燮。

左宗棠在骆秉章幕中，当时确实太过骄横跋扈，基本是湖南巡抚府中真正的一把手，他不仅有运筹帷幄之功，也有嘘枯吹生之能。而作为永州“军分区司令”的樊燮，当时确因有人举报他贪赃枉法，所以亲自到省城登门拜谒左师爷说明情况。如此见面，这位樊“司令”还不知礼数，只对左师爷作揖行个礼，难怪左宗棠大怒。当时的湖南武官，但凡有人见到左宗棠，无不下跪请安。

见到左师爷叱责自己，樊燮武人脾气，也怒从心起，继续吹胡子瞪眼，倔然不跪。于是，左宗棠怒吼一句：“王八蛋，滚出去！”

左宗棠处处有贵人护持，最终毫发未损；而告状的樊燮就惨了，遭到革职不说，还被朝廷遣回湖北恩施原籍，并被“监视居住”。

经此摧折，樊燮几乎发狂。他回家后就盖了一栋读书楼，然后遍请乡邻发誓说：“那左宗棠不过是一个举人，竟能夺我的官，辱骂我！从今天起，我遍请名师来教育儿子辈，他们如果考不中举人、进士，点不上翰林，就不配做我樊家子孙！”

说到做到，仪式完毕，樊燮在列祖列宗的牌位旁边又立了一块牌位，上书“王八蛋滚出去”六个大字。每月初一、十五，樊燮都亲自带领俩儿子对牌位跪拜行礼，念念有词：“不中举人以上功名，不去此牌！”

樊家两位少爷，只能终日待在书楼二楼苦读、死读，不能下来闲逛放风。除樊老爷重金聘请的教师以外，其他人众一概不许上二楼，连食物都用吊篮转运。更过分的是，樊家两个少爷在家都不准穿着男装，他们只有中了秀才，才能脱去女式外套；中了举人，才能换掉女式内衣。

苦心人，天不负。用了十年时间，樊燮的儿子樊增祥最终考中进士，后来还做到“护理两江总督”。这位樊增祥，还写得一手好诗，乃清末民初晚唐体的一代大家。当然，由于少年时代着女装的“后遗症”，日后樊增祥的言语举止都有些女性化，所以在官场上被人暗中唤作“樊美人”。

王阳明说过：“天下事或激或逼而成者，居其半。”左宗棠一句“王八蛋，滚出去”，最终激出了樊家两个金榜题名的读书郎。而且，樊燮作为一个文化不高的武将，既没有在现场和左宗棠对骂，也没有事后花钱对左宗棠下手，反而用骂人木牌来激励儿子苦读圣贤书，确实是一个出人意料的举动。

至于樊增祥这个人，笔者很喜欢他的《冬日山行绝句》一首：

牧儿生小住山家，冬学闲时乐事赊。
雪后不知溪路断，倒骑牛背看梅花。

此诗雅丽天然，毫无矫揉造作之态。

辛亥革命后，樊增祥一直忠于大清，退居民间。日后，为了糊口，樊增祥还曾给小自己三十八岁的一代名伶梅兰芳当过文辞老师，帮助润色《贵妃醉酒》《霸王别姬》等京剧的道白与唱词，对于日后梅兰芳在京剧上的独树一帜，起到了非常大的作用……

细观晚清历史，正是由于肃顺力荐，曾国藩湘军集团的众多成员方被清廷陆续重用。从咸丰九年二月，肃顺借戊午科场案将柏葰处死后，他更是尽力放手大用汉人——当年四月，清廷以湖北布政使罗遵殿迁福建巡抚；九月，又将罗遵殿调任浙江巡抚；十月二十六日，任命筹划有功的雷以针为陕西按察使；咸丰十年，任命刘长佑为广西巡抚；咸丰十年五月，咸丰帝谕令前任户部侍郎杜为督办山东团练大臣；咸丰帝又连续下诏，任命了一批汉人在各地督办团练；当年五月，清廷以大理寺卿晏瑞书为江北督办团练大臣，在籍内阁学士庞钟璐为江南督办团练大臣；六月初五日，以前任漕运总督邵灿为浙江督办团练大臣；六月十五日，以候补内阁学士桑春荣为顺天直隶督办团练大臣；八月十二日，由于汉族大臣胡林翼病势加剧，清廷以安徽巡抚李续宜暂署，以一个湘军将领兼两省职权，在清朝历史上尚属首次；咸丰十一年七月，清廷以毛鸿宾为实授湖南巡抚，骆秉章补授四川总督；九月，授彭玉麟为安徽巡抚，李续宜调任湖北巡抚，刘坤一补授广东按察使……

即使咸丰帝在热河临崩之前，肃顺依旧不断在御前盛赞曾国藩可寄予厚望。咸丰帝病逝之后，肃顺等人奉旨赞襄政务，对曾国藩更加倚重。

正是肃顺“主用湘军”的国策，使得湘军飞速发展，最终能够扑灭“太平天国”，给清朝带来了所谓的“同治中兴”，延长了清朝的国祚。

即使日后肃顺在政治斗争中失败遭到处决，恭亲王和慈禧太后依旧信赖曾国藩军事集团成员，继续肃顺的信任汉人、“以汉制汉”政策。

“祺祥政变”后，咸丰十一年十月初六，听闻肃顺、载垣、端华三人被慈禧太后下令处死，郭嵩焘、曾国藩等人无不扼腕叹息……

上面所说的肃顺妙计救左宗棠，还不足以说明肃顺对汉人处心积虑的提携。他对于汉人文士高心夔不遗余力地“揠苗助长”，虽然喜剧效果浓烈，但更显现出肃顺对汉族士人的倾心推服。

咸丰八年，柏葰因科场案被杀。过了没多久，在咸丰十年的会试期间，肃顺本人竟然也开始为了汉人文士高心夔而“作弊”——高心夔原名高梦汉，江西湖口人，咸丰九年进士。当年，肃顺担任收卷大臣，由于曾国藩倾心推荐，高心夔又曾在自己手下施展过才华，肃顺就一心想让高心夔得中状元。

考试之时，肃顺由于有“私心”，真怕举子里面有才华超过高心夔的考生，就限定考生下午四时必须交卷。不料，还不到四时，考生中竟然就有一人交了卷子。肃顺气不顺，随手就把那个人的卷子塞入靴筒内。待监考后晚上回家脱靴，肃顺忽然发现自己把一份卷子带回来了，就赶忙让人把试卷送到阅卷大臣处。

阅卷大臣深知肃爷的厉害，认定这份卷子是肃顺亲信所写，马上看了又看，随即摇头晃脑，大喊“真好”，就将其作为第一名呈给咸丰帝——如此一来，高心夔就不能当第一了。

但接下去，还有殿试，于是肃顺继续暗中为高心夔争头名状元。可惜，事与愿违，高心夔在作命题律诗之时，不知道是口音问题还是别的问题，诗题本来限押“文”韵，他误入“元”韵，都没能进入“三甲”。

肃顺叹息一声，拍胸脯说明年还要替他争取。转年恩科会试，高心夔就入了二甲，再一次取得资格参加殿试。这一次，肃顺绞尽脑汁，不知道使出什么神通，据推测是买通了咸丰帝身边的太监或者宫女，竟然能够在考前一日探听到皇帝亲自写的诗题——“纱窗宿斗牛得门字”。

这一诗题的出处确实挺偏的，乃唐人孙逖《宿云门寺阁》一诗。于是，肃顺马上唤来高心夔，嘱咐他连夜赶做试题。

第二天入场，高心夔展开试卷一看，果然就是这个题目。当时同考场中的三百多人，真知道如此偏僻试题出处的，罕而又罕！

大喜之余，高心夔膨胀了，因为写中诗题出处就能得头彩，更别说自己昨天都预先定题作文了，认为只要把拟好的内容默写一遍，肯定就万事大吉！

高心夔奋笔疾书，笔墨淋漓，很快写就，即掷笔交卷，洋洋而去。

到了肃顺府邸，高心夔行礼打千，向肃中堂报喜，万分感谢肃顺的栽培，看那样子似乎已经拿到了头名状元。

肃顺特高兴，呼人摆酒上菜，还接过高心夔诗稿仔细“欣赏”。岂料，这一看，肃顺顿时捶胸顿足，大叫“玩完”——原来，高心夔得意忘形，竟然记错了韵部，他所押韵的八个字，除了“门”字外，都押到了“十一真”韵；而“门”这个字，在韵部属于“十三元”！

任凭谁押中试题，但答题内容出了韵，再好也没用！

果然，榜下，高心夔又列四等。

得知细情之后，和高心夔同时落选的王闿运当时也幸灾乐祸，马上送他一副对联：

平生双四等，该死十三元。

对仗工整，尖刻非常。

郁郁之余，高心夔后来离开京城，在李鸿章幕府干过一段时间，因为军功，被朝廷以同知衔发往江苏吴县任知县。由于才干素著，断狱公允，他在当地政声不错。但他第二次主政吴县时，由于在当地治娼过激，被妓院神通广大的老鸨所诬，最终被免官，不久即郁郁而终，年仅四十九岁。

人这一辈子，福兮祸兮。高心夔离开京城不久，"祺祥政变"发生，肃顺被杀。为此，日后有人送对联给高心夔：

平生错一韵，翻手两重天。

这对联的意思是说，如果当时在肃顺帮助下，高心夔真中了状元，肯定会留在朝中为官。那样的话，赶上秋后算账，他肯定会被慈禧太后和恭亲王划入肃顺死党名单中，说不定就和肃顺前后脚进入阴曹地府了……

那么，肃顺在科举考试中如此暗帮高心夔这样的汉人文士，是否也属于营私舞弊、弄结朋党呢？

不然！肃顺如此做，就是爱才惜才而已！

在清王朝历史中，像肃顺这样能够泯然忘我、超越民族界限的，在满族权臣中，唯他一人耳！

# 大意命丧妇人手

## “祺祥政变”肃顺被杀

肃顺在咸丰七年擢左都御史、理藩院尚书，兼都统；咸丰八年，调礼部尚书，仍管理藩院事，长期主理清廷的外交事务。在中俄边界交涉中，他坚持民族立场，坚决反对割让境土；在第二次鸦片战争中，反对妥协、投降，力劝咸丰帝杀掉丧权辱国的耆英；英法联军入侵广州，他一直反对恭亲王主和；咸丰九年，俄国使臣伊格纳切夫到北京谈判，肃顺当面斥责俄国侵略要求，并把未经批准互换的《瑷珲条约》文本怒掷于桌，喝称条约是“一纸空文，毫无意义”……

但在国家实力就是一切的19世纪中后期，既有内忧又临外患，清政府一直以来和战不定，最终英法联军攻入北京，清政府君臣一行人等，不得不“北狩”，逃往热河。

咸丰帝逃往热河，日后责任却被推到肃顺头上，说就是他力劝皇帝逃跑。其实，“国君死社稷”是亡国之时才干的事情。当时作为大清皇帝，北京即将被攻陷，咸丰帝只能一跑了之，总不能被英法联军生擒后受辱吧。

而且，当时撤退的建议，最早还是由僧格林沁细细分析了清军和洋人军事实力之后首先提出来的，并不是由肃顺提出的。所以，懦弱、误国以及哄君北逃，这些“黑锅”都是肃顺被杀后给他背上的。

相比日后慈禧太后和光绪皇帝的逃跑，咸丰帝这次逃跑，其实路上不是特别危险。当然，以“木兰秋狝”的名义逃跑，其实明眼人心里都清楚。早在道光七年，清廷已经下诏废除铺张浪费的“秋狝”制度，这次只是打着“秋狝”的名义来逃跑。

国人一直爱在词汇上给败局作掩饰，就连宋朝的徽、钦二帝，都让金朝人抓往东北苦寒之地当囚犯了，宋朝人也称二帝是“北狩”——到北方去“打猎”了……

也就是在北逃路上，肃顺把咸丰帝的两个妃子——慈安和慈禧都得罪了。一路撤退的具体事务，都由肃顺安排。毕竟事出仓促，肃顺也只能尽量把咸丰皇帝的生活保障到位，其他人等，包括给慈安、慈禧的供应，只能保证不缺吃穿就可以了，她们为此深恨肃顺安排不周。

到承德后，供应丰盛，一切恢复正常。待咸丰帝等人吃饭之时，还是满汉全席的派头——皇帝等人除真吃以外，依旧在殿里摆清朝时代惯有的“看席”。对此，慈安很生气，就话里有话地说：“如今流离羁旅，何用‘看席’？把这些中看不中吃的桌子都撤了吧！”

这句话，看似慈安贤惠、节省，其实就是她在撤路上没吃好饭的气。

咸丰帝当时也没太在意，就对肃顺说，把这些东西还是撤了吧。岂料，出于大礼，肃顺马上表示：皇帝本来离开京城就是外逃，如今在承德再忽然变得小家子气，礼仪简陋，会使得臣下更加惊疑，传出去更会引发不好的联想，所以，这种节约使不得!

听肃顺说出如此知大体的话，咸丰心喜，转头就对慈安说：“你看，肃六说不能这样做啊……”

由此，肃顺在慈安、慈禧的眼中和心中，更是大坏人一个了。

虽然在避暑山庄安顿了下来，但君臣陆续接到坏消息，颐和园被烧，中英、中法、中俄《北京条约》字字惊心，大清尽失乌苏里江以东地区，而且，在江南和“长毛”的战事，连连大败——为此，咸丰帝急火攻心，很快就得了大病。

咸丰帝虽然是个庸君，但人品还是非常不错，面对祖宗基业的倾颓，他在承德得病，主要是因为气懑所致。

虽然年纪刚刚三十，但眼看自己咳嗽得都出血了，咸丰帝知道来日无多，只得提前安排后事。当时，咸丰帝只有一个不到五岁的儿子，但嫡子的生母那拉氏还挺年轻，因而要考虑如何防止太子生母的侵权误国。

慈禧像

在这个事情上，中国历史上的汉武帝做得最毒、最狠、最绝，也最好——汉武帝临死之时，将立小儿子为太子，于是，某天他无缘无故罪谴那孩子的生母钩弋夫人，然后派人将其下狱杀掉。杀掉钩弋夫人后，汉武帝问左右侍臣：天下人如何看待我这件事情啊？侍臣们也不解，问："且立其子，何去其母乎？"汉武帝莞尔一笑，回答说：你们这些愚人当然不能明白，主少母壮，必定于国大害，当初吕后就是例子！而寡后独居，必定骄蹇不法，淫乱自恣，作为皇帝生母，谁还能管得住她……

汉武帝的史实，咸丰帝肯定知道。所以，根据潘祖荫的记述，当时咸丰帝还对肃顺表示，自己要对那拉氏行"钩弋故事"，为此，肃顺俯首不答。(《潘祖荫笔记》)

日后那拉氏深恨肃顺，以为是他劝咸丰帝杀自己。最终因为咸丰帝自己柔弱不决，造成大清又出了一个北魏胡太后那样专权跋扈的太后，把大清朝送进了坟墓！

思来想去，咸丰帝既然不忍生前对那拉氏动手，就在病笃时给皇后慈安留下一封遗诏，说慈禧若有不法，即可凭诏诛之。可惜，这慈安日后身体不舒服，看到慈禧天天到自己宫内嘘寒问暖、送东西，一时感动，就当着慈禧的面把密诏给烧了。不久，慈安就不明不白去世了……

既然咸丰帝怕自己死后儿子小、国家乱，难道他就没有兄弟来托付吗？有！那就是恭亲王奕䜣。

我们知道，咸丰帝奕詝是道光第四子，奕䜣排行老六。道光二十六年，道光皇帝就遵守清朝的立储家法，密立奕詝为太子，将他的名字写好后藏在"正大光明"匾额后。但随着时日递嬗，老六奕䜣越来越聪明，让道光皇帝有些后悔早立奕詝为太子。因此，继位之后，咸丰帝和六弟的关系就有嫌隙。

过了几年，咸丰帝和六弟奕䜣因为给奕䜣生母上名号的事情，又弄得大不愉快。

咸丰生母去世得早，咸丰当时养于奕䜣生母康慈贵妃之手。这位太妃，对年少时的咸丰帝护爱有加，视同己出。所以，咸丰帝和六弟奕䜣小时候的关系其实非常亲密。咸丰帝继位后，兄弟不多，加上有太妃这层关系，他很快就让六弟入军机执掌国事。

咸丰五年夏，康慈太妃病重。一日，咸丰帝去探病，躺在床上的太妃以为是自己亲儿子恭亲王奕䜣，就闭着眼睛说："你怎么又来了？能给你的，我都给了。他（咸丰帝）性情不测，你们兄弟莫生嫌疑就好……"

听太妃这语气，显然不是和自己说话，咸丰帝马上喊了声"额娘"。太妃睁眼一看，原来是咸丰帝，也不好再多解释，就转身装睡，希望咸丰帝能猜想刚才自己的说话都是在撒呓挣……

但咸丰帝也是聪明人，他仔细琢磨好久，就对六弟产生了怀疑，认定他在额娘前说过自己的坏话。

不久，咸丰帝看到六弟满脸泪水入宫，就问："额娘病情如何？"奕䜣哭言："已经不行了，就等着封号闭眼了……"

奕䜣所说的封号，就是要给自己生母以"皇太后"的封号。当时，咸丰帝支吾两声，转身离去，其实并没有答应。

确实，清朝皇帝继位后，有封赠自己生母为皇太后的先例。但是，康慈太妃不是咸丰帝生母，身为皇帝，封赠前朝皇帝的嫔妃为皇太后，在清朝历史上无例可循。

但恭亲王奕䜣就认定皇帝哥哥答应了，他马上到军机处传旨，说皇帝已经同意封自己生母为皇太后，让大臣们赶紧议定册封礼仪。结果，当大臣们拿着封典方案来找皇帝批示的时候，咸丰帝很生气，但当时不好发作，只得勉强同意了封号，尊皇贵太妃为"康慈皇太后"。

七月九日，康慈皇太后逝世。清廷虽然以"皇太后"礼仪埋葬，但在谥号上面，并没有给她加上"成"字，即道光帝的谥字，以示这个

“皇太后”和别的“皇太后”还是有区别的。

康慈皇太后死后仅一周，咸丰帝为了惩罚六弟，就诏令恭亲王罢职军机，赶他回上书房“读书”，闭门思罪……

咸丰十一年七月十六日，咸丰帝病重昏厥前，吩咐内臣不得散去。晚间，他苏醒过来，于子初三刻召集慈安、慈禧二后，宗室载垣、端华、景寿、肃顺，以及军机大臣穆荫、匡源、杜翰、焦佑瀛等人，在病榻前交代后事，立载淳为皇太子，嘱托载垣等八人辅佐幼主，赞襄政务。

由于当时咸丰帝已经处于弥留状态，拿不起毛笔，所以是口诉谕旨，大臣们“承写”。如此，载垣等八人就成为皇帝临崩前的“顾命八大臣”。而咸丰帝的六弟恭亲王奕䜣，竟然没有在床前受到顾命，可见，这哥俩确实嫌猜已深。

当年三四月间，咸丰帝病重之时，恭亲王奕䜣曾经表示说要来觐见，但被咸丰帝一口回绝：“相见徒增伤感。不必来觐！”所以，临崩之时，咸丰帝身边只有血缘不太亲近的叔伯兄弟载垣、端华和肃顺。

作为“顾命八大臣”，在场人员很多，所以他们就成为咸丰帝临终钦定的大清新一代集体领导成员，在政治上极具合法性。到同治长大成人之后，这八大臣就可以归政于皇帝了。在此之前，任何人侵犯、剥夺八大臣的辅政权力，按照封建法统，都是抗旨犯上的“乱臣贼子”。

咸丰帝临终前，虽然其后妃慈安、那拉氏也在身边，但她们是不能算“顾命”人员的，因为清朝有祖制，后妃和宫监不得参与国家大事。

从当时的情况看，肃顺的“肃党”挺强大的，他们有咸丰帝临终前授予的辅政权力，有某些留京官员作为外援，又有在各地控制军队的汉人遥相呼应，似乎确实可以掌控朝政。而所谓的“后党”，其核心不过是两个深宫内院的妇人而已，根本没有什么实际的权力——如此想，则大错特错！

“后党”的慈安、慈禧，手里有小皇帝同治这张“王牌”，目的就在于垂帘听政。而在北京，恭亲王奕䜣是她们最大的后援。而且，当时这位恭亲王掌管总理各国事务衙门，全面负责外交事务，和洋人关系密切，不少文武大臣也是他的心腹。特别是在外带兵的胜保，他的姐姐文殊保在慈禧入宫前就曾是慈禧的书法教师，和慈禧家族私人关系密切。在咸丰帝死前，胜保就秘密表示过要带兵前往热河“清君侧”，由此一表态，欢喜得慈禧特地绣了个荷包送给胜保，上绣四字“精忠报国”。北京停战议和后，胜保统领各路溃军及陆续来到的勤王部队，又奉命兼管圆明园八旗和内务府包衣三旗，所以他手下兵马势众，也成为日后“后党”政变成功的强有力的保障。

特别重要的是，由于肃顺改革多年，在官场上得罪了无数满族官员和旗民，所以，“后党”之中，“群众基础”也很深厚。

咸丰帝驾崩后，清廷以八大臣辅佐幼主的“集体领导体制”开始运作。这一套管理国政的运作程序如下：每天臣下有奏章，顾命大臣与两位太后共同阅看，拟旨的任务则由顾命大臣率军机处负责；二后口谕，相当于先前咸丰皇帝“朱批”；清廷重要的人事任命，要由太后、顾命大臣和军机处共商确定；圣旨用印，正文开始处用“御赏”印，结尾处用“同道堂”印，这两方印章，由咸丰临终前分别赐给慈安和慈禧。

对于一般任命则由小皇帝抽签决定。而抽签决定任命的程序，是由吏部堂官选择候选官员，然后将姓名写在签上，密封进呈。抽签时，太后坐两边，小皇帝坐中间，大臣们立堂下，由太监把签筒交给小皇帝，由他“掣签”。掣出后，太后用印，再下发各部各省执行。

可见，批阅奏折、任命官员这两项朝廷最重要的权力，两位妇人虽然参与，但真正的权力，还是在顾命八大臣手中。

对此，心地深险的慈禧肯定心内不甘。慈安则小权即安，才能非常有限。

如此行政数日，一向老到、谨慎的肃顺觉得万事大吉，在政治上完全忘记了“防患未然”的大计。

八月六日，御史董元醇递上一封奏折，就此揭开了“肃党”“后党”斗争的序幕。董御史的奏疏，主要内容有三条：第一，请朝廷明降谕旨，宣布两位皇太后垂帘听政；第二，除了先帝任命的顾命八大臣外，请再选择一两位亲王加入领导集团；第三，为小皇帝改派师傅。

按理说，董御史深知清廷宪章典故，他所提的前两条，遇到一位雄才大略的皇帝，当时就可以把他处以死刑——根据清代祖制，一直严格限制后妃、皇子、亲王或者宫监干预朝政，触犯者必死。顺治初期，孝庄皇太后和济尔哈朗、多尔衮两位亲王联合辅政，那是危机时期的特殊例证，而且孝庄皇太后也从来没敢说过她自己“垂帘听政”。董御史所称的增派亲王进入领导集团，显然有党附之嫌，因为辅政八臣内已经有怡亲王载垣和郑亲王端华。他们是小皇帝的堂叔父，帝国时代，和小皇帝的亲戚越远，对皇权越没有威胁。而董御史真实所指，就是想抬出小皇帝的亲叔叔恭亲王奕䜣和慈禧妹夫醇郡王奕譞！

即使董御史所提的第三条，也有无事生非之嫌。因为咸丰帝生前，早已经给小皇帝找了李鸿藻做师傅。董御史提出这样的新要求，无非是他深知日后帝师对幼帝影响力极大，想提前安排“后党”官员取代李鸿藻。

既然董御史提出的这三条建议如此无礼、放肆，他真是自己不想活了吗？当然不是！董元醇的背后主使，肯定是恭亲王奕䜣和两位皇太后！让这位御史先投石问路，不过是“后党”真正开始政变前的试探而已。

董元醇奏折递上来，慈禧、慈安自然不便公开表态。载垣呢，一“饱食王爷”，竟然数声“冷笑”——这声声冷笑，就饱含着所谓“肃党”内部的不警醒、不提防、不认真！人家都要动手了，作为对立面，竟然如此不屑，不当回事儿。

肃顺看到董御史奏折后，态度还很严厉，马上代替两个皇太后大言“垂帘听政”使不得，并且让军机处即刻以两位太后名义拟旨驳斥，还要在全国范围内公开派发。

拟旨之后给两位皇太后过目，两位仔细看了半天，都认为谕旨的语气太严厉了，说如果这样发下谕旨，恐怕日后臣下都不敢直言陈说了。于是，她们把谕旨草拟稿退回去，让肃顺和军机处再次斟酌。

后来，唯恐打草惊蛇，慈禧、慈安就想大事化小，小事化了，把董御史的奏折“留中不发”。为此，她们把端华叫到殿里谈话，认为不好对此事扩大化。说到了董御史，端华怒不可遏，声震殿陛，最终不欢而散。

既然拗不过顾命大臣，两位皇后只得同意公开驳斥董元醇的奏折。

如此一个回合下来，看似“肃党”得胜，其实肃顺等人完全露出了底牌。

消息传得沸沸扬扬，特别是端华当着两个皇太后和小皇帝在殿内大声吵闹之事，不少旗人旗官认定这是“肃党”骨干篡夺的先兆：看看，他们在欺负人家孤儿寡母啊！

慈禧、慈安挺冷静，知道在承德还真不好和肃顺等人翻脸，就打算先把恭亲王奕䜣和胜保叫到热河再说。

九月一日，在咸丰帝驾崩一个多月，奕䜣前来吊唁。这位先帝的亲弟弟之所以迟迟而来，是因为咸丰帝顾命名单中没有他，他要避嫌。同时，大事未定，“肃党”成员也不敢让他提前来这里，以免他和两个皇太后通气。

如今，大局已定，肃顺等人对于恭亲王的戒备完全松懈，所以请奕䜣来承德。奕䜣到承德之后的事，薛福成有记载：

> 恭亲王先见三奸（指肃顺、端华、载垣），卑逊特甚。肃顺颇蔑视之，以为彼何能为，不足畏也。两宫皇太后欲召见恭亲王，三奸力阻之。侍郎杜翰且昌言于众，谓：叔嫂当避嫌疑，且先帝殡天，皇太后居丧，尤不宜召见亲王。肃顺

拊掌称善曰："是真不愧杜文正公之子矣。"然究迫于公论，而太后召见恭亲王之意亦甚决，太监数辈传旨出宫。

恭亲王乃请端华同进见，端华目视肃顺，肃顺笑曰："老六，汝与两宫叔嫂耳，何必我辈陪哉？"王乃得一人独进见。（《庸盦笔记》）

我们今天不少学者揣言摹色，认为薛福成记载有误，肃顺说的话有下流、亵秽的意思，其实，这都是误读。

真实的历史中，慈禧在私生活方面无可挑剔，清宫内太监、宫女一大堆天天围着，慈禧、慈安更不会和六王爷有私情！所以，当时肃顺如此说，不过是不屑的表达：国体已定，你叔嫂三个，叙叙家常可以，还能翻天不成！

恰恰是肃顺等人的疏漏，使得恭亲王奕䜣、胜保能在承德最终和两个皇太后从容沟通、密议，做出了日后动手发动政变的决定！

奕䜣在热河整整待了六天，"连日面圣"，可见一天都没闲着。他不仅仅和二位皇嫂及侄子小皇帝见面，和当地的"后党"成员也多有接触，其中包括慈禧的妹夫醇郡王奕譞以及一些与肃顺有隙的军机章京；至于胜保，也是气焰张狂，到处拍着胸脯给"后党"打气。但慑于肃顺一贯威风八面的气势，胜保即使手中有兵，并不敢在承德动手。

肃顺一向具有捷如鹰隼、猛如雷霆的办事风格，由于太过大意、麻痹，又沉浸在丧君之痛中，所以一步步落入"后党"圈套中。当然，在承德之时，肃顺和手下肯定也想过先下手为强，但终究被对手抢先一步。

日后入得北京城，肃顺、端华、载垣都被活捉。关在宗人府监狱后，肃顺曾经瞋目斥责端华、载垣说："若早从吾言，何至有今日！"（《清史稿》）

可以想见，对于恭亲王、胜保以及慈禧、慈安，肃顺本人和幕僚应

恭亲王奕䜣像

该有过提前动手的意图。当然，他的“动手”，肯定不是杀人，而是卸权。董御史提出“垂帘听政”以后，肃顺已经察觉事态有些不对，但端华、载垣二人，都是没有丝毫政治远见的庸碌王爷，没有意识到政治斗争的结局不是你死就是我亡，所以没能同意肃顺在承德提出的建议，更没能在当地完全掌控清廷的最高权力。

如果小皇帝、慈禧、慈安都在热河，先前清廷又在全国范围内发下驳斥“垂帘听政”不符祖训的谕旨，肃顺等人完全可以先拿董元醇下手，然后收逮奕䜣和奕譞二王。这样无论是在承德还是在北京，两个皇太后毕竟身为宫内妇人，只要加以有效控制，就形同软禁。而后，以集体执政的名义，肃顺等人就完全可以彻底接管清廷的中枢权力。

如果觉得如此行事太过阴险，肃顺等人也可以退而求其次，去团结恭亲王奕䜣。这样一来，造成一种在清廷内部“亲贤并用”的局面，既可以堵天下悠悠之口，又可以完全消除“母后垂帘”的威胁，最终使得清朝政治得以平稳过渡。

从肃顺等人被杀后的情形看，恭亲王奕䜣马上被封为“议政王”，掌管了军机处和总理衙门。显然，这就是慈禧、慈安二后在政变后对这位小叔子王爷的“酬勋”。她们提前争取到恭亲王的支持，所以最后成功。而肃顺等人太过骄愎，不愿意和奕䜣分权，没能注意到三角政治势力的平衡，最终导致他们自己的身首异处。

“当断不断，反受其乱”，这句古语，用在肃顺、端华、载垣身上最恰当不过。

九月二十三日，先前跟随咸丰帝到热河避难的人员，分成两批回京。慈禧、慈安和小皇帝以及载垣、端华等一批人走得较快；肃顺则负责沿途护送咸丰梓宫，一行人走得很慢。

肃顺这个人应变能力极强，如果他和两个皇太后以及小皇帝一起回京，即使当时就在北京发生政变，说不定他还能挽狂澜于既倒。所以，经过缜密计划，慈禧、慈安还是安排肃顺护送咸丰帝棺木在后面慢行。

九月二十八日，慈禧等人驻跸京郊南石槽行宫，恭亲王奕䜣入见，三个人密谋良久。政变之事，就此完全水到渠成。

九月三十日（11 月 2 日），两宫皇太后在宫中公开召见在京的奕䜣、桂良、文祥、周祖培等满汉大臣，哭诉咸丰帝崩后她们母子三人在承德受肃顺等“八大臣”欺负的经历。特别是慈禧太后，面对众人，哭陈肃顺等人大逆不道，飞扬跋扈。经过如此一番表演，群情激奋，定议要对肃顺等人治罪。于是，几个人先拟草诏书，削夺肃顺、端华、载垣等人的官爵。

载垣、端华两个王爷到了隆宗门，忽然看到奕䜣等人在宫门处来来去去，还挺生气，就大声喝问道：“外廷臣子，何得擅入！”

闻此言，奕䜣都笑了，声称自己有诏入见。

载垣、端华正发愣，忽然内廷传出诏书，奕䜣宣读，告知两位王爷说，他们和肃顺已经被朝廷诏书夺爵，即将拿问入狱。

到了此时，载垣、端华还没有完全明白过来，满脸惘惑，继续发问：“我辈未入，诏从何来？”

话音未落，数名先前安排好的卫士蜂拥而上，把二人冠带摘去，收逮到宗人府监狱之内，予以幽禁。正由于慈禧等人手里掌握着小皇帝，所以她们就有颁布诏旨的大权。皇权赫赫，即便载垣、端华当时是明受咸丰帝遗诏的赞襄政务王大臣，至此也只能束手就擒。

接着，慈禧、奕䜣商量后，即刻派出睿亲王仁寿和醇郡王奕譞等人率领兵马，到半路上逮捕肃顺。当时，肃顺正走到密云歇息。深夜之时，忽然兵丁大入，肃顺在床上被数人死死压住，五花大绑押送入京。

肃顺到京后，清廷发出上谕，宣布对顾命八大臣的处理——肃顺斩首，赐载垣、端华自尽，另外的五大臣，或被革职，或被充军。而当时清廷对于这“顾命八大臣”所宣布的第一条重要罪状，竟然是“不能尽心和议……以致失信于各国”。

由于清廷宣布废除八大臣原拟的“祺祥”年号，改第二年（1862

年）为“同治元年”，所以，这次政变，历史上称为“祺祥政变”，又称“辛酉政变”（当年是农历辛酉年），也称“北京政变”（这个称呼有歧义，因为太多“北京政变”了，所以少有用）。

而慈禧从此也走上了清朝最高的政治舞台。她确实善于玩弄政治权术和驾驭人臣。从她所遗留的书法、奏折批示等文件看，智商不过是中等甚至中下。她这辈子在深宫内殿的举止行为，似乎也没有展现出她有多么高深莫测的政治本领或手段，而恰恰就因为她有新帝生母的有利地位和特殊身份，所以才能在咸丰帝崩后“挟天子以令诸侯”，杀掉肃顺等人，进而在几十年间先后控制了两个孩子皇帝。她正是充分利用了正统皇权代表者的这一极大政治优势，才能灭肃顺、制奕䜣，始终掌握着清朝的国权。

根据薛福成记载，肃顺被杀之状极惨：

> 是日，载垣、端华自缢。肃顺以科场、钞票两案，无辜受害者尤多，都人士闻将杀肃顺，交口称快。其怨家皆驾车载酒，驰赴西市观之。
>
> 肃顺身肥面白，以大丧故，白袍布靴，反接置牛车上。过骡马市大街，儿童欢呼曰：“肃顺亦有今日乎！”或拾瓦砾泥土掷之。以之，面目遂模糊不可辨云。
>
> 将行刑，肃顺肆口大骂，其悖逆之声，皆为人臣子者所不忍闻。又不肯跪，刽子手以大铁柄敲之，乃跪下，盖两胫已折矣。遂斩之。(《庸盦笔记》)

而李慈铭的《越缦堂日记》，也有类似记载：

> 肃顺白服，缚甚急，载以无帷小车，亲属无临送者……

当时李慈铭正在病中，所以没有亲自到菜市口去观刑，只是听说肃顺囚车路过家门口时，他才撑起病躯开门看了一眼。当时的肃顺，确实是五花大绑，其被杀也属于被虐杀，不是仅仅砍头那样痛快。

对于大清朝，庆幸的是，肃顺虽然被杀，但可称是“人亡策存”。咸丰时期，天下糜烂已极，正是肃顺数年来协同咸丰帝，孜孜求治，呕心沥血，才使得大清朝得以苟延残喘。

慈禧把柄朝权之后，“萧规曹随”，依旧能够倾心委任汉臣，以汉制汉，最终平定了“太平天国”，可谓“坐致中兴”。

清朝之所以能够取得“同治中兴”，全赖曾国藩等臣子。而曾国藩、左宗棠等人最早之所以能够名达帝听、官居上位，微肃顺，其谁与归！

# 百年西北破“和卓”

## 清朝对新疆的苦心经营

如果游客到新疆喀什旅游，旅行社导游一般都会推荐一个旅游点，即距离喀什东郊五公里远的“香妃墓”。

那么，在喀什的“香妃墓”是真的吗？

不是！

这个集体墓地是在新疆地区显赫数百年的和卓家族墓地。其中埋葬的第一代人，乃伊斯兰著名传教士玉素甫和卓。他死后，其长子阿帕克和卓继承了父亲的传教事业，成为明末清初喀什伊斯兰教“依禅派”的著名大师，一度在叶尔羌王朝呼风唤雨。在权力的巅峰时期，阿帕克和卓曾经统治喀什噶尔、叶尔羌（今莎车）、和阗（今和田）、阿克苏、库车、吐鲁番六座城市，号称“世界的主宰”，成为17世纪南疆地区最著名的白山派伊斯兰教的首领。1693年，阿帕克和卓去世埋在这里。由于他的名望超过了他的父亲，当地人就把这座陵墓称为“阿帕克和卓墓”（阿帕克和卓麻扎）。

其实，这个在喀什噶尔地区发迹的和卓家族，多年来一直是新疆地区叛乱的祸首。从乾隆年间大、小和卓的叛乱，到道咸年间的张格尔叛乱、“七和卓”叛乱、倭里罕叛乱，一直到同治年间的阿古柏叛乱，和卓家族的男性后裔都是这些叛乱的发起人、领导人或象征性的傀儡道具。而属于外来势力的阿古柏，在沙俄和英国等帝国主义支持下，曾经一度以和卓家族后裔为幌子，占据新疆长达十三年之久。之后左宗棠率领大军收复了天山南北。

从倭里罕和卓开始，这些和卓后裔在当地持续倒行逆施，对百姓残暴杀戮，引起当地维吾尔族人民、汉族人民以及其他各族人民的极大反感。后来阿古柏对和卓家族先利用后屠灭，最终使得这个在新疆地区显赫了近二百年的家族被人唾弃和遗忘，阿帕克和卓墓也被臆造的“香妃墓”所取代。

那么，南疆喀什噶尔的和卓家族，是怎样在新疆这个广袤地区发家并兴盛，又是怎样在这里灰飞烟灭的呢？

历史上的“香妃”，到底是什么样的人物呢？

## 忘恩作乱两“和卓”

乾隆时期清朝对天山南北的平定

当伊斯兰教逐渐成为新疆地区的主要宗教之后，和卓家族作为伊斯兰教上层势力，趁机兴起。

“和卓”，也称“和卓木”，或者被译作“霍加”“和加”“火者”等，原意是“主人”“显贵”，后来专门指伊斯兰教创始人穆罕默德的后代，被穆斯林族群称为“圣裔”。但伊斯兰教中关于“圣裔”的说法很多、很复杂，因为在历史上，真正的“圣裔”确实并不多。长久以来，在中亚地区有不少人为了骗钱骗物，都自称是“和卓”，甚至有的村子全村人都自称是“和卓”，连村名都叫“和卓村”。这些巧设机关、善变魔术的假和卓，一般穆斯林群众很难识破。而这些“和卓”们，由于这种伪造的身份给他们自身和家族带来了意想不到的政治和经济利益。一时间，中亚的“和卓”到处都是。

由于竞争激烈，“和卓”太多，不少假和卓们就纷纷离开中亚到他乡去发家致富。在伊斯兰教成为新疆的主要宗教后，受到额什丁和卓家族在新疆取得成功案例的鼓舞，中亚的“和卓”们纷纷携家带口，跑到中国的新疆地区来打拼。

新疆一度拥有最大势力的阿杂木和卓始祖，应该来自中亚的纳克什班迪教团。这一系和卓在道统上没有问题，确实属于正统派苏非教团，但他们自称是先知穆罕默德的后裔。参考《西域同文志》《和卓传》《阿帕克和加传》《西域图志》等著作，从其谱系中可以发现，这个和卓家族最早的四代和最后的三代，都没有大问题。而他们谱系中间的数代，就非常矛盾而且混乱。

从历史上看，最早到达南疆的苏非教团第一代教主，都是中亚地区的苏非派教士，原本都是中亚乡间穷困不堪的下层人员。正是因为他们自称为“圣裔”，传教的时候运用一些小手段，逐渐在当地树立起声望，而后门徒日众。他们从宗教起家，逐渐渗透到政界，慢慢就取得了事业的成功。

在新疆获得成功的和卓家族共有三支，第一支是额什丁和卓家族。

额什丁和卓的先祖是中亚布哈拉（今乌孜别克斯坦境内）一个苏非派教团的首领，成吉思汗征服中亚后，这个家族移居到位于罗布泊地区的罗布·怯台镇。此地位于和阗与吐鲁番之间，是穆斯林比较集中的地方。作为蒙古势力的被流放者，这个家族到新疆后一直比较安分。但到了额什丁和卓的父亲谢赫贾拉里丁时，他开始在罗布·怯台镇这个地方传播苏非派教义，并招收门徒。当时信者不多，只有十几个穷人天天供奉。于是，贾拉里丁决定到阿克苏发展，这个和卓家族从此飞黄腾达——贾拉里丁父子在阿克苏遇到察合台汗国的秃黑鲁帖木儿汗，由此开始了世俗政权和宗教力量之间的互相利用。后来，秃黑鲁帖木儿汗聘任额什丁和卓为自己的宗教导师和顾问，还封他为天山南路伊斯兰教教长，世袭罔替。

额什丁和卓获封天山南路伊斯兰教教长后，许多王公大臣和部落首领都拜倒在额什丁和卓门下，成为该和卓家族的门徒。因此，这一和卓家族迅速成为当时新疆最大的一支宗教政治势力，所获得的政治、经济特权也越来越多。后来，他们甚至对汗位继承和大臣任命都有“认可”权——也就是说，察合台汗国在确定汗位继承人、任命大臣时，必须征求额什丁和卓家族的意见，得到他们的认可之后，才具有继承和任命的合法性。由此，这个和卓家族在新疆地区也开创了伊斯兰教上层势力干预政治乃至控制政权的危险先例。

凭借着政治和经济上的地位，额什丁和卓家族积累了巨量财富，成为察合台汗国最大的宗教封建主，并逐渐控制汗国的实际权力。最终，他们发展到可以随意废立可汗的地步。但是，在同世俗统治集团的斗争中，额什丁和卓家族最后失败。后来，被这个家族先立后废的歪思汗夺回汗位，并断然抛弃了额什丁和卓家族，重新从中亚聘请纳合西班底教团的大毛拉马黑麻·卡桑尼为宗教导师和顾问。失去世俗政权支持后，额什丁和卓家族马上走上了衰落之路。

1514年，察合台后王赛德汗在叶尔羌建立了叶尔羌汗国。而叶尔羌汗国建立之初，就把聘请宗教导师的做法当成一项制度确立了下来。当然，叶尔羌汗国实行这一制度，主要因为当时苏非派思想的盛行，可以利用这些著名的宗教导师来巩固、加强统治。但是，为防止和卓势力过于干预政治，叶尔羌汗国的统治者不再从额什丁和卓家族中聘请宗教导师，而是聘请那些从中亚来到新疆不久的“外来人员”。

阿不都·拉失德汗上台后，选择了从中亚来新疆不久的穆罕默德·谢里甫和卓。谢里甫和卓是中亚塔吉克人，他装束奇特，会一些魔术，比如能让“拐棍发芽”等“奇迹”，很能吸引当时上下层人士的注意力。为保持其神秘色彩，谢里甫和卓在当上拉失德汗的宗教导师后又回到了阿图什，继续过“隐修”生活。在此期间，拉失德汗经常前往阿图什看望这位宗教导师，对他言听计从，同时给予他许多政治、经济特权。很快，谢里甫和卓家族就“家趁人值”，成为继额什丁和卓家族之后在新疆兴起的第二支和卓家族势力。

拉失德汗一直对和卓干预朝政保持高度警惕，这也使得谢里甫和卓家族始终没有能够像额什丁和卓家族那样操纵叶尔羌汗国的朝政。后来，谢里甫和卓家族的地位被玛合图木·阿杂木和卓家族所取代。

玛合图木·阿杂木和卓原本是乌孜别克人。拉失德汗去世后，由于儿子众多，引发了继承权之争。为了竞争汗位，他的儿子们纷纷寻求和卓家族的支持，这就为阿杂木和卓家族进入新疆提供了有利的时机。而阿杂木和卓家族本身也有内忧。此前因阿杂木和卓的去世，诸子之间也有继承权之争。家族内讧中，失败被逐的阿杂木幼子伊斯哈克和卓在四处流浪之时，意外接到了叶尔羌汗国克里木汗的邀请，于是兴高采烈地前往叶尔羌。

后来，这位伊斯哈克和卓因为利益问题，又和克里木汗产生矛盾，未能进入叶尔羌汗国上层，只得返回了中亚地区。穆罕默德汗继承叶尔羌汗位后，当时年迈的伊斯哈克和卓就没能再回新疆。去世前，他指定年仅两岁的儿子和卓萨迪为自己在叶尔羌的代理人。

和卓萨迪七岁时，被穆罕默德汗接到了叶尔羌汗国。由于自幼长于宫中，和卓萨迪深谙权术。在穆罕默德汗的大力支持下，他主持的伊斯哈克教团迅速发展起来，最盛之时信徒有四万多人，成为叶尔羌汗国的官方教团。

穆罕默德汗去世后，和卓萨迪的权力日益上升。在富可敌国的同时，他还一手操纵了几位汗王的废立，几乎完全把持了叶尔羌汗国的朝政。所以，到17世纪中后期，阿杂木和卓家族已由宗教贵族演变为叶尔羌汗国的大宗教封建主。这个家族既拥有雄厚的经济实力，又控制着世俗政权，成为叶尔羌汗国最重要的宗教政治势力，也就是这里的“黑山派”势力。

得知阿杂木同族后裔的和卓萨迪在叶尔羌汗国取得巨大成功，人在中亚地区的阿杂木和卓长子伊禅卡朗感到非常意外。他当然不愿看到庶出的阿杂木后裔和卓萨迪独占新疆，就派自己的儿子玉素甫和卓去新疆发展，以图与和卓萨迪争夺叶尔羌汗国的宗教统治权。

从此，开始了阿杂木和卓家族两支后裔在新疆长达两个多世纪的残酷斗争！

阿杂木和卓这两支后裔，在新疆形成了分别以“伊禅卡朗”和“伊斯哈克”为名的两个教团（“伊禅尼耶”和“伊斯哈克耶”），也就是著名的“白山派”和“黑山派”。这两派信徒为了相互区别，分别戴白色帽子和黑色帽子。清代文献中，称之为“白帽派”“黑帽派”。

由于敌手黑山派的大本营在叶尔羌，所以，玉素甫和卓在1620年来到新疆后，首先去了喀什噶尔，并以纳克什班迪教团“正统”的身份广招门徒，开始了和黑山派争夺教民的斗争。

在两方教主挑动下，这两派团体势同水火，教徒之间不通婚姻，互不往来，针锋相对。

不久，叶尔羌世俗统治集团也很快卷入两派斗争。为了摆脱和卓萨迪的控制，叶尔羌汗国的汗王拉提甫汗曾一度宣布支持白山派，但很快就迫于黑山派的强大压力改变态度，下令将玉素甫和卓驱逐出城。

无奈，玉素甫和卓去了哈密。通过与哈密地方统治者的联姻，玉素甫和卓在当地站稳了脚跟，开始广泛传播白山派，使得哈密成为白山派在新疆的第一个地盘。

玉素甫和卓的目标远大，他的最终目的就是要以自己的白山派取代黑山派在叶尔羌汗国的地位。

1645年，和卓萨迪去世，留下两个尚未成年的孩子。玉素甫和卓就以向和卓萨迪的麻扎祈祷为名，带着他在哈密所生的儿子伊达耶吐拉（阿帕克和卓，时年十二岁）前往叶尔羌。

这对父子到达叶尔羌后，阿不都拉汗和白山派信徒开始拥戴他们。但黑山派在这里毕竟基础实力雄厚，很快就组织了大规模的示威，迫使阿不都拉汗下令把玉素甫和卓父子逐出叶尔羌。遭到第二次驱逐后，玉素甫和卓并没有回哈密，而是去了喀什噶尔。

当时，叶尔羌阿不都拉汗的儿子尧乐巴斯汗驻扎在喀什噶尔。他一直对其父心存不满，玉素甫和卓就乘机策动尧乐巴斯汗武力夺权。1667年，玉素甫和卓父子在喀什噶尔发动了白山派数万人的暴乱，最终使得叶尔羌的阿不都拉汗以前往麦加朝觐为名放弃汗位。一年后，尧乐巴斯汗在准噶尔部首领僧格（噶尔丹的兄长）和玉素甫和卓父子支持下，夺得汗位。为表示感谢，尧乐巴斯汗把叶尔羌汗国大权交给了玉素甫和卓父子。

玉素甫和卓父子掌权后，就开始了对黑山派教徒的大规模血腥屠杀。1670年，叶城、泽普和帕米尔东部山区的黑山派信徒举行暴动，竟然冲入叶尔羌杀掉了尧乐巴斯汗和玉素甫和卓。

而后，阿不都拉汗的幼子伊斯梅尔汗继位，把玉素甫和卓的儿子阿帕克和卓逐出了叶尔羌汗国。从此，阿帕克和卓开始了长达十余年的流浪生活。

后来，阿帕克和卓辗转来到甘肃、青海一带，在那里传播白山派苏非理论，成为苏非主义传入内地的第一人。而正是这个阿帕克和卓，使内地穆斯林陷入教派之争。

后来，阿帕克和卓前往西藏，请求当时的五世达赖喇嘛帮助他攻打叶尔羌。五世达赖喇嘛就写信给伊犁的准噶尔首领噶尔丹，要他领兵帮助阿帕克和卓夺回权力。

一直欲图吞并南疆的噶尔丹接信后，立即派出一万多名准噶尔骑兵以阿帕克和卓为向导进军南疆，一举消灭了叶尔羌汗国，并生擒了伊斯梅尔汗。此后，阿帕克和卓被噶尔丹委任为南路四城（叶尔羌、喀什噶尔、和阗、阿克苏）总督。

阿帕克和卓就职后，为了向噶尔丹缴纳巨额贡赋，在内部推行了极其繁重的赋税制度，大肆剥削和掠夺部众，并残杀黑山派教徒。同时，他妄自尊大，切断了叶尔羌汗国时期和中原地区的密切联系和交往。

阿帕克和卓令人窒息的残暴统治，加上准噶尔贵族的野蛮掠夺，最终使得天山南路人民不堪忍受。1692 年，叶城、泽普、英吉沙尔以及喀什噶尔等地的黑山派信徒发生了大规模暴动。

情急之下，阿帕克和卓仓皇逃往准噶尔政权控制下的哈密和吐鲁番，并在准噶尔军队支持下夺回了政权。为了彻底铲除黑山派势力，他设计诱杀了黑山派和卓舒艾布。

事情有反复，盛衰有轮回。阿帕克和卓去世后，家族发生内讧，他的孙子阿哈玛特（又译为“玛罕木特”“木墨特”。大和卓布拉尼敦和小和卓霍集占的父亲）被柯尔克孜人在喀什噶尔拥立为和卓。

1713 年，准噶尔的策妄阿喇布坦出兵一举征服南疆，活捉了阿哈玛特，把他囚死在伊犁。而后，策妄阿喇布坦找出黑山派和卓系统的达涅尔作为代理人统治天山南部。而阿哈玛特的两个儿子——布拉尼敦和霍集占，就在伊犁被扣押为人质。由于深恨白山派和卓不听话，准噶尔人还把这哥俩囚于地牢中数年……

乾隆二十年（1755 年），清廷第一次平定准噶尔，准噶尔汗王达瓦齐逃窜，阿睦尔撒纳归降。当时，乾隆命令攻占伊犁的清将集结人马，护送大和卓布拉尼敦到南疆招抚，试图凭借他们家族在当地的声望招抚白山派信众。其间，清军沿途遭到黑山派加罕和卓的兴兵阻挠。最终，在清军帮助下，大和卓布拉尼敦的势力击败黑山派和卓，占领了叶尔羌。同时，清廷命令大和卓布拉尼敦的弟弟小和卓霍集占在伊犁掌管当地事务。

从乾隆帝对大、小和卓兄弟的善待举措看，清廷对天山南路的基本方针非常清楚，就是把它和哈萨克部族区别对待——清廷对哈萨克只要求对方朝贡，例同安南等小国，当作“属国”对待；而对天山南路，清廷则要当作和喀尔喀四部蒙古一样的“藩部”，把他们完全纳入清朝版图进行管理。清廷除了向天山南路征收贡赋，责令大、小和卓按期朝贡和入觐之外，还责成大、小和卓在重大问题处理方面，都要服从清政府裁处。这是因为元末明初以来，天山南路就是蒙古察合台汗后裔以及准噶尔汗国属部。如今，连准噶尔都被击灭了，清廷当然要对天山南路行驶统治权。所以，整个天山南路，无论是和卓还是大、小伯克，都是清帝的属臣。

而后，准噶尔的阿睦尔撒纳降后复叛，天山南路问题又摆上了乾隆帝的桌面。汲取阿睦尔撒纳因为权大生变的前车之鉴，乾隆帝对天山南路采取抚剿兼施政策，非常警惕各地伯克们揽权割据。

对于大、小和卓兄弟这样的教主，乾隆帝更是非常关注，悉心拉拢。但从防范角度讲，清廷对这兄弟俩的警惕性还是不够高。乾隆帝本人觉得大清对这二人有救命之恩，加上清朝大军刚刚平定盛极一时的准噶尔部族，对于一直受制于准噶尔的人众应该很容易治理。

乾隆二十一年四月十六日，清朝的定西将军策楞奏称：根据当地的天山南路首领阿底斯禀报，布拉尼敦、霍集占（大、小和卓）等人与叶尔羌、喀什噶尔当地人多有仇隙，他们率领部族人等离开伊犁，移往库车等地居住。如果清廷遣使招抚，肯定会有很多人投诚。阿底斯的报告，其实颇有私心，其本意是想借助清朝大军的威势，在各地招抚人，然后带回到吐鲁番自己的势力范围内，让那些人听从差遣并缴纳赋税，趁机扩大个人势力。而且，他所说的大、小和卓和叶尔羌、喀什噶尔仇怨大，也非实情，大、小和卓兄弟的父祖在这两个地方经营多年，他们有许多白山派信众在两城之中。

乾隆帝对于天山南路内部情况不是很熟悉，得到奏报后即准，由此激使大、小和卓生出反心。

早在阿睦尔撒纳反叛之时，小和卓霍集占就参加过叛军。待清军攻入伊犁之后，他跑到了南疆，到哥哥大和卓布拉尼敦所在的喀什噶尔躲避。对于霍集占忘掉清军救命之恩而行的“率众助逆”，清廷起先还挺宽大，没有过多地加以指责，但霍集占本人却始终对清朝抱有反叛之心。为此，两弟兄起先意见有分歧，大和卓认为，清朝大皇帝对自己兄弟有救命恩情，不能背恩反叛；但小和卓霍集占能言善辩，他带到喀什噶尔的人又多，逐渐说服了大和卓，准备起兵反清。

他劝大和卓说，先辈经营多年，我们兄弟应该自为一方雄长；先前我们一直受准噶尔人控制，如今再归清朝，又会成为别人的奴仆。为此，霍集占得出这样的结论：

> 若听朝廷处分，必召兄弟一人留质京师，如准噶尔之例。我祖宗世以此受制于人，今幸强邻已灭，无逼处者，不以此时自立国，乃长为人奴仆，非计。中国新得准部，反侧未定，兵不能来，即来，我守险拒之，馈饷不继，可不战挫也。（《圣武记》卷4）

先前准噶尔阿睦尔撒纳等人的降而复叛，给乾隆帝教训深刻，为此，他在招抚大、小和卓之时，确实心存警惕。他也知道这兄弟两个对清朝的基本态度，认定“布拉尼敦、霍集占二人，看来布拉尼敦尚属恭顺，霍集占奸诈异常，应留心防范，相机办理”（《清高宗实录》卷530）。同时，他暗中指示边将，如果大、小和卓不诚心归顺，就迅速寻找机会将二人擒斩。因当时清军还没有完全平定准噶尔余部的反叛，大军不能同时两处用兵，乾隆帝就没有即刻指示边将对二人采取行动。

四月十八日，鉴于大、小和卓兄弟“生性狡猾”，乾隆帝指示边将，即使他们率部归降，依旧不能允许他们继续在叶尔羌、喀什噶尔等处居住，可以在吐鲁番、巴里坤两个地方酌情找出一块地方，让二兄弟带领部众迁移。如果他们稍有推托，马上逮捕，拿解来京。

虽然乾隆帝事先准备对和卓兄弟动手并采取强硬措施，但大、小和卓先下手为强，在库车诱执清朝的副都统阿敏道，宣布反清。

霍集占等人公开叛乱之前，清朝的副都统阿敏道率兵来抚，包围了库车城。根据霍集占指令，派人出城欺骗阿敏道说：“准噶尔是我们的世仇，我们守城，是怕您手下的厄鲁特兵士入城杀戮（厄鲁特兵和准噶尔兵同族），朝廷天军只要撤还，我们马上纳降。”

当时，阿敏道中计，就下令厄鲁特兵后退，自己仅带一百名索伦兵进城。结果一入城，就遭到霍集占拘捕。

乾隆二十二年五月，霍集占在库车残杀了阿敏道和他手下一百多索伦兵士，开始叛乱，自立为“巴图尔汗”，传檄天山南路各城。一时间，数十万白山派信众响应。由此，一场大祸开始。

乾隆二十二年五月十七日，定边将军成衮扎布把霍集占杀害副都统阿敏道、聚众造反的实情上报，乾隆帝震怒之余，自五月十七日开始，连下谕旨，表示大军必征天山南路的决心，定于转年正式征剿。

乾隆二十三年正月，败逃到俄国的阿睦尔撒纳得天花去世，准噶尔问题基本得以解决。为此，正月二十六日，乾隆帝下诏宣谕天山南路各城，表示清廷正式平定大、小和卓兄弟的决心：

> ……至布拉尼敦、霍集占兄弟，在噶尔丹策零时，被拘于阿巴噶斯、哈丹鄂拓，我兵初定伊犁，释其囚絷，令为回人头目，方欲加恩赐爵，授以土田，乃乘厄鲁特变乱，率伊犁回人，逃往叶尔羌、喀什噶尔。朕以其或惧厄鲁特骚扰，暂避以图休息，尚未加兵，第遣使招抚，不料竟敢戕害使臣，僭称“巴图尔汗”，情尤可恶，若不擒获正犯，则回众终不得安生，用是特发大兵，声罪致讨。
>
> ……尔等（天山南路的百姓）皆无罪之人，朕何忍与叛逆之徒，一体诛戮。此次兴师，特为霍集占一人，尔等若将霍集占缚献，自必安居如旧，永受殊恩，如执迷不悟，听从逆首指使，大兵所至，即不分善恶，悉行剿除，悔之何及，尚其熟思利害，毋自贻误！（《清高宗实录》）

在这道谕旨中，乾隆帝明明白白宣布了清廷对待天山南路的政策，阐明了清廷发兵征剿的正当理由，指明天山南路本来就应该隶属于清政府。而且，清军攻入伊犁，从准噶尔人手中将大、小和卓救出，岂料二人背恩反叛，僭称“巴图尔汗”，叛国叛君，罪不可赦。如果天山南路的广大百姓能将霍集占捕捉献送，朝廷保证他们安居如旧，绝不株连扰害，滥加屠戮。

但是，乾隆帝也丑话说在前头，如果天山南路人众执迷不悟，跟从霍集占造反，抗拒天军，那么，大兵一到，“不分善恶，悉行剿除”！

从总体上说，乾隆帝这种坚决统一天山南路、招抚多数的方针政策很正确。但他第一步就走错了，择人不当，选择雅尔哈善为清军主帅，使得清军平定天山南路的战事一开始就不顺利。

按照预定计划，乾隆帝本来应该派兆惠对准噶尔、天山南路二部用兵，但当时兆惠正率领清军追剿准噶尔叛军残部，未及返还。乾隆二十三年正月二十六日，乾隆帝才委任雅尔哈善为靖逆将军，专门负责征讨霍集占。作为主帅，雅尔哈善乃觉罗宗室，又是文人出身，根本难以担当讨逆大任。

而后，清廷另派都统哈宁阿为参赞大臣，副都统顺德纳、副都统爱隆阿为领队大臣。

获得乾隆帝委任后，雅尔哈善出兵倒不慢，他率领满族、汉族官军近万人，在乾隆二十三年五月包围了库车城。

相比能征善战的准噶尔士兵，一向擅长做买卖城居的天山南路部众其实战斗力不强，并不擅于打仗。当时，库车城内只有数千守军，攻克并非难事。

由于雅尔哈善是个纸上谈兵的文人，号令不一，清军迟迟不能克城。

小和卓霍集占得知库车被围困，马上率领南疆最精锐的巴拉鸟枪兵八千人，经由阿克苏经戈壁捷径，飞速前来救援。

清朝的副都统爱隆阿统兵奋战，戈壁以南的和托鼐也奋力迎击敌军先遣队，歼敌三千。而后，清将又率领吉林、索伦兵两千余人和霍集占所领五千军在鄂根河畔激战，杀敌三千多，拔其大纛。

霍集占不敌，领余兵八百多人败入库车城内。

这样一来，霍集占到了库车城中，已是“瓮中之鳖”。清军把库车紧紧围住，雅尔哈善督兵攻城。

库车城依山冈而建，用柳条沙土密筑而成。所以，即使清军用炮猛轰，也未能奏效。于是，汉人提督马得胜建议挖地道攻城。

根据判断，清军在城北一里外掘入。挖地道属于偷袭，应该偷着干才可能得手。但雅尔哈善因乾隆帝急催克城获酋，就严令士卒昼夜挖掘。结果，清军夜间挖地道的时候不得不挑灯照明，偷袭行动就为库车敌军侦知。库车守敌在城内开挖了一道横沟，然后放水冲入地道，挖城六百多绿营汉军全部被淹死。

奇袭不成，雅尔哈善别无他策，只会围城坐等，希望能困死库车城内的霍集占。

清军围城一个多月，城中供给困难，弹矢渐缺。随清军在营的库车伯克鄂对非常熟悉天山南路的情况，他向雅尔哈善建议说，要严防霍集占突围。如果他逃走了，日后整兵复来，那就太危险了。而且，鄂对还详细告知雅尔哈善，霍集占如果逃跑，只有两条路：一条是由城西鄂根河水浅处涉水而逃，另一条是由北山口通向戈壁，逃往阿克苏。为此，鄂对建议在这两条路径各伏兵一千，敌酋肯定逃不脱。

鄂对是天山南路降人，熟知当地路径和天山南路部众的战斗方法。但是，雅尔哈善不听其言，丝毫不做防备。他以周瑜自居，故作风雅，终日以弈棋饮酒为乐。

六月二十四日傍晚，清军中有一索伦老兵在城下牧马，闻听城中驼声大鸣，似负重载，于是立即奔回大营，向雅尔哈善报告：“城内敌人驼鸣声声，清晰响亮，显然是在装东西，敌人要逃跑啊！”

岂料，正在纵饮弈棋的雅尔哈善大笑，以《世说新语》的名士派头呵斥索伦兵说："健卒，尔何知！"而后，继续酌酒下棋如故……

恰如鄂对先前所料，大、小和卓兄弟于当夜率四百精骑潜出西门，涉鄂根河逃遁。把守西门的清军副都统顺德纳听到报告后，竟以"昏夜不发兵"为由，未派人追赶。直到天明，他才遣兵一百人往追。

当时，清军追击根本不奏效，小和卓霍集占早已渡过鄂根河，最后逃到了叶尔羌；而大和卓布拉尼敦逃入了喀什噶尔。霍集占的党羽、库车城主阿布都，也在八月间夜遁突围，城内余下老弱三千余人，不得不向清军投降。

如此一来，攻取库车，擒获大、小和卓的最好机会，就被雅尔哈善错过，南疆战火继续蔓延……

得知详情后，乾隆帝震怒，连下数谕，痛责雅尔哈善，并下令将其革职解京后依法处死。同时，清廷还下令斩副都统顺德纳、提督马得胜，勒令参赞大臣哈宁阿自尽。

于是，乾隆帝命纳木扎尔代替雅尔哈善为靖逆将军，以三泰为参赞大臣，派出富德、阿里衮、舒赫德等大臣协办军务。

纳木扎尔出身科尔沁蒙古，久历战争，曾因擒捕反叛的和托辉特首领郡王青衮杂布而被封为一等勤襄伯；富德也是行伍出身；阿里衮乃清朝开国元勋额亦都的曾孙；舒赫德曾征大小金川，当时以头等侍卫衔驻阿克苏。所以，乾隆帝任命的这个军事指挥班子，确非寻常。所有这些人，当时皆受定边将军兆惠指挥。

在皇帝严厉督责下，定边将军兆惠仅带兵八百人，从伊犁出发，前往库车。此行程上千里，兆惠兵力如此寡弱，确实太过危险。

帝命难违，兆惠怕被乾隆帝斥为"怯懦"，所以才出此下策，先行冒险行军。

兆惠所部开始比较顺利。他们八月初九日出发，九月初十日，兆惠呈报乾隆帝，说清军已经收复库车，拟往阿克苏；九月二十三日，兆惠招降阿克苏城后，领兵速进，往攻叶尔羌。

不久，乾隆帝得知南疆大伯克霍集斯等人率部来归，乌什、和阗、沙雅尔、赛哩木等城也相继降顺。为此，乾隆帝大喜，认定“霍集占不日就擒”。

十一月初五日，乾隆帝披挂甲胄，登晾鹰台，举行盛大阅兵式。在仪式上，八旗官兵列队进退，枪炮齐发，声震天地。乾隆帝本人，也是郎世宁油画中的形象，戎装骑马亮相，威风凛凛，杀气腾腾，在右部哈萨克及布噜特使臣面前，百分百炫耀了大清和大清皇帝的威风八面。

可是，阅兵式刚刚结束，定边将军兆惠的一封奏折被快马送到了御案上。乾隆帝拆开一看，不是报捷书，而是求援信！

兆惠及其手下四千多清军，岌岌可危！

原来，兆惠领兵从乌什兼程前进，穿越戈壁行走了一千五百里，最后只剩下一千匹马，于十月初三日赶到辉齐阿里克。这个地方距叶尔羌只有四十里，但清军已经是人马皆乏。

叶尔羌城非常牢固，周长十多里，四面共十二城门，但清军只有四千多人，所以只能围其一面。

清军到来前，霍集占已经在叶尔羌周围坚壁清野，集中兵力，在城内严守以待。他还诱骗城民说：“清军尽杀我们的人，霍集斯伯克投降后都被杀害，我们没有活路，只能守城！”

大和卓布拉尼敦则率领马步兵一万多人，驻于离喀什噶尔城一站路的当噶勒齐，与弟弟小和卓霍集占形成犄角之势。

兆惠所率清军在城东隔河有水草的地方扎营，由于那条河叫“黑水河”，所以，清军军营称为“黑水营”。

十月初六日，兆惠指挥清兵两千多人，分七队进攻，一举攻克叶尔羌城东北五六里处的一座高台。清军摇旗呐喊，追敌至城下。

小和卓的兵开城西三门，各出五百骑，迎战三次，均不敌，退入城内；北门出兵数百骑，清军内的索伦兵忽然畏敌而逃，但绿营健锐营兵屹立不动，迎击敌军，最终打得敌军退入城中。

不久，兆惠听说靖逆将军纳木扎尔、参赞大臣三泰二人将要抵达，为了能在这两个人到来前独得大功，兆惠亲率骑兵一千余人自东而南，由城南夺桥过河，主动攻城。

当时，城内敌军马步军有万余人，兆惠太过求胜心切，竟然以区区数百人攻城。他领兵四百余人刚刚过桥，木桥就忽然断开。炮声响处，霍集占统骑兵五千余、步军万余名，开始对兆惠前后夹攻，一下子将四百余名清兵截成数处。而当时未过河的清兵，眼睁睁看着大帅深陷重围，无法援救。

如此一来，兆惠顿时陷入险地、绝地，他指挥清兵且战且退，最终狼狈地浮水还营。

战斗中，兆惠两匹坐骑被杀，他本人脸上和小腿都负伤，而清军勇将高天喜、大学士鄂尔泰次子鄂实、一等公策楞之子通额，都在战斗中壮烈阵亡。

敌军乘胜包围了清军的黑水营，清军死者数百人，伤者无数。

兆惠原本只有兵四千名，马一千多匹，但事前为了迎接靖逆将军纳木扎尔，他派爱隆阿带走了八百多骑兵。因此，经过这次战败，清军内部几乎无马可骑，根本不能再开营主动冲杀，只能掘壕筑垒死守。

由于黑水营营地附近没有筑垒的材料，掘壕又浅，敌军日夜来攻，清军苦苦支撑。在这样的险境下，兆惠只好派索伦兵五人各持一函，冲出重围奔至阿克苏，终于把信件送达。驻阿克苏办事的清朝头等侍卫舒赫德接报后，立刻遣人飞报乾隆帝，细禀兆惠被围黑水营的事情。

乾隆帝大惊失色，马上连下十几道谕旨，谕令舒赫德先将阿克苏兵马速去增援。然后，清廷授参赞大臣富德为定边右副将军，授阿里衮、爱隆阿、福禄、舒赫德为参赞大臣，谕令他们尽速应援兆惠，又命陕甘总督黄廷桂预备马两万匹。

经过分析，乾隆帝命令诸将准备分兵两路援攻：一路由阿克苏、乌什进发，另一路由特穆尔图诺尔率领，两部清军共进，夹攻大、小和卓叛军。

读到兆惠奏折中有自责“轻敌妄进”之语，乾隆帝也下一道长谕，对他本人“轻视逆回”的态度做了自我批评，没再委过于将帅。同时，乾隆帝对在天山南路苦苦厮杀的将领士卒，不再训斥他们“畏过怕责”，而是大加慰谕劝解，再三宽解他们，激励三军再战。

为了鼓舞士气，乾隆皇帝下诏对从征被围之人予以从重奖赏，把兆惠由一等武毅伯晋为武毅谋勇一等公，加赏红宝石帽顶、四团龙补褂；赏给额敏和卓郡王品级；霍集斯伯克晋贝子加贝勒品级；高天喜照一品大臣例赏给恤典；鄂实、三格从优议恤；而阵亡、负伤的官兵，分别赏恤追封……种种举措，乾隆帝可谓不吝封赠。

当时，远在万里以外的黑水营清军，被敌军重重包围，一直处于与世隔绝状态，根本不知道皇上宽慰优遇和调遣救兵，但他们仍然坚守大营，与敌人浴血奋战，待援突围。

当时，清军伤兵疲卒，加起来不过三千人，口粮仅能供给一两个月，军器火药皆不足。对阵的敌军呢，属于本土作战，粮草、弹药充足，而且两万多兵马轮番攻营，很快，兆惠等人感到不支。

对于被围清军来说，当时也确实没有退路。于是，兆惠激励官军，拼死抵抗、反击。从十月十三日起，清军残军与敌军激战五昼夜，以死中求生的大无畏精神，杀敌无数。

最终，小和卓霍集占为了避免自己的人死伤消耗，不敢再强行进攻，就在黑水营壕外筑长垒，想待清军食尽自毙。

庆幸的是，清军在掘堑安营时，竟然挖得当地人在战争前埋藏的窖粟数十石；敌军在上游决水灌营，清军却把冲来之水泄于下游，并取水以供饮用；当地虽然是沙地，可清军随处掘井，皆得水源；敌军多次进攻，鸟枪所射的铅子，最后大多落于清军大营附近的密林中，而清军伐树烧柴，每伐一木，铅子弹丸即坠落无数，反而使得清军弹药不缺……

大、小和卓兄弟围困兆惠清军二十天后，忽然听说喀什噶尔所属的英吉沙尔城遭到布噜特人抢掠，非常紧张，马上商议对策。正商议间，和卓兄弟忽然又听说，一直受围的清军主动出营进攻。清军夺去两座敌营不说，还杀掉不少围困的敌军。由此，两位和卓兄弟就认定兆惠和布噜特部族有约。

如此里外交兵，根本不可能全歼被围清军。和卓兄弟密议后，决定先和清军议和。十一月十一日，和卓兄弟派遣一人和俘获的清厄鲁特、察哈尔兵四人，持书前往清营，告称说，先前霍集占抗拒清军，布拉尼敦本不知情，如今，大和卓奉书请和，愿助清军口粮，并请求朝廷能够允许他和属下一起到京城或者木兰入觐。

可兆惠依旧下令拘留来人，还把从前乾隆帝颁发给布拉尼敦让他擒送弟弟霍集占的上谕让对阵的士兵交给大和卓。

第二天，大和卓再次派人于阵前请和，兆惠命人继续传谕，不允其请，并宣布：我们清朝大兵来此问罪，不可能和你们讲和。

为此，大、小和卓气得发狂，只得重新挥兵对清军发动进攻。

兆惠手下两千多清军，虽能保全大营，但被围日久，粮食渐尽，最后，连瘦驼羸马也被吃完，眼看就要全部饿死了。危急关头，清军救兵及时赶到。

原来，十月十三日，靖逆将军纳木扎尔、参赞大臣三泰遇到爱隆阿所领之八百兵后，他们马上先行带兵两百多人，星夜赶赴兆惠所在。不料，在当日夜间，他们猝遇敌军三千多名。由于众寡不敌，纳木扎尔等人战败阵亡。而乾隆帝于八月间增派的四千名健锐营、索伦、察哈尔之兵，十月二十日已经过了辟展，听到黑水营被围，他们火速驰援。巴里坤办事大臣阿里衮领兵六百人，解马两千匹、驼一千头兼程往援。定边右副将军富德得知黑水营围急，日夜奔驰，于十二月二十五日与舒赫德合军于巴尔楚克（今巴楚县），率领增派的健锐营、索伦、察哈尔和北路兵近三千人迅速前进。

乾隆二十四年正月初六日，清朝这支援军行至呼尔口，猝遇敌军五千多马兵，转战四天四夜，众寡不敌，被敌军层层阻截；正月初九日，富德等人行至沁达尔，也遭敌军激烈攻击，形势险恶，几乎被全歼；这时，恰好阿里衮和爱隆阿同时赶到，就率领一千多清军猛攻，富德也乘机挥军掩杀。合并后的清军势盛，就此大败敌兵。

死守黑水营的兆惠等清军将士，忽然听到数十里外枪炮声大作，又明显察觉围营的敌兵人数在不断减少，就判断是自己的援兵已到。

兆惠不敢怠慢，他先遣人往富德处通报军情，而后，即刻率领全军冲出。由此，两部清军里外夹击，给敌军来了个反包围。

清军志气弥厉，所向披靡，阵前交战，杀得敌军大败！

最终，清朝黑水营残军和援军胜利会师，得以安全返回阿克苏。从乾隆二十三年十月十三日被围，至乾隆二十四年正月十四日突围，黑水营之围长达三月之久，最终，以清军全师安全撤走而结束。

虽然清军安然撤退，但定边将军兆惠被困黑水营，对于清廷和乾隆帝来说，确实属于奇耻大辱。为此，乾隆帝痛定思痛，引咎自责，改变了先前轻敌冒进的作战方略。在痛斥庸臣苟且之议的同时，他继续坚定信心，对于统一天山南路进一步认真对待，谨慎从事，做好长期大举征剿的准备。

乾隆帝谕令有关部门和官员，加速开动国家机器，迅速调遣士卒，赶运粮草器械，筹拨军需银两。除兆惠、富德所领八千多名满族、蒙古族兵丁以外，又增派绿旗兵一万人，使得讨回大军增至两万人；同时，清廷还调配了两万三千匹马，四千多头牛，五千多只羊送达前线；不久，陕甘总督吴达善等人购买羊二十六万余只，如此，就可供大军两万名兵士食用七个月；乾隆帝还从国库支取存银供应军需，两淮盐商捐银一百万两，长芦山东盐商捐银三十万两，皆送达军前；清廷有关部、省遵照谕令，赶运了大量枪支弹药以及刀枪箭矢送达前线；乾隆帝还指示有关部门，加紧铸造大炮，并且制作云梯等攻城器械，最后，运送前线有十一门大神威炮，皆为攻城利器。

接着，乾隆帝谕令兆惠、富德二人，迅速收复和阗诸城。由此，阿克苏、乌什两地的清军就连成一片，从北面、东面和东南面包围了大、小和卓兄弟所占据的叶尔羌和喀什噶尔，对即将发起的围歼大战，提供了十分有利的条件。

在加紧准备工作的同时，乾隆帝还重用投诚的伯克。由于吐鲁番额敏和卓以及哈密玉素甫在平定准噶尔战斗中为清廷立功，乾隆帝在征讨大、小和卓的过程中，也对他们给予重任，一再加官晋爵。

额敏和卓与玉素甫虽然都是“望族”，但他俩人毕竟不是天山南路的伯克，其影响在当地终归有限。因此，乾隆帝就积极吸收南疆有影响的伯克参加统一天山南路的工作，大力使用和招抚鄂对、霍集斯等人。

鄂对原本就是库车伯克，乾隆二十年清军攻打准噶尔之时，他偕乌什伯克色提巴勒氏、噶岱默特等人来归，一直对清廷忠心耿耿。

霍集斯原系吐鲁番阿奇木伯克，后率子侄分居乌什、阿克苏等四城，其部百姓众多，势力强大，在天山南路各城中名望甚高。乾隆二十年六月，霍集斯遵照当时担任清朝定边左副将军的阿睦尔撒纳檄文，将败逃的准噶尔汗王达瓦齐擒获送献清军，立下大功。当时，他本应受到朝廷重奖。但不久阿睦尔撒纳在当地反叛，而清朝的定北将军班第于七月向乾隆帝奏报说，霍集斯曾经暗地和阿睦尔撒纳联系，“心殊叵测”。为此，清廷对他就一直未予封赏。小和卓霍集占起兵后，乾隆帝又想起霍集斯来，多次谕告清军将领遣使往招。乾隆二十三年九月二十六日，定边将军兆惠报称，说霍集斯在和阗已经率众“归诚”。乾隆帝大为高兴，封他为公爵，赏戴双眼孔雀翎、宝石帽顶、天马褂、荷包、鼻烟壶。但私下里，乾隆帝对霍集斯抱有很大戒心，谕示兆惠，命令霍集斯和其诸子同居一城，还表示，如果感觉此人稍有怨望，就马上令其入觐。

乾隆帝如此对待大伯克霍集斯，显示了他的深谋远虑。利用这个人，确实有助于除去大、小和卓兄弟；但是，如果此人野心膨胀，可能会变成第二个阿睦尔撒纳。所以，在施与恩宠、晋封崇爵的同时，乾隆帝严令边将对他暗中监视，观其动静，限制其势力的扩张，并在必要时将其即刻除掉。后来，清军在天山南路大功告成，清廷晋升霍集斯为郡王，令其率领子侄入居京师，使得这个天山南路伯克家族能够善始善终。

乾隆二十四年六月，万事俱备，于是定边将军兆惠、副将军富德遵循乾隆帝谕旨，正式开始了清朝第二次征讨小和卓霍集占、大和卓布拉尼敦弟兄的战争。

乾隆二十四年六月初二日，定边右副将军富德率军从和阗出发。其中，和阗六城伯克带兵六百五十名从军效力，进攻小和卓霍集占所据的叶尔羌城；十一日，定边将军兆惠统兵由乌什出发，往取大和卓布拉尼敦驻扎的喀什噶尔城。

按照常识，喀什噶尔与叶尔羌都是天山南路著名大城。霍集占凭借教主地位，应该能够将两大城及其所属城、村的数十万人动员起来。如此坚壁清野，据城坚守，应该还是有几场恶战可打的。为此，清军也做好了打硬仗、打大仗、打长期攻坚战的准备。

为了谨慎行军，兆惠从六月十一日离开乌什后，本来六七天的路程，他竟然走了二十来天。闰六月初三日，所部清军才到达伊克斯哈喇。

这时，前队参赞大臣明瑞忽然送来六名骑马的人，称他们是喀什噶尔众伯克遣来投降的使者。

打开降书一看，兆惠简直不相信自己的眼睛：大、小和卓兄弟，竟然在大军攻打之前就逃走了！

对此，兆惠怀疑这几个使者诈降，认为他们来此的目的是诱引清军轻装前进后进入埋伏圈。于是，兆惠酒肉招待，刀枪伺候，再三进行盘问。

平定伊犁受降

结果，来使详细回答说：大和卓布拉尼敦去年在叶尔羌打仗时身中枪矢，曾遣人与弟弟霍集占商议投降，可小和卓不允。最终，大、小和卓兄弟只好率领二万多人，在清军进攻之前，先行逃遁，一行人逃往巴达克山（今在阿富汗境内）。当然，大、小和卓兄弟企图暂避一时，待清军粮尽撤兵后，再伺机返回，重据旧地。

那么，骁勇多智而又桀骜跋扈的小和卓霍集占为什么弃城不战呢？这两位和卓，为什么如此轻易就弃"老巢"于不顾仓皇而去呢？

先前，霍集占弟兄自伊犁返回时，确实受到天山南路数十万百姓的欢迎和拥戴。所以，霍集占一发难，当时南疆大多数人皆起而响应。但是，站稳脚跟之后，霍集占根本不相信叶尔羌等城的原住民，他仅仅依靠先前随他俩在伊犁垦种时所依附的几千户人（当时是被准噶尔人强逼劳改），更相信新投的几千名厄鲁特士卒，并且一直厚待这些悍武亲兵。此后，和卓兄弟对于天山南路数十万人厚敛淫刑，大肆压迫。最终，越来越多的人不再拥戴大、小和卓兄弟。

经过库车之战和黑水营之战，大、小和卓兄弟近距离感觉到清军的可畏。特别是黑水营之战，兆惠当时竟然仅带四百余骑冲过木桥，挑战城内的一万多士兵，后来又以三千疲卒牢守大营，坚拒两万余名敌军于营外，掘井得水，掘窖得粟，几乎是神佑天军！

当时，区区三千清军残军都难于对付。如今，清军两万多来攻，而大部分城都已降顺清朝，喀什噶尔、叶尔羌又处于三面包围之中，这些情况，使得兄弟两个心惊肉跳，提前远遁而去。

得知消息后，乾隆帝立即下谕，令兆惠留阿里衮驻守喀什噶尔，其本人率部前往抚定叶尔羌；富德、额敏和卓、明瑞迅速领兵侦察霍集占逃窜之路，务必穷追并擒拿和卓兄弟，不达目的，绝不罢休。如果今年办不到，明年继续用兵。乾隆帝再三谕令诸将，不能以收降喀什噶尔、叶尔羌为目的，不能潦草结束此次战役而收兵还朝。

兆惠、富德、阿里衮、明瑞等人遵旨，迅速前进。沿途，清军受到百姓热烈欢迎，这些人扶老携幼，跪迎道左，奉献牛酒。

闰六月十四日，兆惠率马兵三千名进入喀什噶尔；十八日富德领马步兵两千余名至叶尔羌。然后，兆惠留驻叶尔羌，富德、明瑞等人继续领兵追剿。

六月下旬，明瑞率兵九百人，在霍斯库鲁克岭追及小和卓霍集占。当时，敌军人数多达六千多人，负隅固守。清军不顾敌众己寡，整阵奋勇鏖战长达六个小时，杀敌五百多，把敌军打得越岭撤退。

而后，富德与明瑞、阿里衮三队官兵会合，拣选出四千兵马往追。七月七日，清军追到阿尔楚山。

穷寇窘急，小和卓霍集占先将辎重、妇女藏于安全地方，然后以精锐六千埋伏于谷口，再以疲弱兵士前来引诱清军。

由于乾隆帝早就谕示明瑞等人临阵慎重，因此，清军严阵为备，富德以火器、健锐营居中，明瑞、阿桂为左翼，阿里衮、巴禄为右翼，别派奇兵、援兵各二队，诸军进逼，如墙而进。

清军骑兵先夺取了敌军所据的左右两山，然后从上往下俯冲，一下子逼得敌军阵脚大动。而后，清军三面进攻，再次以少胜多，追敌二十余里，斩敌一千多人，缴获炮纛、器械、牲口无数。

“宜将剩勇追穷寇”。富德继续领兵追剿，七月初十日，清军追至叶什勒库勒诺尔。由于此地是巴达克山界，山下仅有一条小路，仅能容一骑通行，清军小心翼翼，依次通过。

过了一大岭，就是和什珠克岭。此地险峻，峰岭林立，两边皆大山丛林。

当时，大和卓布拉尼敦将家属安排在河西岭，准备待时出击。见战局不利，他随即撤走；小和卓霍集占领兵万余，据北山及迤东诸峰，准备和清军决一死战。

富德率领大军一直在后紧紧追赶敌军。乘大、小和卓还没有进入其他部落，先行分路堵截。富德先令阿里衮等人由南岸趋西岭，他自己提兵，自击东峰敌兵。清军仰攻久之，对方依恃地利，逾时未克。

富德审时度势，选铳手数十名，缘山北岭往下伏击；而阿里衮军也从南岸山上以火器遥击山北的敌军。

由于山麓狭窄，敌军辎重、家口又多，一下子拥挤堵塞。往前瞭望，去路又被清军截断，短时间内无法逃走。人心惶骇之余，叛军乱成一窝蜂。

富德等将一面督军猛攻，一面命霍集斯、鄂对等人在山上树起大纛，让他们二人对同族人大呼招降。一看有维吾尔族伯克以维吾尔语招降，叛军蔽山而下，声如奔雷，许多人都跑下来向霍集斯和鄂对投降。当时，小和卓霍集占手杀数人，也不能阻止奔如走马的降者。

见势不妙，大、小和卓兄弟只好携带家眷和旧部四五百人，匆忙逃往巴达克山。

战后，清军共收获降人一万两千余名，军器两千余件，驼、骡、牛、羊无数。

富德命令阿里衮带兵追赶，自己随后策应，但紧赶慢赶，依旧未能追上。于是，清军遣使晓谕巴达克山部落，让他们即刻献送大、小和卓兄弟。

乾隆帝得知清军大胜的消息，马上下发谕旨，对清军将领进行奖赏。对于所有阵亡、受伤人员，均开列详细名单，送部从优议恤议叙。同时，他还责备富德没能即时选择精兵骑快马对和卓兄弟深入穷追。

没能生擒这对叛乱兄弟，乾隆帝深表不满。于是，乾隆帝严令富德行文，晓谕巴达克山部落立刻缚送二和卓到清军大营。如若不献，天军一到，必会“剿绝根株”！

当时，巴达克山部的部落首领素勒坦沙派人对清军说，他们部落军队先前在交战中，已经击毙霍集占，生擒了布拉尼敦，但他又表示“我们信奉经典，从无自擒族类转送与人之例”，如果将大和卓布拉尼敦擒献天朝，恐其他部落日后来滋事，竭力请求免送。

章佳·阿桂像

巴达克山又译作“巴达克善”“巴达哈伤”“八答黑商”，当时是一个部落名。这个部落占地面积三十余万平方公里，在叶尔羌西一千余里的地方，位于葱岭之右。筑有城郭，部落繁盛，有户十余万。

其实，当时的大、小和卓还活得好好的。他们进入巴达克山后，小和卓霍集占以一贯的跋扈，斥责巴达克山酋长没有主动迎接自己，并且纵兵在当地抢掠。巴达克山酋长大怒之下，派人围攻大、小和卓的残军，一番战斗下来，巴达克山部族生擒了大、小和卓。在当时，他们之所以不愿意交出这兄弟俩，是要和大清皇帝“做生意”，拿这大、小和卓兄弟俩当“奇货”，多“卖”点钱。

但是，乾隆帝根本不从其请，严命兆惠、富德等人继续施压，对巴达克山部落酋长素勒坦沙表示，如果该部违命，来年清军必定大举征剿，届时，玉石俱焚，不要后悔。如果巴达克山部落能够“慕化归诚”，大清定当“赐以殊恩”。

清廷、清将的这些话，使巴达克山酋长意识到，这肯定不是吓唬吓唬而已。前不久，清军对准噶尔部落的斩尽杀绝，确实让人胆寒。和清朝天军对抗，肯定是没有好下场的。如今，大皇帝都明白表示要对自己部落“赐以殊恩”，于是，巴达克山酋长召集了两百多人，攻入大、小和卓被擒的囚室，当即乱刀砍死这兄弟两个，而后割下脑袋，派人献到清军大营。

乾隆二十四年十月二十三日，富德奏折呈到乾隆帝御案，报告巴达克山酋长素勒坦沙送献大、小和卓兄弟首级，并说巴达克山部落也向清军纳款归降。

至此，大、小和卓叛乱终于得以平定。

得到捷报，乾隆帝非常高兴，立即下谕，将平叛大功宣示中外，对有功人员也大加封赏：定边将军、一等武毅谋勇公兆惠，加赏宗室公品级、鞍辔，授其一子为三等侍卫；富德从一等成勇伯晋为一等靖远成勇侯，戴双眼孔雀翎，授其一子为三等侍卫；参赞大臣一等公明瑞、阿里

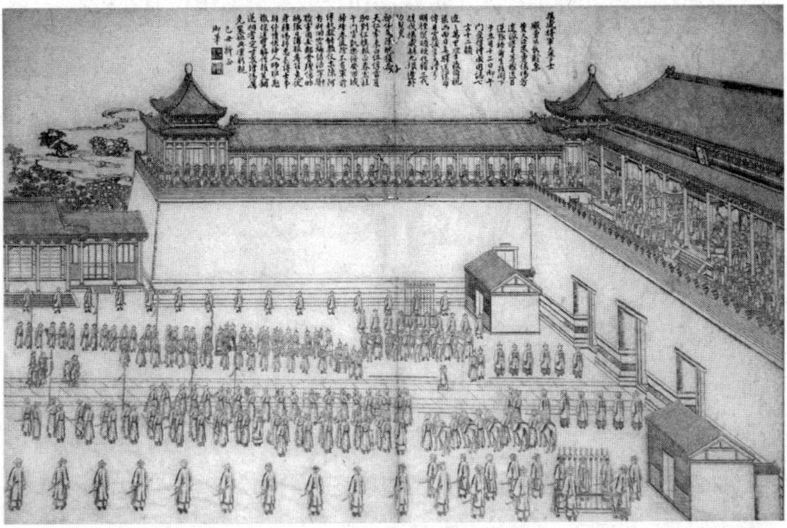

午门受俘仪式

衮，赏戴双眼孔雀翎；参赞大臣舒赫德等官员，交部从优议叙；参战士卒赏给两月钱粮；叶尔羌等城兵丁赏一月钱粮；至于天山南路的贝勒霍集斯伯克，由于此人能尽心协助大清获得平叛成功，加封为郡王品级；鄂对伯克，由原先的贝子晋升为贝勒品级。

得到捷报的第二天，十月二十四日，乾隆帝以清军征讨大、小和卓的成功始末，颁《御制开惑论》，晓示中外；十一月初五日，向大臣们宣读《御制平定回部告成太学碑文》。

这两道文书，详细叙述了乾隆帝用兵两部的原因以及廷臣们争议、乾隆帝定议的基本过程。对于征服二部的武功，乾隆帝极感欣然。为此，他在《开惑论》中写道：

> 两大部落，不为不强，周二万余里，不为不广，五年成功，不为不速。

确实，五年辛苦，帝忧臣能，终于实现了父祖未竟的志愿，安定了西北大局，扩大了国家版图，同时还节省了巨量军费。所以，乾隆一朝对两部的平定，确实算是全胜殊勋！

日后，乾隆帝亲御午门受俘，望着将士们捧来的盛装着大、小和卓脑袋的匣子，乾隆帝诗兴大发，赋诗一首：

> 函首霍占来月窟，倾心素坦欵天间。
> 理官淑问宁须试，骠骑穷追实可臧。
> 西海永清武保定，午门三御典昭详。
> 从今更愿无斯事，休养吾民共乐康。

献俘礼毕，乾隆皇帝下令将大、小和卓的脑袋均悬示通衢，宣示武功。

平定天山南路之后，在乾隆皇帝指示下，清廷在当地筑城驻兵，屯田移民，轻徭薄赋，极大提高了当地维吾尔族、汉族、蒙古族、满族等各族人民的劳动积极性，使得乾隆皇帝巩固、建设大西北的方针得到了贯彻。

清政府统一天山南北广大区域，为我们中国这个多民族国家的发展，奠定了坚实基础。从这一点看，乾隆帝功不可没。

## 根枯叶烂心不死

嘉庆时期清朝对“张格尔之乱”的平定

道光一朝，在南疆地区掀起滔天反叛浪潮的张格尔，准确音译应为“江罕尕尔”，大概是从波斯语转突厥语，乃“世界的统治者”的意思，是乾隆时期因反叛被杀的大和卓布拉尼敦的孙子。

乾隆定新疆，大、小和卓兄弟被巴达克山部族杀死，族人皆被送到北京。当时，唯独一个小孩漏网，乃大和卓布拉尼敦四岁的儿子萨木萨克。在乱中，他被乳母携带逃出。后来，他就在中亚的浩罕汗国（今乌兹别克斯坦）流窜。

清廷斩草未除根，从此就为日后南疆一场大暴乱埋下了伏笔。流浪到浩罕汗国的萨木萨克，长大后知道了自己的身份，发现自己是先前在天山南路显赫一时的和卓家族直系后代。于是，他在浩罕汗国内各城流窜，到处游说，宣称他自己是喀什噶尔阿帕克和卓世系最合法的继承人，并表示早晚要打回喀什噶尔复辟，重新荣显祖先的荣耀。

当时，看到这个衣衫褴褛的叫花子口沫四溅地到处宣讲，浩罕百姓以及当地的维吾尔族侨民，并没什么人感兴趣，基本上都觉得这人是个穷疯子。可不久，浩罕汗国上层却对这个和卓后裔大感兴趣。

浩罕汗国的主体民族是乌兹别克人，信仰伊斯兰教的依善派。浩罕在当时的中亚和东亚地区，其居民以长于经商而出名。为了谋取经济方面的利益，浩罕汗国对清朝一直软硬兼施，要挟威迫，想通过和清朝做生意赚大钱。为了保证西北安宁，清政府每每息事宁人，甚至妥协退让，在通商过程中让浩罕人或多或少赚些钱。所以，清廷以“天朝上国”自居，一直以“怀柔”态度对待浩罕。

如今，浩罕汗国上层发现自己手中有了萨木萨克，“奇货可居”！他们从商业角度考虑，觉得这个人是他们和清朝做大买卖的一个筹码。特别是得知萨木萨克想要在他祖先的境土上“复辟”，浩罕上层左思右想，觉得大可以利用这个人控制和垄断边境贸易，进而侵占更多的中国领土。

浩罕高层对萨木萨克的支持，使得这个穷汉在浩罕的安集延城安顿下来，并且开始有能力和财力与南疆地区喀什噶尔各白山派大小头目进行密切联系。

萨木萨克的先人，就是南疆白山派最早的头领，信众很多。所以，清朝得知消息后，对萨木萨克的活动，也十分警觉和注意。

乾隆四十五年，时年二十五岁的萨木萨克开始派人潜入喀什噶尔、英吉沙尔等地探听情报。清政府得到情报后，多次对浩罕当局发出严厉警告，要对方把萨木萨克引渡入境。由于当时浩罕当局和清朝的边境商贸频繁，大清天朝赫赫威势，他们还不敢直接得罪大清朝，就假装听从清廷号令，先后两次拘禁萨木萨克。其实，这种拘禁不过是做样子，不久，浩罕当局就把他释放了。

1797 年 9 月，萨木萨克勾结边境匪徒，自己领头，前往喀什噶尔地区骚扰，结果，这股武装匪徒被清军边卡守兵击退。

转年，萨木萨克上书清政府，希望朝廷能够允许他携家归返喀什，允许自己儿子上京朝觐。此时，他的目的很简单，无非是想衣锦还乡，过过舒服日子。但是对于他的请求，清廷理都没理。

1820 年，萨木萨克年近古稀，穷困潦倒大半辈子，也没能回喀什噶尔复辟，最终含恨而死。

临终前，萨木萨克唏嘘流涕，嘱咐三个儿子——玉素甫、张格尔和巴布顶，别忘先祖大业。

张格尔是萨木萨克的第二个儿子，1790年前后出生于浩罕。根据清朝后来凌迟他的人回忆，他中等身材，紫黑脸膛，腮边留有三绺黑须，高鼻梁上有些碎麻子。

作为父祖狂热的追随者，张格尔早年曾经在阿富汗首都喀布尔求学。学成后，就追随他的父亲萨木萨克为了复辟到处奔走，一直在中亚各地流窜宣讲。

父亲萨木萨克死后，张格尔灵机一动，马上入宫，见到了浩罕汗国的玛达里汗，“透露”说，当年他祖父大和卓布拉尼敦逃出喀什噶尔时，曾在城西“古勒巴格”庄园地底下埋藏了无数金银珠宝。如果汗王能够帮助他复辟，杀入喀什噶尔，他就以那些金银珠宝酬报。

“古勒巴格”这个庄园确实存在过，曾是大和卓布拉尼敦在喀什噶尔城西郊的私人庄园。根据正常的揣测，大和卓逃跑前埋藏金银珠宝，也符合逻辑。

可那点私人窖藏并不能满足他的大胃口，玛达里汗一脸诡异笑容，继续和张格尔密议。

经过协商，玛达里汗答应日后帮助张格尔出兵，但又表示，现在侵入南疆的时机不合适。

怕惊动清朝，这个浩罕汗王在张格尔出宫后，就对外声称拘禁了张格尔。不久，浩罕又告诉清朝使臣说，由于看管失误，张格尔“逃出”了浩罕首府，如今不知去向。

有了玛达里汗对他行动的默许和支持，张格尔带着新近网罗的一些党羽，窜入帕米尔深山老林之中。而后，他率领三百多匪徒，忽然对清朝的卡伦（边防站）发动袭击，打死了几名清军。

当时，在喀什噶尔的参赞斌静得知张格尔入境消息后，并没有十分上心，后来听到清军卡伦守军有人被杀，他才感到慌乱，赶忙派人飞报伊犁将军。

当时，张格尔率领数百人，已经顺利进抵距离喀什噶尔西北不过百余里的图休克塔什卡伦。这些匪徒穷凶极恶，在山区村落烧杀掳掠。遭遇战中，清军副护军参领音德布以寡击众，英勇战死。

伊犁将军庆祥闻报后，不敢怠慢，亲自率领兵马，日夜兼程奔赴喀什噶尔。同时，喀什噶尔帮办大臣色普征额也马上率兵，急速应敌。

这些清朝正规军和张格尔匪帮开打之后，迅即获胜。几百匪徒，最后被杀得仅仅剩下了二十人。张格尔不敌，只得狼狈逃回浩罕境内。

第一次入卡遭受失败，张格尔不仅没灰心，还从此次攻袭中总结了经验。在当地的接触中，他得知清朝境内还有许多世袭信徒大为高兴。日后，他打着“和卓后裔”的旗号，继续在边境地带骚扰和侵袭，招揽了不少白山派的亡命之徒，暗中兴建据点，并积蓄粮草和弹药。

1824 年 9 月，张格尔带着弟弟巴布顶，又集结了二百多人，从阿赖岭入境，侵入清朝的乌鲁克仍伦（在今英吉沙县以西的依格孜叶），大肆抢劫，打伤清军官兵三十余人，还杀掉了一名清军将领。

正得意间，清军游击刘发恒忽率卡伦守军出击，打得张格尔与巴布顶手下抵挡不住，匪徒们只得又退往边境山区。

在山区流窜作案期间，张格尔突发奇想，效仿他父亲萨木萨克，派人到喀什噶尔参赞大臣处送信，要求清朝将喀什噶尔的罕爱里克的庄园（在今疏勒县罕南力克乡）划为自己的世袭领地。他还表示说，只要大清能把这个庄园赏给他，他就保证日后不再聚众闹事。可见，此时的张格尔，不过是一个穷困潦倒、四处流窜求财的匪徒，他最高目标还是以过舒服日子为主。

但当时的清廷认定张格尔和浩罕汗国勾结，是想以诈降来争取时间，所以断然拒绝他的请求。不久，清廷下诏，严命喀什噶尔参赞大臣永芹对张格尔匪帮尽速进剿。

于是，永芹派出帮办大臣巴彦巴图领兵三百人，飞奔至边境木吉一带剿敌。张格尔当时人少，以游击战为主，他事先得到情报，闻风先遁，窜出边卡之外。

由于浩罕汗国答应派出的援兵迟迟不出，张格尔只好在喀拉提锦山区一带继续流窜。其间，他以自己“和卓后裔”的身份进行欺骗，四处招兵买马。

道光五年（1825 年），喀什噶尔参赞大臣永芹病故；道光六年，清廷派伊犁将军庆祥出任喀什噶尔参赞大臣。当年 3 月，又调乌鲁木齐绿营汉兵五百、战马五百匹赴喀什噶尔充实防务。

可见，为了防止张格尔再度入卡为乱，清朝已经开始在喀什噶尔加强边备，不敢再小觑这股流窜匪徒。

道光六年夏天的一个深夜，张格尔率领匪徒二百余人和浩罕汗国被革职的军官艾沙及其手下六十余名浩罕士兵，第三次入卡作乱。他们自开齐山入境，绕过清防卡伦，竟然一举占领了喀什噶尔以北八十里地的阿图什。

骑马高立在喀拉汗王朝布格拉汗陵墓旁，张格尔一脸悲愤，向当地民众宣布，他此行的目的，就是要到喀什噶尔的阿帕克霍加麻扎去，到那里的目的，就是要祭拜先祖的在天之灵。

这个消息传开，附近不少白山派信徒信以为真，纷纷前往阿图什，去参拜这位“圣裔”后代张格尔。

清朝的喀什噶尔参赞大臣庆祥闻报，大惊失色，马上命令帮办大臣舒尔哈善与领队大臣乌凌阿等人，率兵直奔阿图什围剿。

张格尔得知清朝大兵前来，也领兵来战。此时，张格尔手下人马已经多达一千多人。但是，这些未经训练的叛军毕竟战斗力不强，和清朝官军一战即溃。

大败后的张格尔掉头就跑，他先率人东退伽师。这次逃跑，他没有再次败退出境，而是向西悄悄迂回到喀什噶尔城东的阿帕克和卓陵园，也就是今天的“香妃墓”。

庆祥闻讯，派出一千多清兵前往，团团包围了阿帕克和卓陵园。由于陵园一带地形复杂，陵园内建筑坚固，清军无法即时展开进攻。

张格尔狡诈多端，他先前派人混入喀什噶尔城内，串通其中的白山派信众起事响应。所以，正当清军准备进攻阿帕克和卓陵园时，喀什噶尔的叛匪忽然聚众冲出东门，来了个反包围，把清军夹在了当中。

由此一来，面对誓死保卫和卓后裔的白山派叛匪和信众，清军顿感人数寡劣，惴惴不安。张格尔率领手下趁乱顺利突围。

此次突围之后，昔日如惊弓之鸟一样的张格尔不再惊惶。他忽然发现，以自己“和卓后裔”的身份在南疆招徕民众，非常奏效。于是，短短几天内，张格尔到处宣讲，通过信众四处散布消息，疯狂煽动宗教情绪和民族仇视，开始对喀什噶尔城不断发动进攻。

当时，白山派民众闻风响应，“不止数万，蜂起造逆”。而喀什噶尔旧城（喀什噶尔有两座城，一座是旧城，也称“回城”，城内居民绝大多数是穆斯林；另一座是新城，也称“汉城”，那里的居民中的大多数人是汉族）内的白山信徒，更是“全行变乱，分股猖獗”（《平定回疆剿擒逆裔方略》）。

面对汹汹而来的白山派信众和叛匪，清军在喀什噶尔城周围不断落败。舒尔哈善、乌凌阿以及原先代理喀什噶尔参赞大臣的穆克登布等人，先后英勇战死。最终，庆祥不敌，只得率领残余清军退守喀什噶尔新城（今疏勒县城）。

不仅喀什噶尔被围，英吉沙尔、叶尔羌、和阗等地清军，由于人数寡弱，也纷纷陷入张格尔叛军的包围之中。

得知张格尔在南疆煽动信众大起，浩罕汗国也应邀派出近四千精骑越过边境。这两伙人合军之后，到处烧杀，整个塔里木盆地西南缘地区陷入一片战火之中。

从18世纪开始，英帝国主义就在我国西藏、新疆地区逐步渗透，积极物色和培植代理人。张格尔早年在喀布尔求学之时，就和英国间谍往来密切。而此次张格尔入卡，身边的智囊团中就有二十多名英国特务，为他充当政治和军事顾问。这些人四处张罗，还替他购买了大批欧式军械。而且，其中还有五个英国间谍，身穿天山南路人的服装，戴着头巾，每天寸步不离地跟着张格尔，替他出谋划策，担任保镖。

正是因为浩罕汗国与英帝国主义的明帮暗助，张格尔叛乱才能在短时间内迅速蔓延。

1826年7月22日，张格尔见清军在庆祥率领下退入喀什噶尔新城固守，就亲自率兵先攻打喀什噶尔旧城。

当时守在城中的是喀什噶尔维吾尔族阿奇木伯克买买萨依提，以及原喀什噶尔阿奇木伯克郡王玉努斯。这两个首领都是大清忠臣，他们两人调集数千维吾尔居民和士兵，与入侵敌军展开殊死搏斗，浴血奋战四天四夜。最终，来敌炸开城门，两人同时为国殉难。而后，张格尔匪军在城内大肆屠戮，上千维吾尔军民死在匪徒屠刀之下。

张格尔攻陷旧城之后，看到自己手下死伤惨重，为保存实力，他就把攻打新城的任务推给了急于争功的浩罕侵略军。他表示，清军本部容易攻打，事成之后，会把喀什噶尔割让出来，给浩罕汗王作为礼物。城内所有财宝，也和浩罕军队平分。

前来助攻的浩罕首领高兴异常，又深信当年大和卓布拉尼敦在“古勒巴格”（当时在新城内）埋藏了大批宝藏，就轻信了张格尔所谓的清军不堪一击的谎言，马上调集三千九百精骑兵，抵达新城城下。

岂料，浩罕军队甫一进攻，城内的大清将军庆祥并没有示弱，即刻率领新城内清兵与各省籍商民共一千多人，奋勇出击，竟然一下子杀掉浩罕军八百多，击伤多人，杀得浩罕军惨败而退。

看到清军和浩罕军各自消耗不少，心地阴险的张格尔才亲自出马。他先后利用水攻、地道战等战术，对新城展开进攻。匪军无所不用其极，猛攻了七十多天，死伤无数，最终杀入新城。

大清在喀什噶尔的参赞大臣庆祥誓死不降。得知城陷，他跪地面向京城方向叩首之后，自经而死。而这位庆祥，正是乾隆朝平定大、小和卓叛乱时的清军统帅纳木扎勒之孙。

转天，张格尔率大军入城，宣布自己是“赛义德·张格尔·苏丹”（意为“圣人后裔张格尔国王”）。

不久，随着匪军势盛，喀什噶尔以南的所有城池和土地，全部落入张格尔之手。

占领各地各城之后，张格尔把当地的汉族、满族、蒙古族军士和内地外省到达南疆做工经商的人全部残杀，衙署、民房焚毁殆尽。

多年来蒙受清朝一些地方贪官和维吾尔伯克欺凌、压榨的喀什噶尔穷苦百姓，特别是饱受压抑的白山派信徒，在张格尔叛乱初期，都对这个所谓的“和卓后裔”抱有许多幻想。所以，他在阿帕克和卓陵园振臂一呼，就有成千上万信众前来支持。

得势的张格尔大权在握之后，马上纵容浩罕雇佣军和他自己的亲信们对当地人民展开大肆抢掠。这些匪徒侵吞财物，淫虐妇女，烧杀抢掠，无恶不作。其暴虐程度，甚至令先前降附他的南疆诸伯克也感到愤怒。而且，一旦和清军有战事，他就派浩罕雇佣军做督战队，押送着贫苦百姓冲到前面做炮灰。

在张格尔一番倒行逆施之后，当地各族信众开始觉醒。而后，如婴儿之盼慈母，不少人都盼望清朝大军能够早日打回来，消灭张格尔和为他帮凶的浩罕匪军。

不久，清廷委派伊犁将军长龄为扬威将军，严令他尽快剿灭张格尔匪军。

长龄和先前自经殉国的庆祥一样，都是蒙古正白旗人。此次作为清军统帅，他也不敢怠慢，立刻征调乌鲁木齐提督达凌阿、伊犁领队大臣祥云保，分统满族、汉族官兵各数千人来会；清廷封陕甘总督杨遇春为钦差大臣，率兵五千赴援，再调山东巡抚武隆阿统吉林、黑龙江马队三千骑即刻出关……

最终，清军在阿克苏集结了三万六千兵马，开始杀向喀什噶尔。

当年11月，清军在柯坪战役获胜，夺回乌什，控制了进攻喀什噶尔的门户。

1827年3月3日，清军集主力两万多人，在巴尔楚克军台（今巴楚县）大败张格尔匪军。

得胜之后，长龄分兵三千镇守当地，由此控制了到喀什噶尔与叶尔羌的岔路要冲。

3月19日，陕甘总督杨遇春率提督杨芳等人到达大河拐（在今克孜勒河下游）。清军立营当晚，张格尔派兵三千前来袭营，结果，早就警惕有备的杨芳奋力迎敌，杀得匪兵大败而去。

偷袭不成，张格尔急派兵从大河拐至洋阿巴特（英阿瓦提，在今伽师县东）到处游走，沿途挖掘战壕作为阻碍，并掘挖河道冲毁道路，竭力阻止、减缓清军的攻势。

转天，张格尔合军五万人，屯防洋阿巴特，在长达四五里长的沙冈上布阵。

面对如此众多的强敌，清军毫不畏惧，兵分三路进击。长龄、杨遇春任中军主帅，武隆阿统领左路，杨芳率领右路。三军齐头并进，分路杀向沙冈。

缠斗乱战之中，清军当场杀敌一万多，活捉五千多。

由此，清军顺利推进到排素巴特（今伽师县）。在当地，清军再歼敌万余人，生俘三千人。而此地，距离喀什噶尔已不到百里之遥。

3月22日，清军挺进到距喀什噶尔约五十里的沙布都尔（今伽师县夏蒲桃乡）。这一地区有苇湖沼泽，林木繁茂，地形复杂。

张格尔军数万人临河结阵，先决水阻挡清军马队。相持之时，双方以枪炮互射，各自伤亡不少。忽然，清将杨遇春命令士兵冒险越渠，清军呐喊拼争，与渠边的敌人短兵相接。同时，清将派出马队，分左右二翼从水浅处过河，从两边直接突入敌阵。乱战之中，清军以鸟枪击毙了浩罕雇佣军大头目色依提巴尔第。

此战，清军擒斩敌军万余人。

趁着张格尔军大败，清军一直追击到浑巴什河（今疏勒县南）。忽然，匪军数千骑兵从林中冲出，但被清将杨芳率军奋力击退。接着，清军用火炮击退河西岸来援的两千余敌军。

3 月 24 日，张格尔军数万人死守阿瓦巴特（即阿瓦提，在今喀什市东）。此时，清军抵达，先在距离敌军十里外扎下营盘。

夜间，杨遇春命部将哈朗阿和阿勒罕保，率吉林马队千余骑，分左、右二队，抄小路绕到敌军背后。

转天拂晓，双方开战。在战斗中，清军枪炮齐鸣，前后夹攻，又以藤牌兵突入敌阵短兵肉搏，一时间杀得敌军阵脚大乱。

一场恶战下来，清军歼敌三万余人，活捉数千人，连张格尔手下的浩罕雇佣军头目阿瓦孜迈玛提和阿浑那尔巴特也被砍下脑袋。

清军乘胜绕道迎击，迅速赶至距喀什噶尔城三十里远的洋大曼河（在今疏勒县）。

3 月 26 日，张格尔召集十万匪众，将清军堵在浑巴什河北岸。同时，匪军在沿线筑垒二十多里，鸣枪放炮，气焰熏天，做出与清军主力决一死战的架势。

待到黄昏之后，清将杨遇春组织数百人的敢死队，首先向敌军发起袭扰，双方一直纠缠到深夜，杀得你死我活。

忽然间，西南风大作，一时间战场上飞沙走石。

当时，统帅长龄认为双方众寡悬殊，猝遇大风，主张先退兵十里。而汉将杨遇春与杨芳坚持认为，如果退兵，己方示弱不说，还可能被敌人来个追歼战。所以，他们高竖大旗，坚决不退兵。

而后，在杨遇春建议下，清军派出索伦营马队千余人驰往浑巴什河下游，用以吸引、牵制敌军部分兵力和注意力。而杨遇春自率杨芳等人，从上游强渡发动攻击。

由于当时昏天黑地，清军又在上风头，炮火齐发，加上狂风砂石，匪军弄不清楚清军到底来了多少人，只是胡乱在河边抵挡清军的进攻，没能有效阻挡清军渡河。

到了拂晓时分，清军全部过河。这些勇士气都不喘，在杨遇春的指挥下，纵马扬刀，杀向敌阵。

打仗其实就是打气势。看到清军如此龙精虎猛，张格尔组织的十万大军立刻大溃。

一战下来，清军在战场上杀敌六万，生擒数千人，大获全胜。

而后，清军乘胜前进，一举攻克了喀什噶尔回、汉二城，摧毁了张格尔的据点。

3 月 27 日凌晨，张格尔见大势已去，仅带十余名亲信，纵马狂逃，奔往边境地区。而早先替他打仗的近四千浩罕雇佣军，基本被清军杀得一个不剩！

一个多月之后，英吉沙尔、叶尔羌、和阗等地，相继被清朝大军收复。

张格尔逃出喀什噶尔之后，在木吉、阿赖、拉克沙、达尔瓦斯等帕米尔深处山区游荡。后来，他又纠集了二百余人逃窜到柯尔克孜牧区萨克雅部落，四处招兵买马，欲图卷土重来。

道光八年年初，眼看要到春节，时任喀什噶尔代理参赞大臣的杨芳派遣细作数人，到达边境，四处放风，说清军基本撤离喀什噶尔，当地的防务非常空虚。

想到先前自己振臂一呼，数十万民众响应，张格尔感到机会又来了，就率领五百多骑兵，在除夕夜偷越边境，连夜抵达阿图什，想乘清军因过年无备，袭占喀什噶尔。

但是，经历过先前张格尔匪帮的占领，不仅当地黑山派信徒对张格尔恨之入骨，一直崇信张格尔先辈和卓的白山派信众也不再追随他。所以张格尔行进途中，和一年前滚雪球一样人越来越多的情况完全相反，基本没有信众参与他的骑兵队伍。当地各族人民自动向清军通风报信，纷纷组织民军沿途对这队匪徒袭击堵截。

仓皇之间，忽然有白山派人告知他说，清朝的扬威将军长龄与杨芳早率六千余清军设伏以待，张格尔大惊失色，不敢再攻袭喀什噶尔，只得掉头往回逃。

长龄得知张格尔逃遁消息，即刻命令杨芳与库车固山贝子伊萨克（鄂对之孙）等人，率兵星夜追击张格尔匪徒。

清军追至喀尔铁盖山，终于把张格尔堵住。

一场激战下来，马疲人饿的张格尔匪兵基本被斩杀殆尽。最后，张格尔仅带三十多名亲信弃马登山，想窜入当地群山沟壑之中躲藏。

杨芳手下副将胡超、都司段永福二人，率部全体弃马，登山跳谷，全力追击。最终，清军追上了这个匪首。

当时，张格尔身边只剩八名保镖，望见清军杀到，皆弃之逃去。看到自己已经到了穷途末路，张格尔拔剑意图自刎。

胡超身捷，他一个跳跃来到张格尔身边，一脚把张格尔踹倒在地，就此生擒。

张格尔叛乱，随着他本人的被擒，得以彻底平息。

1828 年 6 月 22 日，张格尔被清军押解到了北京城，献俘于紫禁城午门之外。

当时，道光帝亲临午门受俘，颁发谕旨，历数张格尔煽动、组织武装叛乱和背叛祖国的种种罪行。不久，道光帝又在圆明园廓然大公殿对叛贼张格尔进行廷讯。随后，清廷宣布，对这个叛首实行凌迟处决。

刚刚看到大清京城的繁华，就要被凌迟，张格尔灰心丧气至极。帝国京城的繁盛景物，远远超出了他的想象。

到了菜市口，先前在喀什噶尔旧城自杀殉国的庆祥之子文军，遵照道光帝谕旨，端坐在椅子上观看行刑。

刽子手行刑后，看到缚在行刑柱上肢体凌乱的张格尔还有最后一口气，文军上前亲手以利刃剜下张格尔的心，带到自己父亲墓前致祭……

张格尔叛乱平定后，长龄建议，将乾隆时期被拘押在北京的大和卓布拉尼敦之子阿布都哈里放出来，送到南疆地区任四个旧城的“回王”。如此缺乏远见卓识的建议，遭到道光帝严厉叱责。由此，也就使得南疆地区没有再出现“回王”的历史。

道光十年，南疆西四城地区又发生了当地白山派信众以及浩罕商人拥张格尔哥哥玉素甫为乱的事件。其叛乱主力，主要是张格尔失败后逃往境外的白山派信众。

张格尔叛乱被平定后，清政府根据钦差大臣那彦成的建议，对一直帮助张格尔的浩罕汗国采取一系列的惩戒性措施，包括禁止浩罕商人到新疆经商，禁止浩罕人与维吾尔族人通婚，没收浩罕商人私囤的大黄、茶叶，从新疆驱逐出近三百名浩罕商人等——由此，浩罕汗国上层恼羞成怒，挟持张格尔之兄玉素甫窜入南疆骚乱抢劫。

这一叛乱，只持续了三个多月，叛匪也只短暂占领了喀什噶尔、英吉沙尔两地的旧城，很快就被清军平灭。

到了道光二十七年，南疆又发生过“七和卓之乱”。

这年六七月间，南疆喀什噶尔一带发生了以白山派和卓后裔为首的叛乱事件。其实叛乱首领没有所谓的“七和卓”这么多，但发起人中，确实有三个大和卓布拉尼敦的孙辈后裔。

此次叛乱，贼匪攻入喀什噶尔旧城，城内满汉官兵和商人尽数受到残杀。而后，英吉沙尔、叶尔羌等地也遭袭扰。为此，清廷震惊，派奕山为参赞大臣，统率北疆驻军五千余人速往南疆。

清军沿叶尔羌河直下叶尔羌，十一月初，清军和敌人在科热瓦特正好相遇，清军将士奋勇拼杀，一日三战，每战皆捷。

叛酋不敌，率领残兵败将退到喀什噶尔，但喀什噶尔旧城的维吾尔族居民紧闭城门，拒绝让他们进去。于是，匪徒们胁迫着城外农民跟随他们一起逃往浩罕。当时正值隆冬，一路上翻山越岭，被胁众人因冻饿虐待致死的不计其数。

喀什噶尔的收复，就标志着这次“七和卓之乱”得以平息。

大、小和卓死后，小和卓霍集占无嗣，而大和卓布拉尼敦则有子四人——和卓阿什木、阿布都哈里克、卓巴哈敦以及萨木萨克。前三人随布拉尼敦一起逃往巴达克山。布拉尼敦过世后，巴达山酋长素勒坦沙把他们三人交给清政府，而第四子萨木萨克则被其乳母携往浩罕。乾隆末年，生活在浩罕的萨木萨克有子三人，即长子玉素甫、次子张格尔、三子巴布顶。此后，这三人又各有子嗣。其中，玉素甫有二子，长子名迈买的明（又称“卡提条勒”“依山罕”或“依禅汗”），次子名伯巴（又名“阿布都拉”，人称“克奇克和卓”或“基奇克和卓”）；张格尔一子，即布素鲁克（又名“阿里本格尔”）；巴布顶有二子，长子名“呵里雅”，次子名“倭里罕”——这五个人，就是萨木萨克孙辈一代的五个和卓后裔。

萨木萨克于嘉庆年间病逝在布哈拉，其第三子巴布顶也于道光五年九月病逝。张格尔叛乱被平定后，他大哥玉素甫又在道光十年叛乱，再被清军平定。而后，玉素甫随浩罕人一起逃往境外，不久病逝。至此，萨木萨克和他三个儿子均去世。

道咸年间，南疆地区的“七和卓之乱”，便是由迈买的明、伯巴、倭里罕这三个萨木萨克孙辈一代的和卓后裔所为。自道光二十年以后，这三个青壮年，由此四处煽动，在喀什噶尔等处鼓动叛乱。

道光二十七年六月，南疆发生了倭里罕入卡骚扰事件，被清军打败；七月又有迈买的明、伯巴及倭里罕等入卡发起的大规模叛乱，这些叛匪攻陷喀什噶尔、英吉沙尔旧城，扰及叶尔羌、巴尔楚克等处，历时三个月。叛乱平定后，参赞大臣奕山奉旨派员查明祸首情况，做出调查结论：

此次滋事祸首，系张格尔之兄玉素普（即玉素甫）二子迈买的明、阿布都拉，张格尔之弟巴布顶之子傻里（即倭里罕），由霍罕进卡滋事。

所以，清政府的官方调查，认定祸首只有三个和卓，即玉素甫的长子迈买的明、次子伯巴及巴布顶次子倭里罕。真正的叛首，包括三个和卓在内，其实共有五人。而所谓的“七和卓之乱”称谓，源于俄人库罗帕特金著《喀什噶尔》一书。作者搞错了人名，所以平添了四个“和卓”。

## 两毒相克尽灰飞

### 阿古柏入侵后对和卓家族的屠灭

根据清朝官方文件《平定陕甘新回匪方略》，咸丰七年，南疆又窜出了一个倭里罕。他带领叛军扰袭喀什噶尔，“盘踞喀什噶尔之七里河，沿官水磨一带，放火烧毁旧城南门，裹胁回民，势极猖獗”。

烧杀抢掠后，这股匪徒窜踞英吉沙尔旧城。其间，巴楚、叶尔羌等地也受到叛军骚扰和攻袭。

这个倭里罕，是先前被清朝在北京凌迟处死的叛匪、和卓后裔张格尔的侄子，即巴布顶的儿子。

叛乱初期，倭里罕就暴露出他凶残的面目。对于南疆群众，他不仅用苛捐杂税进行深重盘剥，而且还使用极其严苛的宗教手段迫害维吾尔族百姓。根据库罗帕特金《喀什噶尔》一书记载，当时在倭里罕匪军占领区，人民暗无天日：

妇女不戴盖头不得上街，不准结发辫……所有男性居民从六岁起必须缠头巾，一天要到清真寺去祷告五次。对于这一切，倭里罕表现得异常残忍。没有哪一天不处决几十个人……他的最大乐趣之一就是亲手砍下被指控者的头，而犯过失者是不乏其人的。在君主面前动作笨拙、言词不妥、打呵欠，所有这一切，都可能招致死刑。

库尔班·阿里写有一书《五本历史》，也翔实记载了倭里罕的凶残：

有一天，和卓（指倭里罕）传来一个铁匠，向他吩咐道："那你去给我打一把大刀来，这把大刀应该是砍任何东西都能一下子就砍开。"

匠人回答："好。"就回去打造了一把像剃头刀一样锋利的大刀，并领了自己的五六个小孩来见和卓，呈交大刀。

来时，他心里想："我可以向和卓讨一个都瓦（祈祷），如果他赏给我东西，我也可接受。"

当他来到和卓面前时，和卓把大刀接过去看了一看，就向匠人小孩的头上砍去，一下子就把小孩的头砍成两半！

和卓向匠人说："这把大刀打得很好，把人头一下子砍成两半。要不然的话，我还要打你呢。"

匠人连忙鞠躬说："谢谢和卓！"接着就把死孩子抬了出去……

如此惨绝人寰的事情，倭里罕几乎每天都在做。这个记载，让我们得出两种结论：

第一，作为和卓后裔的倭里罕凶残无比；第二，当时南疆的白山派普通民众，确实对和卓家族的迷信程度达到匪夷所思的程度——眼睁睁看到自己的亲骨肉被和卓当面砍死以试验刀是否锋利，那个刀匠竟然没有任何悲痛、仇恨表现，反而向杀人凶手鞠躬致谢！

而恰恰是这种近乎狂热的迷信，使得多年来均出现这样的情况：但凡和卓后裔在南疆起事，白山派信众都会赴汤蹈火、在所不辞。他们为这些叛贼首领充当前驱，攻战过程中，粉身碎骨全然不怕，心甘情愿地侍奉他们心中的“神明”。如果和卓家族在南疆白山派人中没有这种世袭性的影响力，作为一伙境外流亡的叛国者，他们不可能有能力对大清帝国的西部边疆构成威胁。

在库尔班的书中，还有这样的记载：

在一个热闹的宴会上，和卓们突然叫来一两个刽子手，把某个弹乐器的人拉出去杀掉，甚至剥了他的皮。那时，人们看到这种情形往往吓得失魂落魄，可是宴会还是照常热闹地进行，歌唱者仍然不得不调好嗓子，弹弦者仍得调好弦子，继续弹唱着。

人们心里想，不知道那个被杀掉的人究竟犯了什么错误，但任何人都不敢问一问，如果谁敢问一句的话，他也可能受到同样的处罚。因此，人们不但不敢问，甚至不敢向死者看一下。

过了几天，参加宴会的一个人向和卓问道：“弹弦的那个人的罪恶是什么，为什么杀他呢？”

和卓听了，立即生气地瞪了他一眼。结果，他仍然不知道那个弹弦子的人是因手痛或指甲破了，或是因内急而望着和卓，想请一会儿假。不管怎样，总之他是死了。

又有一天，在一个宴会上，和卓和许多官员们一同坐着。突然，和卓喊来了一个刽子手，用眼睛给他一个暗示，看了在座人们中的一个人，于是，刽子手就把那个人拉出去杀了。

在座有一个人问了一问被杀的人的罪恶。和卓回答说：

"我看见他没有头，因此杀掉的。"

问话的人听了这话以后心想，不要让他看着我也"没有头"吧。于是，他诚惶诚恐地说："啊！真主呀！你把我生在有如此奇迹的和卓木时代，我真是说不出的感激呵！"一面说着，一面连续叩头。从这里看出，他对和卓木是怎样的信仰。

在一部维吾尔文史料中，还有这样的文字，显示出倭里罕几乎是每天杀人为乐：

他每天都要杀死一批无辜的百姓，这些被杀百姓的头颅，全部潴集在大河的拐弯处。（刘志霄《维吾尔族历史》中编）

这些被杀的人们，既有和卓家族的普通崇信者，也有和卓追随者，甚至还有当时来南疆旅行的外国人。

英国人罗伯特·沙敖在其游记《高地鞑靼、叶尔羌、喀什噶尔游记》一书中，也记载了他的所见所闻：

（倭里罕）每天抽大麻抽得晕乎乎的，他的朝臣们被迫低头坐着，双手向前伸着，像是在祈祷，假如他们当中有人抬一下头，就会被拉出去处死……

甚至他听到清真寺内呼唤人们做礼拜的声音，也会认为打扰了他，就下令把这个呼唤者的脑袋砍下来……

倭里罕通常每天下令拉出去五到十人行刑，而且非常有规律，从不出错……

倭里罕和卓惨无人道、罄竹难书的种种暴行，使得喀什噶尔地区众多的白山派世袭信徒们对和卓家族感到无比恐惧和失望。从那时起，和卓家族在南疆地区的形象逐渐败坏，信众们对于这个家族根深蒂固的崇信逐渐消失，最终完全崩溃。

所以，当日后阿古柏带着张格尔的儿子布素鲁克来到喀什噶尔时，发现绝大部分维吾尔族百姓对他们的信仰已经消失，只有恐惧和厌恶。

因此，在利用了和卓家族有限的影响力之后，阿古柏就对和卓家族男性成员斩草除根，使得这个危害中国新疆南疆地区长达两个世纪之久的宗教家族，从当地人的记忆中彻底消失。

在清末，喀什的民众基本忘却了这个和卓家族。到了今天，旅游者到达当地的阿帕克和卓麻扎，无论是当地人还是导游，都会说这是“香妃墓”。

倭里罕如此令人发指的残暴行为和倒行逆施，激起广大维吾尔族人民的强烈不满。很快，他们就不愿再受其欺压，纷纷迎奉清军。

七月间，清军先后从伊犁、乌鲁木齐等地调集了官兵七千多人，大张旗鼓进剿叛军。清军在叶尔羌与叛军激战，取得胜利后，斗志昂扬，继续向英吉沙尔进发。而后，经过大桥和柳树泉大战，清军收复了英吉沙尔旧城，解除了新城一百多日的围困。

清军乘胜乘势，向喀什噶尔进发。由于失去了当地百姓的支持，倭里罕叛军闻风逃散，清军收复喀什噶尔旧城。

倭里罕见大势已去，只得率部逃出卡外。过后，他仍不断率领匪徒入境骚扰。清军不敢懈怠，再派兵四处追剿。眼见南疆无法立足，倭里罕就裹胁了一万五千多人，带着抢掠的金银财宝，逃往浩罕汗国。和卓后裔倭里罕的这次叛乱，经过了四个月就告平息。

倭里罕跑了，南疆并未因此而平静，一场更大的暴风雨正在酝酿之中。

同治三年（1864 年），库车渭干河附近，一批开渠垦荒的维吾尔族农民，忽然在托乎提尼牙孜哈里等人的率领下暴动。一夜之间，就杀死清朝两名官吏和十五名当地伯克。随后，这群人向库车城进发。当时，城外杨春、马三保、马隆等人趁机响应，焚毁了清军的军台以及城内商铺。

惊闻事起，库车办事大臣萨灵阿急向喀喇沙尔（今库尔勒和焉耆）的清军求救，要求一同发兵镇压。

由于此次起事人员众多，六月六日，库车城被攻陷，萨灵阿等清朝官员以及阿奇木伯克库尔班等多名伯克遭到割喉、棒击残杀。

这帮人得手之后，肯定要推一个名气大的人当首领，于是，叛乱的人就想奉正在当地闲居的库车郡王爱玛特为反叛首领。爱玛特，维吾尔文史书称其为“阿合买提王伯克”，乃乾隆时期帮助朝廷击灭大、小和卓叛乱的库车阿奇木伯克鄂对的后裔。但爱玛特忠于大清，说他一家人已经向大汗（清朝皇帝）效忠了几代，绝对不会背弃大汗，还劝告乱众不要造反杀人，否则，日后大清天军一到，诛戮无遗。于是，乱众恼怒，他们一拥而上，杀掉了这位郡王和他的一家。

而后，他们拥到库车的加拉里丁家族门前。这个家族中的大阿訇热西丁非常高兴，立刻表示自己和乱众息息相通，于是马上被这些人拥戴为首领。在欢呼声中，他自称“热西丁汗和卓”，在库车建立政权，并派兵西征，意图急速扩大地盘。

当库车乱军攻占阿克苏、乌什之后，柯尔克孜族首领司迪克联合附近的反清势力，趁势而起，猛烈进攻喀什噶尔。攻破喀什噶尔旧城之后，尽屠当地的清朝满族、汉族兵士和汉族商人，割据喀什噶尔旧城称王。

七月下旬，乌鲁木齐、昌吉、玛纳斯、库尔喀喇乌苏等地人纷纷起事。当时，清军的绿营参将索焕（前甘肃提督索文之子）和甘肃河州的阿訇妥明暗中联合，诱杀了清军在乌鲁木齐的绿营提督业布冲额。而后，这些武装四处暴起，把乌鲁木齐城内清朝官兵和满汉平民两万多人残杀殆尽。于是，妥明自称“哈里发”，改年号为“清真二千八百九十三年"。他手下控制的武装势力最大时，向东发展到哈密，向西发展至乌苏，向南发展至吐鲁番，向北与清军争夺塔尔巴哈台。

十月，阿奇木伯克阿布都鲁苏勒率领伊犁起事乱军攻占惠远城（清朝伊犁将军驻地）和附近的惠宁城，清将明绪、常清等人阖门殉国。城陷之后，数万满族、汉族、蒙古族兵民遭到残杀。而后，迈孜木杂特代之而起，自称苏丹；而拜城的阿奇木伯克海孜那奇，在库车起义后就悄悄潜回和阗原籍，联络刚从麦加朝觐回国的宗教法官哈比布拉起兵，一举占据和阗。得手之后，哈比布拉自称"帕夏"（国王），在和阗建立了帕夏政权。这个人在和阗，不仅残杀了当地几乎所有的满族、汉族军民，连当地人也杀掉不少。

所以，到了同治三年年底，新疆地区的南疆全部以及北疆之乌鲁木齐、伊犁一带，清廷的统治基本失灵，只有喀什噶尔新城、英吉沙尔新城等少数地方，尚有清军苦苦支撑。

对于清廷来说，局势确实属于全面失控。但新疆地区叛乱的人，却分为五个互不统属的地方政权：库车的热西丁和卓政权，控制天山南麓自乌什至喀喇沙尔地区；乌鲁木齐妥明"哈里发"政权，割据自玛纳斯到吐鲁番一带；统治和阗的哈比布拉的"帕夏"政权；伊犁的"苏丹"政权；喀什噶尔的思迪克政权。

特别是库车的热西丁，是个不折不扣的宗教狂。成为匪首后，他即高呼口号："伊斯兰的宝剑，已经砍到了异教徒的头上！"（李泰玉：《新疆宗教》第168页，新疆人民出版社，1990年版）而后，这个恶魔在库车、库尔勒等地，大肆屠杀蒙古族、汉族、藏族人民，几乎把他所占领地区几个民族的百姓屠戮殆尽。焉耆地区的汉族、维吾尔族、回族、藏族等各族百姓得知消息后，纷纷团结起来，奋起驱逐热西丁叛匪。

蒙古土尔扈特骑兵队在铁门关、霍拉山、库鲁克山的博斯腾湖畔、阿洪卡山口等地也纷纷设防，防止这些暴徒窜入草原屠杀蒙古族、汉族人民。但是，由于先前清政府分散设防的策略，尤勒都斯草原还是遭到热西丁匪军攻袭，他们在大草原上疯狂屠杀达五个月之久，残杀土尔扈特人民多达六千多人。当地各族人民奋起反抗，四处攻袭这群灭绝人性的热西丁匪兵，最终打得这群匪徒退出了尤勒都斯草原。从此以后，热西丁匪军的控制力，也就被限制在库尔勒和阿克苏一线。

新疆的这五支割据政权，不仅四处入侵、杀人，他们之间也互相攻伐，都想尽可能多地夺取地盘。伊犁乱军占领了清朝伊犁将军驻地惠远城之后，维吾尔族"苏丹"艾拉汗和回族"苏丹"马万信很快就互相残杀，最后，马万信被杀。乌鲁木齐的"哈里发"妥明，派兵参与伊犁两个"苏丹"间的争战，还派兵同库车的热西丁政权争夺布古尔（今轮台）。库车的热西丁，更是派兵四下征伐，并且插手叶尔羌的内部纷争……

在喀什噶尔，当时的阿克陶（今克孜勒苏柯尔克孜自治州）伯克司迪克之所以老远跑过来，是因为受人撺掇——喀什噶尔排素巴特垦区，有个叫金相印（外号"金老三"）的回族豪绅一直和另一个叫马元（外号"马秃子"）的回族阿訇密谋反清，听闻热西丁在库车造反后，金相印就跑到阿克陶，鼓动时为柯尔克孜伯克的司迪克也举兵反清。于是，司迪克听从了金相印的撺掇，带着自己手下人马和金相印、马元等人联合，宣布起兵。

清朝驻喀什噶尔的办事大臣奎英与新城守备何步云闻讯，即刻派出军队清剿。结果，清军非但没把司迪克消灭，反而使喀什噶尔附近地区大乱：叶尔羌城人暴动，占领城池；英吉沙尔的清军把总、回族人王得春造反；喀什噶尔白山派头目马木提更是早有叛心，竟然乘乱占领了喀什噶尔旧城，大门一关，他就自称"帕夏"了。

利用这场大乱，金相印与马元马上协助司迪克集结暴乱队伍，杀气腾腾向喀什噶尔新城进发。当时，坚守新城的奎英心急，命令先前从旧城中跑出来效忠清朝的库吐鲁克伯克与沙依提伯克两兄弟迎敌。这二人率本部兵马，在今天的疏勒县塔孜洪地带和司迪克叛军相遇。大战一场，库吐鲁克伯克大败，兄弟俩率残兵落荒而逃，后来不知所终。

司迪克叛军团团包围了喀什噶尔旧城。这时候，虽然同信伊斯兰教，但占城为“帕夏”的白山派头目马木提也着急，马上征调全城百姓，包括白山派阿訇，都拿着长矛到城头守城。经过数日苦战，旧城城内最终弹尽粮绝。在金相印唆使下，司迪克乘机以重金买通了城内的浩罕商人做内应，最后里应外合，攻占了喀什噶尔旧城。

由此，柯尔克孜伯克司迪克反客为主，做了喀什噶尔“帕夏”。称王之后，他也大赏金相印和马元。

在喀什噶尔当了半年的“帕夏”，司迪克心内不安。在这个白山派大本营，没有白山派头面人物的支持，民心确实不服。于是，他就想在喀什噶尔或者外面找个有名气的贵族给他当傀儡。由于城内浩罕商人和间谍很多，加上金相印、马元二人撺掇，司迪克就决定派人前往浩罕汗国，邀请先前被清廷凌迟处死的叛贼张格尔的独生子布素鲁克回来执政，企图让他以白山派“和卓后裔”的名号哄骗人心，继而维持自己的统治。

其实，库车的热西丁造反之时，浩罕汗国的艾力木浑尔汗就曾派人进入清朝境内刺探情报。司迪克占领喀什噶尔后十几天后，大批的浩罕汗国间谍就纷纷以商人身份潜入喀什噶尔旧城。他们收买了当地二十四名伯克和阿訇，联名写信，“强烈”要求浩罕汗国出兵，袭取喀什噶尔，驱逐司迪克。对于这一切，司迪克却茫然无知，自己还主动引狼入室。

同治三年年底，金相印奉司迪克之命抵达浩罕首府，恳切请求艾力木库尔汗，允许自己把住在塔什干的布素鲁克带回喀什噶尔。

这个请求正中艾力木库尔汗下怀，他马上点头答应。于是，浩罕汗王即刻派人找来穷困潦倒的布素鲁克，许愿要封他为喀什噶尔“帕夏"，让他回到喀什噶尔后，能为浩罕汗国效力。

当时的布素鲁克如饿狗一般，给他当个庄主就感恩不尽，别说是当"帕夏"了，于是马上指天发誓，表示自己回到喀什噶尔后，一定全力报答浩罕汗王。

即便如此，艾力木库尔汗对于这个"和卓后裔"还是不敢尽信。思前想后，艾力木库尔汗就派出了自己一个心腹"陪同"布素鲁克前往喀什噶尔，实际上是想起到监视的作用。

浩罕汗王派出的这个人，就是大名鼎鼎的阿古柏！

阿古柏出生于1820年，至于他的族属，连他本人都不清楚，有人说他是乌兹别克人，有人说他是塔吉克人。他的父亲伊斯迈特·乌拉是村中的巫医，为人好色成性，在阿古柏幼时就抛弃了他们母子。幼年的阿古柏随母改嫁，给村中的屠夫当儿子。几年后，其母病逝，屠夫不喜欢这个"拖油瓶"，成为孤儿的阿古柏只得在塔什干街头流浪。

少年阿古柏面容姣好，被街头艺人收留。他充当娈童之余，学习舞蹈替艺人挣钱。他十岁左右，被一名路过塔什干的浩罕官吏看中，收为自己独享的娈童，并将其带回浩罕城。过了几年，这个官吏把阿古柏作为奴仆，转送给马达里汗的侍从官穆罕默德·卡希卡。

后来，浩罕内乱，阿古柏的主人卡希卡于乱中被杀。此时，已经是青年人的阿古柏就回到家乡，投奔塔什干的库什伯克。为了取悦这位地方酋长，他还把自己貌美如花的妹妹作为礼物献给了库什。由此，库什非常喜欢阿古柏，委任他为五百人长。日后，在镇压塔什干境内的哈萨克人起义过程中，阿古柏骁勇善战，立功不少。

1860年左右，因为战功，阿古柏被库什伯克晋升为阿克麦吉特（今纳罗夫斯基）伯克。从此，阿古柏就成为一方小诸侯，被当地人尊称为"雅霍甫伯克"。

成为伯克之后，阿古柏名声日益响亮。所以，当司迪克派人到浩罕求援之际，汗王就选中得力心腹阿古柏为"监护人"，护送张格尔的

喀什噶尔国王拜访阿古柏

儿子布素鲁克返回喀什噶尔。

1865年春，布素鲁克、阿古柏、金相印等人，在几十个浩罕骑兵护卫下，踏上了返回喀什噶尔的征程。

司迪克迎接布素鲁克时，见到这个和卓后裔庸懦无知，还挺高兴，觉得他是当傀儡的不二人选。但是，当他看到阿古柏咄咄逼人的目光时，心中大起疑窦，深感这个浩罕伯克不好对付。

果然，双方的合作没持续多久。在阿古柏的挑唆下，布素鲁克很快就和司迪克发生争执，正好给阿古柏以把柄，以司迪克不遵照和卓后裔命令为名，派人把司迪克驱逐出了喀什噶尔旧城。

到了城外，司迪克又悔又怒，马上纠结了近七千柯尔克孜族士兵对旧城发起反击，想赶走阿古柏和布素鲁克，重新夺回喀什噶尔。

双方战斗开始，熟谙战场争斗的阿古柏却袖手旁观，任凭布素鲁克自己带兵出城迎战。布素鲁克虽然是和卓后裔，但根本不知道怎么打仗，和司迪克一交兵，登时大败。

阿古柏笑了。于是，他率领一千多训练有素的骑兵，开门迎着司迪克的兵马就来了一个急冲锋。由于阿古柏手下的浩罕士兵都是职业军人，他们手中又有英国人给予的热兵器，只一阵就把司迪克手下的柯尔克孜兵马打得狼狈逃跑，被迫退回维依塔克老窝。

得势不饶人，阿古柏迅速组织起一支几千人的军队，兵分二路，一支南下英吉沙尔，于4月11日攻陷该城，清朝领队大臣托克托布等人战死；另一路兵马进兵维依塔克山区，再次杀败司迪克，使其被迫逃亡中亚塔什干一带。

4月中旬，阿古柏即宣布在喀什噶尔成立“哲德沙尔汗国”，并先把布素鲁克推到前台做傀儡，他本人自领兵马。由此，阿古柏在新疆的十三年搅乱，正式开始。

阿古柏所谓的“哲德沙尔汗国”，即“七城国”的意思，包括喀什噶尔、英吉沙尔、叶尔羌、和阗、阿克苏、库车、乌什这七座大城。其实，当时阿古柏手中只有喀什噶尔旧城和英吉沙尔，而喀什噶尔新城和其余五城，根本不在他的手中。从他当时所起的“国名”，就可以想到阿古柏的野心。

到了 1865 年 4 月下旬，阿古柏手下的兵马已扩充到六千多人。于是，他第一个目标就是进攻叶尔羌大城。

在叶尔羌城内，有两支互不相统的势力，一支是该城原伯克阿不都热合满为首的维吾尔族势力，另一支是当地回族武装社团以阿訇“马大老爷”为首的回族势力。于是，阿古柏先假意让人给叶尔羌的“马大老爷”送信，说要去叶尔羌朝拜木合买提和卓麻扎。而后，他还骗取了起事占城的维吾尔族首领阿不都热合满的信任，也说他要去当地朝拜。

叶尔羌当地两派势力起先都受了骗，允许阿古柏一行前来。岂料，朝拜一结束，阿古柏就率兵向叶尔羌城发起突袭。

发现阿古柏率领浩罕军队攻城，叶尔羌城百姓四处高喊“见到安集延人（浩罕人）就杀”，在城内外与侵略者展开了殊死搏斗，最终打得阿古柏军队大败而逃。

阿古柏率领败军从叶尔羌回撤的途中，又碰上库车割据势力热西丁手下大将加玛力丁多所率领的大军。惶急之下迎战，阿古柏再次惨败，他身受三处重伤，几乎被库车骑兵砍死在马上，关键时刻喀什噶尔旧城的布素鲁克派来了援兵，阿古柏才得以侥幸逃脱。而与阿古柏相战的库车军队，由于遭遇热兵器，也伤亡惨重，中途被迫撤往阿克苏。

得以喘息之后，败军之将阿古柏竟然在返回喀什噶尔的途中指挥军队猛攻英吉沙尔新城的清朝守军。在发动进攻的同时，阿古柏手下白山派叛军四处联系周围的庄园的人，煽动那些人加入队伍，一起攻打“黑达耶”（突厥语“契丹”，即“汉人”的意思）。

在四五万庄园的人的帮助下，阿古柏匪军攻破城池，残杀了数千满族、汉族民兵。

回到喀什噶尔旧城之后，阿古柏喘息已定，就集中兵力攻打喀什噶尔新城。当时，已被围困十三个月之久的清军官兵早已陷入绝境，终日靠吃皮靴、皮带、死猫、死狗为食，基本陷入了绝境。

在如此情况下，清军绿营守备何步云暗中约降阿古柏，并且派人劝降清朝的喀什噶尔帮办大臣奎英。身为大清臣子，奎英与一批清军将吏誓死不降，并且大骂叛贼何步云。

不久，得知喀什噶尔新城被攻陷的消息，奎英平静异常，亲自用烟袋锅引爆了早已经堆放在房间内的炸药，与妻子于氏、儿子育俊、孙子灵景以及协办大臣福珠凌阿及其妻钮氏，儿子英俊、英敏、英志等数十人，壮烈殉国。

1865 年 9 月 1 日，阿古柏终于占领喀什噶尔新城。入城之后，他纵兵奸淫掳掠长达七天，残杀数万满族、汉族官民，只有投降的清将何步云因为率领所部千余清军改信伊斯兰教而免遭屠戮。为了避免日后被杀，何步云还献出自己美丽的女儿给阿古柏做妾。

阿古柏攻陷喀什噶尔新城后，不少流窜的浩罕残军以及先前参与“七和卓之乱”的和卓后裔纷纷来投，其中包括和卓家族的迈买的明、基奇克和卓、倭里罕等人。

全部占领喀什噶尔之后，阿古柏的野心更大了。同时，由于阿古柏的“老家”中亚浩罕汗国本土遭到沙俄军队的强大军事进攻，艾力木库尔汗的近侍官玉努斯江率领七千多浩罕残军，也逃来喀什噶尔投奔阿古柏。

有了这些“老乡”，阿古柏更感高兴，野心急剧膨胀。同时，也完全打消他日后回归浩罕故国的念头。他坚定心意，决定率领浩罕军队和白山派信众吞并整个新疆，在这里建立起完全属于自己的新“国家”。

当年年底，阿古柏第二次攻打叶尔羌未遂，他就派遣玉努斯江率领七千浩罕侵略军猛攻叶尔羌，自己则向东攻击巴尔楚克。

巴尔楚克位于喀什噶尔通往叶尔羌、阿克苏的要道之上，阿古柏必欲得之。由于众寡悬殊，守城的满族、汉族军人在杀敌数百之后，阖城自焚，壮烈牺牲。

乘胜得势，阿古柏和玉努斯江汇合，死力攻打叶尔羌。守城的回族阿訇“马大老爷”不敌，只得投降。深恨先前叶尔羌人抵抗，阿古柏匪徒又在叶尔羌城内大杀了一阵。而后，阿古柏任命玉努斯江为叶尔羌伯克。

阿古柏下一个目标，就是和阗了。

阿古柏派人先到和阗，告知和阗“帕夏”哈比布拉，说自己率领军队前去，目的是要朝拜七伊玛目则比乌拉的麻扎。哈比布拉挺高兴，马上到城外迎接，双方在夜幕下设帐宴饮欢歌。

大宴席吃到一半，阿古柏挥手，忽然上来一群浩罕兵士，三人一组，两人按住哈比布拉和他的从人，身后一人负责挥刀。刀光闪过，哈比布拉一行人皆人头落地。

狞笑数声，阿古柏发布命令，指挥大军攻打和阗。由于猝不及防，和阗城很快失守。阿古柏手下军人毫不留情，残杀了当地五万多维吾尔族军民。一时间，和阗城内的大街小巷，到处流淌着鲜血，血流有声。半年前，哈比布拉刚刚杀害了城内诸多的民众，如今，轮到他自己和族人被杀。世事轮回，真让人难以预料！

阿古柏节节胜利，浩罕军人在各处为所欲为。耳闻目睹其行为，身为傀儡的布素鲁克在喀什噶尔旧城也待不住了，日益忧虑、恐惧。于是，在手下一帮吉尔吉斯人的鼓动下，布素鲁克等人占据了喀什噶尔新城，然后又派人到旧城说服城内伊斯兰长老宣布阿古柏为“不受欢迎的人”，企图趁机摆脱阿古柏的统治。旧城内的那些穆斯林长老们，一是迫于阿古柏的淫威，二是因为先前和卓家族倭里罕等人的淫虐，对于和卓家族后裔非常失望，所以断然拒绝了布素鲁克的要求。布素鲁克只得据守新城。

阿古柏闻报后，立刻率兵星夜返回。经过四十一天之久的攻城，最终攻入新城，逮捕了布素鲁克，并将其软禁于英吉沙尔。

隔了几天，阿古柏亲自去英吉沙尔，说要和布素鲁克宴饮。布素鲁克落座不久，就被两名身强力壮的浩罕士兵按住。阿古柏掏出一把小刀，抓住布素鲁克的头发，如同宰羊一样把这位和卓后裔的脑袋切了下来。而后，阿古柏对外宣称，为了表示自己的宽仁，他已经派人护送布素鲁克去麦加朝圣了……

杀了布素鲁克，阿古柏觉得当时依旧需要再扶立另外一个“和卓后裔”当招牌傀儡，以招徕白山派人众。于是，他找到布素鲁克的堂兄迈买的明，以他为汗王，代替布素鲁克为阿古柏伪政权的傀儡。

阿古柏深知宗教的力量。为此，他到达新疆之后，一直以教法捍卫者自居，利用宗教作为政治工具欺骗当地人众。当时，他大兴土木，改建和扩建了不少宗教建筑，包括阿帕克和卓麻扎、喀什噶尔旧城内的艾提卡尔清真寺，可以说是不吝物力财力，在短时间内也骗取了不少信众的信任。

但是，阿古柏日益站稳脚跟之后，对于和卓后裔就不再客气。迈买的明被阿古柏立为傀儡之后，由于十几年前就在喀什噶尔发动过“七和卓之乱”，不似他的堂弟布素鲁克那样好控制，还暗中勾结白山派人士，大有异动的意思。于是，阿古柏先下手为强，拥立四个月后，就派人携带毒药，把迈买的明和他的兄弟基奇克和卓强行灌毒处死。

接着，阿古柏又听说，昔日以残暴闻名的倭里罕，竟敢率领一行人在喀什噶尔旧城街上高呼：“现在是倭里罕和卓的时代！”阿古柏简直被气笑了，他马上派人招抚，说自己要请倭里罕吃饭，商议推他上位的事情。

倭里罕挺高兴，以为自己的和卓身份就是管用，大摇大摆进入阿古柏营帐。结果，迎接他的不是阿古柏的笑脸，而是一顿乱棒，倭里罕的双腿顿时被打折。接着，阿古柏派人把这个昔日凶残成性的和卓后裔拖到一个废井旁边，高高举起，然后扔到井下。诸人不顾倭里罕的哀求号叫，往井里乱投碎石。倭里罕最终受伤窒息而死。

至此，昔日大和卓布拉尼敦所有在南疆的后裔，被阿古柏杀得一干二净。虽然阿古柏是个血债累累的入侵者，但他对南疆和卓后裔的屠戮，替大清根除了一直棘手难除的和卓祸根。

同治五年，由于阿古柏已占领塔里木盆地西南缘的全部土地，得意忘形，开始自称“毕杜勒特”（即“洪福无量的人”），还宣布自己的伪政权为“洪福汗国”。而后，膨胀至极的阿古柏决计要征服整个新疆。

同治六年五月，阿古柏亲率以浩罕军人为主力的数万大军，杀到拜城以西的察尔其，开始与热西丁派来迎敌的库车军队大战。双方从清晨激战到晌午，阿古柏军队大胜，杀掉当地三万多军民。由此一来，库车城危在旦夕。

得胜之后，阿古柏故技重施，又派出使节，大打宗教感情牌，欺骗热西丁说，他要亲自到库车去朝拜圣人加拉力丁和卓的麻扎，希望双方偃旗息鼓，兄弟相处。

虽然之前和阿古柏争斗数阵，双方死亡数万，结下血海深仇，但热西丁竟然同意了阿古柏的要求。当然，由于事先大败，热西丁估计勉强抵抗也难成功。所以，明知是计，也无可奈何，只得大开城门，把阿古柏一行迎入库车城，大摆宴席，表示热情欢迎。

见面之时，热西丁和阿古柏还都下马，热情拥抱，各自亲吻了对方的大胡子。结果，第二天清晨，阿古柏就派人向城中百姓宣布说：就在昨夜，高兴至极的热西丁忽然“暴病而亡”。不用细说，当地人都明白，肯定是阿古柏在夜间杀掉了热西丁。

不过，这次兵不血刃进入库车，阿古柏没再屠城。为了笼络人心，他任命已经归顺的热西丁的弟弟担任库车伯克。而后，阿古柏乘胜又占领了喀喇沙尔地区。

当然，阿古柏“洪福汗国”的建立，和沙皇俄国、英国、土耳其奥斯曼帝国对他的支持密不可分。特别是英帝国主义者先后向他供应了大批枪支弹药和军械设备，并派出许多顾问和间谍。仅 1875 年一年，英国人一次就从印度给阿古柏运去了连发枪两万多支、山炮八门、炮弹两千多发。阿古柏还承认奥斯曼土耳其帝国为其宗主国，而土耳其帝国则册封阿古柏为“艾米尔”（伊斯兰教政权首领），妄图使阿古柏伪政权在伊斯兰世界完全合法化。投桃报李，阿古柏从土耳其一次购得新式步枪一万多支、火炮八门。同时，沙皇俄国更是对阿古柏大加支持，曾经派出索莫夫与莫罗佐夫兄弟的两支商队从吐尔尕特山口运送大批军火到喀什噶尔，支持阿古柏军队。为了讨好沙皇俄国，阿古帕派外甥阿吉托拉亲去彼得堡，带去重礼面谢沙皇。

1872年和1874年，阿古柏分别和俄国、英国签订了《俄阿条约》和《英阿条约》，出卖中国主权利益。

在两大帝国势力和土耳其奥斯曼帝国的支持下，阿古柏相继派军攻陷了吐鲁番、乌鲁木齐、古牧地（今米泉）、木垒、玛纳斯、鄯善等地，逼得势弱兵寡的清军只得退据塔城、乌苏一线，在有限的几个军事据点艰难固守。

一时之间，阿古柏甚嚣尘上，新疆近乎全部落入他的魔爪！

在左宗棠等人的竭力进谏下，1874年底，清廷终于在海防、塞防之间做出了艰难抉择，调集以刘锦棠为首的湘军、豫军、川军以及吉林、黑龙江马队，西进陕、甘地区集结待命，准备对阿古柏伪政权予以痛击。

光绪元年（1875年）三月十日，清廷任命内阁大学士、陕甘总督左宗棠筹划西征阿古柏事宜。由此，这位伟大的文人统帅，得任大清西征大军总指挥官。

# 西疆植柳漠风绿

## 左宗棠、刘锦棠对新疆的收复和经营

清廷内部的“塞防”与“海防”之争由来已久，最早，还应该归咎于李鸿章对日本侵略台湾事件的让步。日本海军的实力当时本来很单薄，李鸿章妥协退让，使得清廷大吃其亏。此事过后，清廷和李鸿章等人并没有认真汲取判断不明的教训，却把失败原因单纯地归于“海疆备虚”，于是，决策机构总理衙门倾力从事“造船”等事务。

由于筹办海防需要巨额经费，而清廷对西北用兵更是开支浩繁，清政府财政捉襟见肘。为此，清廷内部才掀起了东南“海防”与西北“塞防”孰轻孰重的朝臣大论争。

“塞防”与“海防”之争，发端于1874年底李鸿章的《筹议海防折》中。在这个奏疏中，他认为历代备边，确实多在西北。但自鸦片战争以来，世情大变，战争多发生在中国沿海地区。中国东南海疆万余里，各国通商传教，只要一国生事，各国马上构煽，防不胜防。所以，练兵制器，购买铁甲舰，乃当务之急。为此，李鸿章公然宣称，朝廷应该放弃收复新疆的计划。由于新疆北邻俄罗斯，西界土耳其、波斯各国，南近英属印度，即使勉图恢复失土，将来断断不能久守。所以，李鸿章得出结论，收复新疆“旷地”费时耗钱，还是舍弃新疆为上，先确保海防不失。

李鸿章身份特殊，时为文华殿大学士兼直隶总督，地位极其显赫。所以，山西巡抚鲍源深、前江苏巡抚丁日昌等人，都上奏折支持他的主张；刑部尚书崇实也表示，先前曾国藩就有暂弃关外之谋，如今大学士李鸿章和曾国藩一脉相承，确属老成谋国之见；就连光绪帝生父奕譞也认为，李鸿章请罢西征，乃大清最上之策。一时间，放弃新疆并“停兵撤饷”之声甚嚣尘上。

关键时刻，左宗棠力挽狂澜，他和军机大臣文祥、山东巡抚丁宝桢、江苏巡抚吴元炳等人联合，力陈保疆抗俄的重要性，认定只要俄人不能逞志于西北，则各国必不敢构衅于东南。针对李鸿章等人的论点，左宗棠据理力争，做出如下英明神武的论断：

> 重新疆者，所以保蒙古，保蒙古者，所以卫京师。西北臂指相联，形势完整，自无隙可乘。若新疆不固，则蒙部不安，匪特陕、甘、山西各边时虞侵轶，防不胜防，即直北关山，亦将无晏眠之日！

思及新疆作为边疆屏障的重要性，清廷最终还是采纳了左宗棠等人的主张，于光绪元年三月二十八日（5月3日）颁布谕旨，任命他“以钦差大臣督办新疆军务”，并以金顺为乌鲁木齐都统，帮办新疆军务。同时，清廷调景廉、袁保恒回京。由此，左宗棠掌握了收复新疆的最高指挥权。

为了收复新疆，左宗棠殚精竭虑，用了近一年时间进行战前准备。

战前，左宗棠所定的西征政治方针为“剿抚兼施”——“剿”，自然针对阿古柏和他背后的英、俄等外来势力以及自陕西逃去新疆的白彦虎暴乱集团；“抚”的对象，指人口占新疆绝大多数的原住居民。

左宗棠对新疆的用兵，一直采取“先迟后速，缓进急战”的八字方针。所谓“迟”，就是后勤完备；所谓“速”，就是进击的时候要速战速决。所谓“缓进急战”，就是要着眼于解决长距离作战的后勤保障问题。

针对当时新疆地区广袤的境土，左宗棠采取“先北后南”的战略部署，准备率领大军首先攻占北疆，率先收复乌鲁木齐这一全疆要津。而后，再进军南疆，向西收复伊犁。

当时，清廷在新疆作战方向上，内部意见一直不一致，议论纷纷。左宗棠受命后，最终决定按“先北后南”进行作战——南路是阿古柏的老巢和主力屯驻所在地，经过了叛匪较长时期的经营；北路由白彦虎、马人得等踞守，这伙匪徒的能战之兵不过六七千人，一直与阿古柏相猜贰，不耐大战，仅长于绕袭、奔窜。因此，先攻北路，一来可以避实就虚，突破敌人薄弱防线，二来可以分散敌人的兵力。当北路进兵时，如果阿古柏督师北援，清军就可以经过几战重创离巢之敌。此外，由于哈密、巴里坤、古城、济木萨（今吉木萨尔）等军事据点还在清军控制中，就可以保障新疆与内地的交通。尤其是天山东部的哈密，系新疆通往内地的咽喉，所以，左宗棠本人即在当地指挥全局。由此，东北与乌里雅苏台相呼应，西可直趋吐鲁番、乌鲁木齐。只要清军收复了乌鲁木齐，一可扼其总要，二可驻守有地，然后再加兵南路，自然胜算在握。当然，先攻北路，占领乌鲁木齐，还可以制止伊犁俄军东窥，对这一点，左宗棠尤为关切。

用兵征战，关键在于选将，左宗棠作为湖南人，自然挑选多年来随他战斗的“楚勇”和老湘军中的刘锦棠、张曜、金云昌、徐占彪、易开俊、董福祥等能战之将。而后，他淘汰冗杂，采用精兵战略，严明纪律。战前训练时，左宗棠派人从德国采购新式后膛大炮、开花小炮、快响枪、来福枪等装备，为他所率的平叛清军配备了当时的新式武器。打仗，最重要的还有粮饷。为此，左宗棠悉心安排，从各省借调粮饷。在哈密修水渠屯田的同时，针对进疆路途遥远的情况，左宗棠在沿途广设粮运台站。由此，官民结合，节节转运，保证了战时粮草的充足供应。

光绪二年四月，左宗棠以六十五岁高龄，悲歌慷慨，令人抬棺西征。

左宗棠挂帅后，指定刘锦棠负责总理西征大军的营务事宜，也就是说，这位刘将军就是当时的前敌总指挥。当时，刘锦棠刚过而立之年，遵照左宗棠关于先取北疆、后收南路的作战方针，他率领湘军及其他各部清军，开始了伟大的收复新疆的战役。

早在一年前，刘锦棠率部驻扎凉州（今武威）时，就积极整军备战，先将五十五营老湘军精简成二十五营，而后，结合新疆的敌情和地理特点，他率领部下进行了一年多的作战训练，为收复新疆准备了一支劲旅。

光绪二年四月二十六日，刘锦棠依据左宗棠“缓进急战”的战略方针，在肃州统率二十五营老湘军开始进军。这些湖湘子弟分批经过千里戈壁，向北疆进军。

虽然初夏出军，但审时度势后，刘锦棠决定在“新谷遍野、有粮可因”的新秋之际发起北疆作战。

7月下旬，刘锦棠在济木萨与金顺部三十九营人马合军，首先进占阜康，准备攻打古牧地，想一举撤除乌鲁木齐的屏障。当时，防守乌鲁木齐地区的，有投降阿古柏的马人得（昔日妥明伪政权的军事指挥官）、白彦虎（在陕西作乱并杀害了上千万汉族百姓的匪首）等部两万多人，其中六千多人驻守古牧地。

从阜康到古牧地，当时有两条道路，一条是途经戈壁、缺乏水源但无敌军防守的大道，另一条是途经黄田、水源充足但有重兵防守的小路。

白彦虎匪帮征战有年，非常有战斗经验，在战前使出种种手段，意在迫使清军走大道。一旦清朝大军过戈壁，很快就会陷入人马渴乏的困境。疲军对敌，得胜的可能性微乎其微。

刘锦棠将计就计。8月8日，他大张旗鼓派出部队，沿路掘井挖渠，开沟引水，摆出清军要走大道的架势。10日夜晚，他本人突然率领精锐部队，从小路进击，当夜就夺取了黄田，第二天一举进围古牧地。

包围敌人后，刘锦棠马上令炮队在城外修筑炮台。瞄准敌人目标后，几声巨响，清军就用开花大炮把城墙轰塌了几个缺口。而后，刘锦棠马上命令突击队从缺口抢攻入城。

饶是叛匪能征善战，死力抵抗，清军还是在10月17日占领了古牧地，全歼当地守敌。

攻取古牧地时，刘锦棠从敌营缴获的信中获悉，由于敌人多在外围，乌鲁木齐城内防守十分脆弱。

当时的乌鲁木齐守敌，也是万分火急，向南疆阿古柏哀求援兵。

刘锦棠决定不给敌人以喘息、反应的机会。他在古牧地只留两营兵力防守，自己率领大队人马稍事休整，即星夜奔往乌鲁木齐。

次日黎明，清军部队抵达乌鲁木齐外围。而后，为了震慑敌军，刘锦棠指挥炮队在六道湾的山梁上架炮，向城里猛烈射击。

城内的马人得、白彦虎两位匪首没有料到清军如此神速，炮声一响，二人即六神无主，很快弃城南逃。

收复乌鲁木齐之后，刘锦棠指令金顺率部西攻昌吉、呼图壁和玛纳斯，他自己率领老湘军清剿当地残敌，准备趁势南进。

不料，玛纳斯南城守敌负隅顽抗，金顺部清军久攻不克。于是，刘锦棠派出罗长祜率领十一营老湘军驰援，并于11月6日将该城攻克，尽歼匪类。

眼看严冬大雪开始封山，刘锦棠遵照左宗棠的意见，在当地耐心整军备战，准备来年春天再举兵南进。

阿古柏得知乌鲁木齐失守的消息后，大惊失色，马上从喀什噶尔赶到托克逊部署防御事宜。同时，他还派出心腹艾克木汗率步骑八千五百人，会同马人得、白彦虎残部以及一万白山派民团，固守吐鲁番；令其大总管爱伊德尔呼里率步骑四千四百人守达坂城，还在东西天山隘口之间筑起了一座新城；令其次子海古拉率步骑六千人守托克逊。

由此一来，这三城形成犄角之势，看似固若金汤，似乎能够阻止清军南下。

1877年4月上旬，春暖花开之际，刘锦棠按照左宗棠三路并进的部署，与张曜、徐占彪二部约期同时进发，以避免三处守敌互相呼应救援。

4月14日，刘锦棠率领三十一营人马从乌鲁木齐南下，在4月16日夜包围达坂城。黎明时分，刘锦棠身骑一匹高头大马，环城侦察敌情。守敌发炮，刘锦棠坐骑中弹倒地，但他脸上无丝毫惧色，意气弥厉，易马而前。

摸清了达坂城城防概况后，刘锦棠命令各营环城挖壕筑垒，对达坂城进行严密包围。同时，他指挥构筑炮台，准备强攻。

不久，阿古柏次子海古拉派人两次来援，想给清军来个反包围。这种伎俩早在刘锦棠估算当中。所以，清军对援敌均予以迎头痛击，打得海古拉掉头而逃。

眼看坐守无望，爱伊德尔呼里知道不能固守等死，就准备率军突围南逃。

刘锦棠深恐达坂城守敌突围后难以尽剿，命令清军在夜间遍燃火把，密切监视城内的一举一动。

4月19日晚，清军的城东炮台筑成，刘锦棠当即下令，以普鲁士制造的后装线膛开花大炮向城内轰击。这些进口大炮威力巨大，轰隆声中，城内守敌的弹药库也中炮爆炸，成百上千的敌军和战马被炸成碎片，腾空而起。由于当时大风骤起，一时间烈火燃遍全城。

惊惶之下，守敌惊溃。他们打开城门，四散奔逃。刘锦棠一面指挥各营截击，一面让人喊话劝降。

眼看清军势盛，炮多人众，守城头目纷纷举手投降，阿古柏的将领爱伊德尔呼里也被活捉。清军在达坂城打了一个漂亮的歼灭战。

此前，贼匪在各地杀戮无数满族、汉族、蒙古族士兵。刘锦棠遵左宗棠之嘱，对大批俘虏实行宽待政策，把数千人释放回家，行前还发给他们衣粮。当时就有人问刘锦棠："此辈贼人残忍，理应尽戮，奈何纵之？"

对此，刘锦棠表示说："俾归为我宣播朝威也，吾欲以不战胜之！"（《清史稿·刘锦棠传》）

在清军宽大政策的感召下，叛乱的匪众纷纷投诚，就连达坂城内被俘的爱伊德尔呼里也对大清军队感恩戴德，主动给阿古柏写劝降信。

在整个进军南疆的过程中，由于刘锦棠始终实行宽待俘虏的政策，对分化和瓦解敌人确实起到了重要作用。

攻占达坂城后，刘锦棠马上分派罗长祜率步骑六营，与张曜、徐占彪两路人马一起疾驰吐鲁番，并在4月26日攻取了该城。

刘锦棠自率骑兵，飞奔前往托克逊，截住了大批准备南逃的敌军。经过一场激战，除阿古柏的儿子海古拉率两千多人狼狈逃往库尔勒之外，清军一战歼敌四千余人。

至此，历时不到半月，刘锦棠就胜利地结束了攻占三城的战役。

清军占领托克逊后，刘锦棠决定，待秋粮采运充足后再行南进，准备陆续克复南疆八城。

在此期间，阿古柏一方内部忽然发生了重大变化——5月29日，阿古柏服毒自杀（还有说是中风而死、被部下打死或被他委任的和阗伯克尼牙孜毒死）。

不过，根据左宗棠奏折、当地少数民族史料以及敌军俘虏的口供，阿古柏应该是死于自杀。由于清军势盛，手下叛逃的人日益增多，加上他听说心腹尼牙孜准备奉城投清，而贴身随从吾守尔携带大批财宝叛逃，阿古柏确实感到了末日来临的恐慌，甚至日夜“忧泣”。为了避免日后被清军俘虏送到北京凌迟，他选择了服毒自尽。

逆首阿古柏去世后，其次子海古拉携父尸南返，准备返回喀什噶尔，把阿古柏葬在阿帕克和卓陵墓之内。刚到城外，海古拉就遇到了前来迎接灵柩的大哥伯克胡里。这位阿古柏长子泪眼迷离，跪在棺材前大哭。看到大哥哭，海古拉也随着跪下哭。岂料，伯克胡里忽然站起身，随手掏出一把手枪，抵住二弟太阳穴就扣动了扳机，海古拉就地毙命。

伯克胡里身为阿古柏长子，本不应该害怕二弟会和自己争位，可豺狼心性，歹毒异常，他先下手为强，为自己继承阿古柏汗位消除了障碍。

伯克胡里在喀什噶尔继承了阿古柏的汗位后，留部分人马防守东四城，他自率主力退保西四城。

1877 年 8 月 13 日，为防止布素鲁克的侄子艾克木汗回到喀什噶尔和自己争夺权力，伯克胡里忽然发兵北上，击败艾克木汗，占领了阿克苏。而艾克木汗则逃越边境，进入沙皇俄国境内。

9 月 5 日，伯克胡里从阿克苏返回喀什噶尔，休整军队，秣马厉兵，准备迎战清军。

仔细对南疆八城的地理和敌军分布进行战术分析之后，刘锦棠把清军进军南疆的部队分成两大集团军：以自己的老湘军为第一集团军，一心一意杀剿突进；以张曜部为第二集团军，且战且防，耐心推进。

9 月 27 日，刘锦棠率领第一集团军的三十二营先期出发，并于 10 月 2 日进抵曲惠。为了彻底消灭逃至库尔勒观望动静的白彦虎，他分兵两路，令余虎恩、黄万鹏率马步十四营，取道乌什塔拉，沿博斯腾湖南岸，对库尔勒侧背发起进攻；刘锦棠本人自率主力，沿大路过进都河，正面进击库尔勒。

10 月 9 日，当清军两路人马会师库尔勒时，白彦虎已先行西逃库车。刘锦棠和白彦虎交手多次，针对白彦虎匪徒长于流窜的特点，决定亲率精骑一千、健卒一千五先行追击。同时，他令罗长祜率领大队人马随后跟进。

刘锦棠身先士卒，率领先行突击部队从库尔勒出发，三昼夜疾驰四百多里，在 10 月 15 日追敌到布古尔，杀溃敌骑千余。

10 月 18 日，刘锦棠追敌到库车城外时，又杀敌千余；10 月 22 日，清军终于在铜厂和木杂喇特河（今木扎提河）追上白彦虎所部主力逃敌。经过激战后，又灭其一部。余敌见势不妙，继续西逃。

10 月 24 日，清军追敌到阿克苏城外时，当地维吾尔族人民已自动占领该城，以待清朝官军。

未得入城，白彦虎部匪帮只得经乌什逃向喀什噶尔，而伯克胡里留守东四城的残部人心惶惶，深知已难据守，就纷纷逃向叶尔羌。

刘锦棠上捷后，左宗棠十分满意，写信赞扬这位湘军老部下：

> 三旬之间，迅扫贼氛，穷追三千里，收复东四城，歼敌数千，追回难民数十万，决机神速，古近以来，实罕其比！（岳麓书社《左文襄公全集·札件》）

正当东四城克复之际，原来投降阿古柏的和阗维吾尔族头目尼牙斯反正，主动率兵围攻叶尔羌，策应清军，以图立功。

眼见大清对天山南路的收复在即，先前叛降阿古柏的前喀什噶尔守备何步云也率军反正，率领所部忽然关上城门，占据了喀什噶尔新城。如此，就基本堵住了伯克胡里据守老巢的希望。

得知消息后，伯克胡里怒不可遏，在英吉沙尔残杀了三百多汉人泄愤。而后，他马上回军。伯克胡里的部将阿里达什又自旧城赶来，两人联手猛攻何步云。

深知清朝大军马上到来，何步云这次咬着牙坚持。但是，他手下的汉军人数确实太少，只有几百人，势单难支，只得万分火急地派人到阿克苏向刘锦棠乞援。

12 月 6 日，阿古柏同党、陕西叛匪头子白彦虎被清军击败，也逃到了喀什噶尔，马上投入攻打新城何步云的战役。何步云此时大发神勇，率守军五百余人拼死抵抗，白天守城，夜晚出袭，使得围城敌军久攻不下。

得知喀什噶尔何步云反正消息确实无疑，刘锦棠毅然决定改变原定首先攻占叶尔羌的计划，不待第二军团抵达阿克苏，也不顾自己所部长途追击作战的疲惫，马上挥军直杀喀什噶尔。

他命令余虎恩率五营人马取道巴尔楚克、玛纳尔巴什，进攻喀什噶尔；又令黄万鹏率步骑九营，取道布鲁特游牧地，直趋喀什噶尔。而刘锦棠本人则自率主力进驻巴尔楚克，居中策应。

12月17日晚，余、黄两部兵临喀什噶尔旧城下，胜利会师，当晚就将旧城克复，杀入城内。守城的伯克胡里和城外的白彦虎深感大势已去，分率残部逃入俄国境内。

12月24日，刘锦棠率部先后收复叶尔羌、英吉沙尔；12月26日，清朝主力大军抵达喀什噶尔，何步云打开新城城门，迎接清朝大军。

于是，清军大耀军威，将先前助纣为虐的金相印父子、伪元帅马元以及于小虎等匪族败类尽数押上操场，当众斩首示众。

此役，清军还捕获了一批为阿古柏效力的土耳其帝国的军事教官，生擒浩罕官兵一千多人，捉得阿古柏留在当地的四个幼子，缴获后膛开花大炮七门、其他各类火炮一百多门、战马万匹、其余枪械无数。

1878年1月2日，清朝总兵董福祥收复和阗。至此，阿古柏的残余势力被彻底荡平。

日后，清军在南疆各地又陆续查出了英国、印度、土耳其、巴达克山、克什米尔以及阿拉伯等地的商人、间谍、教官、侨民六千六百多人，如果是在"大皇帝"乾隆年代，这些人肯定被尽数屠戮。但当时的左宗棠、刘锦棠大仁大义，给这些人尽数发给文件，驱逐出境。

至此，一月之内，在左宗棠的运筹下，在刘锦棠的亲自指挥下，清军驰驱两千多里，夺取了西四城，胜利收复了南疆。

清廷得到胜利捷报之后，很快对刘锦棠升官晋爵，于光绪四年年初晋其为二等男爵，五月晋太常寺卿，八月授通政使司通政使。

得胜而未获头酋，使得伯克胡里和白彦虎二人漏网逃入俄境，刘锦棠常引为大恨。为此，他深知逃敌肯定不死心，一直注重边防卡伦建设，加强防范残敌对边境地区的窜犯。

1878年9月，白彦虎派其心腹金山率数百人马，侵入阿克苏以西边境。9月27日，得知消息后，刘锦棠率步骑兵一千二百人从喀什噶尔出发，沿边境急驰，兜头截住来窜之敌。一战下来，全歼了这股敌寇，还活捉了乱匪头目金山。

12月上旬，阿古柏的儿子伯克胡里又派其亲信头目阿里达什率四百八十人侵入喀什噶尔西部边境。为了加大惩创力度，刘锦棠再次亲率步骑兵两千人，兵分三路，在当地布鲁特人协助下，一举全歼了这股敌军，且在交战中击毙了阿里达什。

光绪五年初，布素鲁克的侄子艾克木汗又勾结布鲁特头目阿布都勒哈玛，聚集了两千三百多人来犯，在距喀什噶尔二百多里的博斯塘特勒克一带四处骚扰。于是，刘锦棠出动四千多人马，兵分三路，乘艾克木汗袭击清军营寨之机，在博斯塘特勒克山谷内外设伏，忽然出击。一战下来，除艾克木汗与阿布都勒哈玛领一百余骑逃脱以外，几乎全歼来敌。

9月上旬，艾克木汗和阿布都勒哈玛又纠集两千多人马，对外号称是尊奉俄国号令，前来攻取南疆诸城。这伙匪徒入境后，经喀什噶尔以西七百余里的乌什恰提卡伦，兵临色勒库尔（今塔什库尔干塔吉克自治县）城下，企图夺取该城作为立足之地。

多日攻打不下，匪众就派人入城诱降。坚守城池的伯克素唐夏假装应允，约匪首之一的阿布都勒哈玛前来商议。待这个匪首刚到城下，即火枪齐射，就把这个匪首顿时打成了蜂窝。艾克木汗大怒，指挥匪徒攻城益急。

刘锦棠闻讯，亲率马步两千，经英吉沙尔，取道荒无人迹的岩壑山路，昼夜兼程向色勒库尔疾进。

艾克木汗得知清军大队来援，慌忙撤离色勒库尔，率领所部向北逃窜。刘锦棠当机立断，立即改道向北，凿冰为道，连续四昼夜疾行军，人未交睫，马未解鞍，冒险翻越终年积冰的卡拉塔什达坂，奔驰八百里，终于追上逃敌，一举将其全部歼灭。

自此之后，境外残匪望风胆颤，不再敢大股犯边。而艾克木汗，迈买的明和卓的儿子，也成为最后一个见于清史文献中的和卓后裔。此人溃败出逃后，下落不明，日后也没再出现。

至此，为害新疆地区长达近百年的和卓家族势力，基本烟消云散，也逐渐被该家族的世袭信徒所彻底忘却！

光绪六年，左宗棠坐镇新疆哈密，命令三路大军向伊犁挺进，对俄军形成军事威慑，为曾纪泽的对俄外交活动壮声撑腰。最终，曾纪泽推翻已由清使崇厚与俄拟下的约章，促使沙俄同意撤出伊犁。

光绪七年年初，中俄正式签订《伊犁条约》。据此条约，中国收回了对伊犁和特克斯河上游两岸领土的主权。但霍尔果斯河以西地区和北面的斋桑湖以东地区，则仍被俄国强行割去。

光绪六年八月左宗棠奉召回京之后，刘锦棠就在当地接任其职务，为钦差大臣督办新疆军务。

光绪十年，刘锦棠被清廷任命为新疆巡抚，授兵部尚书衔。

在此期间，刘锦棠一直主张在新疆建省。为了使行省制度早日在新疆实现，他折中了左宗棠和谭钟麟的两种方案，向清廷建议如下：在新疆设立巡抚，驻乌鲁木齐，受陕甘总督节制。下设镇迪、阿克苏、喀什噶尔三道，分别辖治哈密至乌苏的天山山脉一带、焉耆至乌什的天山南麓一带、喀什噶尔至和阗的昆仑山北麓一带；在伊犁仍设将军，只负责伊犁塔城边防，不再总管全疆军务。

清政府经过仔细考虑，批准了这一方案。刘锦棠奉旨委任了各道、府、厅、州、县的各级官吏，并迁入省会迪化视事。

新疆建省后，刘锦棠改革新疆原军府制，将征兵逐步改为防军，仔细规划、建设了全疆的边防，为巩固祖国西北边疆做了大量有益的工作，促成新疆与内地行政建置的一体化，吸引更多的无地汉族农民到新疆来，加快了新疆农业经济的恢复和发展，使得移居新疆的农民一时间人数大增。

更重要的是，为彻底清除分裂势力，防患于未然，刘锦棠还废除了伯克制度。伯克制是南疆维吾尔社会长期存在的统治制度，各地以阿奇木伯克为首，下设各种伯克几十人。这些人长期依仗权势，对维吾尔族农民进行残酷的徭役制剥削。为此，南疆地区发生过多次农民起事。而1864年遍及全疆各地的大乱，已经对伯克造成沉重打击，使得新疆的伯克制已经名存实亡。平乱之后，对于那些乱时不甘投敌的爱国伯克，刘锦棠就没有再赋予他们什么实权，只让他们督催农民直接赴善后局缴纳赋税，不允许他们出面经办收取。正是由于刘锦棠的努力，当光绪十三年清廷下令取消伯克制后，新疆社会安定如常，没有出现任何波动。

当然，追思收复新疆之功，左公宗棠劳苦功高，功在千秋万世！正是他和刘锦棠等人的努力，为中国保全了一百六十万平方公里的土地。笔者到新疆，看到那些枝条轻舞的“左公柳”，每每感慨万千，深感中国恰是因为有左公和刘锦棠这样的伟人，才使得后人得享和平、安宁。

对于左宗棠这样的一代伟人，不仅当时和现在受到国人追慕，就连当年前往哈密的德国人福克都赞叹道：

> 一月以来，觉爵相年已古稀，心犹少壮，经纶盖世，无非为国为民，忠正丹心，中西恐无其四！

左宗棠震惊中外的豪情壮举，在当时有力地支援了曾纪泽的外交斗争，终于迫使俄国将伊犁归还中国。为此，《阿古柏伯克传》的作者英国作家包罗杰也认为：

> 中国收复新疆，毫无疑义，是一件近五十年中在亚洲发生过的最值得注意的事件，同时也是一个多世纪以前乾隆出兵这个地区以来，一支由中国人领导的中国军队所曾取得的最光辉的成就！

# 亦真亦幻说“香妃”

民间叙述中的维吾尔族美人

在民间叙事中，对于“香妃”的出处往往语焉不详。说起“香妃”，人们都会因为电视剧、传奇小说的传播而知道大概的故事轮廓：一位维吾尔族美女遍体生香，因其族人战败被俘，被大臣送到北京献给乾隆皇帝。乾隆皇帝对她十分宠爱，百般讨好，甚至为她专门迁来大批维吾尔族人住在皇宫外，以使得她每天都可以看到熟悉的族人，又专门为她在西苑太液池南岸修建了一座宝月楼。而这位美女身怀利刃，还是图谋刺帝报仇。最终，乾隆帝母亲趁乾隆帝外游，在宫内派人将美女缢死……

当然，说完这些传奇的种种版本，还会有“学者”出来说出“专家”级别的考证。他们言之凿凿，说香妃本名买木热·艾孜姆，自幼体有异香，被称为“伊帕尔罕”（香姑娘）。而这位维吾尔族美女进宫，并不是因为家族战败被俘，而是被清朝皇帝选为妃子的，所以赐号“香妃”。乾隆二十五年二月，这个美女被乾隆皇帝选入后宫，得封“和贵人”；三年后升为嫔，三十五岁时封“容妃”，据说一辈子极受乾隆皇帝宠幸。

还有“考据”说，认为这位容妃在乾隆五十三年病故于北京，享年五十五岁，葬于河北遵化清东陵的裕妃园寝之中。而在清东陵裕妃园寝中，确实有一座容妃墓。1979 年 10 月，在发掘容妃墓时，研究人员发现棺中已空，显然早遭盗墓，棺头正中有阿拉伯文字，意为“以真主名义……”——这表明墓主确实信仰伊斯兰教。

但是，容妃就是传说中的“香妃”吗？

肯定不是！

容妃在宫内生活了二十八年，而她去世之时，乾隆帝的母亲已经在十一年前去世，所以，皇太后不可能赐死容妃。而那个宝月楼，建造于乾隆二十三年，当时清廷平定大、小和卓的战事刚刚开始，所以和卓家族的女眷，也不可能那个时候就被强迫迁到北京。

由于清廷对于和卓"圣裔"身份始终不是很清楚，所以大、小和卓之乱被平定后，对于和卓家族的别系，就没有像对于其他谋逆的犯人那样斩尽杀绝。乾隆帝挺"仁德"，还把在和卓兄弟作乱时没有参与谋逆的喀喇玛特和卓一系的人员接到京城加以优待，赐给他们爵位、宅邸，在生活上竭尽优待。而这一系中的阿里和卓之子图尔都有个妹妹被选入宫，也就是日后的"容妃"。

所以，容妃一系的和卓家族，并没有参与过南疆的反叛。其中，属于她家族叔辈的额色伊，还曾在清军基本取胜的情况下，沿途杀掉了大和卓布拉尼敦手下一百多人。按理说，他们这一系的家族还算清廷平叛的功臣。

还有学者研究称，乾隆帝的容妃，就是小和卓霍集占昔日被废黜的妻子，乃图尔都的亲妹妹。乾隆帝之所以会纳娶敌人小和卓霍集占的妻子为妃，也和满洲人传统相符——和蒙古相类，欧亚草原民族一直存在着皇帝战败敌酋后，将敌酋正妻纳为己有，以此来炫耀自己的胜利武功，同时，意在侮辱敌人的传统。

那么，"香妃"传说，又是从何缘起、如何成型的呢？

"香妃"传说的发源，其实在国内时间挺晚，见于光绪十六年刊本的王闿运所著的《湘绮楼文集》。在这本文学小说类的笔记中，有如下记载：

> 孝圣宪皇后，纯皇帝（乾隆帝）之母也。……及为太后，约皇帝以礼，率六宫以慈，福寿仁贤，形于四海。准回（指大、小和卓兄弟）之平也，有女籍于宫中，生有美色，专得上宠，号曰"回妃"。然准女怀其家国，恨于亡破，阴怀逆志，因侍寝而惊官御者数矣。诘问，具对以必死报父母之仇。

上（乾隆帝）益壮悲其志，思以恩养之。

太后知焉，每召回女，上辄左右之。会郊祭斋宿，子夜驾出。太后乘平辇直至上宫，入便闭门。宦侍奔告，上遽命驾还，叩门不得入。以额触扉，臣御号泣，闻于内外。

太后当门坐，促召回女，绞而杀之，待其气绝，抚之已冷，乃启门。

上入号泣，俄而大瘏，顿首太后前。太后亦持上流涕，左右莫不感动泣下。海内闻者皆叹息，相谓天子有圣母也。静而有化，而强于教诲。《诗》曰："君子万年，景命有仆。"此之谓也。

这则笔记，就是香妃以死抗争故事的汉语记述发源。

至于英语文本中有关乾隆帝有维吾尔族美女妃子的记述，时间就早得多——1827年于伦敦出版的*Travels of the Russian Mission Through Mongolia to China, and Residence in Peking, in the Years 1820～1821*一书中，这样记载：

当我们顺着城墙与宫墙向西边和南边走过时，在西南角附近，我们看到了一座乾隆为穆斯林们所建的清真寺。他们是在他征服"东突厥斯坦"后被迁到这来的。当我们走入一条靠近那座清真寺和那些突厥斯坦人房屋的街道时，我们来到了皇宫大花园的墙边。在这我们看到了水榭或是凉亭的屋顶，以及种植着柏树的假山的顶端。在那个花园里正对着清真寺，是一个非常大的凉亭，是乾隆为他的第三个妻子——突厥斯坦的一位公主礼拜用而建造的。这桩婚姻属于满洲宫廷策略的一个手段，以期将被征服国家更紧密地维系在其统治之下。

而后，1866年在香港出版的*Notes for Tourists in the North of China*一书中，对这个故事有了更详细的描述：

> 靠近皇城的西南角，坐落着穆斯林清真寺，在那周围生活着很多突厥人，他们的祖先是大约一个世纪前从突厥斯坦被迁来的。……以下是由中国史家们所给出的其建立的由来：乾隆皇帝有个宠爱的妻子，是当时保持着对中国皇帝名义上臣服的阿拉伯王公们中的一个所献给他的贡物。数年后她开始被思乡之情所困扰，加之她意识到回到祖国的不可能（为中国法律所禁止），她恳求皇帝设法建造一座让她在宫墙之内就能眺望得到的清真寺以使她回忆起与她年少时有关的乡景。皇帝满足了她的愿望，从此北京的城墙之内便出现了一座摩尔式的建筑。

在这个英语记述中，日后“宝月楼”的雏形已经显露端倪。

不过，上述三段英汉记事，都没有美女体有异香的任何记载。直到清朝灭亡后两年的民国二年（1913年），坊间有本《满清外史》，才出现了“香妃”的字眼：

> 初，回部某王妃，貌艳丽，且生而体有异香，不假熏沐。回人号之曰香妃……迨回疆既平，兆惠果生得香妃，欲致之京师，先密奏，弘历（乾隆帝）闻之大喜，命沿途官吏妥为视护，毋使损颜色。既至，处之西内。香妃意色泰然，若不知有亡国之恨。
>
> 及弘历至，则凛若冰霜。与之语，百问不一答。无已，令宫人善言词者喻以指，香妃袖出白刃欲自诛。宫人大惊，呼其侣至，欲共劫而夺之。

香妃笑谓宫人曰："汝无然。吾裼衣中有如此刃者数十，安能尽取而夺之乎！且汝苟逼吾，吾先饮刃，汝其奈吾何！"宫人不得要领，具以告。

弘历亦无可如何，但时时幸其宫中，坐少旋即出，犹冀其久而志可改也。令诸侍逻守之。已而闻其思故乡风物也，则于所居之楼外建市肆庐舍礼拜堂，具如西域式，以媚之。

时弘历母钮祜禄氏年已高，微闻其事，数戒弘历毋往，且曰："彼既不肯自屈，非杀之，则归之耳。"

弘历犹豫不忍舍，如是者数年。会长至将祀圜丘，弘历先期赴斋宫。钮祜禄氏知之，令宫人召香妃诣慈宁宫详问之，则立志颇坚，万不能夺。乃由宫人引入旁室缢杀之。是时弘历在斋宫，已闻报，仓皇命驾归。则香妃已死矣。为之不怡者累日……

过了两年，坊间又有《清朝全史》，记载基本与上述故事雷同，"香妃"故事母题已具，开始添枝加叶耳：

回部之王妃某有国色，为土耳其人（这种记载就很怪异，大概是因为维吾尔族和土耳其同属突厥语系）。生而体有异香，不假熏沐，国人号为"香妃"……

回疆既平，兆惠果生得香妃。先以密疏奏闻，帝大喜。命沿途地方官护视其起居，盖虑跋涉风霜，损其颜色，而减其美丽也。既至，居于宫禁之西南。香妃在宫中，意色泰然，似不知有亡国恨者，唯见帝至，则凛然若冰霜。与之语，百问不一答，无已，使宫女之巧于辞令者，传知其意。妃慨然出袖中白刃示之曰："死志久决矣。虽然不效儿女子之碌碌徒死，必欲得一当以报故主耳，帝若强逼妾，妾请遂其志矣。"

（传）容妃　郎世宁绘

闻者大惊，诡夺其刃，妃笑而言曰：“妾裼衣之中，尚有数十利刃，且汝辈若强犯妾，妾将先饮刃，汝辈其奈之何。”

官人具以语帝，帝亦无如何也。但时幸其官，少坐即复出，使诸侍者日夜逻守之。妃既不得遂所愿，且至北京已久，甚思故乡风物，乃时潸然泣下。帝闻之，乃于妃所居之楼外西苑中，设回式之街市、住宅与礼拜堂，以悦其意；一说，妃侍帝寝时，数惊近御，意香妃复仇志切，不使帝得犯之也。

而早在光绪元年，坊间刊行有一本《西疆杂述诗》，其中就出现“香娘娘”一词：

香娘娘庙，在喀什噶尔回城北四五里许，庙形四方，上覆绿瓷瓦，中空而顶圆，无像设，唯墓在焉……香娘娘，乾隆间喀什噶尔人，降生不凡，体有香气，性真笃，因恋母，归没于母家……

在这个记述中，并没有把这位“香娘娘”和乾隆帝联系起来，很可能是后来文人编故事，“香娘娘”就变成了“香妃”。而且，文中所谓的“香娘娘庙”，无疑就是和卓家族在喀什的家族墓地阿帕克和卓麻扎。

在维吾尔文史书《伊米德史》中，记载了一段故事，倒和民国后坊间故事类的“香妃”传奇近似：

话说，在审视人们之间流传的许多信息与传说时有这样一件可靠的事，在以前的时代，也就是在中国皇帝掌管了这“七城”的时候，其容貌如世间的阳光以及无与伦比的珍宝一般的一位十六岁的姑娘落入了官员们的视线。他们觉得“向大皇帝（乾隆帝）致敬和贡献没有比她更为称心的意中人了”，便将她作为礼物和贡品送去献给中国皇帝。

然而有一天汗（乾隆帝）进到她住的卧室，看到她坐在那里哭，就想，地面之上又没有比我更强大的皇帝，她为什么哭，我要问出这个真实的原因。而向姑娘问时，姑娘找不到说辞，称：“在我的家乡有一种果树。它的果实是金的，叶子是银的，树汁是香的。想到这些我就哭了。”

于是皇帝传旨：“乌什有那么一种树，将它尽快送来，那种树与我的园林是相称的。”……

这段记载，并没有出现“香妃”二字，而且也没把这位姑娘说成是烈性女子，只说她思乡恋土而已。

当然，大、小和卓叛乱被平定后，那些被搬迁到北京居住的和卓族人，连同仆从在内，人数不少，都被安置在满城之内。他们的长相和穿着都与众不同，所以还是很受当时的北京人关注。无论是北京当地人还是外国使者、旅行者，对他们都很好奇，一些外国人还在著述中提到过这些维吾尔族人。诸如 19 世纪末来过北京的英国传教士 Marshall Broomhall，就在其名著《中国的伊斯兰》中以较大篇幅论述过他们。

清朝平灭阿古柏叛乱后，在新疆地区废除了伯克制。新疆的伯克们再无机会入京入觐，使得乾隆时期迁京的维吾尔人后裔逐渐忘记母语而改说汉语。随着岁月流逝，北京的维吾尔人社区也逐渐扩大到五个，这大大增加了迁京维吾尔人后裔与北京汉人群体交往的机会。

清朝灭亡前后，汉族知识分子意图依凭“香妃”这个故事来渲染清廷的暴虐，就开始极具象征性地添油加醋。他们把从维吾尔后裔口中听到的“香妃”资料，加以“创造性”地重新建构，最终以野史和笔记小说形式，重新投放到社会。其初衷就是想借一个纤弱的维吾尔族美女形象，来展现各族人民对清朝暴政统治的抗争。

所以，“香妃”故事在民国初年非常流行。日后，以讹传讹，竟然成为类似真实历史的“回忆”叙述，这就大出当初编造者的初衷和意料。

不过，民国建立近二十年后，各种书籍中对“香妃”的记载也逐渐沉寂。但是，随着近来戏说历史剧的泛滥和旅游的需求，“香妃”故事忽然重新火爆，甚至根叶繁茂，又添入了少数民族反暴政、反入侵的“戏肉”——显然，这和历史的真实越来越远了！

即使历史上真有“香妃”，在那个特定的时代，也不过是南疆和卓叛乱家族一个普通女人入宫“享福”的故事而已，绝非被压迫民族红颜薄命的凄婉历史！

# 清史大事记

1583 年　努尔哈赤起兵，公开反叛明朝。

1616 年　努尔哈赤成为满族大汗，定国号为“大金”，史称“后金”。

1621 年　努尔哈赤迁都辽阳。

1626 年　努尔哈赤去世，皇太极被推举为大汗。

1636 年　皇太极称帝，改国号为大清。

1643 年　皇太极去世，福临即位，是为顺治帝，多尔衮摄政。

1644 年　多尔衮与吴三桂联军攻入北京，福临在北京登基称帝。

1661 年　顺治帝去世，康熙帝继位。

1673 年　康熙帝下令削藩，“三藩之乱”爆发。

1678 年　吴三桂称帝，随即病死。

1681 年　“三藩之乱”平定。

1683 年　收复台湾。

1689 年　同沙俄签订《尼布楚条约》，划定中俄边界。

1697 年　康熙亲征，攻灭噶尔丹。

1722 年　康熙帝去世，胤禛即位，是为雍正帝。

1727 年　清朝正式设立驻藏大臣，强化对西藏的统治。

1729 年　雍正帝设立军机处，加强中央集权统治。

1735 年　雍正帝去世，弘历即位，是为乾隆帝。

1796 年　乾隆退位为太上皇，颙琰即位，是为嘉庆帝。

1799 年　乾隆帝去世，嘉庆帝亲政。

1804 年　平定白莲教之乱。

1820 年　嘉庆帝去世，旻宁即位，是为道光帝。

1839 年　林则徐赴广东虎门销烟。

1840 年　中英第一次鸦片战争爆发。

1842 年　清朝战败，与英国缔结《南京条约》，割让香港。

1850 年　道光帝去世，奕詝即位，是为咸丰帝。

1851 年　洪秀全自称“天王”，在金田村发动太平天国起义。

1856 年　第二次鸦片战争爆发。

1860 年　清朝战败，签订《天津条约》《北京条约》。

1861 年　咸丰帝去世，载醇即位，是为同治帝。

1864 年　洪秀全去世，不久清军攻占南京，太平天国失败。

1874 年　同治帝去世，载湉即位，是为光绪帝。

1876 年　左宗棠收复新疆。

1884 年　中法战争正式爆发，越南成为法国殖民地。

1885 年　英国侵入缅甸，随后被迫签订中英《缅甸条约》，承认缅甸为英国殖民地。

1894 年　中日甲午战争爆发。

1895 年　清朝战败，签订《马关条约》，割让台湾。

1900 年　义和团之乱，招致八国联军攻入北京，被迫签订《辛丑条约》。

1908 年　颁布《钦定宪法大纲》确定君主立宪政体；光绪帝与慈禧太后相继去世，溥仪即位，是为宣统帝。

1911 年　辛亥革命爆发。

1912 年　清帝颁布退位诏书，“中华民国”成立。